原色三国志

汉末群英装容图鉴

周渝 著

台海出版社

图书在版编目（CIP）数据

原色三国志：汉末群英装容图鉴 / 周渝著 . —— 北京：台海出版社，2023.2

ISBN 978-7-5168-3492-3

Ⅰ.①原… Ⅱ.①周… Ⅲ.①《三国志》– 通俗读物 Ⅳ.① K236.042-49

中国国家版本馆 CIP 数据核字 (2023) 第 020322 号

原色三国志：汉末群英装容图鉴

著　　者：周　渝

出 版 人：蔡　旭　　　　　　　　　封面设计：戴宗良
责任编辑：魏　敏

出版发行：台海出版社
地　　址：北京市东城区景山东街 20 号　　　邮政编码：100009
电　　话：010－64041652（发行，邮购）
传　　真：010－84045799（总编室）
网　　址：www.taimeng.org.cn/thcbs/default.htm
E－mail：thcbs@126.com

经　　销：全国各地新华书店
印　　刷：重庆长虹印务有限公司
本书如有破损、缺页、装订错误，请与本社联系调换

开　　本：787毫米×1092毫米　　　1/16
字　　数：465千字　　　　　　　　印　　张：27
版　　次：2023年2月第1版　　　　印　　次：2023年3月第1次印刷
书　　号：ISBN 978-7-5168-3492-3

定　　价：199.80元

作者简介

周渝

青年历史作家，中国国民党革命委员会党员。

"人民文学·紫金之星"奖得主，第三届中国 90 后作家排行榜榜首。

人民日报社《国家人文历史》杂志主创之一，民革中央第六届《台湾研究》特邀撰稿人，CCTV-9 纪录片《他们与天地永存》撰稿人之一。

吴中博物馆"夜读三国"阅读活动主讲嘉宾，山东省博物馆"衣冠大成——明代服饰文化展"开幕式观礼嘉宾。

多次在 CCTV-1、CCTV-7、CCTV-9、CCTV-15、CGTN、北京卫视、江苏卫视等频道以主讲嘉宾、青年代表、汉服模特等身份出镜。曾与央视知名主持人鞠萍共同出镜录制 CGTN 冬奥宣传短片《国风遇见冬奥》。

已出版《中国甲胄史图鉴》《卫国岁月：国民革命军抗战将士寻访录》《战殇：国民革命军抗战将士口述实录》等著作。主导策划《国家人文历史》杂志"曹操：缔造魏国""孙吴：三国黄金配角""汉服之始""二战戎装"等封面专题并担任主笔。

文章常见于《国家人文历史》《中华遗产》《博物》等文史类期刊。作品《奏响决战中途岛的命运交响曲》《缅甸战场上的英国军队》等被河北、甘肃、昆明、珠海等省市高考模拟考试文科综合历史试题采用。

前言

　　明朝宣德年间，有位叫商喜的宫廷画师，留下了一幅《关羽擒将图》，题材取自《三国演义》中关羽水淹七军、生擒魏将庞德的故事。因为画工精湛、图像清晰，直到今天，这幅六百年前的古画在各种提及关羽的书籍、刊物及历史纪录片中，出镜率一直居高不下。更重要的是，即使不知道这幅画的年代、作者及名称，人们也一定能认出画中人就是义薄云天的三国英雄关云长。

　　看来，六百年前明朝人心目中的关羽，已经和今天我们所认知的关公高度相符。无独有偶，另一尊藏于河南省新乡市博物馆的明代关公铜塑，也是丹凤眼、美须髯，头戴软巾，身穿华丽甲胄，模样好不威武。人们但凡看见这尊铜塑，即使不知其由来，也一定能认出这就是关二爷的塑像。不过，若是结合两汉魏晋时期的历史资料和相关考古成果仔细推敲，我们会发现这些披甲执锐的明代三国人物作品，与明十三陵神道两侧的大汉将军（即殿廷卫士）像极为相似。巨大的肩吞（肩部连接肩甲的金属兽头）、腹吞（身甲腹部的防护装饰部件），以及文武袍的穿着方式，在汉末其实尚未出现。也就是说，历史上的关羽绝不可能如此穿戴。

　　的确，在世人的印象中，关羽出场就一定得攥着青龙偃月刀，吕布的行头就必须是兽面吞头连环铠，诸如赵云、周瑜等人的装束，都是一身华丽铠甲，头上戴着非常有特色的凤翅盔。从明代小说插图、绣像，到近现代连环画，再到当代游戏绘图，无不如此设定。只不过，这种形制成熟的凤翅盔，和关羽"标配"的青龙偃月刀一样，都是典型的宋明武备。我们"司空见惯"的这些三国装备，与真实的历史相去甚远。

　　诸多三国人物无论服饰装束，还是甲胄武器，都带有浓厚的宋明特征。这也难怪，东汉末年与《三国演义》成书的元末明初，时隔一千余载，社会形态早已翻天覆地。即使是守着典籍的史官，也未必对千年前的装束有所了解，更何况名不见经传的民间画师，就地取材也在情理之中。那么，这些叱咤风云的三国英雄，在驰骋沙场时，究竟是怎样的装容呢？

中国的现代考古学发展到今日已有百余年历史，尤其在中华人民共和国成立后，关于两汉到魏晋时期的考古发现更是硕果累累。相比生活在明清时期，几乎无法获取汉末三国时代风貌的信息，只能就地取材的文学家、画家，生活在21世纪的我们，享受着前人耕耘的百年考古成果，在此基础上重新创作一组符合时代特征的三国人物形象则要便利许多。尤其是近年来，无论是古代服饰、古代妆容，还是古代甲胄、古代兵器，都已取得相当可观的研究成果，也是时候把原本属于汉末三国的衣着、甲胄、兵刃，还给这些被错穿了战袍、错拿了武器的英雄们了。

服饰是人类文化最早的物化形式，是记录人类文明的具象符号。两汉到魏晋之际的服饰变化，恰恰有着承前启后之作用，奠定了中国服饰发展史的基调，而我们熟知的汉末三国正处于这样一个大变革时期。无独有偶，两汉到魏晋时期，随着战争形态的变化，尤其是战车淘汰，骑兵崛起，在战场上起防身护体作用的甲胄也经历了重大革新。中国人约定俗成的三国时代，实际上还应包括从公元184年黄巾起义至公元220年曹丕称帝，这长达三十多年的汉末时期。因此，探寻三国甲胄的真容时，先得了解东汉武备的历史背景。东汉甲胄无论是形制还是材料，都在西汉的基础上有所突破。其中一大原因在于，此时甲胄的重点防御对象，已不仅仅是战场上的刀枪剑戟，还有飞矢。正因如此，三国铠甲不仅甲片密度高，而且还越来越长，类型也颇为丰富。

这本《原色三国志：汉末群英装容图鉴》的创作初衷，是为大家耳熟能详的三国英雄们开创另一种可能性——他们身穿符合史实的衣物、甲胄，按照当时的风尚来打扮，会是一种什么形象？每一位三国人物的章节都包含"群英别传"和"复原图鉴"这两个部分。前者主要以人物特点为核心，从生平经历、代表事件、未解疑案等多个角度，深度挖掘史料，力求探寻三国英雄真实的历史形象；后者则从可视化角度对人物形象进行还原。笔者力求结合20世纪以来的相关考古成果，依托服饰实物、陶俑、壁画、画像砖等文物，系统梳理汉晋服饰发展脉络，并以绘图或真人实拍的方式进行最直观的展示，为中国传统服饰的研究和科普提供更加丰富、直观、生动的形象资料。

本书中，无论是家喻户晓的周瑜、诸葛亮、关羽、曹操、夏侯惇等"顶流明星"，还是知名度相对不那么高的波才、皇甫嵩、刘陶、蒋干等"冷门人物"，复原每一个人物时都对其服饰、甲胄、兵器进行了解析，并且阐明推测复原之逻辑。此外，在创作过程中，笔者还对宋代以来大量创作的三国题材的绘画，以及元明以来市井间出现的各种三国题材的小说插图进行了研究考证。其中一些已在世人心中形成固有印象的著名三国人物，其装容流变史亦得到了考证和梳理，确保读者能够既知其然又知其所以然。

最后简单谈谈书名。本书定名《原色三国志：汉末群英装容图鉴》，因为书中绝大部分人物都活跃于汉末，而他们又都名列《三国志》之中。"原色"二字则是指区别于固有印象中带有浓厚宋明色彩的演义装容，还原其汉末三国时期服饰、甲胄、武器的原貌本色。三国是个经久不衰的话题，在庞大的三国宇宙之中，故事仍在书写，作品永远在推陈出新，各种各样三国题材的书籍早已琳琅满目，不过结合中国服饰史、甲胄史等相关领域的研究成果，系统性推演复原三国人物史实装容的作品，这本书应该是第一本。希望它的问世，能有抛砖引玉之用，为今后三国英雄的形象装容塑造提供另一种更贴近人物时代的可能性。对我而言，亦是圆了自童年时代就已萌发的三国梦。

在探索过程中，如有疏漏，还请读者多多包涵！

周渝

2022 年 5 月 4 日

致谢

本书创作过程中得到了许多朋友的热心帮助，因为有你们，我们才能共同完成这部作品，在此表示由衷的谢意。

指文图书为本书的装帧设计、排版、校对、出版提供了主要帮助，并绘制了部分图片。特此感谢！

泰衙工作室"真英三国"项目组的成员们为本书的绘图提供了主要帮助，其中金代飞绘制了大部分三国英雄形象，高远淼主要担负图绘英雄的形象设计工作。泰衙工作室的其他朋友也在各方面为本书提供了有力的支持和帮助。特此感谢！

夜不收·历史重演小组"原色三国志"拍摄组为本书真人实拍部分提供了主要帮助。其中，朱莫诩主要负责摄影工作；花小花酱、秦智雨、孟宁担负模特妆造工作；卢龙、楚材、侯佳明、杨云泽、张Sada、杨婉莹、花小花酱、李昊昱等作为本书模特出镜。特此感谢！

真人实拍部分创作期间，好友璇玑作为东汉女装模特友情出镜；好友杨海伊提供了部分摄影帮助；盛春花、凌波提供了部分妆造帮助；函人堂为本书提供了复原款甲胄和图片方面的援助，郝岭作为本书模特出镜；入时无传统服饰工作室为本书提供了复原款服饰；洪玮先生提供了部分场地与道具；小懒摄影工作室提供了部分场地；刮胡刀王、陈楚浩为本书提供了复原款冷兵器道具。特此感谢！

纳兰美育"复原朝代班"徐向珍老师为本书"两汉魏晋女子时尚妆发指南"一章提供了女性装束复原照片。特此感谢！

镜像派文化艺术有限公司Niki-镜子老师为本书提供了妆造方面的帮助，"两汉魏晋女子时尚妆发指南"章节大部分出镜模特的妆发由其创作。此外，她也为本章提供了文字资料支持。特此感谢！

本书创作以及外出采风期间，得到了文化综艺节目《看见三国》拍摄组的朱诚卓先生，吴中博物馆"夜读三国"策划组的李爽女士，以及馨润琉璃、璇玑、姚璇－西子、参商、小伊、虫虫、双儿、菜菜、晴晴、金小鱼、琳影初心等朋友的线下接待及支持。特此感谢！

　　此外，本书还得到"渝渝子名著万花筒"的小伙伴们鼎力支持，群主樱子、庞左左提供了诸多帮助。此外还有孤鸿、雲鎏、画师、夫君酱、信陵君、洞天腾虹、蕾蕾姐、耳机娘—梦婷、三土岜、雯雯、子鱼、王小圆、林沧隐、阿兔酱、KK、顾万万、鑫鑫、金小鱼、海绵蛋糕、朱无虞、子俞、惜儿、寒酥、贺君有灵、楠迪、妖姬、宇文课代表、云霄、大魔王、萧然、汪清林、彭蕾、吴萱、红尘过客、三三、晴晴、盛善心儿、朱嘉仪、Baek-傒、山雀、豹炸、小青、诗酒对流云、疏桐、琉璃心、周雨濛、甜蒸小香鱼、萧哑、蕴兮、玖凉、青竹、素乔夏、小见宇、艾馨怡、叶星、独钓一江月、阿拉蕾等众多可爱的"江东水军"长期以来的精神支持。特此感谢！

特别鸣谢

本书的创作得到朱莫诩、侯佳明、金代飞、高远淼儿位朋友，以及指文图书工作人员的鼎力相助。他们在摄影、绘图、人物设计、稿件审校、排版装帧等方面提供了重大帮助，特此感谢！

朱莫诩 | 独立摄影师

图虫签约人像摄影，夜不收·历史重演小组主摄影。主攻油画、电影、情绪等风格人像及剧情类短片。曾受邀为《国家人文历史》《中华遗产》等主流媒体拍摄杂志专题图片，为中国政法大学拍摄建校70周年纪念短片，为国资委旗下金融公司拍摄专题宣传视频。为本书拍摄了大部分真人实拍照片。

侯佳明 | 青年文史作者

大学教师，中国传媒大学硕士，主攻艺术学理论与影视美学，自幼爱好历史，曾受邀为《国家人文历史》杂志撰写汉服相关文章，并担任该刊2022年7月（上）"汉服之始"专题封面模特。为本书撰写了"两汉魏晋女子时尚妆发指南"一章。

金代飞 | 插画师

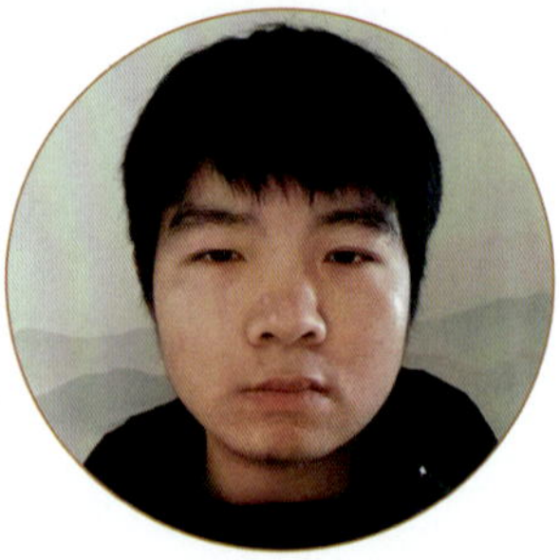

泰衔工作室主画师，擅长古风和多种流行风格，对中国历史、传统文化、宗教及神怪艺术有深入研究，致力于探索传统艺术和现代美学相结合的创作风格。《美绘中国神话》图作者之一，代表作有“二十八星宿神将”“中国历代甲胄形象”等。为本书绘制了大部分三国英雄形象。

高远淼 | 文化史研究者

泰衔工作室资料整理员，“真英三国”文创项目主要发起人之一，主要研究方向为中国古代甲胄、上古神话、民间宗教。为本书设计了大部分三国英雄图绘形象。

此外，指文图书也为本书的问世贡献良多，其精益求精的专业精神和全始全终的严谨态度实为难能可贵。编辑总监王菁在总体上把控图文质量，为不负作者和读者双方的期望付出了很多努力。文字编辑顾超逸在优化书稿结构方面兢兢业业，并为书中3D建模复原的兵器提供了形象设定。美术编辑杨静思负责本书的设计与排版工作，对版式进行了反复调整和打磨。美术编辑王涛为书中涉及的部分兵器制作了3D模型，让三国英雄的形象更显丰满。插画师饶晋萍绘制了部分三国人物，补充了汉末三国的众生百态。视觉总监王星确定了本书的整体设计风格。美术编辑戴宗良制作了本书的封面。插画师朗杰也提供了部分插图。正是他们的辛勤工作，使这本书能以现在的面貌和读者们见面。

固释冠冕衣裳妆发
领略汉末三国风华

陆

一五九　马超：独当一面，何以位高权轻
一六〇　上篇　失意英雄的最佳结局
一六五　下篇　马超装容复原记

柒

一七一　黄忠：一战功成，勇冠三军
一七二　上篇　正史资料匮乏，演义形象丰满
一七七　下篇　黄忠装容复原记

捌

一八一　孙策：霸王的大陆
一八二　上篇　他为东吴留下了多少宝藏
一九二　下篇　孙策装容复原记

玖

二〇一　太史慈：江东流星闪耀时
二〇二　上篇　信义笃烈，有古人之风
二〇八　下篇　太史慈装容复原记

拾

二一三　孙权：坐断东南战未休
二一四　上篇　生子当如孙仲谋
二一九　下篇　孙权装容复原记

拾壹

二二九　周瑜：吞食天地的帝业擘画者
二三〇　上篇　周公瑾的江东帝业蓝图
二四二　中篇　周瑜装容复原记
二五二　下篇　周瑜装容实拍图志
二六四　附篇　长江的燃烧：赤壁之战配角志

目录

序章

一三　黄巾起义：帝国梦魇，群星起点
　　　上篇　苍天已死，黄天当立：东汉的不散阴霾
　　　下篇　最熟悉的陌生人：汉末三国文武众生相

壹

三一　刘备：英雄何须叹华年
三二　上篇　赤壁前后的荆州攻略
四六　下篇　刘备装容复原记

贰

六三　诸葛亮：从《隆中对》到《出师表》
六四　上篇　三分割据纡筹策，万古云霄一羽毛
七五　中篇　诸葛亮装容复原记
八七　下篇　诸葛亮装容实拍图志

叁

九三　关羽：「一人之下」的荣耀与危机
九四　上篇　『武圣』神话背后的历史之惑
一一〇　中篇　关羽装容复原记
一二〇　下篇　关羽形象的流变与定格

肆

一二七　张飞：被演义匡正的『神话』
一二八　上篇　『第一猛将』的多重反转
一三四　下篇　张飞装容复原记

伍

一四三　赵云：戎马半生，仍是少年
一四四　上篇　黑暗时代里的可爱之人
一五一　下篇　赵云装容复原记

拾柒

乱世红颜：汉末三国女子装容 … 三五五

上篇　红颜不让须眉 … 三五六

中篇　两汉时期女子服饰变化 … 三五八

下篇　三国女子装束图志 … 三五九

拾捌

两汉魏晋女子时尚妆发指南 … 三六九

上篇　当窗理云鬓 … 三七一

下篇　对镜贴花黄 … 三八〇

附录壹
——骐骥有良种，宝马待英雄
那些真真假假的三国名驹 … 三八九

附录

附录贰
——猛虎不怯敌，烈士无虚言
以虎为尊的三国乱世 … 三九七

附录叁
——谁是普及三国文化的主力军
《三国演义》连环画发展史 … 四〇三

目录

拾贰

二七三　曹操：建安十三年南征疑云
二七四　上篇　赤壁纵横：曹操视角的建安十三年
二八五　下篇　曹操装容复原记

拾叁

二九三　夏侯惇：宗亲掌军权之代表
二九四　上篇　与曹操同生共死的独眼大将军
三○三　中篇　夏侯惇装容复原记
三○六　下篇　夏侯惇装容实拍图志

拾肆

三一一　李典：一个家族的精忠史
三一二　上篇　曹操集团中的「带资入股」者
三一八　中篇　李典装容复原记
三二○　下篇　李典装容实拍图志

拾伍

三二五　许褚：豪帅的另一种选择
三二六　上篇　生前无悔，身后有憾
三三○　下篇　许褚装容复原记

拾陆

三三五　五子良将：武将乱世悲喜剧
三三六　上篇　决胜官渡：五子良将归曹记
三四七　中篇　张辽装容复原记
三五一　下篇　于禁装容实拍图志

序章

×

黄巾起义

帝国梦魇，群星起点

×

上篇

苍天已死，黄天当立：
东汉的不散阴霾

下篇

最熟悉的陌生人：汉末
三国文武众生相

苍天已死，黄天当立：
东汉的不散阴霾

相信在多数人的印象中，汉末黄巾军总是带有一层神秘色彩，尤其是首领张角、张宝、张梁三兄弟，似有呼风唤雨之能。这当然要归功于以罗贯中为首的古代小说家们，《三国演义》开场第二回，就把桃园三杰与黄巾军首领"地公将军"张宝的交战写得非常精彩。张宝先派遣副将高升出战，几个回合便被张飞挑于马下，刘备旋即率军冲锋。此时只见张宝"就马上披发仗剑，作起妖法"，"只见风雷大作，一股黑气，从天而降；黑气中似有无限人马杀来"。刘备急忙回军，败阵而归。

虽然原著里这一怪力乱神的情节在 1994 年央视版《三国演义》中没有表现，但在各种三国题材的游戏中，张氏兄弟的"妖术"技能却被"发扬光大"。其实黄巾军首领们的"妖术"也不是无中生有，这场让汉王朝陷入危机的黄巾起义之所以被赋予这么多神秘色彩，是因为它从一开始的酝酿阶段起，就不是一场单纯的农民起义。也只有东汉末年极其复杂的土壤上，才能酝酿出在形式上空前绝后的黄巾起义。

汉末农民起义的土壤

英雄因时势而生，而张角就是汉末特有时势所造就的起义领袖。张角的崛起，可以从三个角度来解析：其一，黄巾军的群众基础是什么？其二，凝聚黄巾军的意识形态是什么？其三，首领张角何许人也，为何可以把数十万乌合之众变成有组织有纪律，能与庞大的汉帝国分庭抗礼的军队？

大规模起义的第一要素必然是"天下苦秦久矣"。黄巾军最大的群众基础是广大的流民，这是黄巾起义被定义为农民起义的主要原因。朝政昏聩腐败、连年天灾、瘟疫横行……这些都是滋生起义的肥沃土壤。东汉王朝自安帝之后，一方面，朝廷日益腐败，另一方面，地方门阀、豪强政治兴起，以至于大量的农民因豪族和官府的双重压迫而破产。农民一旦失去土地就成了流民，往往三五成群，作奸犯科，

或流于乡野田间厮混，或负案在身，为躲避官府追捕占山为王。这些流民积少成多，到达一定数量就会形成能够与官府对抗的武装集团，一旦时机成熟就会走上武装反抗官府的道路。

公元 2 世纪以来，天灾频发，全国多地接连发生洪涝、大旱、蝗灾，波及范围甚广，引发大规模流民潮。流民一多，起义就应运而生。安帝永初三年（109 年），山东沿海发生张伯路领导的流民武装大暴动，历时三年才平定。从此之后，江淮地区就成为流民暴动的热土，先后爆发多次起义。到顺帝建康元年（144 年），九江郡事端再起，徐凤、马勉发动起义，这回甚至出现了小朝廷，徐氏自称"黄帝"，建年号，置百官，不过也很快就被镇压。到桓帝时期，随着朝政日益黑暗，社会矛盾越发尖锐，流民暴动也愈演愈烈，以泰山和荆州为中心的地区尤甚，成为起义频发的两大"重灾区"。

为什么张角之前的东汉农民起义皆是地方小规模暴动，而黄巾起义却能成为一场波及全国，动摇汉王朝根基的大规模武装起义呢？这就不得不说说黄巾军的一大法宝，以太平道为基础的意识形态了。

西汉武帝以来，儒家逐渐取代汉初的黄老之道，占据庙堂成为主导意识形态，但道家并未因此没落。首先，寻仙、长生等学说对高位者依然有巨大的吸引力，在朝中影响犹在。其次，道家思想又结合了符咒、驱邪、请神送鬼等方术，在民间亦发展得如火如荼，形成了包罗万象的民间宗教。东汉晚期频发的起义中，出现了诸如"黄帝""黑帝"等名头，都是从原始道教中来的。当时的各种原始道教中，称得上集大成者的有两家，其一是顺帝时期张陵在蜀地创建的天师道，因入教者需交五斗米，又称"五斗米道"，其二便是张角创立的太平道。

张角"奉事黄老道"，蓄养弟子，广收门徒。而太平道的理论基础，来源于他早年得到的《太平清领书》（又称《太平经》）。这本神奇的《太平经》作者为何人，已无从考证，通常认为非一人一时所著，其母本乃西汉甘忠可所著的《包元太平经》，后经过长期不断编撰集成。值得注意的是，在东汉时期，这种民间宗教并非后世的白莲教、天理教、拜上帝教那样，只在下层发挥作用，朝中几乎无人信奉。两汉时朝廷中信奉民间原始道教之官员不在少数，西汉末年的朝廷官员夏贺良、丁广世、郭昌、解光、李寻等人都是《包元太平经》的信奉者，大力鼓吹这套学说，甚至就连汉哀帝都自号"太平皇帝"。夏贺良等人先后伏诛后，《包元太平经》被列为禁书，但其影响并未减弱，它在民间不断演变，最终成为《太平经》。

东汉顺帝时期，《太平经》已在民间广为流传，其中大有均贫富之思想，认为天地万物皆为天地之气所生，反对少数人独占多数财物，主张构建出一个"乐以养人""周穷救急"的黄金国度。这本书不仅吸收了道家的五行、方术，儒家的伦理，墨家的兼爱，还包含天文学、医药学、养生学等内容，体系相当庞杂。顺帝时期，琅琊有位著名方士号称于曲阳泉水上得神书一百七十卷，将《太平经》交予自己的弟子，让其献入宫廷，试图以此谋取学官地位，但因为书的内容过于荒诞而遭到拒绝。这名方士在《三国演义》中也很有名，就是被小霸王孙策诛杀，后化作鬼魂找孙策索命的于吉。

在天灾频发、民不聊生的东汉末年，《太平经》所描绘的黄金时代对挣扎在生死边缘的底层民众无疑具有巨大吸引力，这是太平道能够迅速发展壮大的重要原因。

此起彼伏的起义固然是因为官逼民反，但一场有组织、有预谋的全国性大规模起义，则必须由乱世之人杰来引领，这个人杰就是钜鹿人张角。

"大贤良师"的野望

同是起义领袖，与《史记》中名列"世家"的陈胜相比，张角是不幸的，官修史书《后汉书》《三国志》中均不见其列传。官史对这样的"反

▼安徽亳州曹操宗族墓地的壁砖，刻有"苍天乃死"字样，应为工匠刻意书之。此墓修建于黄巾起义十余年前，但地砖字样却与"苍天已死"的口号不谋而合。可见，在黄巾起义爆发的十多年前，这种对"苍天"（汉王朝）的诅咒已具有相当强的群众基础。（中国国家博物馆 藏）

贼"向来吝啬，只在皇甫嵩等镇压黄巾军的东汉官僚、将领的列传中附带其信息。《后汉书·皇甫嵩传》提及张角是钜鹿人，但并未记载其具体出身。那么，这位张角究竟是何许人也？

罗贯中在《三国演义》中说张角本是个不第秀才，某天进山采药遇到南华老仙，得赐《太平书》。一看这"不第秀才"四个字，就有明显的宋明痕迹，穿越感十足，必然不足为信。而传统的看法认为张角和陈胜、吴广一样，是底层劳苦民众出身，一跃成为农民起义军领袖。但值得注意的是，张角引领的黄巾起义与陈胜、吴广起义有本质上的不同。首先，陈胜、吴广起义有很大的偶发性，他们是被"失期当斩"所逼才揭竿而起，加上"天下苦秦久矣"，故而能一呼百应。张角的黄巾起义则经过十余年的发展，组织严密、谋划精细，影响力上达朝廷下及民众。早在暴动发生之前，张角的追随者就不仅有意识形态和理论基础，还组建了成体系的军事组织。在东汉时期，一个出身底层的农民要做到这些是相当困难的。

《后汉书·皇甫嵩传》中提及张角"奉事黄老道，蓄养弟子，跪拜首过，符水咒说以疗病，病者颇愈，百姓信向之"。除了传道之法，"蓄养弟子"四个字也十分关键，这需要有一定财力方能做到。与东汉相隔不远的晋人葛洪在《抱朴子·内篇·道意》一书中对张角等人严厉批判，说"曩者有张角柳根王歆李申之徒，或称千岁，假托小术……遂以招集奸党，称合逆乱"，但同时也提及张角等人"或欺诱百姓，以规财利，钱帛山积，富逾王公"。按照葛洪的记载，张角不仅不是出身底层的农民，而且是富甲一方的大土豪。

虽然《抱朴子》不能直接采用为信史，但我们可以结合东汉时期的实际情况作进一步推断。地主经济的兴起是东汉时期的一个显著特征。当初刘秀起家时，得到南阳以及河北豪强集团的支持，其当政后对豪强地主也多采取安抚和优待政策。在这样的大环境下，官僚、贵族和地主得以大肆兼并土地，形成庄园经济。这些世家大族，聚族而居，成为门阀的前身。这种现象引起的必然后果是农民负担增加，而豪强则形成了大大小小的坞堡势力，反过来又大大削弱了东汉朝廷的统治力。

东汉后期，地方政务基本由门阀把持，其中涌现出大量经学世家，他们开设学馆传道业，弟子上至皇室官僚，下至州郡人士，广布天下。这些弟子甚至不需要与经师见面，只要入门受业，就与经师结成师生关系，成为"门生"。回头看看张角的套路，除了所奉的思想不同之外，所作所为基本与经学世家如出一辙。再者，张角的追随者并非只是挣扎在生死边缘的流民，在朝中手握权力、锦衣玉食者亦不在少数。综合看来，张角、张宝、张梁三兄弟都不像是从底层冒出来的人，极有可能是颇具财力又野心勃勃的一方豪强，甚至可能是某个"坞堡王国"的领袖。

天灾频发，瘟疫横行，也是张角这样的野心家的最佳发展时机。他根据《太平经》中"众星亿亿，不若一日之明也；柱天群（蚑）之言，不若国一贤良也"的说法，自称"大贤良师"，二弟张宝和三弟张梁亦称"大医"。张角创立太平道，凭着其掌握的医学知识，带领弟子四处给受瘟疫之苦的百姓医治，同时传播周穷救急之教义和君明臣贤民顺的政治理想。以医病的方式传播教义见效非常迅速，很快就收获了一批忠实的追随者，而后张角又派弟子外出传授《太平经》，进一步扩大影响。

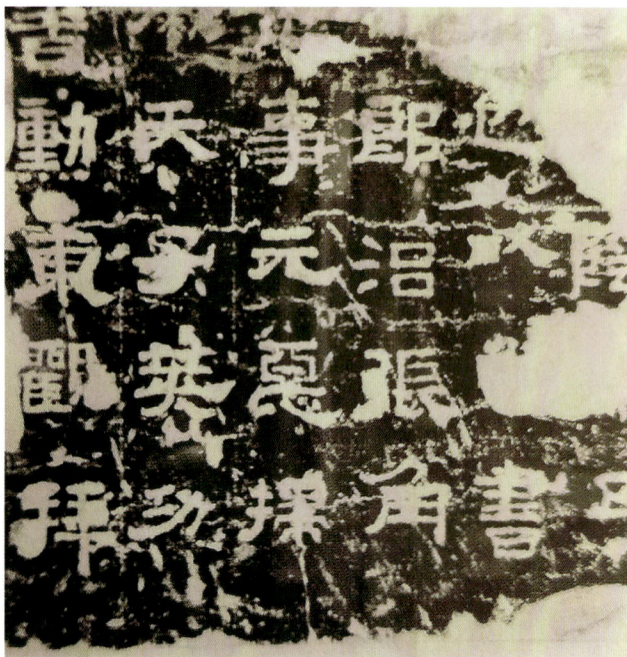

▲ 汉代张角残石拓本，此残石字体严整，记录汉末张角黄巾之事。（引自《全拓中国历代碑刻选：汉治张角残石、汉君子残石》，上海书画出版社1990年版）

十余年间，张角的追随者遍布青州（山东省北部）、徐州（江苏省北部）、幽州（河北省北部）、冀州（河北省中部及南部）、荆州（湖北省及湖南省）、扬州（安徽省中部及江南地区）、兖州（山东省西部）、豫州（河南省）等八州，人数多达十余万，甚至有人变卖家产，抛弃家业前往投奔。更甚者，连朝中官员、宫中宦官及宿卫也有不少人入教，成为"大贤良师"的追随者。而流民聚集的泰山周边及江淮地区，更是太平道的主要传播区域。

如此多的人应当如何组织？这是张氏兄弟必须解决的问题。事实证明，他们在组织人员方面也很有一套。张角号令弟子在各地建立太平道教徒组织，以"方"为单位，共置三十六方。这里的方不仅是教区组织，更重要的是便于军事领导的军区组织。方有大方和小方之分，统领皆称为"渠帅"，大方渠帅统领万余人，小方渠帅统领六七千人。此外还设有统领众方的总指挥，在黄巾军起事前夕，大方渠帅马元义就被张角授予此职。

天上繁星众多，亮度不及一个太阳；天下所有蚑虫的言语行动，比不上一位贤良君主。这就是"大贤良师"张角的原意，其野望不言而喻。

岁在甲子，天下大吉

公元 183 年，太平道的势力已如日中天，一场以推翻汉王朝为目的的大规模暴动正在酝酿之中。难道朝中就无人警惕吗？并非如此，早在光和四年（181年），司徒杨赐就上书说到太平道问题，认为张角欺骗民众，扩张势力，其心不轨。杨赐还指出，如果现在镇压太平道，恐怕会马上引起骚乱，不如先遣送那些前往投奔张角的教众回原籍，削弱他们的势力，然后再诛杀其首领，将暴动扼杀于摇篮之中。

杨赐眼光很准，方法也不错，但这份上书却没有得到回应。不久之后，司徒掾（幕僚式官职）刘陶再次上书言张角欲作乱之事，刘陶提到张角势力如日中天，而州郡官府却假装不知道，更不准备奏报中央。他建议灵帝公开悬赏，捉拿张角等人，如果地方官员不作为，则与张角同罪。这份上书同样没有得到灵帝的回应，灵帝反而下诏让刘陶重新注解《春秋》，对太平道之事毫不在意。

刘陶上书中有一点非常值得注意，那就是地方官员们对张角的纵容态度，史载他们误认为张角的举动是在教化民众向善，但事情应该没那么简单。我们可以进行合理的推测，张角能够肆无忌惮地发展势力，而地方官府又能成为其保护伞，必须以地方官员对其有所了解，与他有一定交集为前提。也就是说张角等人不仅鼓动大量的下层流民，也与中、上阶层人士有交往。从黄巾军将领的姓名中也能发现问题，时人有"贵一字，贱二字"的习惯，双字为贱，上层人家不用。熟悉汉末三国历史的人都知道，当时文臣武将之名多是单字，而在黄巾军中，既有波才、韩忠、赵弘等单字名，也有马元义、张曼成等双字名，可见其成分复杂。当然，这里还存在另一种可能，那就是元义、曼成都是表字，其名已不可考。

结合太平道势力渗透宫内的情况来看，甚至可以断言，不少地方官员本身就是太平道信徒。这是黄巾起义非常特殊之处，东汉之后，以宗教为名爆发的起义不在少数，如元末红巾军起义、清代白莲教起义、晚清太平天国起义，但这些宗教基本只能影响和团结下层，朝廷中无人会信奉白莲教或拜上帝教。黄巾起义则不同，其影响由下至上，既团结了最基层的流民，又拉拢了中层的一些有产者（例如有人变卖家产投奔张角），不仅遍及地方官府，甚至渗透进了汉王朝的中央。尽管黄巾起义的影响程度和持续时间都不如上述的那些宗教式起义大，但就纵向影响力而言，却算得上空前绝后。

这并不是说张角就比后来的洪秀全、杨秀清等人厉害，因为只有东汉那个时代才能造就这么一场非典型起义。两汉之时，人们仍然笃信"天命说"，如陈胜、吴广要借用扶苏、项燕之名，刘邦斩白蛇起义，也要附会赤帝之子斩白帝之子的说法。就以东汉末年而言，一句"代汉者，当涂高也"的谶言不也让袁术做起皇帝梦吗？东汉的统治者将谶纬之学作为官学，还有《白虎通义》这种官方神学法典，整个朝廷乃至社会都笼罩在浓厚的宗教神秘气氛之下。

▲《黄巾起义》连环画封面。（上海人民美术出版社 1978 年版；王亦秋、庞先健 绘）

而唐宋之后，社会形态与两汉时期已大为不同，经过数百年的战争洗礼，对"强权"的认同逐渐取代了对"天命"的认同，五代时后晋的成德军节度使安重荣一语道破天机："天子宁有种耶？兵强马壮者为之尔。"故而后世王朝的皇帝也很少附会什么怪力乱神的传说，到明清时，连传国玉玺之类的凭证也不讲了。这样的社会环境下，兴起于民间的白莲教、拜上帝教就算势力再大，也很难渗透国家上层。

生活于汉末的张角则不同，那种特有的宗教神秘色彩被他充分利用。朝廷靠搞"谶纬"、讲"天命"来凝聚人心，张角同样能靠这些来扩大自己的组织。起事之前，黄巾军总指挥马元义等人先集结荆州、扬州流民数万人，预定在邺城会师后举事。同时，马元义频繁前往京师，与中常侍封谞、徐奉联络，以二人为内应，约定于甲子年三月初五，内外同时发难举事，摧毁汉王朝，建立新政权。同时宫中多名信奉太平道的宦官、侍卫也都与马元义约定共同举事。待到万事俱备，神秘的谶言亦随之出现：天已死，黄天当立；岁在甲子，天下大吉！

关于"苍天已死"，历代说法众多。有人认为应为"赤天已死"，因汉高祖刘邦自命"赤帝之子"，但为了避免引起注意而改为"苍天"。也有人认为东汉军士的戎装多为苍青色，"苍天已死"所指汉室将灭。还有人认为本没那么复杂，苍天已死就是单纯说老天爷已经死了。下一句"黄天当立"比较好理解，指张角的黄巾军要成为新的天下之主。这一切在什么时候发生呢？"岁在甲子，天下大吉"——就在甲子年，太平道宣扬的那个光辉灿烂的理想年代将会降临。当时上至国都洛阳，下至各地州郡，尤其是官府衙门机构的门上、墙上皆出现了以白石灰写成的"甲子"二字。甲子年就是即将到来的东汉光和七年，即公元 184 年。

遍地烽烟黄巾起

东汉光和七年，公元 184 年，甲子年。

这注定是不平凡之年的甲子，一月就发生了改变历史的大事件——太平道出叛徒了！叛徒名唤唐周，他向朝廷告密，将张角准备起事、马元义联络京师教徒里应外合等种种阴谋全盘托出，并提供了太平道首领名单。这个唐周的具体职位虽无记载，但必定是黄巾军中的重要人物，否则不可能掌握这么多核心机密。朝廷闻之大惊，立即下令逮捕了马元义，将其押送京城，以车裂酷刑处死。随后灵帝下旨京师戒严，三公、京畿总卫戍司令迅速展开大规模调查，上至宫廷内臣、朝廷官员，下至京师百姓，全都经历了一场天罗地网式的大搜捕，但凡信奉太平道者一律逮捕，仅京师一地就处死了一千余人。随后朝廷命令冀州官府立即捉拿张角等人。

张角本打算于三月里应外合同时举事，但唐周的叛变打乱了原定计划，张角在宫中和京城的内应遭到毁灭性打击，各地也开始对太平道进行镇压，形势可谓箭在弦上不得不发。但即使出了如此重大的变故，黄巾军仍发挥出强大的组织力和号召力。随着张角发出紧急号令，遍布八州的三十六个军区、十余万人，每个人都头裹黄巾作为标志，同时举兵。一时遍地烽烟，黄巾如潮。东汉政府将其称之为"黄巾贼"，因黄巾军席卷八州，来势凶猛，又如飞蛾一般源源不绝，故又称"蛾贼"。

光和七年（184 年）二月，一场由张角兄弟领导，影响波及全国，场面轰轰烈烈的黄巾起义就此爆发。张角根据《太平经》中天、地、人"三统"的思想，自称"天公将军"，二弟张宝称"地公将军"，三弟张梁称"人公将军"。遍地烽烟豪杰起，黄巾大潮以风卷残云之势，一路攻城夺寨，斩杀官吏，焚烧官府，州郡官员大多弃地而逃，史称"旬日之间，天下响应，京师震动"。势如破竹的黄巾军很快攻占河北地区的多个州县，汉家的安平王刘续、甘陵王刘忠皆为黄巾军所俘虏。四月，冀州地区黄巾军一路北伐，与当地黄巾军会攻广阳郡，斩杀幽州刺史，至此，冀州与幽州两地的黄巾军连成一片，声势日盛。与此同时，南阳郡的黄巾军在渠帅张曼成率领下进攻宛城，斩杀南阳太守，控制南阳郡地区。汝南郡的黄巾军将领波才、彭脱也攻陷官府，率部进入颍川郡，兵锋直指洛阳。

黄巾军虽来势凶猛，但东汉王朝还不至于一触即溃。经过了初期的慌乱，朝廷逐渐镇定下来，开始组织防守。灵帝首先依仗的是外戚势力，何皇后的兄长、破获马元义密谋的何进被任命为大将军，统领京师附近的军队，防守洛阳[①]。同时，

① 洛阳在东汉初年改称"雒阳"，至汉末仍沿用此名。直到曹丕称帝后又改回"洛阳"。为便于理解，本书一律统称"洛阳"。

东汉朝廷设置八关都尉，布重兵防守洛阳周边的八个关隘，防止太平道势力渗透京师地区。当年四月，汉灵帝下诏解除党禁，赦免了之前党锢之争中的受害人士，并重新起用一批官员。做好防卫工作后，朝廷开始商讨如何组织进攻。首先是动员地方门阀组织私人武装，参与讨伐黄巾军；其次是把能够动员的汉军集结起来，任命皇甫嵩为左中郎将、朱儁为右中郎将、卢植为北中郎将，组成中央直属的平叛大军，分头出击。

四月，皇甫嵩、朱儁率领四万大军进入距离洛阳最近的颍川郡，意在击溃此地的黄巾军，解除京师危机。没想到出师不利，黄巾军士气正旺，在统领波才的率领下直接与朝廷平叛大军交战，朱儁部很快便被击溃，皇甫嵩也被波才的黄巾军围困于长社，孤军奋战。关键时刻扭转战局的还是皇甫嵩。北方的四月天气尚未回暖，大地仍是枯草丛生，身陷重围的皇甫嵩敏锐地发现波才部的黄巾军都是依草结营，而且经过前期一连串胜仗，难免轻敌骄傲。皇甫嵩抓住时机，选定一个大风之夜发动火攻突袭。火借风势，衰草迅速燃烧，烈焰吞没黄巾军营地，皇甫嵩部乘势杀出，黄巾军猝不及防，被打乱阵脚。波才正欲撤退，忽然被一队数千人的骑兵截住，这支骑兵的统领正是骑都尉曹操。

随着朱儁、曹操援军的到来，态势发生逆转，波才的黄巾军损失数万人，主力遭到毁灭性打击，他只得率残部败走阳翟。官兵乘胜追击，最终在阳翟剿灭了波才部，随后又转战西华击破彭脱部。长社之战扭转了汉军与黄巾军的攻守之势，随着颍川郡的黄巾军被剿灭，东部黄巾军势力被摧毁，不仅京师危机解除，官兵也很快转入反攻。

东汉帝国的梦魇

黄巾军将领彭脱战败身死之后，汝南郡势态也被官兵所稳定，朝廷遂命令皇甫嵩北上驰援董卓，平定冀州的黄巾军，命令朱儁率部讨伐南阳的黄巾军。

当年三月，南阳太守褚贡被黄巾军张曼成部斩杀后，此地黄巾军声势大涨，张曼成称"神上使"，在黄巾军中影响甚大。

张曼成集结黄巾军攻打南阳郡，屯兵南阳郡郡治宛县城下，双方对峙一百余日，宛县已岌岌可危。不过新到任的南阳郡守秦颉是个猛人，他迅速组织义兵联合郡兵一同对黄巾军发动进攻，竟一战斩杀了黄巾军的"神上使"张曼成。然而，张曼成之死并未使黄巾军陷入混乱，他们很快拥立赵弘为统帅，加上各地战败的

▲ 在前线与官兵浴血奋战的黄巾军。（出自《三国演义·桃园结义》连环画，上海人民美术出版社1979年版；徐正平、徐宏达 绘；杨超 上色）

黄巾军退入南阳，人数反而再度增加，拖家带口多达十万之众。黄巾大军在赵弘率领下攻占宛城，将此地作为根据地。

朱儁率军抵达后，与秦颉商讨战略方针，决定会同荆州刺史徐璆之兵，合围宛城。宛城城高池深，加上黄巾军人数众多，官兵围攻两月也未能攻破城池，但宛城的黄巾军统帅赵弘也在激战中阵亡，众人又推举韩忠为统帅，继续抵抗官兵。官兵一方，朝廷多次催促朱儁，甚至想临阵换将，多亏朝中司空张温力保，朱儁才未被撤换。朱儁见围攻多日不成，便假装撤围，引诱黄巾军突围，韩忠果然中计，刚一出城突围便被官兵的伏兵杀得片甲不留，只得缴械投降。原本以为宛城之战就此结束，没想到秦颉却下令斩杀了已投降的韩忠，这次杀降事件导致宛城黄巾军再次凝聚，推举孙夏为统帅，进行殊死抵抗。

不过此时黄巾军已元气大伤，破城只是时间问题。官兵加强攻势，在最后的攻坚阶段，朱儁帐下的一名将领表现异常英勇。这名将领任佐军司马之职，他率领手下的淮泗精兵对宛城发起猛攻，连日攻击后终于破城。孙夏败退，率部向南阳郡西部的山区转移，最后被官兵剿灭于精山，南阳黄巾军遂告平定。而朱儁帐下那名勇猛的佐军司马，就是日后江东霸业的开创者孙坚。

最为核心的作战区域是北中郎将卢植负责的冀州。这一地区的黄巾军由"天公将军"张角亲自统领，最不好对付。不过随着各地黄巾军被官兵击破，张角率领的黄巾军也转攻为守，他决定采取固守战术，与三弟张梁一同退守广宗，二弟张宝则屯军曲阳。双方呈掎角之势，企图拖垮官兵。张角的策略在前期的确起了作用，卢植率部打了三个月也未有进展，反而因此被降罪。朝廷将其撤换，派董卓前来作战。董卓打了两个月，仍然未能攻下，朝廷于是在八月调皇甫嵩前来支援。

所谓人算不如天算，张角企图拖垮官兵，却想不到自己先被拖死了——在围城期间张角一病不起，不久便命归九泉。待到皇甫嵩率军前来之时，广宗黄巾军的实际领导者已是张角的三弟"人公将军"张梁。进入冬季十月，皇甫嵩率部攻城，张梁率领的黄巾军战力不减，勇往直前，几个回合下来皇甫嵩未占到丝毫便宜。从卢植到董卓，再到皇甫嵩，都拿这固若金汤的广宗城没办法。既然强攻不成，皇甫嵩只能改变战法，下令关闭营门，休养生息，同时观察张梁军的变化。黄巾军被围城数月，已经十分疲惫，现在见到官兵偃旗息鼓，难免松懈。皇甫嵩巧妙地耗尽了黄巾军"一鼓作气"的锋芒，在其再而衰，三而竭之际，忽然发动猛攻，终于一举攻破广宗。张梁率领三万黄巾军与官兵进行殊死血战，最后全部阵亡，另有五万余人投河自尽（很多人为黄巾军眷属）。

广宗城破，张梁战死，此前已病故的太平道首领张角也被从坟墓里挖了出来，开棺戮尸，枭首送至京师。接下来，官兵直捣曲阳，失去广宗的掩护，曲阳于十一月被皇甫嵩攻破，"地公将军"张宝也在混战中阵亡。至此，张氏三兄弟全军覆没。张角兄弟的相继殒命，标志着甲子年历时十个月，波及八州，影响全国的黄巾起义被朝廷平定。

黄巾起义带来的统治危机总算过去了，东汉王朝也以平定黄巾军为记，改元中平，故而公元184年拥有两个年号——光和七年与中平元年。然而，张角之死并不意味着动荡的终结，黄巾军转入地下，太平道仍在顽强传播。而在黄巾起义的同时，蜀地五斗米道的张修也发起暴动。东汉的疆土上，起义不仅没有消失，反而愈演愈烈。自甲子年的黄巾起义以来，各地农民纷纷起事，大集团两三万人，小集团六七千人，不可胜数。例如，公元184年张角刚死，公元185年又冒出个张牛角，率领农民与另一首领褚飞燕会攻钜鹿郡的瘿陶。张牛角战死后，褚飞燕统领其部转战数地，改名张燕，成为让朝廷极为头疼的"黑山贼"。

《资治通鉴》总结道："自张角之乱，所在盗贼并起……不可胜数。"中平五年（188年），全国范围内又爆发第二次黄巾军暴动，首领为郭太，人员仍是太平道的追随者，队伍一度多达十万余人。此外，豫州、青州、徐州等地区先后出现多支黄巾军。尽管后来的黄巾军暴动都没有再像公元184年那般规模庞大，可张角及其太平道却一直阴魂不散，直到汉献帝初平三年（192年），曹操收编了青州黄巾军后，大规模的黄巾军集团才算被平定。但一些零散的小规模黄巾军武装，一直持续抵抗，直到东汉灭亡。朝廷为镇压农民起义，给予地方官员及门阀豪强组织武装、编练军队的机会，直接导致了汉末地方军阀的兴起，最终将东汉推向灭亡。黄巾起义是东汉始终未能摆脱的梦魇。

最熟悉的陌生人：
汉末三国文武众生相

▼ 张角，黄巾军首领，内穿黄袍，外披精致的汉札甲，头戴的首服为花形小皮弁，参考后世莲花冠绘制。他自称"大贤良师"，以太平道总首领身份号令信徒于光和七年（184年）发动黄巾起义。（金代飞绘）

光和七年（184年）春，黄巾起义拉开汉末三国乱世之序幕，罗贯中的《三国演义》也将这一历史事件作为开场戏。小说中，刘关张桃园三结义后，首战黄巾军于大兴山，见黄巾军形象为"贼众皆披发，以黄巾抹额"，而后虚构了邓茂、程远志等黄巾军将领给关羽、张飞"送人头"，为两位主角的首杀平添几分精彩。而后随着曹操、董卓等人相继登场，以干戈谱写的三国战曲之前奏响彻天地。

作为乱世开局之标志的黄巾起义，亦是本书的开篇。在此，我们以前文提及的几个人物为代表，用绘图和真人实拍方式，从服饰、甲胄、武器等角度，展示东汉末年至三国时代的几类主要人物，一览那段备受关注的动荡历史中，从黄巾军士兵到义军将领，从东汉军士到汉王朝文武官员的基本风貌。

图绘三国

起义军将领

▼ 波才，为数不多的有胜绩见于史书记载的黄巾军将领。（饶晋萍 绘）

姓名：波才

表字：不详

生卒年：不详

阵营：黄巾义军

　　虽然波才是本书中首个有全身图绘的武将，但他在汉末三国史上的存在感并不高，知名度甚至远不如《三国演义》中虚构的程远志（毕竟是小说中关羽的"首杀"）。当然，这很大程度上是因为波才压根就没在大众喜闻乐见的《三国演义》里出现过。不过，黄巾军诸多统帅的事迹在正史中的记载都极少，波才却是少有的留下过一些胜利战绩的黄巾军将领。

　　黄巾起义爆发之初，东汉朝廷为了解除京师危机，派遣中郎将朱儁与皇甫嵩一同率领四万大军向距离洛阳最近的颍川郡推进，而此地黄巾军的将领正是波才。两军刚一接触，波才就发挥其指挥才能，迅速击溃了朱儁的部队，皇甫嵩也被黄巾军围困于长社。后来皇甫嵩利用火攻成功逆袭，击溃波才军。波才败北后，其部先后遭到曹操、朱儁等部截击，最终覆灭于阳翟。不过波才本人的最终结局究竟是战死还是逃散，史书中并无明确记载。《三国演义》第一回将历史上的长社之役作为刘备与曹操初次见面的战场，黄巾军将领也改为分量更重的张宝、张梁兄弟，波才也因此在小说中被隐去。

　　在群星闪耀的汉末三国，波才显然不属于一二流武将，但毕竟这位黄巾军渠帅差点歼灭了东汉朝廷三路围剿大军的其中一路，在黄巾起义战史上依然足够引人注目。绘图中波才的装束要比普通的"泥腿子"黄巾军杂兵精锐许多，除了头系黄巾的共同装束，上身装备有保护身体要害的札甲裲裆铠，下身系有绑腿，脚蹬布鞋。重点是他的铠甲之下那身纯黄色的内袍，这很可能是黄巾军高层的重要服饰标志。其依据是距离东汉末年比较近的

▼（左下）普通黄巾军士兵，多为食不果腹的流民。（饶晋萍 绘）

▼（右下）东汉灰陶持锸俑，普通黄巾军造型及其装备主要以该文物为参考。（四川博物院 藏）

文献，《后汉书》引西晋哲学家杨泉《物理论》载："黄巾被服纯黄，不将尺兵，肩长衣，翔行舒步，所至郡县无不从，是日天大黄也。"

当然，"不将尺兵"是起义爆发前太平道信徒搞游行时的状态，起兵后双方你死我活，这些将军、渠帅们自然也要拿起武器与朝廷拼命。东汉末年的战场上，刀已是主流，但剑则更具有仪式感，故而给波才配用一把汉剑，剑锋穿插几道黄纸，增强其太平道信仰的宗教色彩。

普通黄巾军士兵

黄巾军是一支非常复杂的部队。张角是教主式的人物，张氏兄弟也很可能是财力富足的一方豪强，而非普通农民。但黄巾起义之所以被定义为农民起义，还是因为其主体为农民，或者说失去土地的流民。起义爆发后一月之内，中原各省纷纷响应，京师为之震撼。黄巾军声势如此浩大，不只归功于张角等人长期的谋划准备，东汉末年饥荒蔓延、疫病横行、朝廷腐败、民不聊生，催生出大量吃不饱饭的流民，才是最根本的原因。

图中这名黄巾军士兵一副东汉农夫打扮，身穿褚褐，脚蹬草鞋，衣着较为破旧，但头上系的黄巾表明了他身处的阵营。动作造型参考了四川博物院中一组东汉时期的灰陶持锸男立俑。这名黄巾军士兵一手持有农具，腰间又佩带短刀，集耕战于一体。他们虽然衣着破旧，装备粗糙，但人员数量庞大，可以说黄巾军最主要的组成力量就是这群吃不饱饭的"泥腿子"。

东汉文官

姓名：刘陶

表字：子奇

生卒年：? —约185年

阵营：东汉朝廷

图中身穿皂朝服（皂即黑色），腰挎汉剑，头戴进贤冠者为汉末忠臣刘陶，也是黄巾起义爆发前，力劝汉灵帝防范的汉臣之一。前文已详细解读过，黄巾起义并非突发事件，而是长期策划、有组织、有预谋的。在张角太平道发展得如日中天之时，刘陶屡次上书告诫，这意味着东汉朝廷中并非没有明眼人意识到问题的严重性。

刘陶是汉室宗亲，为济北贞王刘勃之后。黄巾起义爆发前，他在上书中建议灵帝公开悬赏，捉拿太平道领袖，但没有得到灵帝的回应。由于刘陶精通《尚书》《春秋》，灵帝无视他的建议后，又下诏让他重新注解《春秋》。刘陶的结局并不好，黄巾起义被平息后，西北发生了骚动天下的边章叛乱事件，刘陶被奸人诬告与边章勾结，为表忠贞，他绝食而死。

作为鞠躬尽瘁的汉室忠臣，刘陶身着东汉时期的文官服饰标准件。两汉四百年，文武官员的装束亦有演变。刘陶所穿的东汉时期文官礼服，形制主要参考汉代文献及河南洛阳朱村壁画等东汉前后的壁画、线刻、陶俑。整体造型参考中国国家博物馆复原的东汉文官蜡像姿势。

东汉文官最具辨识度的服饰是头上佩戴的进贤冠。

进贤冠的影响非常深远，从汉代到宋代，一直在文职人员的礼服中居于首要地位。当然，进贤冠的款式并非一成不变，而是随着时间推移而演变，每个时代都有不同特色的款式。图中刘陶所戴的进贤冠为经典的东汉款式。这个时期进贤冠的主要特征是以介帻为衬，在介帻后部延伸出上翘的冠耳。原来西汉时期小冠的主冠体发展到东汉时已成为进贤冠的一个部件，名曰"展筩"。汉代的展筩为具有三个边的斜俎形。到了晋代，简化为只有两个边的人字形，同时冠耳升高。此外，进贤冠上的梁数有一梁、两梁、三梁三种，公侯为三梁，中二千石以上至博士以及刘氏宗

▲ 刘陶，汉室宗亲，汉灵帝时期著名谏臣。（饶晋萍 绘）

亲为两梁，自博士以下至小史、私学弟子皆一梁。刘陶的中陵侯之爵是死后追封，其生前并未封侯，但他拥有汉室宗亲的身份，故而所戴进贤冠为两梁。

《三国志》中涉及的人物生活于东汉末年至西晋之间，所以要复原汉末三国群英之装束，这套东汉文官服是必不可少的。甚至可以说，我们熟知的三国人物，如曹操、刘备、荀彧、孔融等在东汉朝廷担任过文官职位的人物都大概率穿过这身装束。此外，蜀汉政权继承东汉之法统，衣冠服制也一脉相承，因而到了三国时期（即东汉灭亡后），较为出彩的诸葛亮、蒋琬、费祎等人物也必然穿过这种服饰。当然，官职不同、品级不同，在进贤冠之上是有所区分的，这些细节在本书诸葛亮章节的历史形象复原部分会图文并茂地详细介绍。

东汉武官

姓名：皇甫嵩

表字：义真

生卒年：？—195 年

阵营：东汉朝廷

图中人物为平定黄巾起义的主要将领皇甫嵩。黄巾起义爆发后，皇甫嵩被授为左中郎将，率兵与黄巾军作战，在长社之战中击败黄巾军将领波才，后又与朱儁一起乘胜镇压汝南、陈国地区的黄巾军，连连取胜，平定三郡之地。十一月，皇甫嵩与钜鹿太守郭典一举攻克曲阳，斩主帅张宝，俘杀十余万人。起义平息后，皇甫嵩因功授封车骑将军，领冀州牧。

车骑将军为汉代金印紫绶的重号将军，位仅次于大将军及骠骑将军，东汉末年开始成为常设的将军官名。故而皇甫嵩的形象设定为东汉武官。自

▶ 皇甫嵩，东汉末期名将，平定黄巾起义的主要将领之一。（饶晋萍 绘）

刘秀建立东汉以来，形成了文玄武绯的服制体系。东汉时期文官以黑袍为主，武官则以红袍为主，这一点在央视 1994 版《三国演义》中亦有表现。无论是武官服还是骑吏服，红色系服饰都占了很大比重，这在出土的东汉墓葬壁画中多有印证。例如洛阳偃师杏园村东汉墓壁画《车马出行图》中，导引骑吏多着红色长袍。除了袍服，汉末三国时期武人所戴的首服同样也以红色系为主，最为典型的如赤帻。

图中皇甫嵩所戴首服为武弁大冠。《后汉书》载："武冠一曰武弁大冠，诸武官冠之。"这种冠实际上是由弁加上帻组合而成的。帻是东汉时期武人较为普遍的首服，起初为身份低下的仆从所戴，随着时代变迁，其代表的身份地位逐渐提高。根据《后汉书》刘昭注引《晋公卿礼秩》载："大司马、将军、尉、骠骑、车骑、卫军、诸大将军开府从公者，著武冠，平上帻。"

"平上帻"即是衬于武弁底下的帻名。可见到东汉晚期，即使是身份尊贵者，燕居之时亦常戴平上帻。这种帻的顶部到了东汉中期已演变为硬壳。东汉晚期，平上帻后部逐渐增高。东汉晚期武弁大冠之下所用之帻多为赤色，又称"赤帻"，只有水军服"黄帻"。

其实不仅是皇甫嵩这样具有很浓烈的东汉臣子色彩的人物会穿着此服饰，我们熟知的三国英雄，无论是夏侯惇、吕布、张飞等武将，还是曹操、袁绍等君主，只要在东汉至三国这段时期内担任过武官职务的，大概率都会穿上这身装束。

▼ 陷阵营军士。身着东汉时期的铁札甲，较西汉有所发展，综合参照老深河出土的东汉鲜卑甲胄、乌桓校尉府壁画、东汉画砖等资料绘制。图中军士所戴铁胄为铁叶编缀，肩臂部采用筒袖形式，大腿部增加了防护，配长环首刀。（杨翌绘）

陷阵营军士

汉末三国时期的部队代号绝对令人印象深刻，曹魏阵营有虎豹骑、武卫营、青州兵等，蜀汉阵营有无当飞军、白毦兵等，东吴阵营有解烦军、丹阳兵、绕帐士、车下虎士等，甚至群雄阵营中也有诸如陷阵营、白马义从等听起来颇有王牌军气场的部队。

但这些部队在历史上都穿着什么样的甲胄呢？史书中并无详细记载。在还原汉末三国时期各部队的装束时，我们遵从两个基本原则：第一，甲胄需符合时代特征，即以考古成果中东汉至三国时期甲胄的样式为主要参考蓝本。鉴于这个时期实体文物较少，还应辅以溯源和考察沿革之方法，以西汉和两晋南北朝时期的文物作为辅助参考资料。第二，尽可能在历史文献中找到一些有效信息，在遵从基本逻辑的前提下将其纳入考量。陷阵营军士的形象就是在这两个基本原则的基础上绘制的。

声名显赫的陷阵营究竟是一支怎样的部队？陈寿的《三国志》中并没有关于这支部队的记载。它首次出现于裴松之注解中引用的《英雄记》。这支部队属于吕布阵营，它的统帅是吕布麾下的名将高顺。

高顺为人清白，有威严，不饮酒，不受馈。《英雄记》中记载，他"所将八百余兵，号为千人，铠甲、斗具皆精练齐整，每所攻击，无不破者，名为陷阵营"。

在这段记载中，"将八百余兵，号为千人，铠甲、斗具皆精练齐整"是关键信息，可知这支部队有人数不多、装备精良的特点，用现在的话说，就是一支用钱"砸"出来的部队。早期诸侯混战时，兵力较为分散，战争规模、参战人数有限，与三国后期的大兵团作战不可同日而语。所以在这个阶段，诸如白马义从、虎豹骑、陷阵营这样下重金精心打造的部队，很容易在乱世中脱颖而出。

在抓取了"精练齐整"这一关键词后，对陷阵营军士形象的复原就可以参考东汉末年较为完整和精良的铠甲，以此为蓝本推演出来的形象即使未必百分之百符合史实，也能将偏差降到最低。就汉代甲胄而论，西汉有较多实物出土，东汉时期甲胄文物资料反而比较匮乏，但还是能从出土的武士俑、壁画以及文献记载

中看到其在西汉甲胄基础上继续发展的轨迹。形制方面，东汉甲胄开始出现保护大腿部位的裙甲。质量方面，随着百炼钢工艺的成熟，其防御力也比西汉时期的甲胄大为提升。随着冷兵器的发展，甲胄不仅保护面积越来越大，而且坚硬度越来越高。在这样的历史条件下，装备精良且完整，我们可以理解为身穿东汉时期的重甲。

图中这名陷阵营军士即采用东汉重甲步兵形象，铁胄由铁叶编缀而成，肩部采用防护力较高的筒袖，大腿部也增加了防护，手持品相较好的长环首刀。这种装备精良且齐全的重甲士兵，在东汉末年绝对稀有，因需要花费大量的资金打造甲胄和兵器，故而人数也不会太多。

遗憾的是，陷阵营作为并州军事集团的王牌部队，纵然取得了平定郝萌内乱，击败刘备、夏侯惇联军的傲人战绩，却因为主君的败亡而过早地退出历史舞台。吕布有勇无谋，见利忘义，作为良将的高顺曾多次进谏忠言，却终不为吕布所用。随着吕布被曹操擒杀，高顺也选择了与张辽截然不同的道路——跟随主君一同赴死。这不仅是乱世良将的悲剧，也是这支乱世王牌军的悲剧。

东吴车下虎士

从目前已知的史料来看，车下虎士乃东吴专属。所谓"车下"，即君主车驾之下，其名出自《三国志·吴书·甘宁传》。建安二十年（215年），孙权亲征攻打合肥时遇到瘟疫，军旅皆退出疫区，"唯车下虎士千余人，并吕蒙、蒋钦、凌统及宁从权逍遥津北"。看来"车下虎士"应该属于君主的亲军。图中车下虎士形象主要参考东吴将领朱然墓出土的彩绘宴乐图漆案中的羽林郎形象绘制。羽林郎为汉代禁军官名，掌宿卫、侍从。不过在东汉末年，如曹操、刘备、孙权这样的君主，即使尚未称王称帝，也已经拥有自己的亲军。正是基于这样的逻辑，合肥之战中有禁卫军性质的车下虎士之形象即以后来东吴的羽林郎形象为参考。

▼ 东吴车下虎士。主要参考东吴将领朱然墓出土彩绘宴乐图漆案上的羽林郎形象绘制，身穿绿袍，携带弓箭，头戴平巾帻。（饶晋萍 绘）

▶ 朱然墓出土彩绘宴乐图漆案上的羽林郎形象。（马鞍山市三国朱然家族墓地博物馆 藏）

朱然墓彩绘宴乐图漆案中的东吴禁军服色有绯、绿两种颜色，绯色袍服的武士旁边写有"羽林郎"字样，即禁军官长，跟在他身后的三位持弓箭者皆服绿袍。几位禁军皆未穿甲胄，一来可能因为反映的是宴会场合，没有披甲必要；二来可能是兵种关系，负责远程攻击的弓箭兵的防御需求也远不及直接肉搏的刀盾手强。

这位车下虎士的首服为平巾帻，也参考了朱然墓文物图案上的形象。这种平巾帻由东汉时期的平上帻演变而来，与东汉至三国时期常见的介帻属于同一体系。根据《晋书·舆服志》记载，"介帻服文吏"，而"平上服武冠也"。自东汉中期以后，平上帻的后部逐渐增高，到东汉晚期演变为平巾帻。帻在东汉时多搭配燕居之用的常服，但发展到两晋时期后，由于更加简便的帢帽大行其道，平巾帻反而成为礼服。

真 人 实 拍

以真人实拍方式展示汉末三国人物装束，进行历史重演，也是本书的重要组成部分。本书参考汉代至魏晋时期考古资料及服饰史研究成果，使用专业团队制作的服饰、甲胄、武器模型进行真人实拍，以呈现更生动、更直观的视觉内容，与绘图形成互补。

这里首先重点展示黄巾义军、戎装汉军、带甲汉军、东汉文武官等汉末文武众生相。后文中的部分章节将依照历史重演的标准，选择符合人物时代特征的装束，由夜不收·历史重演小组对诸葛亮、周瑜、夏侯惇、李典等三国名人进行真人复原。

三国英雄的基本形象早已深入人心，真人复原的用意绝非颠覆传统认知中的演义形象，而是希望起到抛砖引玉的作用，在多元和包容的三国宇宙中，提供塑造另一种形象的可能性，让我们中国人所熟知的三国群英更加璀璨夺目。

精锐黄巾军

前文展示了由流民组成的普通黄巾军士兵形象，但流民绝不是黄巾军的全部。黄巾起义与后世很多著名的农民起义不同，其影响由下至上，既团结了最基层的流民，又拉拢了中层的一些有产者，有人不惜变卖家产也要投奔张角，后来太平道的影响力甚至渗透到地方官府和东汉王朝的中央。

以历史记载为基础，我们设定中的精锐黄巾军采用了汉朝中央军的戎服，腰系马头革带，手持环首刀。汉代常提及禁军"缇骑"，其中"缇"也是指服饰颜色，许慎《说文解字》记载："绛，大赤也，今俗所谓大红也；缇，丹黄色也。"

图中的黄巾军为什么能穿上汉王朝中央禁军的戎服？以合理逻辑推论，有两种可能，其一是在与汉军的作战中缴获；其二则是他本为汉军中的太平道信徒，起义爆发后即倒戈相向。后者的设定基于太平道在当时影响深远，信徒渗透到皇宫的这一事实。无论是哪一种情况，他都具备一定的战斗素质，与流民出身的普通黄巾军士兵不同，故称精锐黄巾军。

▶（左上）黄巾军小将。头裹黄巾，外穿简易札甲，内着纯黄戎服，胫缠绑腿，脚穿麻履，手持汉剑，肩披之上书有"苍天已死，黄天当立"的起义口号。（秦风Chinfun 供图）

▶（右上）精锐黄巾军。头系黄巾，外穿丹黄外袍，内着红色内袍，腰系马头革带，胫缠绑腿，脚穿草鞋，右手持环首刀，左手持盾牌。袍服形制和服色与汉王朝禁军相同。

▶（下图）黄巾军将领。头系黄巾，身披简易札甲。（秦风Chinfun 供图）

东汉刀盾手

近十来年，三国题材的电影、电视剧中，已不乏剧组在军士的甲胄上下了一定考证功夫的作品，例如电影《赤壁》、电视剧《三国机密》等。其努力是值得肯定的，不过一些影视作品在还原汉末三国时期士兵装备时，几乎不可避免地出现了同一个错误，即以西汉代东汉。

的确，因为有大量兵俑和铠甲实物出土，西汉士兵的形象基本可以进行最大限度地复原。而东汉却没有如杨家湾汉墓那样细致的兵马俑出土，也没有一副铠甲存世，留下的形象更多地存在于砖石画像和壁画中。而东汉时期的砖石画像都较为抽象，很多细节无法识别，这也极大增加了复原东汉士兵的难度。

前文中的陷阵营士兵，即重甲步兵，系综合东汉时期图像资料中的各种元素，加以推敲绘制而成。但可以肯定的是，这种重甲步兵必然不会是主流。东汉刀盾手的真人展示，我们采用了比较保守的推演复原方法，为了保证准确性，尽可能不依赖抽象的砖石画像，如果找不到东汉时期的实物，就在一定程度上参考西汉文物。图中的士兵采用和西汉一脉相承的铁札甲，武器也是两汉时期都比较普遍的环首刀和汉盾。

通过对比可知，在整体形象上，两汉军士最大的差别在于头上的帻。东汉时期军士首服与西汉有明显区别，杨家湾汉墓兵马俑那种典型的汉武弁在东汉时期已经见不到，取而代之的是圆顶赤帻，到了东汉末年至三国时期，赤帻后部逐渐增高，形成如图中这样前低后高的形制。

▲ 两汉士兵首服对比，右为头戴武弁的西汉军士形象，左为头戴赤帻的东汉军士形象。可以看出，从西汉到东汉，士兵首服发生了很大变化。

▶（左）东汉刀盾手形象。身穿札甲，一手持环首刀，一手持盾。可以看到赤帻的正面视觉效果。

▶（右）东汉刀盾手形象，展示了东汉赤帻侧面形制。这种赤帻形制主要根据甘肃武威雷台汉墓出土的骑兵俑首服复刻。但鉴于近年有学者认为雷台汉墓可能为十六国时期前凉王墓，加上这种形制的帻仅见于雷台汉墓，故仅作参考。

东汉弓手

通过观察出土的汉代军士俑，我们可以发现，汉军与秦军一样，存在大量身无片甲、只穿戎服的士兵。汉初时，男子服饰主要为深衣，但随着骑兵的发展，不方便的曲裾袍很快便被淘汰。直裾袍穿起来相对轻便，而军戎服饰体系中的直裾袍下摆往往会比平常的直裾袍下摆短。这些无甲单穿的戎服可能是典籍中提到的"絮衣"。《汉书·晁错传》有云："可赐之坚甲絮衣，劲弓利矢。"絮衣能和"坚甲"并列，可见其重要地位。

我们将弓手设定为不穿甲，只穿戎服的形象。共两组，皆手持单体木弓，身背箭箙（箭袋），腰挎环首刀，头戴东汉时期最常见的赤帻。区别在于一组的袍服为汉朝廷中央军常用的红色系戎服，另一组的袍服为白底红衣缘。后者的服色与禁军"缇骑"完全不同，这是东汉末年地方势力强盛导致的，地方军参差不齐也必然导致军服的形制、服色五花八门。此外，汉代武士、军人服饰与男装常服有一个明显的差别，那就是使用绑腿。故而这名弓手也采用了缠绑腿、蹬草鞋的装束。至于腰间的环首刀，在遭遇近战时可作为肉搏武器使用。

◀（上）左为东汉军士装束，右为东汉文官装束，可以清楚地看到军士所戴赤帻的上方结构。这种赤帻常见于东汉至魏晋时期的画像砖，其形制与甘肃武威雷台汉墓骑兵俑所戴的帻有区别。

▶（右图）东汉弓手形象。头戴圆顶赤帻，身穿绛色麻料武袍，腰间有系带与革带。一手持弓，一手按刀，背后背有箭箙。环首刀为应对近战之用。

◀（左下）东汉弓手形象。头戴赤帻，身穿米色麻料武袍，装备有弓箭、环首刀、水筒、革带、绑腿、草鞋等。

◀（中下）东汉弓手侧视图。

◀（右下）东汉弓手开弓作战状态。

本章真人实拍创作团队
（除秦风 Chinfun 供图之外）

摄　　　影：	朱莫诩
甲胄提供：	函人堂
服饰提供：	夜不收·历史重演小组
武器道具提供：	刮胡刀王、陈楚浩
出　　　镜：	夜不收·历史重演小组
	执金吾·历史重演小组

与史实脱节的人物形象

不难看出，本章展示的几位东汉至魏晋时期人物的服饰装束，与大众印象中那些著名三国英雄们的穿着存在着不小的差别。之所以会有如此大的反差，主要原因有两个。

其一，那些耳熟能详的汉末三国英雄们没有一位在生前留下过画像，他们的所有画像都是由数百年甚至上千年后的人们绘制的。

其二，东汉至魏晋时期的墓葬中虽然也有不少反映当时风貌的画像砖石，但受限于当时的技术，画风大多比较抽象，不似后世绘画那般清晰具体，细节很难研究透彻。

更何况，古代中国没有考古学科，而后汉至三国时期的史料中，又基本找不到图像资料，只有《三国志》《后汉书》《华阳国志》等文字资料可做参考。这些客观因素都是导致前人绘制三国群英形象时，无法从人物服饰、甲胄、装备等方面还原汉末三国风貌的原因。

最早的三国人物画像见于《历代帝王图》，相传为初唐时期的宰相、画家阎立本所绘，而且该图卷原本已失，现存的为后人临摹。《历代帝王图》中出现了魏文帝曹丕、蜀主刘备、吴主孙权和晋武帝司马炎四位三国时期的帝王。这卷图中的服饰的确还存有三国两晋时期的遗风，具有一定的参考价值。可是初唐与三国时代已隔400余年，人物的具体相貌恐怕已很难还原，这可能是图中帝王面貌同质化严重的原因。除了极度雷同的四位帝王之外，诸如曹操、关羽、诸葛亮、周瑜等著名的汉末三国人物，最早的图像资料要到宋元时期才有，而且这些人物的

▼《历代帝王图·魏文帝曹丕》，唐代，阎立本绘（传）。（波士顿美术博物馆 藏）

服饰、甲胄等已经具有当代（宋代）特征，与汉末三国时期相去甚远。可以说，自宋、元、明以来，三国人物的形象与史实脱节的情况持续了几百年，一直延续至今。

举个简单的例子，正史中，关羽不可能装备青龙偃月刀，吕布也不可能身披兽面吞头连环铠；那个时代的战争，更不会像《三国演义》中描述的那样大放连珠号炮。但不可否认的是，自宋代以来，三国人物的装束创作就深受其时代的影响，至明代基本定型，形成了几百年来人们心中的根深蒂固的形象。直到今天，尽管众多三国人物之形象，无论服饰装束，还是甲胄装备，都带有浓厚的宋明画风，大众也丝毫不会感到违和，仿佛他们生来就应该是这般模样。即使是一个熟知三国史的人，要接受关公不会耍青龙偃月刀这个设定，恐怕也得在脑子里拐好几道弯吧。

那么，如何才能尽可能还原这些耳熟能详的三国英雄们的历史形象呢？由于史籍中对个人装束的具体描述极少，要做到完全复原是绝不可能的，但在考古成果和古代服饰、甲胄的研究成果都远比过去成熟的今天，要创作出具有历史原色的三国人物形象，并非没有可能性。

本书中三国群英形象的创作，主要参考东汉至魏晋时期甲胄、服饰、武器装备方面的考古成果，结合了有限的史料记载，辅之以大量画像砖石上的形象，并且充分考量了当时的时代风貌。我们力求创作出一部兼顾现代审美和汉晋时代特征，同时又凸显英雄人物个性的写实主义三国人物图鉴。

书中对三国人物历史形象的复原主要有绘图和真人实拍两种形式。

除了波才、皇甫嵩、刘陶，以及普通黄巾军、陷阵营军士、东吴车下虎士之外，绘图还涵盖了刘备、诸葛亮、关羽、张飞、赵云、马超、黄忠、孙策、太史慈、孙权、周瑜、蒋干、曹操、夏侯惇、李典、许褚、张辽、徐晃、张郃、乐进等主公臣下、谋士武将。

真人实拍则涉及诸葛亮、周瑜、夏侯惇、李典、于禁、蒋琬、大桥（大乔）、小桥（小乔）、孙夫人（孙尚香），以及女性起义领袖郑、姜，等等。其中，诸葛亮、周瑜、夏侯惇三人进行了演义装束和历史装束的实拍对比。

此外，借助丰富的文物图片和文献资料，书中详细解释了人物形象的复原依据和考证过程。对诸葛亮、关羽、周瑜、曹操等自宋代以来产生较多图像资料的人物，亦尽力考证其形象的流变过程。希望能带你走近1800多年前，这群我们最熟悉的陌生人。

壹

壹

×

刘备
英雄何须叹华年

下篇

刘备装容复原记

上篇

赤壁前后的荆州攻略

建安十四年（209 年）十二月，艰苦卓绝的南郡攻坚战以孙刘联军胜利而告终。此役以周瑜率领的东吴军为主，刘备军为辅，双方水陆并进围攻江陵，历时一年有余，终于击退曹军守将曹仁。

南郡位于汉江南岸，治所为江陵（今湖北省荆州市），位置极其重要。赤壁大战前，荆州最为核心之地在襄阳，此战之后则转移至江陵。曹仁撤军、孙刘联军占领南郡也意味着荆州一分为三的形势将要形成。孙权以周瑜为南郡太守，屯军江陵；以程普为江夏太守，屯军于沙羡。吕范则领寻阳令。这样一来，从夷陵至

◀ 位于今天荆州市（汉末江陵）古城楼内的雕塑，坐者为刘备与诸葛亮，后方站立者分别为关羽、张飞、赵云三人。

寻阳（相当于今湖北省宜昌市至江西省九江市）这条漫长的长江防线被牢牢控制在孙权手中。而在赤壁—南郡战争中功不可没的刘备，仅分到南郡南岸的近江地区。这样的结果不公道，刘备显然也不满意。只是此时力不如人万事休，无论如何，好歹有了一块能安定发展的地盘。不到一年的时间，他不仅把江南四郡收为己有，还将大量荆州人才吸收于自己麾下，凭一隅之地就发展得风生水起。

建安十五年（210年），已经有一定底气的刘备决定亲自到京口（今江苏省镇江市）与孙权见面，商议重新划定地盘之事。然而就在临行前，忽然有人告诫刘备最好不要轻易前往京口，原因很简单，孙权会对刘备不利，此一去如羊入虎口。劝阻者不是别人，正是一直主张孙刘联盟的诸葛亮。孔明绝非杞人忧天，此时此刻，孙权也接到一封来自南郡太守周瑜的密函，核心意思就一个——刘备孤身前来是天赐良机，应乘机将其扣留，顺势控制其部，剪除后患！

这次刘备没有听从诸葛亮的意见，仍一意孤行地踏上赴京口之路，因为他深知这次会面是为他争取荆州主导权的关键，只是他对此行的重重危机估计不足。其实，这场诡谲风云只是赤壁大战后孙刘关系的冰山一角，随着曹操北返，本就不够牢固的同盟更加暗潮汹涌，一系列明枪暗箭，源于两大集团对荆州领土的划分。对刘备而言，他的荆州攻略早在赤壁之战前就已开启。

与荆州初相遇

刘备和荆州的缘分，还要追溯到发生于建安六年（201年）九月的那场闪击战。当时曹操刚在官渡之战中取胜，一度生出南击刘表之心，这时他麾下的重要智囊荀彧以时机尚不成熟为由劝阻，他认为如今袁绍虽败，但实力仍不可小觑，若贸然对荆州发动进攻，袁绍很可能乘机死灰复燃，而后令曹军陷入腹背受敌之危机。曹操听从荀彧建议，决定暂时放弃南征计划，但是，有个心腹之患必须解决——活跃于汝南一带的宿敌刘备。

建安五年（200年）春在徐州被曹操击败后，刘备前往冀州投奔袁绍。官渡大战期间，刘备欲脱离袁绍，以游说荆州刘表为由，率军南下至汝南一带发展势力，整合当地黄巾军余部共都等人的部队威胁曹军后方。曹操在官渡前线与袁绍对峙之际，曾派遣汝南太守，大将蔡阳（又作蔡扬）领兵前来剿灭刘备。面对蔡阳，刘备从容不迫地说出一段话："吾势虽不便，汝等百万来，未如吾何；曹孟德单车来，吾自去。"只要不是曹操亲征，如蔡阳之流，纵使百万军又何足畏惧？果不其然，刘备一战而捷，阵斩蔡阳。但大形势究竟是不利的，袁绍在官渡之战中被曹操击败后，仍盘踞于汝南的刘备深感不安。建安六年九月，刘备最惧怕的曹操亲征如期而至，此前徐州之败的教训历历在目，这次绝不能再以卵击石。早有心理准备的刘备走为上策，前往荆州投奔刘表，原本与刘备联合的"汝南贼"共都等人遂作鸟兽散。

南附刘表是刘备与荆州关系的起点。那么，荆州之主刘表为何会选择收留刘备呢？首先是出于二者的特殊关系，在汉末时代，相比其他诸侯，刘表与刘备多了一层亲戚关系，他们都是汉室宗亲。刘备是汉景帝之子中山靖王刘胜后裔，刘表是汉景帝之子鲁恭王刘余后裔，虽然都是没落贵胄，但在东汉乱世，这种身份是拉近二者关系的最直接纽带。其次，刘备贤名在外，他早年创业虽然坎坷不断，一直没有固定地盘，但名声一直很好，诸如陈登、孔融等社会名士都对其有很高的评价，尤其是孔融这样的顶流名士，当年他在北海被黄巾军将领管亥所围，想到能仗义相助的第一人选就是刘备。而对刘备轻蔑或恶评者，反而是袁术这类臭名昭著的伪帝。再次，虽然当时天下已是军阀混战之局，但东汉朝廷仍在，刘备名义上还是豫州刺史、镇东将军，和刘表既有宗室之亲，又有同僚之谊。这样一位颇有声望的英雄途穷来投，刘表于情于理都会予以收容。

刘备来荆州，刘表亲自到郊外迎接，又"以上宾礼待之，益其兵，使屯新野"。"益其兵"很重要，虽然史书没有明确记载刘表给予刘备多少兵马，但至少有一点可以确定——刘备集团在归附后仍以独立的军事集团身份存在。当然，刘表也并非后世小说里的暗弱庸才，他给予刘备兵马也不是同情心泛滥。新野是什么地方？今天河南省南阳市一带，即汉末荆州北部，直接与曹操势力接壤，相当于整个荆州的钢盔。当时荆州内部已有亲曹声音，刘表这个被荆襄豪族捧上位的代理人能控制局面多久都是问题，作为防御曹操的最前线，大概没有谁比曹操的死敌刘备更合适放置于此了。

不久后的博望坡之战恰恰印证了刘表布局之精妙。建安七年（202年），曹操派遣夏侯惇、于禁率军南侵，与刘备交战于博望。刘备采取诱敌深入策略，火烧

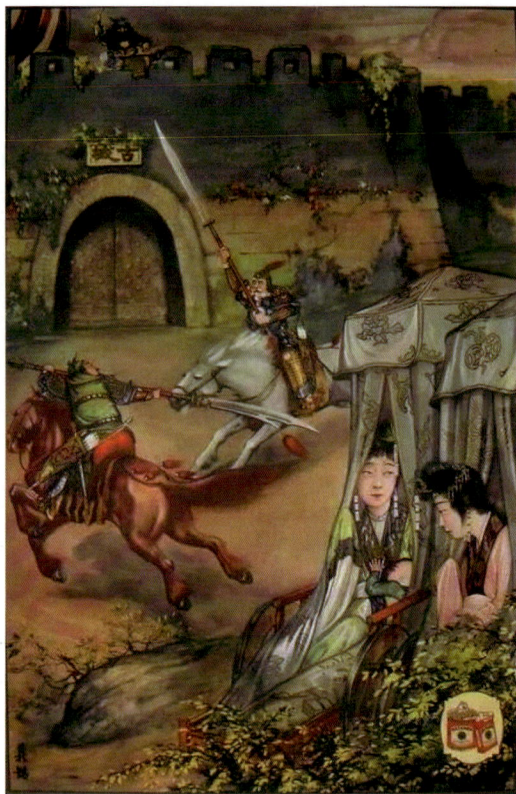

▲ 民国时期香烟插画《斩蔡阳兄弟释疑》。在《三国演义》里，蔡阳为了给外甥秦琪（虚构人物）报仇而追杀关羽，在古城被关羽所斩。历史上的蔡阳其实是汝南太守，奉曹操之命攻打与刘备联合的共都等人，兵败被刘备所杀。

博望军屯，一举击败夏侯惇。此役也是刘备早期军事生涯中为数不多的胜仗。屯驻新野期间，刘备抓住这难得的和平时期，发展势力，一时"荆州豪杰归先主者益多"。在汉末群雄中，刘备有种很多诸侯都不具备的能力——无论他走到哪里，即使处于低谷期，也能让很多当地豪杰前来投效。这种强大的人格魅力，在刘备发迹之初就已展露。《三国志·蜀书·先主传》有以下记载。

先主不甚乐读书，喜狗马、音乐、美衣服。身长七尺五寸，垂手下膝，顾自见其耳。少语言，善下人，喜怒不形于色。好交结豪侠，年少争附之。中山大商张世平、苏双等赀累千金，贩马周旋于涿郡，见而异之，乃多与之金财。先主由是得用合徒众。

用今天的话来说，刘备是个十足的时髦青年，深知当时流行什么，了解年轻人喜欢什么，所以才会有"年少争附之"，这些人当中就包括关羽、张飞。张世平、苏双等商贾也非常看好刘备，以重金支持他发展事业。刘备与曹操、孙权的不同之处在于，他的发家完全没有依靠祖辈的实质资源（实际上除了中山靖王之后的虚名，刘备什么都没有），最早的涿郡集团完全是他靠自己的人格魅力一步步争取来的。

后来刘备出任平原相时，有刺客要刺杀他，不料竟然被他接地气、平易近人的作风打动，放弃了行动。后世小说家将刘备塑造为以德服人的君子，也算有根有据。只是历史上的刘备与小说中那个忠厚长者不太一样，真实的他更为活泼，喜欢遛狗，喜欢骑马，喜欢音乐，还喜欢穿华丽的衣服，和年轻人有共同话题，也能和大家打成一片，想干一番事业的人都觉得跟着这样的大哥靠谱。这样的人混迹在"圈子"里，很容易成为令大家心服口服的领袖。

▼ 民国时期绘制的"桃园结义"彩色石印画片。虽然历史上没有桃园三结义，但刘备与关羽、张飞三人"恩若兄弟"却于史有载。他们形成了刘备最早的创业团队——涿郡集团。

寓居荆州时期，豪杰纷纷前往依附，这自然也与刘备强大的人格魅力相关。但老辣的刘表又怎么可能对这些情况浑然不知。看着人才纷纷朝着刘备那儿去，他心中暗暗忌惮，即史载的"表疑其心，阴御之"。没过多久，刘表就将刘备调离军事前线，让其驻守樊城，此地与荆州治所襄阳仅一水之隔，相当于把刘备弄到自己眼皮底下看着。这期间正逢曹操北征乌桓，刘备也曾劝说刘表北上袭击许都，未得采纳。刘备有志难伸，久离鞍马，大腿之肉日益增长，遂有"髀里肉生"之叹。

刘备为何不攻打刘琮

确切地说，刘备荆州攻略始于建安十二年（207年）。这一年诸葛亮加入刘备阵营，他在"隆中对"中为刘备制定了东和孙权、北拒曹操的战略方针，而要达成"霸业可成，汉室可兴"的目标，第一步就是将荆州据为己有。诸葛亮认为，荆州"北据汉、沔，利尽南海，东连吴会，西通巴蜀，此用武之国，而其主不能守，此殆天所以资将军，将军岂有意乎"。

刘备，世之英雄，焉能对荆州无意？但问题是，刘表早已对刘备心生疑虑，暗中防范，图之着实不易。另一方面，曹操征乌桓之役已取得完胜，谁都知道，荆州就是曹操的下一个目标。此时荆州内部矛盾愈发尖锐，刘表年事已高，长子刘琦与幼子刘琮各成一派，斗争激烈，刘琮得到蔡氏、蒯氏等荆襄大族支持，力压刘琦一筹。在诸葛亮的建议下，斗争中处于下风的刘琦自请外调于江夏，孔明此策也给后来兵败的刘备留下后路。到建安十三年（208年）夏季，荆州形势剧变。这一年，刘表病危，据裴松之所引《魏书》记载，病中的刘表自知时日无多，曾召见刘备，对他说："我儿不才，而诸将并零落。我死之后，卿便摄荆州。"表示要"托国"于刘备。

刘表"托国"之举在后世颇受质疑，多被认为可信度不高。不过有另一则史料值得注意，建安七子之一王粲所著《英雄记》提到，刘表病危期间曾上表请命任命刘备为荆州刺史。这部史书原书已经佚失，只有裴松之为《三国志》作注所

▼ 国画《三顾茅庐》，吴光宇绘于1944年。

引述的部分留存。从作者时代和记述事件来看，总体上是可信度较高的第一手史料。由此反推，《魏书》记载的刘表"托国"之事未必是无中生有。

从实际情况来看，刘表早已为儿子刘琮即位做好一切铺垫，所谓"托国"，不过因为刘表对刘备不放心，为了保障荆州之政平稳交接而逢场作戏罢了。古时裴松之就指出："表夫妻素爱琮，舍适立庶，情计久定，无缘临终举荆州以授备，此亦不然之言。"

七月，曹操南征荆州。八月，刘表病逝。此时荆州可谓内忧外患。史料记载，当时的确有人劝说刘备以刘表"托国"为据，夺取荆州政权。诸葛亮也主张率军路过襄阳时攻打刘琮。但刘备说："此人（刘表）待我厚，今从其言，人必以我为薄，所不忍也。"

的确，刘备一直以来"风评"很好，名望颇高，如果在刘表新死之际夺了他儿子的位，难免背上不义之名。但刘备这样能在乱世中顽强生存下来的人，不取荆州绝不仅仅是出于"不忍"，他有更深层次的考量。在这方面，刘备可是吃过太多教训。当年徐州牧陶谦去世，糜竺宣布其临终遗言"非刘备不能安此州"。徐州士族也愿意拥戴刘备为徐州牧。但当时徐州同样内忧外患，内部本土士族与丹阳兵集团水火不容，外部自封为徐州伯的袁术虎视眈眈。那年刘备选择了接受徐州，不久后又接纳了被曹操击败前来投奔的吕布。结果当年夏季，随着刘备与袁术开战，徐州内部果然出现兵变——张飞与丹阳兵将领曹豹发生冲突，丹阳兵哗变并勾结吕布突袭下邳城，成功夺取徐州。几年后，刘备袭杀车胄，再度夺取徐州，万万没想到与袁绍对峙的曹操会忽然引兵东征，以闪电战的方式出击，几乎让自己丧命。徐州的两次教训让刘备在处理荆州问题时更加成熟。如今的荆州，内有荆襄豪族的矛盾，外有曹操率领大军亲征，且那些大族基本都心向曹操，情况比当年的徐州更为复杂，也更为凶险。刘备深知，此时夺取荆州绝对是将自己置于风口浪尖、龙潭虎穴，是弊大于利的选择。

那么刘备夺取荆州的最佳路线是什么呢？支持刘表的长子刘琦！既然荆州北部核心襄阳已完全为刘琮派的荆襄大族控制，那就只能从远离襄阳的南部地区逐步推进，当时也只有这条路线可行。实际上之前诸葛亮建议刘琦外调江夏，也正符合刘备日后的发展意图。然而曹操没有给刘备走出第一步的时间。建安十三年（208年）九月，曹操大军压境，刘琮举州投降。此时刘备正以"日行十余里"的速度南撤，他原本的目标是夺取江陵，以那里的物资为后盾抵抗曹操，但撤退的速度实在太慢了，因为跟随他一起撤离的还有十万不愿归降曹操的荆州民众。有人劝说刘备:"如今之计,应该迅速保住江陵,我们虽然人数众多,但是士兵太少,若曹操打来,如何阻挡?"刘备回了一句令人敬佩的话:"夫济大事必以人为本,今人归吾,吾何忍弃去!"

在以生民性命为草芥的乱世,依然能以人为本的诸侯凤毛麟角。如今总有好事者从阴谋论角度分析,说刘备携十万人撤退,实则是以人群为掩护,给自己找肉盾。此说其实忽略了两个本质问题:第一,刘备如果舍弃跟随之民众,无疑可以撤退得更快,抢在曹操之前夺取江陵,进占南郡的希望更大。携民渡江实际上大大增加了撤退难度和自身的危险性。第二,十万民众不是傻子,不是机器人,荆州本身有很多人就是从北方战乱之地逃难来的,深知军阀混战造成的"白骨露于野,千里无鸡鸣"的恐怖。当年袁绍与公孙瓒反复拉锯,青、徐二州被杀得田园荒芜、白骨遍野。曹操征伐徐州之役,"凡杀男女数十万人,鸡犬无余,泗水为之不流"。孙权平李术之乱和斩杀黄祖后,都曾屠城劫掠,孙吴政权后期夺取荆州后更是建立了掠夺式的恐怖统治。那刘备呢?在他一生的征战生涯中从来没有屠城记录,一次都没有,这是他最值得后人敬佩的地方。大概这就是刘备每到一处,仁人志士争相归附,十万百姓愿意跟随他共同进退的原因。魏蜀吴三国的开国之

◀ 模型场景"刘备兵败长坂坡"。(周渝藏)

君，可以说每一个都有雄才、具大略，但能担得起"仁君"之名者，唯有刘备一人。

刘备也为自己坚守的仁德付出了惨重代价，曹操的先头部队虎豹骑在当阳长坂（又作长阪）追上刘备，打得刘备妻离子散，狼狈南逃。更致命的是曹操赶在刘备之前占领了荆州的战略要地江陵。惊慌失措的刘备只能拼命南逃，一路奔至夏口。至此，刘备集团已到存亡之秋，与江东孙权联盟是唯一可行的选择。

迷雾重重的赤壁之火

江陵失守后，荆州除了江夏郡，其余地盘全部落入曹操之手。此时，江东孙权已知曹操的下一个目标就是自己，而自身实力不足以抵御曹军。这种形势下，孙刘联盟符合刘备、孙权双方利益，是历史必然。孙吴一方最早提出主动与刘备结盟者是鲁肃，他不仅力劝孙权立即联刘，还主动渡江与刘备会晤。裴松之评价道："刘备与权并力，共拒中国，皆肃之本谋。"

刘备虽然具有一定的实力基础，但无法与江东相比，即使结盟也居弱势地位，因而在促成同盟过程中更需要能屈能伸。他派诸葛亮出使东吴，为孙权分析形势，晓以利害，以"连横之略说权，权乃大喜"。

孔明使吴期间，刘备对促成同盟信心不足，加上刚经历长坂之败，草木皆兵，看见江面上有船队就以为是曹操打来了。后来看清了那是东吴掌兵者周瑜的船队，刘备随即派人去慰劳，想不到周瑜又给他来了个下马威。

按照东汉朝廷的官职排位，理应是周瑜前去拜见刘备，但他以军务繁忙无法脱身为由，反过来要求刘备前去见他。周瑜如此盛气凌人，不能单纯用性格傲慢、目中无人来解释，主要还是出于政治博弈的需要。曹操南征之际，周瑜也是坚定的抗曹派，所以也不反对孙刘联盟，但他在赤壁之战前后的一系列战略部署有一个共同特点——同盟归同盟，可凡事必须以江东为主导。让刘备"屈尊"前去见他，是要明确主客关系。况且当时刘备刚打了败仗，丧师失地，的确也没有筹码与东吴平起平坐。面对周瑜的下马威，关羽、张飞都很气愤，主张不理会周瑜，唯有刘备在此关键时刻显出能屈能伸的英雄本色，他对关、张说："周瑜既然已经招我，如果我不去，那就显示不出同盟的诚意。"于是刘备"乘单舸往见周瑜"。

很多人都知道，《三国演义》里赤壁之战前后诸葛亮与周瑜的一系列斗智斗勇在历史上并不存在。不过围绕着荆州问题，周瑜与刘备之间倒是的确有一场暗战。这次下马威，正是两人较量的开端。刘备见到周瑜后，首先问的就是江东能战之士有多少，周瑜答："三万人。"刘备说："恨少。"周瑜则表现得很自信："此自足用，豫州但观瑜破之。"这几句话实际上令刘备陷入了尴尬的处境。怎么说呢？按刘备的设想，同盟最好在双方对等的情况下达成，结盟过程中，无论孔明还是刘备，都在拼命为自己的集团争取地位。得知周瑜有三万人，刘备言"恨少"，这固然有一定信心不足的因素，但也是在给周瑜"下套"。若周瑜接过刘备的话茬，哪怕表现出一点不自信，刘备很可能直接把自己所剩的军队抬出来，加重自己一方的筹码，这样一来，逻辑就变成你们的人还是少了点儿，我这里还有些兵马可以支援，我们合伙干吧！可周瑜偏不接茬，只说三万足矣，你刘备负责围观就行。如此，逻辑就变成了你刘备是落难前来投奔，我们东吴名为结盟，实际上是收留你，你就安心看我周瑜如何用这三万人破曹吧！

处于下风的刘备发现周瑜不好应付，于是提出让鲁肃、诸葛亮一起参加会谈，没想到直接遭到周瑜拒绝。可以说这次没有硝烟的较量，以刘备落败而告终。会谈后，刘备对周瑜自然不会有多少好感，同时对他能战胜曹军也持怀疑态度。不久后，赤壁之战爆发，周瑜采纳黄盖之计，火烧赤壁，大破曹军。刘备出于对周瑜的不信任，故意让自己的军队缓慢行动，将两千人调拨给关羽、张飞指挥，"未肯系瑜，盖为进退之计也"。但刘备并非消极避战，如此部署主要是为了牢牢掌握住自己军队的指挥权，不让其落入东吴之手。虽然周瑜水军火烧战船令曹军陷入慌乱，但有一个问题必须解决，即曹操部署在长江沿岸的陆军大营尚在。赤壁之战关于刘备一方的史料极少，但从一些零星资料不难推断，当时刘备军团承担着在陆地截击曹军、捣毁其陆上军营的任务。

《三国志·魏书·武帝纪》记载，曹操"至赤壁，与备战，不利"。注引《山阳公载记》更具体地说"公船舰为备所烧，引军从华容道步归"。这则记载引发了后世无尽争议。火烧赤壁者究竟为谁？有周瑜、刘备和曹操本人几种说法。曹操焚船之说在曹操一章详说，这里主要说说刘备焚船说。整个赤壁之战中，周瑜指挥的东吴水军肯定是主力，周瑜派遣黄盖纵火在《三国志》里也有详细记载，不应否认。但曹军溃退后，刘备率军在陆上追击曹军，我们不能排除刘备在此过程中继续放火焚烧曹军溃船的可能。建安十三年冬季，曹操为平定东吴，一定打造了不计其数的战船。双方鏖战于赤壁，周瑜那把火无疑是最关键的，直接打掉了曹军的士气，使其陷入混乱，但并不能完全将曹军战船烧光。在乌林一战中，曹军遇到刘备部队从陆上截击，其间刘备很可能又放火烧了一部分曹军战船。最后曹操率领残部撤退到巴丘，恰逢军中瘟疫横行，为了不资敌，曹操本人下令烧掉了剩余船只。

孙刘联军水陆并进，大破曹操，但至关重要的江陵仍在曹军手中，曹操北返前留下曹仁镇守江陵。严格地说，只有夺下江陵，进占南郡，赤壁之战才算取得实质性的完胜。

虎口脱险

与火烧赤壁不同，南郡之战是场硬碰硬的攻坚战，孙刘联军围城长达一年，依然久攻不克，其间周瑜跨马冲击，被箭矢射中右肋，重伤而返。曾想在曹操南进时夺取江陵的刘备深知此城之要，他对周瑜说："曹仁据守的江陵城，城中粮草充足，足以为患。不如让张飞率领千余将士跟随你围城，你调拨两千人给我，从夷陵夏水之处截击曹仁后方，曹仁腹背受敌，必然退走。"其后周瑜"以二千人益之"，采纳了刘备的计策。周瑜、程普、张飞等人承担正面进攻任务，刘备则与甘宁一起从江陵以西绕行进入夷陵，配合进攻。曹仁在坚守一年有余后最终不敌联军，撤退而去。

江陵之战的胜利打破了荆州的原有格局，曹操势力除了占据北部的襄阳这个据点外，基本退出荆州。对荆州南部地盘的划分让周瑜与刘备的关系趋于紧张。周瑜领南郡太守，屯兵于江陵。但东吴的安排有个非常过分之处，即任命程普为江夏太守。南郡是刚打下来的，交给周瑜没问题。可江夏本来就属于刘备和刘琦的控制范围，如今却要让刘备拱手让出。不难看出，在这次结盟中，东吴从一开始就处于上风，刘备受到的种种不公正待遇和屈辱可想而知。攻克江陵后，刘备仅分得南郡南岸一小块，即屦陵地区，立营于油江口。当时刘备的职衔为左将军，人称左公，遂取"左公安营扎寨"之意，改屦陵为公安。

刘备一如既往地顽强，即使地盘很小，但正如这个地名的美好寓意，他终于结束了颠沛流离的逃亡生涯，从此安定了！他必须抓住这个难得的喘息机会发展势力。荆州的博弈，东吴虽然军事上占

▼ 清代人绘制的刘备、关羽、张飞三人。

有优势，但不得不面对一个事实——他们在荆州的影响力远不能与刘备相比。东吴与荆州本是世仇，当初征伐黄祖，入侵荆州，一度大搞屠城掠夺，恶名度很高。刘备就完全不同了，早年贤名在外，即使在曹操南侵那样的危难时刻，依然有十万荆州之民愿意追随他共进退。所以当刘备在公安站稳脚跟后，原先许多归附曹操，但赤壁之战后又不愿意背井离乡随曹操北返的荆州士人纷纷投靠刘备。与此同时，刘备发兵南征，轻而易举拿下武陵、零陵、长沙、桂阳四郡。黄忠、魏延、马良、马谡、霍峻等一系列闻名的蜀汉文臣武将都在这期间加入刘备集团。

▼ 三国兵人模型刘备、关羽、张飞。（周渝 藏）

刘备实力日益壮大这个事实，没有谁比周瑜看得更清楚了。毕竟身为南郡太守的他，治所江陵与刘备的根据地公安距离仅有数十千米。尽管当时东吴控制着荆州物产丰隆的要地江陵，可荆州人才全部跑到刘备那边去了，刘备在这场博弈中扳回一局，周瑜也深知，如此下去刘备必为东吴之患。恰好建安十五年（210 年）刘备准备前往京口与孙权商议重新划分地盘之事，周瑜便想乘此机会让孙权控制刘备。史载他给孙权去信说："刘备以枭雄之姿，而有关羽、张飞熊虎之将，必非久屈为人用者。愚谓大计宜徙备置吴，盛为筑宫室，多其美女玩好，以娱其耳目，分此二人，各置一方，使如瑜者得挟与攻战，大事可定也。今猥割土地以资业之，聚此三人，俱在疆场，恐蛟龙得云雨，终非复池中物也。"

有观点认为周瑜在赤壁战前对刘备盛气凌人是因为看不起兵败的刘备，这种理解实在有很大偏颇。实际上周瑜对刘备的认知非常深刻，甚至对其集团结构，部下将领的信息皆有掌握，当时的东吴阵营里，大概没有谁比周瑜更了解也更重视刘备了。只是他们阵营不同，利益不同，既然刘备非池中之物，凡事以东吴利益为先的周瑜必然急于排除这一隐患。他建议孙权分几步走：首先借刘备京口之行对其实行扣留；然后给他提供美色享受，消磨其意志；挟持刘备在手后掌控关羽、张飞等猛将，将他们分化。

周瑜的激进计划让刘备此行凶险重重，所幸鲁肃并不赞同软禁刘备之举，他认为现阶段可以利用刘备在荆州的名声，广览荆州人才，避免其为曹操所用。最终孙权采纳了鲁肃的建议，没有扣押刘备。而且此次会面，两家还进行了一次政治联姻，刘备娶了孙权之妹。政治方面，刘备表孙权为车骑将军，等于承认其在同盟中的主导地位。地盘方面，刘备表孙权为徐州牧，刘备领荆州牧，事实上这是两家对未来地盘拓展方向的重新划分。这次龙潭虎穴走一趟，刘备的荆州攻略终于完成了最重要的一步。

荆州之主刘玄德

事已至此，身为南郡太守的周瑜地位变得非常尴尬，可以说在这场政治博弈中，他已完全落于下风。但刘备对周瑜始终忌惮，他曾对孙权说："公瑾文武筹略，万人之英，顾其器量广大，恐不久为人臣耳。"意思很明显了，就是说周瑜也非池中之物，他野心勃勃，若任其做大，早晚会造反。站在后人的视角看，这是非常明显的挑拨离间，刘备非常清楚，自己离成为荆州之主只有一步之遥，而要迈出这最后一步，最大的阻碍就是周瑜。

在当时复杂的政治环境中，这类挑拨之词是否真的会对最后决策造成影响还真不好说，毕竟周瑜是孙策时代留下的重臣，执掌江东兵政多年，赤壁之战后更是有功高震主之嫌，君主对这类臣子有忌惮之心并不奇怪。即使孙权对周瑜绝对信任，那东吴满朝文武呢？他们能不对周瑜有所忌惮吗？能保证没有人进类似的谗言吗？很难。

或许是天佑刘备，在荆州问题上与周瑜的矛盾升级到最尖锐的程度时，忽然传来了周瑜病逝的消息。不久前，周瑜制订了一份挥师入蜀的战略计划，遗憾的是他在返回江陵途中经过疫区巴丘，不幸"道遇暴疾"。弥留之际，周瑜上书孙权："当今天下，方有事役，是瑜乃心夙夜所忧，愿至尊先虑未然，然后康乐。今既与曹操为敌，刘备近在公安，边境密迩，百姓未附，宜得良将以镇抚之。鲁肃智略足任，乞以代瑜。瑜陨踣之日，所怀尽矣。"据注引《江表传》载录，周瑜的信写得更为具体。

> 瑜以凡才，昔受讨逆殊特之遇，委以腹心，遂荷荣任，统御兵马，志执鞭弭，自效戎行。规定巴蜀，次取襄阳，凭赖威灵，谓若在握。至以不谨，道遇暴疾，昨自医疗，日加无损。人生有死，修短命矣，诚不足惜，但恨微志未展，不复奉教命耳。
>
> 方今曹公在北，疆场未静，刘备寄寓，有似养虎，天下之事，未知终始，此朝士旰食之秋，至尊垂虑之日也。鲁肃忠烈，临事不苟，可以代瑜。人之将死，其言也善，傥或可采，瑜死不朽矣。

这是周瑜给孙权最后的谏言，充满诚意，其核心只有两个。第一，刘备近在公安发展势力，要当心养虎为患。第二，指定鲁肃为自己的继承人。周瑜的忽然去世，无形中为刘备去除一个政治强敌，同时还给他带来了新的人才。周瑜治理南郡期间招纳到的最大贤才，有"南州士之冠冕"之称的庞统在他去世后不久归附了刘备。刘备从庞统口中得知，原来当初周瑜真的提出了让孙权将他扣留的方案。他这才意识到自己京口之行能平安归来真是虎口脱险，叹息道："孤时危急，当有所求，故不得不往，殆不免周瑜之手！天下智谋之士，所见略同耳。时孔明谏孤莫行，其意独笃，亦虑此也。孤以仲谋所防在北，当赖孤为援，故决意不疑。此诚出于险涂，非万全之计也。"

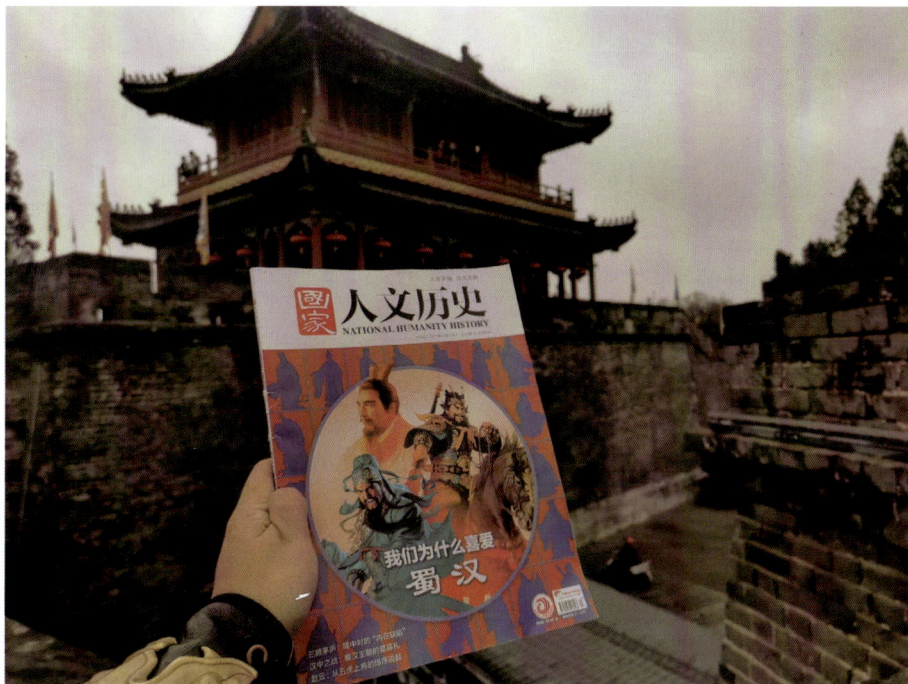

▶ 2020 年冬，作者重游荆州古城。东汉末年并没有荆州城，今天的荆州市就是昔日的江陵。现在的荆州古城墙是明清时期建筑，但这座城的"三国文化"仍然无处不在。

　　然不入虎穴焉得虎子，实际上也正是因为这次京口之行，刘备才得以通过政治手段与孙权重新划分地盘，争取到荆州主导权。周瑜之死为刘备的荆州攻略战拉下帷幕，周瑜拼了命也要保下来的南郡也在其病逝后不久被孙权划给刘备。刘备自建安六年（201 年）年初到荆州，至建安十五年（210 年）得到核心地区南郡及江南四郡，前后用了近十年时间。现在他一跃成为荆州之主，实现了"隆中对"规划的第一步。

　　汉武秋风辞意健，英雄何须叹华年？

　　这一年，刘备 50 岁。

　　次年（211 年），刘备入蜀助刘璋抵御张鲁，关羽、张飞、赵云、诸葛亮共守荆州。接下来几年，蜀中惊变，刘璋与刘备反目而兵戎相见，军师庞统战死，刘备于建安十九年（214 年）召张飞、赵云、诸葛亮入川支援，镇守荆州的重任完全落到关羽身上。然而，东吴与刘备集团围绕着荆州的博弈并未结束，关羽时代，荆州将会掀起一场更猛烈的狂风暴雨。

刘备装容
复原记

盔缨

兜鍪·胄顶

兜鍪·额前金珰

兜鍪·护颊

大铠·盆领

大铠（筒袖铠）

小铠（裲裆加强甲）

小铠·金属圆护

革带

汉剑

腿裙甲
（髀裈演变而来）

彩靴

◀ 汉末版刘备形象。
（金代飞 绘）

刘备最早的画像见于《历代帝王图·蜀主刘备》（传为阎立本绘），图中刘备身穿冕服，头戴帝冕，膀大腰圆，符合时人对帝王之姿的审美。不过若看过《历代帝王图》的其他帝王，你就会发现，这些人长得大同小异，若不靠旁边小字注解，很难分清谁是谁。所以该图上的形象与真实的刘备应该存在较大差异。

关于刘备的另一幅具有代表性的古画是明代戴进创作的绢本设色画《三顾草庐图》。这幅图展现的是一身平民装束的刘备，非常符合大众心目中刘备亲民、接地气之印象。值得一提的是，此图虽然是根据小说《三国演义》绘制的，但图中人物装束颇有魏晋时期之风貌。与同时代绘制的那些头戴翼善冠、身穿明制蟒袍的刘备比起来，可以说非常具有古风了。

刘备是非常复杂的历史人物，从"贩履织席为业"到最后荣登九五之位、成为蜀汉开国皇帝，他的一生有多重身份，创作他的形象亦不简单。本书着重表现的是赤壁之战前后，从颠沛流离到大业初定时期的刘备。经过权衡，创作了全身像和半身像两个版本。由泰衙工作室创作的主图（全身像）为身穿甲胄、具有"枭雄之姿"的刘备，由指文图书创作的半身像则着重表现史书记载的一些关于刘备的容貌特征。

▼（左下）《三顾草庐图》（局部），明代，戴进绘。（故宫博物院 藏）

▼（右下）《历代帝王图·蜀主刘备》，唐代，阎立本绘（传）。（波士顿美术博物馆 藏）

样貌：枭雄之姿

先主不甚乐读书，喜狗马、音乐、美衣服。身长七尺五寸，垂手下膝，顾自见其耳。

——《三国志·蜀书·先主传》

先主之弘毅宽厚，知人待士，盖有高祖之风，英雄之器焉。

——《三国志·蜀书·先主传》

刘备以枭雄之姿，而有关羽、张飞熊虎之将，必非久屈为人用者。

——《三国志·吴书·周瑜传》

生得身长七尺五寸，两耳垂肩，双手过膝，目能自顾其耳，面如冠玉，唇若涂脂。

——《三国演义》第一回

但凡看过《三国演义》的朋友应该都知道刘备有个绰号，尤其是吕布这暴躁老哥与其对阵时总是提起，那就是"大耳贼"。刘备的大耳并非小说杜撰，而是记载于正史。

《三国志·蜀书·先主传》记载刘备的身高为"七尺五寸"，综合东汉至三国时期的尺寸换算，至少也有一米七五，略矮于诸葛亮，但在当时也算高个子。双手过膝比较夸张，最初尝试按这个标准绘制，结果发现不似人类（酷似长臂猿），身体比例极度怪异，所以最后还是调整为符合人类特征的正常比例。至于大耳、胡须等具体外貌特征，我们会在半身像中有所表现。

刘备的主图，以确保其整体气场为主，着重表现其具有英雄气概的一面，弱化了传统认知中忠厚老好人的色彩。

刘备的胡须

刘备是否有胡须是个争议较大的问题，一切源于《三国志·蜀书·杜周杜许孟来尹李谯郤传》中的这段记载。

初，先主与刘璋会涪，时裕（张裕）为璋从事，侍坐。其人饶须，先主嘲之曰："昔吾居涿县，特多毛姓，东西南北皆诸毛也，涿令称曰'诸毛绕涿居乎'！"裕即答曰："昔有作上党潞长，迁为涿令者，去官还家，时人与书，欲署潞则失涿，欲署涿则失潞，乃署曰'潞涿君'。"先主无须，故裕以此及之。

这个故事由两个玩笑组成。刘备入蜀之初，与刘璋会面的宴席上，看见刘璋从事张裕满脸胡须，大致相当于我们今天所说的络腮胡，于是拿来开玩笑说："我以前在涿郡居住时，当地有很多姓毛的人，城东、城西、城南、城北都有毛姓居住，弄得县令也无奈地说'姓毛的人怎么都围绕着涿地居住啊'。"指张裕的胡须浓密，都围绕着嘴。没想到张裕听后，竟然也拿刘备开起玩笑，说："从前有个上党郡潞县的县长，调到涿地任职，他给人写信署名时非常忐忑，因为他署名'潞'县就不能突出他在涿县之职，著'涿'嘛，又埋没了他潞县县长的身份。想了半天，最后干脆署名'潞涿君'。"这里"潞"与"露"谐音。

实际上就是宴会上刘备用张裕的胡子多开玩笑，而张裕则反过来也用刘备的胡子开玩笑。因为后来张裕被刘备所杀，这件事也被翻出来过度解读，说刘备是因为被开"潞涿君"的玩笑怀恨在心，出于报复心杀掉张裕的。从记载来看，张裕的确口无遮拦，后来多次出言不逊。但他被杀的真正原因，是其在蜀汉立国、外敌环绕的关键时刻，借助迷信散播唱衰国家的言论。他说："岁在庚子，天下当易代，刘氏祚尽矣。主公得益州，九年之后，寅卯之间当失之。"在汉末三国的社会环境下，张裕散播的这类言论，与黄巾军反汉前说的"苍天已死，黄天当立，岁在甲子，天下大吉"实在太过相近了，不可能不犯忌。张裕死于建安二十三年（218年），此时正逢曹操大军压境、刘备与曹操争夺汉中的关键时期，此时搞那套神神道道的言论唱衰蜀汉实属自取其祸。

不过"先主无须"的记载还是让不少人认为刘备是个天生不长胡子的老头。这里就得咬文嚼字看看"无须"应该怎么解释了。首先，要知道古文里，对人面部不同部位的毛发有不同称呼，按《说文解字》的说法，"髭，口上毛也""须，面毛也""髯，颊须也"。也就是说"无须"不能单纯理解为不长胡子，指的是某一部位不长胡子或胡子稀少。

几乎与刘备同时代的书籍又怎么解释呢？成书于东汉晚期的《释名·释形体》载，"口上曰髭""颐下曰须"。由此看来，当时的"须"指的是下巴部位的胡子。因个人体质不同，人

▼ 刘备半身像，展示其样貌的另一种可能性。（朗杰 绘）

的须发有浓有稀，生长部位也不尽相同。"先主无须"最多能证明刘备下巴部位没有胡子，而不能简单地理解为刘备不长胡子。在刘备半身像中，我们尽量将《三国志》记载的大耳和颐下无须这两个样貌特征表现出来，以做参考。

甲胄装备

相信不少读者对图中刘备这顶盔掼甲的形象多少有些不习惯，若不说他是刘备，谁能认得出来？需要说明的是，在本书接下来的众多三国英豪身上中，这种现象还会反复出现，大家一定要习惯这种"不习惯"。

全身像中刘备头戴汉末至魏晋时期形制的兜鍪，身穿两层铠甲（内穿筒袖铠，外穿带有金属圆护的加强皮甲），脚穿彩绘长靴。半身像中所穿甲胄参考了1968年，在河北满城西汉中山靖王刘胜墓中出土的一领铁甲。让刘备穿上这身甲胄，不是更能强化其西汉中山靖王刘胜后裔的身份吗？

无论是以汉末三国时期甲胄形制为蓝本创作的刘备全身像，还是为突出身份以西汉铁甲为参考创作的半身图，我们都尽可能做到有所出处。这些具有时代特征的兜鍪、铠甲、装具，在本书后面的各章复原图鉴部分会逐一详解。汉末三国时期的甲胄承于西汉，所以特意在此梳理一下两汉时期甲胄发展的脉络，以便大家阅读后面章节武将甲胄介绍时有更好的理解。

▼ 身穿汉代高级甲胄的模型兵人。模型身上的铠甲参考中山靖王刘胜墓出土的铁甲制作。虽然是西汉形制，但因它身上的特殊属性，让刘备穿着类似铠甲也合情合理。（何力 供图）

汉武帝元狩二年（前121年）秋，都城长安满是肃杀之气，被押赴刑场的人犯一群接着一群，前后足有五百，悉数被处以极刑，血流成河。这些人中有不少都是长安城里的商贩，只因向漯阴侯浑邪售卖了违禁物，便招致杀身之祸，甚至牵连亲族。

漯阴侯浑邪，又称浑邪王，曾是驰骋北地的匈奴首领，依附于匈奴单于。汉匈战争中，浑邪王多次率军与汉军鏖战。元狩二年，霍去病击破陇西，匈奴单于震怒之下，欲杀浑邪王。走投无路的他率部降汉，被武帝封为漯阴侯。没想到，归汉不久，这位初到长安的漯阴侯就掀起了一场血雨腥风——向商人购买铁器。依据汉朝法律，"胡市，吏民不得持兵器及铁出关"，违者处以弃市极刑。

铁器不是不能卖，但要看卖给谁，卖给在长安的胡人，也等同于持铁出关，依律当同罪论处。

汉匈边境设有"津关"，自汉初《津关令》颁布以来，就规定出入关塞必须持有凭证——"符传"，以限制人员、物资、武器、马匹、金属等战略物资流入匈奴。铁，就是当时关系国运的战略物资。

没有一种铁，能媲美中国来的钢

古人如何冶铁？文物学家孙机先生，把这个过程解释得相当清楚：

将铁矿石和木炭在炉子里加热，生出金属铁。铁矿石熔化后，变成疏松的全是气孔的海绵状物，还原出来的小铁珠凝固并隐藏在渣块中，这叫块炼铁，含碳量很低，相当软。之后，通过加热锻打，挤出渣子，由于接触了炭火，渗碳变硬，就成为块炼钢。

孙先生说，我国在西周末期已经生产出这样的铁和钢。到春秋早期，在竖炉里以高温液态还原法冶炼铸铁的技术也出现了。

技术革新，会被首先应用于关系国计民生的领域。铁制农具和武器，推动着先秦时代的社会发展。而想要在战场上提升肉体对尖兵利器的防御能力，就必然得从甲胄的材质入手。工匠们需要找到坚硬的皮革，或者以多层皮革缝合，制作皮甲，以防被铁武器击穿。

到了汉代，冶铁术进一步升级。考古人员在河北满城汉墓发现了中山靖王刘胜的佩剑，剑长104.8厘米。经金相分析，证实其在制作过程中曾经历过反复的折叠、加热、锻打，是用块炼铁锻造的早期"百炼钢"，这种产品做起来用工量大、效率不高。西汉中期以后，用生铁"炒"成熟铁或钢的新工艺——炒钢法，大大简化了锻打渗碳的工序，使大量产钢成为可能。公元1世纪的古罗马作家老普林尼说："虽然铁的种类很多，但没有一种能和中国来的钢相媲美。"

老普林尼出生时（23或24年），汉王朝的第七位帝王——汉武帝，已故去百余载。武帝时代正是中国冶铁术的黄金时代，史书记载，当时"自宛以西至安息国……不知铸铁器"，北方匈奴甚至还处在用"骨镞（箭头）"的阶段，武帝严令禁止百姓持兵器及铁出关，便是出于防范铁制装备外流的考虑。虽然匈奴人未必懂得如何用它们制造杀人的铁器、坚韧的铁甲，但汉人却懂。孙机就引用了苏联学者达维多娃的说法，称在匈奴从事铁器制作的，是汉朝的战俘和逃亡者。

不过，从老普林尼的赞叹中不难发现，武帝"凿空西域"后，钢铁的确从中国流入了西方。当然，这是后话了。

汉匈战争持续一百三十余年，前期互有胜负，汉朝甚至一度落于下风，不得不以和亲等妥协政策，维持与匈奴的关系。汉武帝登基后，汉军战斗力大幅度提升。霍去病拿下陇西绝非孤例，早在元朔二年（前127年），卫青、李息就一战而捷，夺取河套地区。元狩四年（前119年），霍去病再度率军大破匈奴左贤王部，歼敌七万，兵至狼居胥山……

何以能在短时间内实现军事上的飞跃？掌握着时代尖端科技的汉王朝，当然不会忘了用钢铁给冲锋陷阵的将士们升级装备。

中国甲胄于是迎来了第一场革命。

以铠代革，以铁代皮

汉武帝的祖父汉文帝执政时，西汉史上著名的"智囊"——晁错，尚在太子家令的任上。晁错以一篇《言兵事疏》上奏文帝，提出守边备塞、抗击匈奴的战略战术。他明确说道："甲不坚密，与袒裼（xī）同。"将士身上的铠甲，一定要又硬又密，否则跟敞胸露怀没什么差别。

史载，汉文帝对晁错的奏疏大为赞赏，不但采纳了他的建议，还亲笔回信以示恩宠。如此说来，文帝给每个士兵都配备了坚密的铠甲吗？

并没有。汉朝武官制度较为完善，军官与士兵的服饰存在明显差异。汉墓出土的汉代甲胄几乎都是高级将领穿的，代表了当时中国甲胄的顶尖水平。发现于20世纪六七十年代的陕西咸阳杨家湾汉墓群，共有墓葬73座，或为汉高祖长

◀身穿汉代铁甲的模型兵人。铠甲参考1960年在内蒙古呼和浩特甘家子村汉代古城遗址发现的铁甲制作。这款铁甲形制为对襟开合式，身甲由长条形甲片组成，甲身垂缘与甲袖则由小甲片组成。（何力供图）

陵的陪葬墓。其中四号墓的主人，被认为是西汉开国功臣周勃或周亚夫父子，仅墓南随葬坑内就有步兵俑1800多件，骑兵俑580余件，大量"士兵"身无片甲，只穿戎服。

观察俑身上残存的色彩，可知戎服几乎清一色是红色，印证了东汉初年史籍《汉官解诂》的记载：每年八月，汉朝官方会举办一场"都试"，考察将士们的射术。在考试现场，参与者皆身着"绛衣戎服"。"绛"，按《说文解字》的释义，为"大赤也""今俗所谓大红也"。与汉代禁军"缇骑"中的"缇"字一样，皆指军服颜色。

汉初，男子服饰主要为深衣，即将从前独立的上衣和下裳合二为一，但在剪裁上仍保留着一分为二的界限，穿着时将全身深深包裹。深衣的长短有礼制要求：短，不能露肤；长，不能拖地。

先秦流行车战，军士往往直接在深衣外披上战甲，登上战车。到了西汉，男子深衣主要有曲裾袍和直裾袍两种。曲裾袍沿用春秋战国的老款式，穿着时，要将身体绕起来，行动多有不便。加上此时骑兵开始成为战场的新主角，曲裾袍就很快被弃之不用了——直裾袍穿起来显然更方便，而军戎服饰体系中的直裾袍，下摆又比平常穿的直裾袍更短。杨家湾等处出土的汉俑，大多穿有两层深衣，可作为研究西汉早期武备的参考。

随着冶铁技术的发展，到西汉中后期至东汉时，汉军的披甲率较汉初有了跨越式的提升。

1993年2月，江苏省连云港市东海县温泉镇下辖的尹湾村，几个村民在村西南2千米左右的山坡上采挖药材，无意中发现了数座汉墓。经过考古发掘，工作人员在六号墓内清理出百余枚简牍，其中的《武库永始四年兵车器集簿》，记载了汉成帝年间（前33—前7年）东海郡的武器储备情况，计有"甲十四万二千三百二十二、铠六万三千三百二十四"。这里的"甲"，由皮革制作，"铠"则为铁制，说明西汉末年汉军装备了大量皮甲。

而在1972—1974年发现的居延汉简中，我们又看到了这样的文字："革甲六百五十，铁铠二千七百一十三。"居延汉简的最早纪年，为西汉武帝太初三年（前

102 年），最晚为东汉光武帝建武六年（30 年）。这枚汉简的年代虽不明确，但文字所记铁甲的数量，竟是皮甲的 4 倍多。

考虑到汉代典籍中"铁铠"一词的出现频率远高于"革甲"，考古发现的汉代铠甲也以铁甲居多，基本可以确定，自汉武帝之后，军中主要有皮甲和铁甲两类铠甲，铁甲逐渐占据主流，皮甲则退居辅助地位。

《居延汉简·兵簿》又有这样一条记载："甲渠第廿六隧北到第廿七隧二里百八十一步，候史一人、隧长一人、卒三人，凡吏卒五人，铁铠五、鞮瞀（dī mào，兜鍪）五、六石具弩三、五石具弩一。"这里提到的驻守燧台的屯军，一共有 5 个人，竟有 5 领铁甲，可见个个都是顶盔掼甲，全副武装，披甲率达到了 100%。

那么，他们穿的是什么样的铁甲呢？

一套铁甲，动辄两三千枚甲片

铁，又被唤作"玄铁"。汉代典籍中，有一种"玄甲"频频出现。《史记》记载，霍去病去世后，汉武帝为悼念爱将，"发属国玄甲军"，为其送葬，送葬的军阵从长安一直延伸到茂陵。此处的"玄甲"就是铁甲吗？未必，因为"玄"还有另一重意思——黑色。

20 世纪上半叶，在朝鲜平壤市郊的乐浪、带方郡遗迹，陆续发现了多座墓葬，其中一座汉墓出土了表面涂有黑漆的皮甲残片。

1954 年，湖南长沙左家公山十五号战国楚墓，棺椁之间的边箱内，藏有一套卷起的皮甲。皮甲上半身用小方块皮革缀联而成，下半身是丝织物，皮革残片上，还能看出涂有黑漆的痕迹……

由此可见，皮甲时代就有将甲漆黑的习惯。而对铁铠来说，涂漆还有防锈的作用，将涂过黑漆的甲片用红色绳索编缀，就是汉代铠甲的主要形式。

虽然不能武断地认为"玄甲"就是铁铠，汉代铁铠漆为玄色者却不在少数。中山靖王刘胜墓、广州西汉南越王赵眜墓，皆有黑色铁甲出土，前者甲片多达 2244 枚。1994 年，考古人员又在江苏徐州狮子山顶的西汉楚王墓中，清理出铁制黑甲 8465 片。后经中国科学院专家修复，成功复原出四种铠甲和一种胄。

有了这些实例，我们在讨论汉代铠甲的形制时，便有了更直观可靠的依据。从中可以看出，汉代铠甲依旧是传统札甲，与先秦相比，除了材料由皮变铁之外，还有一些新变化。

比如结构。中山靖王刘胜的甲为方领口，前胸对开襟，穿上之后，以细线作为扣连。山东临淄的西汉齐王墓五号随葬坑，出土过两套铁铠，虽也为方口领，但开襟不在前胸，而在右肩和侧腋下，以三组丝带系接，其中较为华丽的一领还贴有金银饰片。

通过这两个例子，基本可以确定，汉代铁甲中较为完整的一种，是由身甲、钎（披膊）、锻钰（盆领）组成的，身甲下有一段垂缘。不过，南越王赵昧墓中的铁甲，无钎和身甲垂缘，与汉俑身上较为常见的挂身甲非常相似，形制简易，和汉末三国时代流行起来的裲裆铠有些渊源。

再看甲片。从战国到西汉，身甲长度一般都以80厘米为限，穿着时，通常只及臀腹部位。战国皮札甲大多比较简单，曾侯乙墓出土的皮甲，仅有甲片181枚。到了秦代，兵马俑中甲片较多的鱼鳞甲，有800余片。而汉代王侯墓中出土的铁甲，却动辄两三千片，是战国皮甲的十数倍。

同等身形下，片数越多，甲片自然越小。小，并非因为材料受限。这么做，一来，能有效减少单甲片的受力面积，提升甲胄的抗打击能力；二来，穿着起来会更加柔软、灵便。

或许有人会好奇，铠甲的材质由皮变铁，铁片又坚又密，是否会存在甲士不堪重负的情况呢？就西汉甲胄的考古成果，以及对汉代甲胄的复原实验来看，这个担忧是多余的。

已出土的汉代甲片，一般长3厘米，宽2厘米，厚度在2～2.5毫米之间。有人用差不多尺寸的甲片做过复原，发现600片以上穿缀而成的铠甲，重量刚刚超过10千克。而如果以更细小的鱼鳞甲片编缀，2000～3000片铁片，重量也不过16千克左右。1977年，安徽阜阳双古堆汉墓出土的铁铠，有甲片3038片，重20.204千克，是目前发现的最重的汉代铠甲。但即使

▼ 西汉铁甲复制品，根据内蒙古呼和浩特廿家子村汉代古城遗址西汉铁甲复刻。（函人堂 供图）

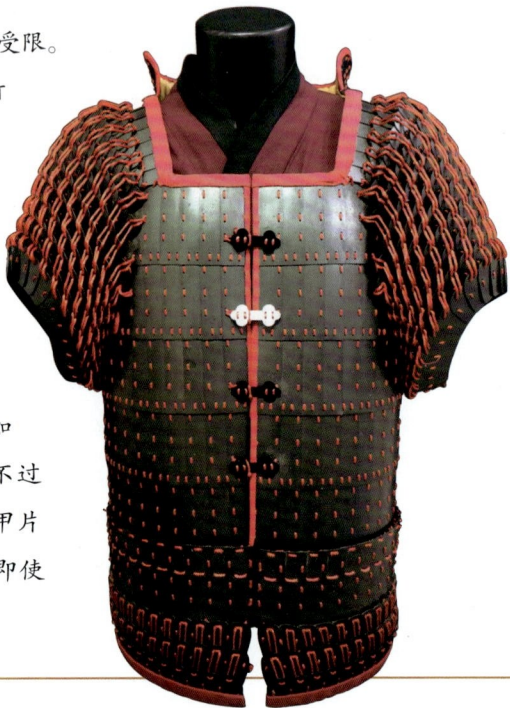

如此，也比后世的铁铠要轻得多。

正因为汉代铁铠的重量尚未成为困扰军士的问题，才有其后三国两晋南北朝时期，铠甲覆盖面越来越大的趋势。

周亚夫冤不冤？

再说回杨家湾四号墓。关于墓中陶俑的出土情况，当年参与发掘的何汉南先生做过详细的记录，刊载于 1966 年第 3 期《文物》杂志。

"有六个坑埋藏骑马俑，有的坑每排十个，共十排；有的坑每排十一个，共十一排……埋藏立俑最多的一个土洞有三百多个，最少的有一百个……武士俑身上披着各式的黑色铠甲，铠甲上用红、白颜色划出甲片的形状和连缀的情况，有的俑背上有一方形小袋，可能是箭囊。"

《水经注》记载，渭北平原上的成国渠，走到杨家湾这一带，流经周勃父子冢。1965 年 8 月，当考古人员在距四号墓南 70 米的 11 个随葬坑内，见到数量如此之多、步伍如此之严整的陶俑群时，便想到了那位率军平定吴楚七国之乱的大将——周亚夫。

《史记》上说，周亚夫晚年因为偷偷买了朝廷禁止交易和私藏的五百甲盾，被人告发。负责调查的廷尉见了他，说的第一句话是："君侯欲反邪？"周亚夫赶忙解释说，那都是用来给自己陪葬的明器，他一个行将就木之人，怎么会谋反呢？万万没想到，廷尉竟当场撂下这么一句话："君侯纵不反地上，即欲反地下耳。"

就算生前不谋反，死了也会在阴曹地府做个反贼。结果，一代名将就这么被气得吐血身亡。

同样是"五百甲盾"，《汉书·周勃传》的说法却与《史记》有所不同，购买人变成了周亚夫的儿子——"亚夫子为父买工官尚方甲楯五百被可以葬者"。在疑似周亚夫墓的杨家湾四号墓里，并没有见到随葬甲盾的痕迹。不过周亚夫既然能辩解说买甲盾是作为明器，说明西汉初年对甲胄的管控并不严，也没有强令禁止私造甲胄，否则廷尉就直接依法查办去了，大可不必阴阳怪气地讥讽。

出土文物也能证明，西汉有功勋者，有将生前所穿甲胄陪葬的习惯，现存的

▶ 杨家湾汉墓出土
的身穿汉代戎服以
及铠甲的汉俑。（中
国国家博物馆 藏）

汉代铁甲，基本都出自西汉墓葬，到了东汉，墓中几乎不见陪葬甲胄的踪影。最
可能的情况就是，严禁甲胄的规定被制度化了，甲胄作为进攻性装备，私藏无异
于谋反，这个逻辑在东汉得到了统治者的认可。

铁做的甲胄，让汉军战力大为提升，让汉王朝在旷日持久的汉匈战争中，取得
了最终胜利。因此，从汉代开始，铁甲作为战略物资，逐渐被视作国家军备资源，
严格管理。尤其在战争期间，物资紧缺，这种昂贵的"护身符"，更应该被物尽其用。
拿去陪葬，实在太浪费了。这种思想一直被后世延续，至隋朝统一后，少府设有专
掌甲胄的官署——甲铠署，贞观六年（632年）改为甲坊署，对甲胄的管控比前代还严。
五代和宋初，连北方的契丹政权都三番五次颁布法令，禁止使用甲胄作为陪葬品。

沙场，本就是铁甲应有的归宿。

承上启下的东汉甲胄

中国人约定俗成的三国时代，实际上包括从公元184年黄巾起义至公元220
年曹丕称帝，这长达三十多年的汉末时期。因此，探寻三国铠甲的真容时，先得
了解东汉武备的历史背景。

这个时代的文学家孔融曾发出感叹："古圣作犀兕革铠，今盆领铁铠，绝圣甚

远。"过去用犀牛皮做盔甲，如今却都是带盆领（护颈）的铁铠，今不如古啊。孔融借铠甲怀古伤今，无意中给后人留下了一条信息——东汉甲胄的形制与前代差别巨大。

相关研究也证实了这一点。东汉甲胄无论是形制还是材料，都在西汉的基础上有所突破。其中一大原因在于，此时甲胄的重点防御对象，已不仅仅是战场上的刀枪剑戟，还有飞矢。

《汉书·地理志》记载，汉军"以弩为尚"，将军有"强弩""积弩"。记述三国曹魏政权史事的《魏氏春秋》又说，诸葛亮改进连弩，"以铁为矢，矢长八寸，一弩十矢俱发"。

飞矢，即远距离射击，对战争的影响有多大？孙坚、张郃、凌统、庞统等一干文臣武将，无不命丧于弓弩之下。曹操伐董卓，被流矢所伤。周瑜攻南郡，也被射中右肋。就连"威震华夏"的关羽，都难过飞矢关。襄樊之战期间，他先被庞德一箭射中额头，后又被毒矢伤及右臂，不得不刮骨疗毒。真是明枪易躲，暗箭难防。

正因如此，三国铠甲不仅甲片密度高，而且还越来越长。

先说上半身：加高领口，在颈部设置盆领，如同一个敞口铁盆，将头颈包裹其中，以降低咽喉暴露在外的风险。这是汉代甲胄的一大特色，西汉已有，从孔融的说法来看，到东汉末年，盆领铁铠已经是较为常见的款式。

至于下半身，则出现了"髀裈（bì kūn）"。髀，即大腿，裈，为有裆的裤子，铠甲中的"髀裈"，指的是裙甲。有了髀裈，就比之前80厘米左右的身甲长出不少。

即便如此，有人依然觉得不保险，数量多、硬度大的铁箭头，哪能这么容易就防得住？于是，便出现了身穿两层铠甲的现象。

说到此处，需讲一讲文献中提到的"大铠""小铠"之分。所谓"大铠"，顾名思义，就是防护面积较大，带有保护肩部、腿部装置的铠甲。"小铠"，则只保护胸腹部分。刘宋时期的史学家裴松之，在为《三国志·董卓传》作注时，引用了三国吴谢承《后汉书》中的一段话："董卓作乱，百僚震栗。孚著小铠，于朝服里挟佩刀见卓，欲伺便刺杀之。"这处细节说明，小铠是可以作为防身内甲穿在袍服里的。而大铠加小铠，也算是"人披两铠"的搭配吧。

赤兔马穿马铠了吗?

　　骑兵,在两汉时期的战场上,成为决定战争胜负的重要力量。西汉骑兵甲大多只有身甲,护住战士的胸腹和背部。东汉骑兵甲做了改进,要么甲身下半部分自带裙甲,要么与腿裙甲搭配,使膝盖处也被甲片保护。腰部之上的胸背甲,有的以小甲片编缀而成,有的则用整块的大甲片。小甲片一般为铁甲,大甲片多为皮甲。前后两片甲在肩部系穿(不像之前自两侧穿系),背甲上缘钉有两根皮带,穿过胸甲上的带扣后,披挂于肩上。腰部以下,则为或绢或皮制成的短形筒裙,对骑兵的腿部起到一定的保护作用。

　　护住人,也要护住胯下的马。马匹贵重非常,战马的护具自先秦已有,但大都比较简单。就连秦始皇陵兵马俑坑的马俑,除配备马鞍等基本马具外,也没有披挂马甲。东汉末年,马甲才逐渐被各路诸侯推广使用,用得最多的,是马前胸的皮质"荡胸"。

　　曹操曾拿自己与袁绍的武备做对比,称:"袁本初铠万领,吾大铠二十领;本初马铠三百具,吾不能有十具。"袁绍拥有上万领铠甲,但马铠只有三百具,从这个比例来看,马铠相当稀有。如果只是挂在马胸前的简单皮护甲,曹操何以"不能有十具"?既然称之为"铠",必然是铁制。

　　事实上,考古人员在秦陵封土东南处的石甲胄陪葬坑内,曾经清理出一副1.8米长的"特大号"甲,全甲由颈甲、当胸、身甲、搭后等部分组成,颈甲甲片均向外鼓成一定弧度,后端与烧成白灰状的身甲相连,最长的甲片长达14厘米,宽7厘米。从尺寸和结构判断,与东晋至南北朝时期常见的"甲骑具装"非常相似,应该是战车车马的马甲,这说明这种大面积防护马匹的甲,在秦代就已经出现了。

　　随着骑兵作用大幅度提高,马护具的结构也日趋完备,汉末三国的"马铠",很可能就是后来流行于南北朝时期的全副武装式的马铠。只不过,彼时还属于稀有装备,曹操直到官渡之战时,拥有的马铠数量尚不足十具。

　　想当年,曹操在宛城遭遇张绣反叛,危在旦夕。他骑着绝影马突围,叛军箭如飞蝗,流矢射中了绝影的面颊和腿,曹操也被射中右臂。千钧一发之际,长子曹昂前来相救,将自己的马让给了父亲。曹操因此幸免于难,曹昂却命丧当场。

如果当时绝影全身披挂马铠，至少面颊中箭的概率会小许多吧？

至于吕布座下的赤兔马，是否有可能装备马铠呢？毕竟"人中有吕布，马中有赤兔"。"飞将"吕布骁勇善战，赤兔能与吕布并称，分量不言而喻。这样的宝马，难道不值得花重金为其全副披挂么？

三国群英戴什么盔？

最后，我们再谈谈这个时代的头盔。

在世人的印象中，诸如赵云、周瑜等人的装束，都是一身华丽铠甲，头上戴着非常有特色的凤翅盔。从明代绣像，到近现代连环画，再到当代游戏绘图，无不如此设定。只不过，这种形制成熟的凤翅盔，和关羽"标配"的青龙偃月刀一样，都是典型的宋明武备。汉末三国时期的头盔是什么样？吉林省榆树市老河深村东汉墓出土的兜鍪（móu），可为代表。

这件兜鍪的上半部分，是一排长甲片围成的半圆形盔顶，下半部分，则以短甲片编缀，边缘还有织物包裹，以防擦伤。戴上兜鍪，不仅能保护全头，搭配盆领之后，连颈部、喉部及肩部也在护甲之内。

辽宁北票喇嘛洞十六国墓葬出土的铁兜鍪，虽然时代比三国稍晚，但形制、结构与汉末三国甲士所佩戴的兜鍪一致，同样具有很高的参考价值。有意思的是，这个时代的兜鍪还有了装饰物。2019—2020年，在西安南郊少陵原发掘的三座十六国大墓，墓中武士俑的兜鍪正前方就带有明显的金珰一类的饰物。

中国社会科学院考古研究所的甲胄修复专家白荣金先生等人，曾经对北票喇嘛洞铁兜鍪的出土及复原情况，做过详细的文字、图片说明，就连下部散乱解体的81枚垂缘甲片，片与片之间的编排关系究竟如何，也给出了复原方案。前人躬耕如此，作为"乘凉者"的我们赶上了一个好时代——此前数百年来的三国绘画创作者们，从来没有像我们今天这样，能够享用如此之多汉晋时期的考古成果。

是时候把原本属于汉末三国的甲胄，还给这些被错穿了战袍的英雄们了。接下来的章节中，让我们一起为三国英雄们披甲戴盔吧！

贰

诸葛亮

从《隆中对》到《出师表》

上篇

三分割据纡筹策，万古
云霄一羽毛

中篇

诸葛亮装容复原记

下篇

诸葛亮装容实拍图志

三分割据纡筹策，
万古云霄一羽毛

　　"有一诸葛，已可使三国照耀后世，一如两汉。"现代史家钱穆先生在《中国文化传统中之士》一文中给予了诸葛孔明极高的评价。类似的评语不独出现于现当代，唐代诗圣杜甫也曾以一句"伯仲之间见伊吕，指挥若定失萧曹"，高度赞扬诸葛亮的政治才能和政治道德。到南宋，文学家洪迈亦认为"诸葛孔明千载人，其用兵行师，皆本于仁义节制，自三代以降，未之有也"。另一位同时代的爱国诗人陆游则以"出师一表真名世，千载谁堪伯仲间"，表达了对诸葛孔明无尽的崇敬与仰慕之情。

▼ 四川省成都市武侯祠正门。

千载谁堪伯仲间

千百年来，提及诸葛武侯，绝大多数人的态度是肃然起敬。尤其是经历过乱世，饱受离乱之苦、亡国之痛的文人更能共情。唐代的杜甫在安史之乱中目睹了太多的兵祸和民间疾苦。南宋的洪迈与陆游都处于靖康之变后的南渡时代，洪迈的父亲北上使金曾被扣留，陆游直到临死都念着"王师北定中原日，家祭无忘告乃翁"，他们又何尝不希望有一个诸葛武侯这样致力于挥师北伐、克复中原的世之良臣？生活于近现代的钱穆，对诸葛孔明之情感，亦绝不仅仅是就史而论，同样是由衷而发。

那么，生活于治世的文人学者又如何评价诸葛亮呢？北宋苏轼同样赞叹诸葛亮道："密如神鬼，疾若风雷；进不可当，退不可追；昼不可攻，夜不可袭；多不可敌，少不可欺。前后应会，左右指挥；移五行之性，变四时之令。人也？神也？仙也？吾不知之，真卧龙也！"

同样，开创盛世的帝王，如明成祖朱棣，也承认诸葛亮"天下奇才、忠信智谋，南征北伐，功盖一时"，为其人格魅力所折服。

也正是由于千年来保持着超高的"人气"，诸葛亮在小说中被塑造成了近乎千古完人的形象。后世甚至流传着各种各样如《将苑》这样的诸葛亮"传世作品"，

▼ 武侯祠内的诸葛亮塑像。

可惜多是后人托名的伪作。即使是在史籍中出现得较早，道出"鞠躬尽瘁，死而后已"心声的《后出师表》，其真伪至今仍争议不休。所幸与诸葛亮有关的知名度最高的两篇佳作既没有太多真伪争议，也最具代表性，前者是陈寿创作于西晋太康元年至太熙元年（280—290 年）的《隆中对》，后者为诸葛亮创作于蜀汉建兴五年（227 年）的《出师表》（即《前出师表》）。这两篇作品所涉及的事件的时间跨度，也足以涵盖诸葛孔明从才智无双到鞠躬尽瘁的后半生。

关于诸葛亮的出身，《三国志·蜀书·诸葛亮传》开篇就提及"诸葛亮，字孔明，琅邪阳都人也，汉司隶校尉诸葛丰后也"。本传中也记载了"亮躬耕陇亩，好为《梁父吟》"，加上诸葛亮自己在《出师表》中一句"臣本布衣，躬耕于南阳"，人们很容易误认为他是平民出身。在小说《三国演义》中，作者罗贯中又根据"三顾臣于草庐之中"创作出三顾茅庐的经典故事，几乎家喻户晓。小说中周

瑜等人张口就骂"诸葛村夫",更加强化了诸葛亮身上的"草根"色彩。

实际上诸葛亮在《出师表》中的自我介绍更多是谦虚之语。他出身琅邪诸葛氏，是因北方战乱迁至荆州的大家族之一。其岳父黄承彦则出身荆州本土大族黄氏。当时荆州大族中，以诸蔡最盛，而黄承彦之妻妹就是荆州之主刘表的夫人。从这个关系来看，诸葛亮不仅不是一介农夫，而且属于士族出身，在荆州也有深厚的人脉基础。不过他自称"布衣"也并非毫无道理，毕竟追随刘备之前，诸葛亮的确一直未在荆州出仕。有士族光环与广泛人脉资源的诸葛亮，为什么没有像其他世家子弟那样，直接到荆州刘表处出仕呢？史书中没有做具体交代，这实际上是青年孔明的过人之处。

从《三国志》中不难看出，"布衣"时代的诸葛亮既有才华横溢的一面，也有自信与轻狂的一面，他总是自比管仲、乐毅，但除了徐庶、崔州平这几位老朋友知道孔明有真才实学外，更多的情况是"时人莫之许也"，也就是大多数人都不相信，自当是这年轻人自大狂妄。不过我们从建安十二年（207 年）诸葛亮与刘备见面后提出的"隆中对"中就很容易看出，诸葛亮的年少轻狂是有足够资本的。他虽不在官场，但对时局变化掌握得足够透彻，经过不断分析，有一番具有预见性的独特见解。

我们可以站在"事后诸葛亮"的角度来反推一下当时的时局。建安十三年（208 年）之前，北方已经历十几年战乱，但处于中部的荆州，除了最北边的南阳郡（不在刘表控制范围）之外，大部分地区都享受了长达 18 年的和平。即使是有英雄之志的刘备南逃至荆州避祸，屯驻新野的 7 年时间里也仅有博望坡之战一次军事行动。不过，虽然荆州享有和平，但历史已无数次验证，只要国家不是统一形态，这种一面烽火连天，一面歌舞升平的局面就不可能成为常态，也就是说当北方诸侯逐渐在战争中出局，获胜的王者一定不可能止步于统一北方而容许中部、南部这些割据政权存在。

以诸葛孔明之见识，一定能看到当时官渡之战后北方的胜局以及日后荆州之变数，这个地区不可能长治久安。而当时荆州大族的官僚也并非意识不到即将来临的巨变，但他们中的绝大多数都和蔡氏类似，无远大志向与争雄之心，刘表只是维持这些望族利益的代理人，只要能保持家族利益，他们也可以毫不犹豫地更换代理人。

这就不难看出诸葛亮没有选择在荆州出仕的两个主要原因。第一，诸葛亮虽然对自身才学与能力有足够的自信，奈何当时并无多少人相信他，也就是说即使觍着脸去投奔刘表，得到重用的可能性也微乎其微。第二，诸葛亮已经预测到将来荆州的变局，而他的志向与安于现状的荆州本土望族有本质上的分歧，这个时候进入荆州官场也是自讨没趣。

隆中"对出"天下宽

诸葛亮于建安十二年（207 年）做出了自己的选择——加入刘备集团。主流观点认为是刘备慕名拜访，"凡三往，乃见"，也有观点认为诸葛亮毛遂自荐投奔，无论是哪种情况，结果都一样，刘备的确是诸葛亮的最佳选择。这对君臣初见时，孔明为刘备分析天下大势的一番对话，就给汉末三国史添上了精彩绝伦的一笔。这次谈话被后人称之为"隆中对"（也称"草庐对"），其中诸葛亮所言如下。

自董卓已来，豪杰并起，跨州连郡者不可胜数。曹操比于袁绍，则名微而众寡，然操遂能克绍，以弱为强者，非惟天时，抑亦人谋也。今操已拥百万之众，挟天子而令诸侯，此诚不可与争锋。孙权据有江东，已历三世，国险而民附，贤能为之用，此可以为援而不可图也。荆州北据汉、沔，利尽南海，东连吴会，西通巴、蜀，此用武之国，而其主不能守，此殆天所以资将军，将军岂有意乎？益州险塞，沃野千里，天府之土，高祖因之以成帝业。刘璋暗弱，张鲁在北，民殷国富而不知存恤，智能之士思得明君。将军既帝室之胄，信义著于四海，总揽英雄，思贤如渴，若跨有荆、益，保其岩阻，西和诸戎，南抚夷越，外结好孙权，内修政理；天下有变，则命一上将将荆州之军以向宛、洛，将军身率益州之众出于秦川，百姓孰敢不箪食壶浆，以迎将军者乎？诚如是，则霸业可成，汉室可兴矣。

这篇谈话出自《三国志·蜀书·诸葛亮传》，在小说《三国演义》中也被全文引用。虽只有 295 字，却一针见血分析出当时天下大势的走向，并为刘备集团规划了一条路线。孔明说这番话的时间是建安十二年（207 年），当时天下局势虽不像官渡之战前那样纷乱，但依然存在诸多政治势力，充满变数。

北方的曹操刚结束乌桓之役，彻底消灭袁氏集团，但还远远没到天下三分之局，更遑论天下一统。辽东有公孙康集团，西北有马腾集团，汉中有张鲁集团，西南有刘璋集团，荆州有刘表集团，东南有孙权集团，总体来说还是一个群雄割据之局。实际上在这番对话中，我们也找不到"天下三分"之类的字眼，但孔明

在这番谈话里开门见山指出了两股不可抗的势力，一是"已拥百万之众，挟天子而令诸侯，此诚不可与争锋"的曹操，一是"据有江东，已历三世，国险而民附，贤能为之用，此可以为援而不可图也"的孙权。也明确给出了第一阶段联吴抗曹的政治路线。这两股势力，实际上也是后来三国鼎立之局形成后，除了刘备集团以外的两大集团。从这个层面看，孔明非常具有预见性。

那么排除了曹操和孙权这两股不可争锋的势力，刘备要建立自己的基业当何去何从？诸葛亮给出的第一步就是占领地理位置极为重要的荆州，第二步是入主西南的益州。身在荆州的诸葛亮必然已看出未来荆州的变局，刘表年事已高，而荆州望族也无雄心大志，在曹操南征之前如果能将荆州据为己有，就算是站稳脚跟，有了自己根据地。至于远在益州的刘璋，孔明也已看出其"暗弱"的本质。刘备虽然还没有稳定地盘，但信义著于四海，潜力巨大，取西川也并非难事。在达成跨有荆、益的目标后，对外与孙权结盟，对内勤于理政，一旦"天下有变"，则可率军从荆州、益州两个方向北伐，达成"霸业可成，汉室可兴"的最终目标。

从后来的历史进程来看，"隆中对"路线前半部分基本实现，后半部分则成为泡影。正因如此，一直有人对其多有批评，认为诸葛亮过于理想化，这个政治蓝图也不具可行性。当然，如果以演义中那个具有未卜先知的能力，"多智而近妖"的孔明为标准来衡量，那么这番谈话或许算不上高明。但回到历史中，孔明亦是凡人，而天下之事本就变幻无常，难以预测。作为后人的我们可以当"事后诸葛亮"，从后来发生的种种历史事件中寻找这番话中的缺陷，但诸葛孔明作为一个27岁的青年，面对群雄割据的局势，为朝不保夕、没有固定根据地的刘备规划了一条政治路线，最终还真的完成了其中一大部分，这本身就是一种奇迹。后世称青年孔明为奇才，绝非过誉之辞。

利大于弊的变数

诸葛亮的"隆中对"路线实现起来难度究竟有多大？看一看历史时间线就不难得知。建安十二年（207年）孔明刚加入刘备集团，建安十三年（208年）开年荆州燃起烽火，江东孙权率军征伐江夏，斩杀了太守黄祖。紧接着就是七月曹操率军南征，刘表病逝，其子刘琮举州投降，荆州完全落入曹操之手。刘备则被曹军一路追击，长坂一役伤亡惨重，妻离子散，能在此危难之际逃出生天已属万幸，至于谋取荆州，此时近乎天方夜谭。可以说面对曹操这样可怕的强敌，刘备连走出"隆中对"路线第一步（据荆州）的时间都没有。

值此危难之际，刘备集团采用了东和孙权、联吴抗曹的政治路线，孔明也作为这条路线最积极的推动者出使江东进行游说。事实证明这是当时最为明智的选择。赤壁一役，孙刘联军大破曹操，随着曹操引军北返，刘备和孙权也度过了灭亡危机。赤壁大战后，荆州势力被一分为三，刘备屯驻公安，又先后攻下荆南四郡，此时才算站稳脚跟，结束了颠沛流离的日子。荆州最为重要的核心有两个地方，南为江陵，北为襄阳，而这两个地方都不在刘备手中，占据荆州的目标也就谈不上完成。在这个阶段，"隆中对"路线又遇到了新的阻力——赤壁之战的统帅，掌握江东实权的周瑜。

赤壁之战后，依然坚定不移走孙刘联盟政治路线且具有影响力的人很少，所幸双方各有一位，即刘备集团的诸葛亮和孙权集团的鲁肃。实权派周瑜的政治规划里，江东要实现帝业，就必须南控江陵，北据襄阳，换句话说就是要控制整个荆州。赤壁大战后，周瑜不惜围城一年，自己身负重伤也要攻下南郡，就是在朝着这一政治目标推进。而与鲁肃相比，周瑜的路线较为激进，他认为不必依靠与刘备联盟，甚至有将刘备软禁的设想。此外，周瑜的蓝图中也有引兵西征夺取西川的目标，这样一来，就必然与刘备集团产生不可调和的矛盾。在实力远不如孙吴政权的前提下，刘备要实现跨有荆、益之目标谈何容易？

诸葛亮加入刘备集团后，刘备曾有"孤之有孔明，犹鱼之有水也"之言。刘备结束前期东奔西逃、寄人篱下的苦日子，也是在孔明加入之后。但是这种"如鱼得水"的君臣关系，绝非演义中所表现的那样，事事对诸葛亮言听计从。例如建安十五年（210 年），刘备对赤壁之战后划分的荆州地界不满意，决定亲自到京口与孙权谈判，要求获领夺取荆州的任务。但此行犹如孤身入虎穴，非常凶险。当时诸葛亮就极力劝阻，但刘备仍一意孤行。而东吴方面，周瑜的确也建议孙权扣留刘备，挟持他以令关羽、张飞等人为己所用，所幸孙权没有采纳此计。后来刘备从庞统口中得知周瑜的计划，深感后怕，感慨当初没听孔明之劝，实在太冒险。

在诸葛亮的"隆中对"路线中，实现最终目标有一个重要前提，即"天下有变"。天下局势，无论政治、军事本就充满变数，但结果是利是弊却未可知。对刘备集团而言，建安十五年（210 年）就出现了一个极为重要的变数——周瑜在巴丘病逝。虽然历史上的周瑜和诸葛亮没有那么多斗智斗勇的交锋，但他在这个节骨眼上忽然离世，客观上的确解除了实现"隆中对"路线第一步的一大阻碍。继任者鲁肃对孙刘联盟政治路线的认可十分坚定，周瑜去世后不久，刘备集团就通过和平谈判的外交手段成功获得了地理位置至关重要的江陵。

周瑜的去世也终止了东吴西征巴蜀的计划。紧随而来的建安十六年（211 年），益州牧刘璋遣法正请刘备入川攻打张鲁，为刘备集团实现占领益州的目标提供了大好机会。建安十七年（212 年）刘备与刘璋反目，西川之役爆发。经过两年征伐，刘备终于在建安十九年（214 年）攻克成都。取得益州后，刘备集团核心向西迁移，荆州由关羽镇守。此时距离君臣初见仅过去 7 年，诸葛亮规划的跨有荆、益之目标已完成一半。

为什么说只完成了一半呢？首先荆州北部要地襄阳仍在曹军手中，而孙权集团与刘备集团也因荆州问题出现联盟危机，几度兵戎相见，以至于刘备亲自出马与孙权划地议和才暂时维持了同盟关系。另一方面，曹操平定汉中，收降张鲁，随时可能南征益州，夺取成都。也就是说，虽然刘备拥有了地盘，但无论是荆州还是益州，都笼罩在战争阴云中。

孙吴背盟的必然性

从建安二十二年（217 年）持续到建安二十四年（219 年）的汉中之战，刘备集团精锐尽出，最终击败曹操，取得完胜。经此一役，刘备不仅占据汉中，得以扩张领土，也保障了成都的安全。此时形势对刘备集团极为有利，他基本完成了"隆中对"规划中跨有荆、益之目标。

按照计划，下一步就是从荆、益两州同时北伐，达成"霸业可成，汉室可兴"的终极目标。但在孔明的谈话中，最终目标的实现有个重要前提，即"天下有变"，确切地说是曹操集团出现重大变故，这时北伐的时机才成熟。问题就出在这里，"天下有变"的标准是什么？究竟要变到什么程度才算时机成熟？这是"隆中对"中没有交代，也不可能具体交代的。有史料显示，当时荆州北部的确出现了反抗曹操的兵变，说明此时曹魏在这一地区的统治并不稳定，但从后来的结果看，这些小叛乱又离"天下有变"的标准存在很大一段距离。总之，无论是否出于这个原因，建安二十四年（219年）八月，也就是刘备称汉中王、大封群臣后还不到一个月，关羽就率兵北上，发动了以夺取襄阳为目标的襄樊之战。

如果襄樊之战能够取胜，那么跨有荆、益的政治目标就算是彻底完成了。遗憾的是，后来的历史进程朝着相反的方向发展。首先是关羽在襄樊之战中打得异常艰苦，曹军抵抗激烈，战况难解难分。值此关键时刻，孙吴忽然背盟，吕蒙白衣渡江袭取江陵，关羽进退维谷，最终兵败身死，刘备占据的荆州地盘也全部落入孙权手中。这个变数对刚站稳脚跟的刘备集团而言无异于致命一击。

有史家认为，变数主要出在孙吴背盟这里，假设孙权没有实施"背刺"，而是维持联盟，与关羽遥相呼应，襄樊之战还是有很大的机会取胜。可是若站在孙权集团的角度来看，这种假设未免太过于一厢情愿。

第一，孙吴集团与刘表集团不同，并非甘心为一方割据势力的诸侯，从周瑜时代开始就野心勃勃，规划了夺取荆、益二州，不惜与刘备集团翻脸的激进政治路线。后来因周瑜去世，这条路线才暂时中止。

第二，在刘备夺取益州、汉中这几年里，孙吴集团也有变数，与孔明一样坚定维持联盟路线的鲁肃于建安二十二年（217年）去世，继任者吕蒙则是袭击荆州、全据长江方案的最早倡议者，这也意味着孙权集团已对原有政治路线进行了重大调整。

第三，也是最为重要的一点，即关羽发动襄樊之战意在夺取襄阳，此地为长江中游之要地。站在孙刘联军的角度来看，南北交兵，若关羽据有襄阳，那么联合北伐击败曹操就变得具有可能性。但是站在孙权集团的角度来看，刘备刚在汉中之战中击败曹操，风头正盛，如果关羽又将襄阳拿下，那当年周瑜规划的江东帝业蓝图将彻底化为泡影，因为即使联盟军北伐成功，击败曹操，这个胜利也必然不属于孙吴。这种天下三分的局势一旦失衡，胜利者必然发动统一战争，孙吴则可能连江东之地都难以保全。在此种利害关系的权衡下，孙权必然会背盟袭取荆州。反正自己目前没有获胜的希望，这样来一个"背刺"，不仅能把刘备也搞得没有希望，还为自己谋取了利益最大化。

鞠躬尽瘁，死而后已

对蜀汉政权而言，孙吴背盟引发的连锁反应很致命。首先是荆州丢失，关羽败亡。紧接着刘备伐吴，于夷陵之战中惨败，精锐尽失。刘备弥留之际托孤于诸葛亮。永安托孤，刘备那句"若嗣子可辅，辅之；如其不才，君可自取"向来解读多，争议多，甚至有阴谋论大行其道。此等奇谈怪论不值一驳。永安托孤发生时，蜀汉政权内部矛盾重重，半数以上版图笼罩在反叛烽烟之中，帝业合法性出现危机。此时托孤并非普通权力交接，而是关系到蜀汉政权是否能维持，刘备辛苦大半辈子打下的江山是否能守下去。英雄一世的刘备何必在这个时候玩阴谋手段？何况真有篡逆之心的话，这句话无非是给篡逆行为增加合理性。与其大搞阴谋论，笔者更倾向于相信这是在特殊历史背景下，刘备与诸葛亮君臣之间的坦诚之言。

刘备病逝于白帝城后，蜀汉才算正式进入诸葛亮时代。但此时摆在诸葛亮面前的已经是个不折不扣的烂摊子。

首先要稳定内部。当时蜀汉各地叛乱频发，朱褒、雍闿、高定等相继起兵暴动，南中豪强孟获亦参与其中，益州地区动荡不安。诸葛亮亲率大军南征，平定南中，从此南中蛮族归附，不再叛乱，蜀汉政权后方得以稳定。

其次要面对曹魏的诱降攻势。诸葛亮初主蜀政，要做的第一件刻不容缓之事就是意识形态统一，重建人们对复兴汉室事业的信心，增进对汉室的认同感。而此时刚取代东汉的曹魏政权对蜀汉发动和平瓦解之攻势，王朗、贾诩等人主张采用怀柔政策，先文后武，达到让蜀汉取消帝号，"使举国称藩"之目的。这种政策一直延续到魏明帝执政初期。也就是说诸葛亮有生之年，始终坚持大汉正统的意识形态，对曹魏的诱降攻势予以坚决回击。诸葛亮时期，投降的倾向在蜀汉政权内部始终未能抬头，而魏国方面亦将诸葛亮视为诱降政策的最大阻碍。

再次是诸葛亮需要处理与东吴的关系。从现实角度来看，只有与东吴联盟，才有可能对抗强大的曹魏。夷陵之战后，蜀汉与东吴关系趋向于缓和，建兴三年（225年），诸葛亮南征凯旋后，派遣费祎出使东吴重申盟好。后来吴、蜀之间再无

▶ 铜孟腾子母印，东汉，云南省昭通市二坪寨梁堆墓出土。大印用辟邪形钮，印文为"孟滕之印"；小印用桥形钮，印文为"孟滕"。三国时期以孟获为代表的孟姓为南中大姓之一，曾参与叛乱。诸葛亮南征后为了长治久安，对这些大姓进行安抚，仍然让他们统治本地。（云南省博物馆藏）

大战，唯一一个棘手事件是建兴七年（229 年）孙权称帝，此举直接影响孙吴与蜀汉的政治地位，蜀汉政权"汉贼不两立"的意识形态也面临挑战。面对这一问题，诸葛亮从实际出发，采用搁置争议之法继续保持与孙吴的联盟关系。

最后是蜀汉政权内部的派系问题，与孙吴在江东根基深厚的情况不同，刘备集团几乎是刚在益州站稳脚跟就立刻遭逢巨变，无论是原先刘焉、刘璋父子留下的东州派、益州本土派的旧矛盾，还是刘备集团带来的河北派、荆州派的分歧，都没有足够的时间消化处理，整个蜀汉政权从建立之始就派系林立，这一问题直到政权灭亡也未能解决。

以个人品格而论，诸葛亮生活简朴，无声色犬马之好；为官廉洁，不经营别的产业，靠俸禄为生。同时他还是历史上第一个自报家产的丞相。另一方面，诸葛亮治蜀期间开展廉政建设，调整赋税政策，实施闭关息民，主持都江堰治水，在内政方面也的确取得了卓越成就。据统计，三国时期曹魏发生 24 次起义，东吴为 23 次，而蜀汉仅有 3 次。这与诸葛亮主政后的一系列政策息息相关。

建兴五年（227 年），诸葛亮北伐前上《出师表》，其中已明确提到了"今天下三分"之势，而致命的问题是"益州疲敝"。基于这一现实，无论是维护蜀汉政权意识形态上的法统，还是转移内部矛盾，都只能通过北伐来实现。再回头看"隆中对"的得失。其中"跨有荆、益"后的方针是"外结好孙权"，但现实是只要刘备集团快要达成"跨有荆、益"之目标，就必然触发孙吴集团的"背刺"行为，其中存在不可调和的矛盾，两个条件无法共存，而诸葛亮也没有提出应对方案。站在"事后诸葛亮"的角度分析，这的确是"隆中对"路线一个棘手的内在缺陷。

但我们必须认识到，"隆中对"毕竟只是诸葛亮在 27 岁时提出的一个较为笼统的构想，其中既无具体的指导思想，也无实施方针。而青年时代的构想就能洞悉天下之势，这本身就非常了不起了。建兴五年的《出师表》所体现的，不再是青年的意气风发与谋略纵横，而是成熟稳重的政治家诸葛武侯对蜀汉政权未来走向的殚精竭虑。《出师表》中既有对汉室正统意识形态的强化，也有对后主的谏言，甚至具体到一系列具体的人事安排。

当然，也有观点认为，《出师表》中的一系列人事安排，实际上是侵犯皇权，不仅削弱了刘禅的个人威信，也打破了刘备临终前的权力

布局。曹魏方面甚至说刘禅被诸葛亮所胁迫。但后主真的被胁迫了吗？诸葛亮主政时期，刘禅对诸葛亮恰恰是绝对地信任与放权，从来没发生过类似"衣带诏事件"这样的政治阴谋，他们的关系也与曹操之于汉献帝有本质不同。从后来的历史进程来看，诸葛亮去世后，刘禅也没有像一些真被权臣胁迫的帝王那样，立马清算，相反，有人诋毁诸葛亮却被刘禅直接下令诛杀。后来对蜀汉政权至关重要的人物，如蒋琬、费祎、姜维等，他们的为官都因诸葛亮生前的安排。武侯去世后，刘禅一直坚持执行着诸葛亮的既定路线，可见君臣之间近乎绝对的信任，不能以一般权斗、宫斗思想去过度解读。何况，从蜀汉本弱而危，且派系林立的状况来看，如果没有这位"抚百姓，示仪轨，约官职，从权制，开诚心，布公道"，鞠躬尽瘁死而后已的诸葛丞相，这个先天不足的政权几乎没有可能支撑43年之久。

诸葛亮装容
复原记

葛巾

直裾襌衣（襜褕）

绢制裲裆甲

麈尾

带钩

汉剑

翘头履

里衣

▶ 汉末版诸葛亮形
象。（金代飞 绘）

样貌

身高八尺，每自比于管仲、乐毅，时人莫之许也。

——《三国志·蜀书·诸葛亮传》

亮少有群逸之才，英霸之器，身长八尺，容貌甚伟，时人异焉。

——《三国志·蜀书·诸葛亮传》

身长九尺二寸，年始三旬，髯如乌鸦，指甲三寸，美若良夫。

——《三国志平话》卷中

身长八尺，面如冠玉，头戴纶巾，身披鹤氅，飘飘然有神仙之概。

——《三国演义》第三十八回

关于诸葛亮的容貌大抵没有什么争议。《三国志》中两次提到他身高八尺，身高是有保障的。而"容貌甚伟，时人异焉"一句，可以通俗地理解为长得帅，回头率高。从元代《三国志平话》中说其"美若良夫"来看，诸葛亮的帅哥形象在民间也是深入人心的。《三国演义》在正史的基础上又加上了"面如冠玉"这种专门用于描写美男子的词，再配上纶巾与鹤氅，更显超然脱俗，宛若仙人。

综合《三国志》与《三国演义》的描述可知，青年诸葛亮不仅颜值高，而且还具有儒雅气质。而鉴于"英霸之器"的记载，他也不会过于文弱。子曰："质胜文则野，文胜质则史，文质彬彬，然后君子。"所以复原诸葛亮时得塑造一个文质彬彬的君子形象才行。好在这方面倒也不用挖空心思，1994年央视版《三国演义》中由唐国强饰演的诸葛亮，无论形象还是气质，都较为贴合文质彬彬这一特点，是创作诸葛亮容貌的重要参考对象。

▼ 颐和园长廊彩绘中诸葛亮羽扇纶巾、超凡脱俗的形象。（shizhao 摄）

▲ 穿着深衣的战国时期木俑，形制为曲裾袍。（中国国家博物馆 藏）

▼ 河南郑州新密市打虎亭东汉时期古墓壁画中的身穿襜褕者。

襜褕

绘图中诸葛亮的服饰为东汉士人常穿的襜褕。汉代典籍《急就篇》曰："襜褕，直裾禅衣。"可知襜褕也是一种直裾长衣，特征为衣裳一体、裾幅通直。这种流行于汉末三国时期的服饰，其源头要追溯到先秦时的深衣。

中国很早就形成了一套成熟的衣冠体系。那时候，服饰不仅是人们生活的必要用品，有"避寒暑、御风雨、蔽形体、遮羞耻"的实用功能，同时也是古代礼仪文化的重要载体，有"分尊卑、别贵贱、辨亲疏"的文化功能。在更早的时期，我国服饰为上下分离的上衣下裳制。相传，到有虞氏时，或许是为了穿着更为便利，于是将上衣、下裳连在一起。以衣服包住身子，使身体深藏不露，因为"被体深邃"，这样的衣服得名深衣。

深衣不仅是先秦时期的主流服饰，而且作为礼仪之衣被载入经典。《礼记》中单独列了"深衣篇"。唐代孔颖达对它的解释为："此深衣衣裳相连，被体深邃。"也就是说，深衣一改此前的衣制，将从前独立的上衣和下裳合二为一，但在剪裁上仍保留着一分为二的界限，穿着时将全身深深包裹。《礼记》对深衣的长短也有要求，即短不能露肤，长不能拖地。不过实际情况不太可能如记载中那般规矩。先秦时，深衣多为曲裾绕襟式，不仅是诸侯、士大夫等阶层的家居便服，也是庶人百姓的礼服。

进入两汉后，因内衣变化，曲裾绕襟深衣逐渐退出历史舞台，直裾逐渐成为主流。当然，直裾深衣与直裾禅衣也有区别，直裾深衣形制上虽也是裾幅通直，但有腰线区分上衣下裳，禅衣则直接通直剪裁，不再设腰线区分。进入东汉以后，男子穿曲裾深衣者已经少见，直裾之衣则成流行趋势，襜褕就是其中一种。这种直裾长衣与直裾袍相近，但更为宽大，因宽博而下垂的形状而得名。

"襜褕"这种服饰在汉代文献里出现得颇为频繁，但关于它的形制的记载却比较混乱。《释名·释衣服》解释道："襦，属也，衣裳上下相联属也，荆州谓禅衣曰布襦，亦曰襜褕，其言襜襜宏欲也。"这段记载中有两个关键信息：其一，襜褕形制上下联属，属于深衣家族；其二，襜褕是荆州方言里禅衣的另一种叫法，它就是禅衣。不过《说文》"衣部"又有不同的解释：一说"褕，翟，羽饰衣"；一说"直裾谓之襜褕"。唐代训诂学家颜师古取《释名》之说，认为襜褕就是直裾禅衣。好在这些说法其实并不互相冲突，而是有兼容性的，我们大概可以总结出襜褕是一种直裾长衣，特征为衣裳一体、裾幅通直，而且它很可能是直裾禅衣的专属叫法，目的是区别于曲裾禅衣。

　　襜褕这种直裾长衣与直裾袍相近，但更为宽大，因宽博而下垂的形状而得名。而且结合汉代诸多文献来看，襜褕有布、貂皮等多种材质，可见面料方面没有限制。

　　襜褕虽然在西汉时期就已经出现，但在当时还不被视为礼服，而是普通常服，甚至有人因为穿着它而惹祸。汉武帝元朔三年（前126年），武安侯田蚡就因身穿襜褕入宫，犯了"不敬"之罪，封爵被废除。可见直到西汉中期，在正式场合穿这种服饰，都会被视为不礼貌的行为。不过在汉光武帝刘秀举兵期间，名将耿纯率领宗族、宾客两千余人前来投奔，"皆衣缣襜褕绛巾奉迎"，这时候襜褕似乎已不再被视为不敬的服饰。进入东汉以后，襜褕就开始具有盛装性质了。

　　两汉服饰形制上大体虽同，但仍存在不少区别。无论是上朝的礼服还是居家的便服，都随着时代的发展而变化。尤其是男子服饰，从拘束严谨到自由活泼的演进特别明显。西汉初期，男子服饰大多紧身贴体。西汉末年，因皇室衰微，朝廷控制力大减，京都一带传统服饰出现了多元化的趋势。至东汉时，无论男女袍服，均朝宽松、肥大、飘逸的方向发展。到东汉末年，宽袍大袖成为士人主流。东汉时期，虽然地位较高的男子习惯宽袍大袖的风格，但不拖地的袍服增多，里面则穿着襦裤（即露出足部的肥裤子）。正是在这个时期，深衣家族中另一个重要角色——"袍"，也开始越来越受欢迎，并最终与襜褕合而为一。

　　绘图中诸葛孔明的服饰即参考了东汉晚期至魏晋时期壁画中人物穿的襜褕，一来服饰形制贴合东汉末年的时代特征，二来飘飘然彰显诸葛亮清雅脱俗之形象。此外，"襜褕"本身是荆楚方言，这也符合诸葛氏迁居于荆州的身世。

汉墓考古发现有一个特别值得注意的现象，那就是到目前为止，出土的遣策记录上从来没出现过"深衣"这个名称。要知道，深衣从"礼"而来，自上而下各阶层都能穿着，只是通过颜色、质料和配色来区别身份。在汉代，它甚至是女子的第一礼服，《后汉书·舆服志》也多次提到"深衣制"。要说这种服饰在汉代不存在，那是根本不可能的，可它为什么没有出现在出土的遣策记录中呢？比较合理的解释是，"深衣"不是具体的某一款服饰，而是一大类服饰的总称。举个通俗的例子，今天常见的"裙子"也是个总称，下面又分长裙、短裙、连衣裙、莲蓬裙等诸多大类。

汉代服饰的种类、名称颇多，如何判定一件衣物是否具有深衣血脉呢？当然是看它有没有深衣的特征。首先，深衣上下分裁，上衣下裳相连，穿着时衣裾绕身包裹。其次，汉代深衣基本为交领右衽，而且领口开得较低，呈现"多重领"的样貌。

已出土的汉代不同时期、地域的人形俑，如长沙马王堆一号汉墓彩绘木俑、陕西西汉阳陵塑衣式彩绘女俑、江苏徐州西汉楚王陵侍女陶俑、江苏徐州北洞山汉墓男俑，皆反映了汉代深衣交领右衽、领口较低的特点。穿好之后，通常能从领口看到里面两三层，甚至更多层衣服的领子，显得颇有层次感。

"曲裾"和"直裾"是先秦两汉服饰史上出现得相当频繁的词。先秦时，曲裾袍是深衣家族的顶梁柱，具有"续衽钩边"的特点，穿着时有一幅向后交掩的曲裾。从出土的人俑来看，又有绕身数周款、绕至身后款、合体款、露足款等款式。汉初，曲裾仍占有一席之地。后来随着内衣变化，曲裾绕襟深衣逐渐退出历史舞台，直裾样式的袍服逐渐成为主流。汉墓遣策记录里出现的襌衣、襜褕、长襦、褂衣、袍等服饰，基本都具有衣裳一体和裾幅通直的特点。

绢制裲裆甲

绘图中诸葛亮外穿的背心式服装为绢制裲裆甲。裲裆亦作"两裆""两当",其特征是肩部以两条系带相连,无领,腰间系以束带,着于衣内或衣外,其意在挡住前心后背。钢铁制成的称铠,非金属的服饰称裲裆甲或裲裆衫。裲裆甲是模仿裲裆铠而制成的男子外着服饰,通常由织物等非金属材质制作。从现在大量出土的文物来看,裲裆盛行于南北朝时期,是这个时代较为典型的仪仗着装。

▲ 东汉时期击鼓画像砖拓片。虽然比较抽象,但从轮廓已能看到魏晋南北朝时期流行的裲裆形制,胸前似乎还有圆护。（四川博物院 藏）

但无论是文字资料,还是出土的画像砖石都足以证明,早在汉末三国时期,这种裲裆甲就已经出现。汉末刘熙所著的《释名·释衣服》中首次出现了对"裲裆"的解释:"裲裆,其一当胸,其一当背也。"曹植在《上铠表》中也提及一种叫"两当"的铠甲。1959年于四川彭县（今彭州市）太平乡出土的东汉时期击鼓画像砖上,虽然击鼓者形象较为模糊,但还是能看出其身上的服饰轮廓与两晋南北朝时期的陶俑和壁画人物所穿的裲裆衫非常相似。结合文献,基本可以确定这种服饰在汉末三国时期已经存在。

《旧唐书》有云"谨案诸葛亮临戎,不亲戎服",《武经总要》亦记载"诸葛亮不亲戎服",都在表示诸葛亮似乎不喜欢穿着军戎甲胄。这两则虽然是宋代史料,距离诸葛亮的时代较远,但考虑到早期关于诸葛亮的记载皆没有提及其穿铠甲,而后文中穿铠甲的武将又太多,所以此处的诸葛亮不以着铠形象出现,而是在直裾长衣之外,再搭配一件既有时代特征又具备一定防御力的绢制裲裆甲。

▼ 南北朝时期,身穿裲裆衫的彩绘陶俑。（中国国家博物馆 藏）

毛扇葛巾

诸葛亮的扇子和头巾是非常具有争议性的。争议源于《三国演义》不止一次提到诸葛亮羽扇纶巾之形象,而《三国演义》成书前数百年的宋代大文豪苏轼在《念奴娇·赤壁怀古》中写周瑜"羽扇纶巾,谈笑间,樯橹灰飞烟灭"。二者名气和影响力都非常大,于是便爆发了一桩争论长达数十年的公案。很多人以苏轼的词为据,认为羽扇纶巾原本是周瑜的形象,后来却被诸葛亮"抢走"。可也有不少人反对,毕竟苏轼距离周瑜时代已八百多年,文学创作发挥一下想象力,怎么就被当成历史依据了呢?

所以问题来了，羽扇纶巾到底描述的是周瑜还是诸葛亮？其实无论是罗贯中还是苏轼，对汉末三国时代的人物而言，都是若干世之后的后辈，拿他们的描写作依据都没有意义。要了解历史上诸葛亮与周瑜之装束究竟如何，所取资料自然是距离人物所处时代越近越好。首先来看最具有说服力的《三国志》，这部史书对二人均无"羽扇纶巾"之记载。再看看生活于汉末三国时代的人留下的第一手文字资料，很遗憾，也没有找到对二人装束的记载。既然第一手资料缺失，那么可以把目光转向距离三国时代最近的晋代。这个时代留下的资料对周瑜装束并无描述，但东晋时期的确有两条关于诸葛亮装束的重要记载。

> 诸葛武侯与宣王（司马懿）在渭滨，将战，宣王戎胡莅事，使人视武侯，乘素舆，葛巾毛扇，指挥三军，皆随其进止。
>
> ——《蜀记》

> 诸葛武侯与宣王（司马懿）在渭滨将战，武侯乘素舆，葛巾，白羽扇，指挥三军。
>
> ——《语林》

以上两则记载是目前发现的描述诸葛亮装束的最早史料。《蜀记》为东晋史家王隐所著，主要内容为记载三国时期蜀汉的历史。值得一提的是，裴松之在给《三国志》作注时，曾多次引用王隐的《蜀记》并加以辨析。《语林》是东晋文人裴启撰写的笔记小说集。这两本书的原书皆已佚失，这些文字主要收录于宋人李昉等奉敕撰《太平御览》。

这两则记载中，诸葛亮都乘坐素舆，头戴葛巾，手执扇子。这形象是不是感觉很熟悉？素舆大概就是演义中诸葛亮后期乘坐的四轮小车之原型。至于葛巾，从字面上理解应该指用葛布制成的头巾，葛是材质而非某种固定形制。另外晋人张华所著《博物志》卷九云："汉中兴，士人皆冠葛巾。"可见当时佩戴葛巾并非诸葛亮独创，而是一种风气。

接下来要说的就是最具争议的"羽扇纶巾"了。这两则史料里并没有出现"纶巾"，在东汉到三国时期的史料中也没有找到关于"纶巾"这种首服的记载。但到了晋代，头戴纶巾的装束开始在士族中流行起来，如《晋书·谢安传》记载："万著白纶巾，鹤氅裘，履版而前。"在与汉末三国极其接近的晋朝，头戴纶巾是士人们颇为流行的打扮。合理推断，假如纶巾在距离晋代不远的汉末三国时代已经存在，那么无论是诸葛亮还是周瑜，甚至司马懿，都有可能佩戴，并非专属于某个人。

那羽扇总该没有争议了吧？非也。细究这两则关于诸葛亮的装束描写，还能再分解出一个问题。两本书文字相似，区别在于《蜀记》记载诸葛亮所持的是"毛扇"，《语林》写的则是"白羽扇"。羽扇和毛扇并非同一种扇子。毛扇又称麈尾，是一种执以驱虫、掸尘的工具，基本外观为在细长的木条两边及上端插设兽毛，或直接让兽毛垂露外面。魏晋时期，清谈之风大盛，士人们有执麈尾拂秽清暑，显示身份之习惯。那么诸葛亮究竟该执羽扇还是麈尾？从两部文献的时间上看，《蜀记》略早于《语林》，后者可能参考了前者。而《蜀记》属于史书，比之小说笔记的《语林》，分量显然更重。

当然，也不能据此完全否认"执羽扇"的形象，毕竟在那个时代，毛扇、羽扇都已存在，两者不是非此即彼之关系。

那么，周瑜手持羽扇的形象又是否有据可查呢？这个问题会在后面撰写周瑜的章节中作具体解析。

金属带钩

绘图中诸葛亮的束带配件采用了较为常见的金属带钩。带钩在先秦时就作为深衣的配件使用。从春秋六棱金带钩、战国嵌金玉龙纹铁带钩等出土文物来看，先秦时期的带钩做工已非常精美。古时人们穿上深衣后需要以腰带来对衣袍进行固定，既有布质腰带，也有革带。带钩的主要用途为系连革带，使革带系牢于衣袍上。从先秦到两汉，士族男子还有佩剑之习惯，因此诸葛亮也配了一把汉剑，而带钩下的束带就有挂剑的功能。

◀ 汉代错金银铜带钩。（洛阳市文物考古研究院藏）

诸葛亮的首服与扇子

知识延伸

汉末版的青年诸葛亮形象由泰衔工作室绘制。身为工作室的历史顾问，我深感设定这个人物并不轻松。

佩戴葛巾是三国时期的世人风尚，所以理应为诸葛亮搭配一条葛巾。然而，我们在绘制诸葛亮的葛巾时颇为纠结，因为首服选择非常重要，稍有不慎，整个人物的整体气质可能就会出现偏差。

那么是否能找到一种既符合时代特征，又符合诸葛亮气质的头巾呢？泰衔工作室的小伙伴们在从东汉到两晋南北朝这一时期出现的各种巾帽中反复考究，最后决定采用高远森先生的设计方案，以南朝时期创作的竹林七贤砖画中阮籍头上的巾为主要参考，绘制诸葛亮的葛巾。

至于扇子，我们绘制的青年版诸葛亮人物图采用了毛扇，扇形参考洛阳朱村东汉墓壁画《夫妇宴饮图》中的麈尾。后文中，由夜不收·历史重演小组复原的中年版诸葛亮朝服形象则采用白羽扇。

▶（左图）《竹林七贤砖画》拓片，阮籍形象。（南京博物院藏）

▶（右图）洛阳朱村东汉墓壁画《夫妇宴饮图》，本书中诸葛亮所持麈尾即参考了此图。（洛阳博物馆藏）

大氅与诸葛巾——孔明形象的定格

　　民间三国故事兴起于宋代，鼎盛于明代，这几百年时间也是群英形象在老百姓心目中定格的关键时期。从很多古人留下的画作、小说插图不难看出，早在明代，诸葛亮身穿大氅、羽扇纶巾、宛若神仙的形象就已定格，这一形象一直延续至今，成为我们中国人心目中诸葛孔明公认的模样。

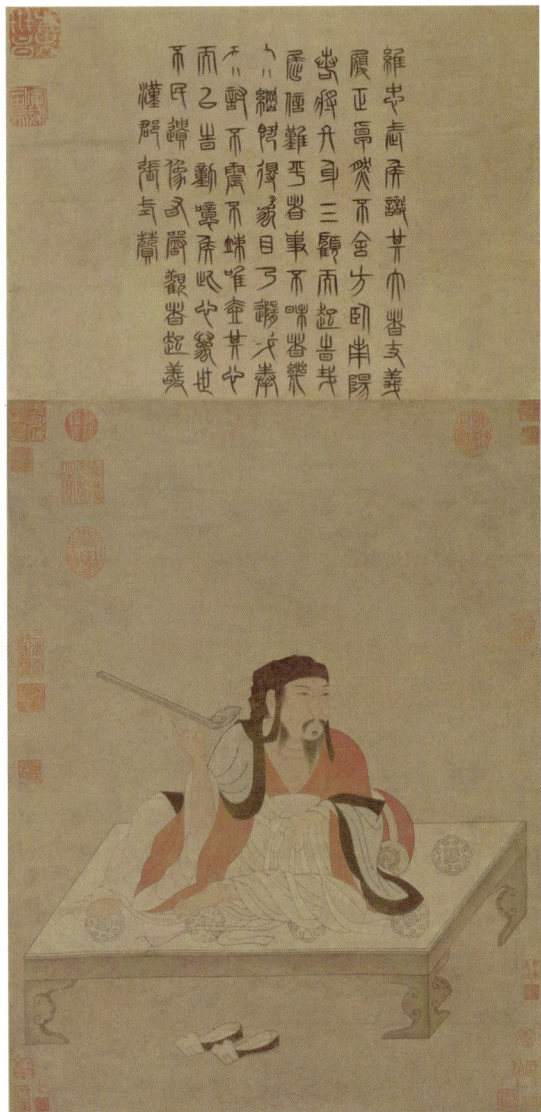

由于形象定格于明代，故大家熟知的孔明装束也是以明代服饰为基础创作的，根据《三国演义》中"身披鹤氅"的描述，明人很快找到了对应的服饰——大氅。明制汉服中的大氅又称氅衣，形制为对襟大袖，整体衣袍宽大，穿上儒雅飘逸，加上明代士人也喜欢以大氅作为日常服饰穿着，不染官僚气息，更让大氅显得清雅脱俗，搭配给卧龙先生再合适不过。因此明人绘制的诸葛亮图像都身披大氅。

和大氅比起来，各种绘画作品中诸葛亮的帽子更值得一说。这种帽子在明代之前并无确切命名，从条纹上看，有梁冠、忠靖冠的影子，但它究竟是如何演变的，鉴于资料不足还不太好下定论，只能在诸葛亮画像中寻找一些源流。

根据文献记载，在蜀汉末年，后主刘禅"诏为亮立庙于沔阳"，此时应该就有诸葛亮的画像或雕塑。作为在历代声望都非常高的历史人物，诸葛亮的画像理论上每一代都有，但随着时间的推移，人物形象及装束必然会越来越失真。前文就曾提到，苏轼曾作《诸葛武侯画像赞》曰："密如神鬼，疾若风雷；进不可当，退不可追；昼不可攻，夜不可袭；多不可敌，少不可欺。前后应会，左右指挥；移五行之性，变四时之令。人也？神也？仙也？吾不知之，真卧龙也！"

这至少可以证明宋代的确也存在诸葛亮的画像，从苏轼的描述大体可知画像中的诸葛亮也是道骨仙风，宛若神人。可惜宋代的诸葛像也未留下。如今存世的最早的诸葛亮画像是元代书画家赵孟頫所绘的诸葛亮像，画中诸葛亮手持如意，凭隐囊而坐。他头上所戴之巾帽与后来大众认知中的诸葛帽不太一样，总体要比诸葛帽扁平许多，但形状上已经有一些后来诸葛巾的雏形。

到了明代，《三国演义》的横空出世让三国文化进入鼎盛时期，这时出现的各种小说插图中的诸葛亮形象已和我们认知中的无异。生活在明末的画家张风绘制的诸葛亮像，画中诸葛亮端坐在床榻上，身穿宽服长袍，双腿弯曲，两手抱膝，右侧下面放有一把鹅毛扇，双目炯炯有神，若有所思。而他头上所戴的巾帽无论高度、形制都已是诸葛巾模样，可见在生活于明代中晚期的人们心目中，诸葛亮的装束和样貌与我们今天的认知并没有太大差别。

那么这个诸葛帽到底是怎么来的呢？明代王圻编撰的《三才图会·衣服·诸葛巾》载："诸葛巾，此名纶巾，诸葛武侯尝服纶巾，执羽扇，指挥军事，正此巾也。因其人而名之。"按照《三才图会》的说法，这种诸葛巾就是纶巾，因为诸葛亮经常戴，故而命名为诸葛巾。这本是正常逻辑，但用在诸

◀（左图）明代诸葛亮立像，图中诸葛亮头戴诸葛巾，手持羽扇，身穿大氅，正是数百年来人们心目中诸葛亮之装束。（中国国家博物馆藏）

◀（右图）元代诸葛亮像，赵孟頫绘，是目前所知绘制时间最早的一幅诸葛亮画像。（故宫博物院藏）

▼ 明代画家张风绘制的诸葛亮像。

葛巾这里逻辑则完全相反。首先，"纶巾"这种首服早在晋代就已出现于史籍中，但具体形制不明，明朝人恐怕也不知道两晋时期的纶巾是什么样子。其次，在整个魏晋南北朝时期留下的壁画、陶俑、砖石画像等人物图像资料中，都没有看到诸葛巾这种形制的首服，说明二者并非同一样式。

至此我们就不难梳理出诸葛亮首服形象的流变过程了。最早关于诸葛亮的记载中，首服为"葛巾"，指用葛布制作的头巾，描述的是材质而非形制。随后，历代绘制诸葛亮画像时，难免会融入一些当代服饰特色，由于对诸葛亮的崇拜，创作过程中很可能借鉴了唐代通天冠或明代梁冠、忠靖冠这类首服。明朝时，一方面由于印刷技术进步，另一方面也因为《三国演义》的影响越来越大，诸葛亮的图像资料增多，并且将人物形象固定了下来。于是，由明人创作的诸葛亮之首服就称之为"诸葛巾"。明人王圻编撰《三才图会》时，一方面对诸葛巾已形成固有印象，另一方面又因当时影响力颇大的《三国演义》不断强调孔明"羽扇纶巾"的形象，于是在书中将这种明人笔下的诸葛巾与史籍中出现的"纶巾"合而为一。

▲ 明代《三才图会》中的诸葛亮像。

最终我们可以得出结论，纶巾是三国两晋时期确实存在的一种首服，但形制不明。诸葛巾在三国两晋时代并不存在，它是历代绘画者绘制诸葛亮形象时创作、衍生出来的，带有明显的诸葛亮特色，至明代完全定型，并被视为"纶巾"。明代之前，诸葛巾与纶巾没有直接关系，明代中期之后，纶巾才与诸葛巾画上等号。

◀ 明代忠靖冠。忠靖冠又作忠静冠，《明史·舆服志三》载："按忠静冠仿古玄冠，冠匡如制，以乌纱冒之，两山俱列于后。冠顶仍方中微起，三梁各压以金线，边以金缘之。四品以下，去金，缘以浅色丝线。"从存世文物来看，其外形与明人笔下的诸葛巾颇为相似。（孔子博物馆藏）

诸葛亮装容
实拍图志

诸葛亮装束真人实拍分为演义形象和历史形象两部分。演义形象头戴诸葛巾，身披大氅，手持羽扇，这是自元、明以来形成的具有代表性的诸葛亮装束。历史形象则采用诸葛亮治蜀时期身穿汉文官正装，手持羽扇的装束。

摄　　影：	朱莫诩
妆　　造：	秦智雨、杨悦
服饰提供：	入时无传统服饰工作室
甲胄提供：	函人堂
武器道具提供：	卢龙
出镜角色：	诸葛亮——蔡泽鸿 饰
	周　瑜——周　渝 饰
	蒋　琬——卢　龙 饰

▶ 诸葛亮演义形象，这是明代以来形成的头戴诸葛巾，身披大氅，手持羽扇的基本形象。

▲《三国演义》场景模拟之孔明、周瑜定火攻。在《三国演义》的故事里，面对曹操南征，诸葛亮与周瑜商定以火攻对付曹操。但这一幕不可能出现于正史中。

▲ 历史场景模拟之诸葛亮与蒋琬。历史上，蒋琬在刘备入主益州之初为广都县长，因不理政事一度惹怒刘备，在诸葛亮的劝说下才得赦免，后来受到诸葛亮的悉心培养。诸葛亮开府后，蒋琬曾担任丞相长史一职，是其重要幕僚。图中诸葛亮与蒋琬都身着汉王朝的文官服饰，但进贤冠之上的梁有区别。根据汉制，诸葛亮官至一人之下万人之上的丞相，自然为最高等级的三梁。而蒋琬此时身居丞相长史一职，主要负责协助丞相管理文书等事务，秩级为千石。以东汉时期标准，博士朝贺时"位次中郎官"（秩级为二千石）。蒋琬此时官位在博士以下，故而为一梁。

▲ 诸葛亮伏案阅书之演义形象，服饰具有明代特点，也是较为深入人心的形象。

▲ 诸葛亮伏案阅书之历史形象，采用东汉官服标准件，头戴进贤冠，身穿皂袍，手持白羽扇。

　　绘图版的诸葛亮，采用了头戴葛巾，身穿直裾，外套裲裆绢甲，手持毛扇的名士形象，着重表现其青年时代的意气风发。而真人实拍版之诸葛亮，则着重表现中年时代担负起蜀汉中兴大业，鞠躬尽瘁，死而后已的那位诸葛丞相。

　　真人实拍由夜不收·历史重演小组负责。其中，我亦以诸葛亮的对头（演义）——周瑜的形象出镜。我们在拍摄演义版诸葛亮时，文字方面以《三国演义》中的描述为参考，图像方面则主要参考晚明时期《遗香堂绘像三国志》、张风绘《诸葛亮像》等绘图作品中的诸葛亮装束。使用诸葛巾、明制道袍、明制大氅、羽毛扇等装备进行妆造复原，力求展现一个出自明人笔下，为大众熟知的诸葛亮形象。

　　那么在历史上，诸葛亮最有可能穿的服饰是哪一身？夜不收·历史重演小组的小伙伴们通过排除法来进行推测，最后大家一致认为，诸葛亮在辅佐后主时期，官居丞相，受封武乡侯，设府成都，那么汉代文官服一定是他最可能穿的服饰。蜀汉法统承东汉而来，衣冠制度亦承接东汉，而东汉时期文官服饰的图像资料也足够详细，相对容易进行复原制作。最终决定，中年诸葛亮以身穿文官服饰的形象出现。

◀ 魏晋时期画像砖，表现头戴进贤冠、身穿皂袍的官员听讼的场景。（酒泉市肃州区博物馆 藏）

▼ 进贤冠结构图，
由梁冠和介帻组合
而成。（朗杰 绘）

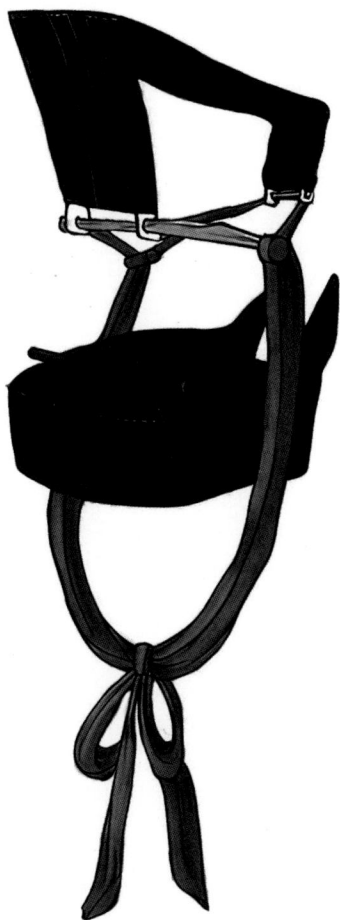

东汉文官外袍为皂朝服，皂即黑色。内穿皂缘领袖中衣（深衣制）。腰束鞶带，佩剑于左侧。诸葛亮所戴的进贤冠可以说是中国文官服饰体系中影响极为深远的首服之一。两汉时期，上至公侯，下至小吏，进贤冠无处不在。不过进贤冠并非一成不变，而是随着时代发展呈现出不同的形制。仅在两汉期间，进贤冠的外观就发生了很大改变，西汉时期为直接戴于发髻之上的小冠，到东汉时则与介帻结合，成为孔明所戴之样式。《后汉书·舆服志》将进贤冠称作"文儒之服"，对其形制有如下记载："进贤冠，古缁布冠也，文儒者之服也。前高七寸，后高三寸，长八寸。公侯三梁，中二千石以下至博士两梁，自博士以下至小史私学弟子，皆一梁。"

诸葛亮所戴的进贤冠，我们委托入时无传统服饰工作室严格按照《后汉书》所记载之标准尺寸来复刻。不过需要说明的是，在东汉时期的壁画及砖像中，很容易发现画中人的进贤冠虽然形制相同，但高矮不一，可见那个时代的人们在实际操作中也不会完全严格按照规定来制作首服。

再说进贤冠的梁数。公侯三梁，中二千石以上至博士两梁，刘氏宗亲两梁，博士以下至小史、私学弟子皆一梁。在蜀汉后主时期，诸葛亮身为"一人之下，万人之上"的丞相，所戴之进贤冠自然是最高等级的三梁进贤冠。

至于诸葛亮手中的白羽扇，则是根据晋代《语林》所载"武侯乘素舆，葛巾，白羽扇，指挥三军"之句进行设定。绘图中已采用毛扇，真人实拍则以白羽扇形象展示。

关羽

"一人之下"的荣耀与危机

上篇

「武圣」神话背后的历
史之惑

中篇

关羽装容复原记

下篇

关羽形象的流变与定格

"武圣"神话背后的历史之惑 / 上篇

先说一个有关关羽的著名场景。

旌旗猎猎，战鼓震天，两军对峙于白马，曹操与袁绍的决战拉开序幕。袁绍麾下上将颜良横刀立马，曹营将领宋宪绰枪上阵。战不三合，宋宪便被颜良斩于马下。此时又一将领魏续拍马出阵迎战，没想到仅一回合便被颜良阵斩。曹操大惊，问诸将："今谁敢当之？"大将徐晃应声而出，与颜良大战二十回合，最终不敌，败归本阵。回营后，曹操忧心忡忡，在谋士程昱的劝说下，决定起用新到曹营不久的关羽。

关羽得令后，手提青龙刀，跨上赤兔马，引数人飞驰白马前线出阵。是日，颜良绣袍金甲，坐于麾盖之下，军阵士气高涨，旗帜鲜明，刀枪森布。关云长倒提青龙偃月刀，凤目圆睁，直入敌阵。未等颜良反应，关羽纵马上前，手起一刀便将颜良刺于马下，忽地下马，割了颜良首级，飞身上马，如入无人之境。袁绍军惊慌失措，死伤无数。关羽则以万军之中取上将首级之勇，一举扭转了曹军颓势。

这是《三国演义》中广为人知的一段情节，它根据《三国志·蜀书·关张马黄赵传》中的相关记载改编而来。那么在历史上这一幕是否经得起推敲呢？

首先，颜良与曹军诸将单挑的情景出现的概率很低。汉末三国是骑兵战争兴起的时代，并非像《三国演义》中描写的那样阵前两名大将单挑，士兵都成了观众，而将领决斗的胜负往往标志着战斗的结局。汉末三国时代，仅有郭汜战吕布、马超战阎行、孙策战太史慈、郝萌战曹性等几次屈指可数的单挑。白马之战并无任何武将单挑之记录。

其次，历史上的关羽也不可能装备青龙偃月刀。正史没有记载关羽使用何种武器，但记载了他杀颜良时先刺对手于马下，又斩其首还。纵观东汉时的兵器，马上作战侧重于矛、戟、槊等长兵器，能刺死敌将，用这几件兵器的概率颇大。至于"斩其首还"，当时存在的环首刀和汉剑也能做到。不过武将多用环首刀，而且东汉时期已经出现了超过140厘米的长环首刀，这种双手刀自然也能将穿刺和割首级的动作一气呵成地完成。关于这个方面，本章复原图鉴部分会有图文并茂的解析。

再次，东汉末年的颜良也不可能是"绣袍金甲"之形象，这种绣袍加甲胄的穿搭方式是宋代开始广泛出现的裹甲制穿法，有明显的宋明之风。

最后，宋宪、魏续本是吕布的降将，吕布死后，正史中再无两人的记载，而演义中则安排他们给颜良的大刀"打牙祭"。

实际上，关公刺颜良已经是《三国演义》中比较符合史实的一节，只是后来因青龙偃月刀的关系，逐渐演变成"关公斩颜良"。但即使是原著中的"刺颜良"，细究之下仍然能看出小说与历史存在的差异之大。关公文化兴盛的另一面，是关羽的历史形象越来越模糊，唯有拨开演义与神话之迷雾，方能还原那个驰骋于汉末沙场上的勇将关云长。

身世之谜

关羽的历史形象之所以充满谜团与争议，主要由于史书对其记载太少。以陈寿的《三国志》为例，关羽没有独立传记，而是与张飞、马超、黄忠、赵云合传，全文不过千字左右，远比不上诸葛亮，甚至不如法正等"演义配角"。人物名气与史料不对等必然生出众多谜团，其中最显著的就是关羽的身世。

《三国志》对关羽的出身与早年经历只用一句话带过："关羽字云长，本字长生，河东解人也。亡命奔涿郡。"从这里能得到两个确切信息：首先，关羽原来的表字是长生，后改字云长；其次，关羽是河东郡解县（今山西省运城市盐湖区解州镇）人士。但是，这段简略的记载同时也留下三个历史谜团。

第一，关羽因何亡命到涿郡？历史记载的缺失给艺术创作留下了充足的空间。在元代讲史话本《三国志平话》里，关羽疾恶如仇，见县官贪财好贿，残害百姓，怒而杀之。元人杂剧《刘关张桃园三结义》则说关羽家乡有个叫臧一贵的州官要起兵造反，忠于汉室的关羽听说后拔剑杀之。这样一来，关羽亡命的原因就从为民除害，拔高到了忠君报国。但在罗贯中的《三国演义》中这个故事又有了变化，关羽含糊地说"因本处豪霸仗势欺人，关某杀之，逃难江湖五六年矣"。

第二，关羽是什么出身？这同样是一个无史可查的悬案，后世关公文化形成后，有无数文人墨客乐此不疲地去考证关羽的家世，最后竟然还真"考证"出一个脉络。首先，关公的始祖是夏代的忠直大臣关龙逢。关羽祖父为关审，字问之。关羽父亲为关毅，字道远。别的不说，就看这"问之"（出自《中庸》，"博学之，审问之"）和"道远"（出自《论语》，"士不可不弘毅，任重而道远"），就充满了浓浓的儒家色彩。人们极力将关羽打造成儒学世家出身，反而有明显的明清儒学痕迹，完全不像汉代人物，可信度不言而喻。

第三，关羽年龄几何？《三国志》只记载了关羽卒年，而无生年。可是武圣怎么能生年不详呢？在崇拜与好奇心的双重驱使下，元、明、清三代都不乏考证关羽生年的学者。其中影响最大的，当属生活于明末清初的文人宋荦，其笔记《筠廊偶笔》记载，康熙十七年（1678年）时，有人在关羽家乡解州的塔庙附近发现关羽祖先的墓砖，关羽祖父关问之和父亲关道远之说由此而来。此外，他还声称，墓砖上记载了关毅于桓帝延熹三年（160年）生关羽，关羽娶妻胡氏，生关平。如果按照这个说法，关羽比刘备还大一岁。今山西省运城市常平村关帝家庙内立有一块《前将军关壮穆侯祖墓碑铭》，记载关羽生于"桓帝延熹三年六月二十四日"，这块碑立于清康熙十九年（1680年），很可能与宋荦笔记中所谓墓砖有关。然而最大的问题是，没有人真正见过这块墓砖。它是真是伪，甚至是否存在，都无定论。

除了这块神秘墓砖，还有明崇祯二年（1629年）在石磐沟关羽祖茔所立的《祀田碑记》和清乾隆二十一年（1756年）编修的《解梁关帝志》，它们均把关羽的出生日期定为桓帝延熹三年六月二十二

▼ 关帝庙壁画中的关羽形象。（内蒙古博物院 藏）

日。而在时间更早一些的元代，巴郡隐士胡琦在《关王事迹》中把关羽生年定为延熹二年（159 年），比刘备大两岁。但这些对关羽生年及家世的考证有两大特征：首先，资料出自民间传说，并无真正的存世文物印证；其次，虽然有大量学者参与其中，但这些论述基本集中在关公文化兴盛之后的元、明、清三代，距离关羽生活的时代已非常遥远。

罗贯中以《三国志》记载的"恩若兄弟"四个字，创作出桃园三结义的故事。但明清这些所谓的"古迹"却把谁是兄谁是弟给搞混了。实际上没有任何魏晋时期的史料表明关羽年纪比刘备大，相反，同时代的刘晔形容关羽与刘备关系时说"义犹君臣，恩犹父子"。若是关羽年龄真比刘备大，用"父子"比喻就不太合适了。所以《三国演义》对三兄弟年龄的设定也基本合理，关羽应该比刘备小一些。

抛开千年后的种种说法，关羽早年经历中只有一点是可信的——他的确因故背井离乡，亡命江湖。这从侧面透露出一个极为重要的信息，那就是在门阀政治兴盛、士族政治笼罩的东汉时期，关羽的出身没有任何优势可言，这对其一生轨迹产生了深远影响。

"降汉不降曹"之悖论

从老家河东流亡到涿郡（今河北省涿州市）后，关羽遇到了正在招兵买马的刘备，遂加入这个新生团体，这是其一生最大的转折点。与关羽一同加入的还有张飞，他们三人形成了最早的涿郡小集团。虽然刘关张桃园三结义的故事纯属虚构，但《三国志》中的确记载刘备与关羽、张飞二人"寝则同床，恩若兄弟"。不过《三国志》中也说关张"而稠人广坐，侍立终日"，公开场合还是很讲君臣礼仪的。前者表现刘关张情谊深厚，宛如兄弟；后者则强调他们之间存在君臣关系，而不仅仅是单纯的兄弟情义，这同样是核心。

关羽没有显赫的家世，并非豪门望族，甚至连寒门士族都算不上，遇见刘备之前只是一名浪迹江湖的游侠（或者说逃犯）。对他来说，加入涿郡集团是改变命运的一个机遇。从这个层面看，关羽对刘备，的确有"士为知己者死"之情怀。这应该是关羽日后对刘备表现出常人所不能及之忠义的情感基础。

按照《三国演义》的设定，刘关张桃园三结义后即迎来初阵，黄巾军大将程远志成为战场上关羽的第一个刀下鬼。随后，关羽又在讨伐董卓的战争中留下温酒斩华雄、三英战吕布等著名典故。当然，这些人尽皆知的故事只是小说家言，史书上并无程远志其人，而董卓帐下的都督华雄也是被孙坚所杀。不过关羽跟随刘备参与攻打黄巾军、讨伐董卓诸役，不避艰险则是史实。讨董联军失利后，刘备投效公孙瓒麾下，很快因功被任平原相，关羽、张飞也一同被任命为别部司马，开始统领郡属军队。可以说直到此时，涿郡小集团才真正拥有了一支名正言顺的武装力量，但集团核心仍是草创时期的刘关张三人。

此后的徐州风云、下邳争夺、广陵讨袁、曹吕战争等诸役，跟随刘备的关羽无战不与。正史中的关羽忠不忠？的确忠，但这个忠是忠于主公刘备。后世演义中，关羽的忠上升到了对汉室的忠，而当时汉室的代表是汉献帝。例如演义里许田射猎一节，关羽见曹操欺凌汉献帝，怒从心起，欲杀曹操，被刘备劝阻。这个故事在正史中的确存在，是一次曹操与刘关张三人打猎，众人散去后，关羽劝刘备乘机杀掉曹操，刘备没有同意。后来刘备在荆州惨败，被曹操追赶逃至夏口狼狈不堪之时，关羽还因此事抱怨刘备，说当初若杀曹操，定不会有今日之败。但是，历史上的"许田射猎"全程没有汉献帝的参与，关公见汉献帝被欺而怒也就无从说起了。

建安五年（200年），刘备以讨伐袁术为借口率部脱离曹操控制并袭杀徐州刺史车胄，公开反曹。没想到正要与袁绍展开决战的曹操不惜亲自率兵东征，一举打败刘备。守卫下邳、代任徐州太守的关羽深陷重围，兵败投降。关于关羽下邳兵败的细节，《三国志》中有多处写的是关羽被曹操所擒，只有《武帝纪》中直接写出了关羽投降。

关公文化兴盛后，各种平话、演义为了体现关羽对汉室的忠贞，设定了土城三约这一情节，其中最有名的便是"降汉不降曹"。然而仔细推敲，这五个字却有极大的漏洞。"降汉"指的是归降汉献帝，如果关羽本身就忠于献帝，又何必用"降"字？更进一步说，难道"降汉"之前，刘备集团与汉献帝是敌对关系吗？尽管后世小说家们极力表现关羽的忠贞，强行"洗白"其降曹经历，甚至添加在许田围猎中为汉献帝抱不平的情节作为铺垫，可毕竟历史上的关羽之忠只是忠于刘备而非汉献帝，故而无论如何附会都很难自圆其说，所谓"降汉不降曹"本身也是个悖论。

神勇与忠义

关羽在许都的确受到曹操青睐。但后世传说及演义中极大地夸张了曹操对关

▲ 龟钮金偏将军印章，东汉。偏将军印沿袭了两汉官印制度，即高官用龟钮，中下级官吏用鼻钮。汉末时期，关羽曾被授予偏将军一职。（重庆中国三峡博物馆藏）

羽的器重，说曹操为了招纳这位勇将，从土城三约开始就一味迁就关羽，此后又是赠予重金美人，又是送赤兔马。正史中关羽刚到曹营时，曹操对关羽的确是"礼之甚厚"，并拜为偏将军（将军中较低的职位），但与演义表现的一味迁就，甚至引发曹营诸将不满也一意孤行地独宠还是有本质区别的。曹操也敏锐地发现关羽终日忧心忡忡，心知其无久留之意，便派遣张辽去做关羽的思想工作。关羽对张辽说出了自己的肺腑之言："吾极知曹公待我厚，然吾受刘将军厚恩，誓以共死，不可背之。吾终不留，吾要当立效以报曹公乃去。"

刘备的旧恩难以放下，曹操的新恩也会报答。恰好关羽到曹营时，正值曹操与袁绍展开决战前夕，袁绍派遣大将颜良攻打东郡太守刘延，曹操则派遣张辽和关羽为先锋迎战，两军会战于白马。白马之战是官渡之战的前哨战，也是正史中关羽人生中第一个高光时刻。当时袁绍大军气势汹汹而来，主帅颜良于麾盖之下调度指挥。此役虽然不是决定性战役，但完全有可能影响其后官渡决战之走向，兵力处于劣势的曹操一方更加输不起。也正是在这一场运动战展开后，关羽表现出极为神勇的一面，抛开前文所列的武器、着装、战斗模式等细节，《三国演义》对这一战的描写与《三国志》的记载基本一致，关羽策马奔腾，直入敌阵，杀至颜良跟前，"刺颜良于万众之中，斩其首还，绍诸将莫能当者"。短短数语记载精彩绝伦，万军之中取上将首级，在各种演义小说中是家常便饭，但正史上能做到的将领寥寥无几，仅此一点，关羽神勇应是无疑的。

关羽阵斩颜良后，曹操乘胜追击，袁绍的另一员大将文丑在乱军中被杀死，白马之战以袁绍损兵折将、曹操解围而告终。演义为进一步表现关羽之勇，干脆把文丑也变成了关公的刀下鬼。实际上仅是斩颜良一功就非常了不起了，曹操表封关羽为汉寿亭侯，对其更为器重。但曹操也深知关羽立了功必然离去，于是加重赏赐，希望做最后挽留。可惜关羽去意已决，将曹操赏赐尽数封存，拜书告辞，到袁绍阵营中去寻故主刘备。当时曹营将领欲追击，曹操表现得很道义，吩咐左右说："彼各为其主，勿追也。"

曹操与关羽，一个求贤若渴，一个不忘旧恩，最终分道扬镳，却也不失为历史上一段佳话。实际上，无论曹操如何"礼之甚厚"，对关羽而言终究无法与刘备的恩泽相比。

　　首先，曹操唯才是举和器重关羽都是事实，但曹操不可能只器重关羽一人。当时曹操阵营规模庞大、人才济济，再受器重也是纯粹的君臣关系，不可能做到像刘备那样同榻而眠，情同手足。

　　其次，前文说过关羽的出身并无优势，而彼时曹操阵营中身家显赫者比比皆是——就说同为降将的张辽，祖上也是西汉"马邑之战"的发动者聂翁壹，后来为避祸改姓。即使曹操唯才是举，这种大环境的影响也不可能完全消除。

　　再次，关羽与刘备的关系虽不是演义中那样的结义兄弟，但从刘备草创以来，关羽一直跟随，深受信任，后来诸葛亮加入刘备集团后，因为刘备与诸葛亮走得近，关羽和张飞还大发醋劲，其关系之深、地位之重可见一斑。那么，在曹操阵营，曹操与荀彧、郭嘉等人走得近时，关羽有吃过醋吗？总的来说，关羽在曹操阵营，充其量就是高级武将之一，不可能有刘备集团中那种一人之下万人之上的地位。

◀《三国演义·千里走单骑》连环画封面，关羽斩杀据守黄河渡口关隘的秦琪。千里走单骑之情节纯属虚构，正史中并无记载。（海人民美术出版社 1979 年版；陈光镒 绘）

当然还要看到另一点，当时曹操集团已经成熟稳定，虽然袁绍的威胁尚在，但和仍在东奔西投、朝不保夕的刘备相比，简直是天壤之别，谁也不知道刘备这个小集团还能存在多久。关羽放弃了许都大集团的荣华富贵，一心寻找故主，这无论在当时还是在后世都十分可贵。另一方面，关羽受曹操之恩，虽念故主，仍不忘立功后再辞别，亦颇有古时侠义之风。相比生活在同一时代，先杀丁原，又刺董卓，见利忘义的吕布，关云长真可谓义薄云天。晋代傅玄在《傅子》中记载，曹操对关羽的评价非常高："事君不忘其本，天下义士。"

后世对关公的崇拜有两个关键词——"神勇"与"忠义"。历史上的关羽能够担当得起吗？从万军中阵斩颜良见其神勇，立功后辞别曹操追寻刘备表其忠义，这两个标签还真是当之无愧。

荆州攻略

关羽回归刘备集团后，抵达了他一生中最重要的地方——荆州。荆州乃西汉所置刺史部之一，最初为监察区，到汉末时已演变为行政区。东汉时的荆州下辖七郡（后有调整，曹操章节详说），分别为南阳郡、南郡、江夏郡、长沙郡、桂阳郡、武陵郡、零陵郡，其范围大致相当于今天河南南部、湖北全省及湖南大部分地区。在东汉末年，此地为中原政权南下、东西贯通之要道，但在刘表治理荆州时期，这里却出奇地富足安宁，这一方面归功于刘表的"自守"政策，但更重要的原因是北方尚未统一，各路军阀虽然觊觎已久，却未敢轻动。

曹操在官渡之战击败袁绍后，荆州这个四战之地剩下的太平日子进入了倒计时。建安七年（202 年），曹、刘在荆州的第一场战火点燃。为了打击刘备的袭扰，曹操遣大将夏侯惇、于禁率部进犯，屯兵新野的刘备率兵迎战。两军会战于博望坡，刘备以火攻击败曹军，为自己在荆州的寄居奠定了一定基础。然而荆州的安宁是短暂的，随后北方的统一战争如秋风扫落叶，曹操终于在建安十二年（207 年）彻底歼灭袁氏集团，一统北方。而刘备集团也在这一年吸收了对日后蜀汉政权至关重要的人物诸葛亮，并提出著名的"隆中对"。在诸葛亮为刘备规划的政治路线中，荆州之地是重中之重，此地"北据汉沔，利尽南海，东连吴会，西通巴蜀，此用武之国"。诸葛亮又道出"其主不能守"，希望刘备取之，而后出荆州取益州，跨有荆益则"霸业可成，汉室可兴矣"。

这个政治方针在日后基本实现，但最终未能达成"汉室可兴"之目的，最大的问题出在江东。江东政权的鲁肃、周瑜等人早已预见"汉室不可复兴，曹操不可卒除"的事实，他们同样为孙权规划了一套帝业蓝图。在实现过程中，周瑜以数百年前楚国历史为鉴，明确提出，孙权南面称孤的基础就是据有荆、扬之地，继之"俱进取蜀"，而后"瑜还与将军据襄阳以蹙操，北方可图"。周瑜的方略毕竟具体，让孙权先占荆州，后取益州，再取襄阳，最后进军北方，可以说是一套南方政权北伐统一的战略路线。

　　无论是在诸葛亮的"隆中对"中，还是在江东周瑜、鲁肃等人的政治构想中，要成就帝业，荆州是必取之地，这也是日后孙权袭取荆州的重要原因。当然，此时最大的威胁来自北方，建安十三年（208年）刘表病逝后，曹操率军南下，九月抵达新野。刘表之子刘琮望风而降，刘备集团到了最危险的时刻。在荆州追击战中，

▼ 关羽、关平、周仓模型组。关羽手持《春秋》竹简阅读，身后分别站着周仓与关平。历史上并无周仓，关平则是关羽的亲生子。（周渝 藏）

刘备带着军队、百姓十余万人南逃。此时，荆州北部已为曹操所定，而南部尚有江南四郡和刘琦的江夏郡。刘备希望能保住江陵，作为根据地，于是派遣关羽率领水军先行，相约在江陵会合。

关羽的水军虽然不是曹操追击的主要目标，但在行进过程中却多次与曹军的乐进、文聘等大将展开正面交锋，行至汉津时又与徐晃、满宠鏖战。关羽在撤退中的抵抗引起了曹军的重视，文聘甚至因为在寻口与关羽作战有功而被封为延寿亭侯。在这场追击与逃亡的角逐中，关羽的抵抗一定程度上缓解了刘备承受的压力，使其最终顺利退至夏口。

逃出生天的刘备与东吴结成统一战线，双方联合抗曹。联军终于在赤壁一役中大破曹操，此役使荆州格局再度发生变化。打赢赤壁之战后，刘备封关羽为襄阳太守、荡寇将军，命其镇守江北。前文说过，襄阳是南方北伐的要地，刘备给予关羽太守之职，可见对他的信任与器重。但关羽这个襄阳太守只是有名无实的空职，因为襄阳仍在曹操手中。当时的荆州之地一分为三，北部的南阳、襄阳仍为曹操控制，而襄阳是其重点防守之地。刘备先后夺取了南郡、长沙、桂阳、零陵等郡，驻守于公安。孙权则占领江夏。

孙刘联盟尚未破裂时，刘备以赤壁之战中乌林一役之功向孙权提出由自己都督荆州，鲁肃顾及联盟关系，主张应允，周瑜则坚决反对。但不久周瑜病逝，鲁肃的主张占了上风，刘备遂得以进一步扩大地盘。建安十六年（211 年），刘备在张松的帮助下引兵入益州帮助刘璋讨伐张鲁，留下诸葛亮、关羽、张飞等据守荆州。但随着建安十七年（212 年）冬刘备与刘璋关系恶化，益州风云突变，刘备急召诸葛亮、张飞、赵云等人入川驰援，同时命关羽都督荆州事。至此，关羽独镇荆州，开启了一生中最辉煌，也是最后的绚烂篇章。

美髯公的政治危机

关羽镇守荆州，傲视群雄，固然威风，但职位越重，责任也越大。他不仅需要应对来自北方曹操集团的威胁，同样要时时防范名义上的盟友江东集团。据《吴书》记载，当时江东的后起之秀吕蒙与陆逊谈到关羽时都颇为忌惮，认为不易对付。而关羽傲慢的性格在对江东的态度上也能看出几分。孙权曾派人提亲，想让自己的儿子迎娶关羽的女儿，结果关羽不仅拒绝了他，还把使者辱骂一通，导致孙权恼羞成怒。

不过话又说回来，难道关羽答应了这门亲事，就能避免东吴偷袭荆州吗？答案肯定是不能。在刘备入主益州，尤其是取得汉中之战的胜利后，东吴背盟基本是历史必然。而且从双方身份来看，这桩政治联姻很是蹊跷。关羽是刘备的部将，所以从程序上来讲，孙权应该向刘备提出请求。直接向镇守荆州的关羽提出联姻，这个行为本身就非常反常，难怪关羽对此极其敏感。史书中记载，"羽骂辱其使"，或许表现得过于傲慢了，但换个角度看，关羽对孙权的拉拢报以强硬而激烈的拒绝，也可以视作对刘备表达忠臣决心的方式。

另一方面，夺取益州诸役中，刘备集团内部的架构发生了变化，这对远在荆州的关羽产生了重大影响。前文说过，关羽在刘备集团中的地位是一人之下万人之上，这种特殊地位甚至是曹操集团的高官厚禄都无法相比的。赤壁之战后，虽然有魏延、黄忠等武将陆续加入，但当时他们的战功很难与关羽相比。可是在平定西川的战役中，情况发生了变化。首先是马超的加入。论地位，马超此前曾是一方诸侯，率领诸部与曹操大战，虽然战败却名满天下。论出身，马超祖上是东汉名将马援，父亲马腾也是汉末一方诸侯，这是游侠出身的关羽望尘莫及的。

所以当听到马超加入刘备集团时，关羽难免会生出危机感，写信给诸葛亮询问马超的情况。诸葛亮对关羽十分了解，于是在信中说："马超此人可谓文武双全，雄烈过人，一世之杰，是黥布、彭越之类的人物，当与张飞并驱争先，但相比美髯公的绝伦逸群，还是差了一些。"关羽看到诸葛亮的回信十分高兴，并把信传递给大家看，大有宣示地位之意。然而不久之后，西线战场又发生了一件大事：建安二十四年（219年），黄忠在定军山阵斩曹军大将夏侯渊，为刘备集团立下奇功。同年，刘备晋位汉中王，大封群臣，关羽为前将军，张飞为右将军，马超为左将军，黄忠为后将军。

论功行赏，天经地义，但诸葛亮很快就意识到关羽会有情绪。诸葛亮和刘备说："黄忠的名望远远比不过关羽和马超，而现在却让他们并列。张飞和马超离得近，对黄忠的实力亲眼所见，尚可理解。唯独关羽离得远，恐怕会不高兴，这安排恐怕不太妥！"刘备说"我自有解决办法"，仍坚持原案。在实际排位上，关羽位于四将军之首，并被赋予生杀予夺之权（假节钺）。

从马超事件到黄忠事件不难看出，关羽表面傲慢与清高，实则暗藏焦虑。考察其一生轨迹，对刘备的忠诚不容置疑，但同时他也一直在极力维护着集团创立以来那种"一人之下"的特殊地位。当蜀汉政权的格局出现新变化时，关羽必然担心自己的地位受到挑战。要如何巩固自己的地位呢？只有再立战功！但是镇守荆州的他又不比在西线参与汉中之战的张飞、黄忠、马超等人，立战功只能从荆州入手。

此时荆州是什么情况呢？曹操入侵汉中时，刘备担心益州有失，为了缓和与江东集团的关系，遣人与孙权和谈，约定双方以湘水为界，东部长沙、江夏、桂阳三郡归属孙权，西部南郡、零陵、武陵三郡归属刘备。脆弱的联盟看似暂时得以维系，主要敌人仍是北方的曹操集团。这就回到了前文说的北伐路线，襄阳乃重中之重且一直是曹军防守的重点，关羽也希望自己这个襄阳太守能变得名副其实。另一方面，刘备已占据益州和荆州的一部分，若能占据襄阳，同样可以实现周瑜所言的"北方可图"，这无疑是比定军斩夏侯更大的功绩。"隆中对"里说"天下有变，则命一上将将荆州之军以向宛、洛"，这个"上将"舍关羽其谁？关羽把目光锁定在曹军占据的樊城与襄阳，于建安二十四年（219年）自荆州南郡出兵，发动襄樊之战。

荆州从此不姓刘

襄樊之战以关羽率兵进攻曹仁据守的樊城拉开序幕。曹操闻关羽来攻，立即派遣大将庞德、于禁前往驰援。在《三国演义》中，关羽对战庞德，水淹七军，是役天地变色，草木含悲，可谓关公最后的辉煌。正史中战役的激烈程度似乎不亚于小说，同样惊天地泣鬼神。庞德甚至比小说中更为生猛，他亲自乘一匹白马迎战，一箭射中关羽前额，庞德白马所过之处，关羽的军队都非常忌惮。就在关羽负伤鏖战，两军战事胶着之际，老天爷帮了关羽大忙。当时正逢秋季，忽然天降霖雨，汉水泛滥，于禁所督七军皆没，就连他本人也成了关羽的俘虏。至于猛将庞德则在被擒获后不愿投降，被关羽所杀。经此一役，关羽名望大增，周围的中、小地方武装尽皆归附。形容关羽此役的影响，《三国志》用了一个分量极重的词——威震华夏！

襄樊之战的确出乎曹操预料，曹魏政权听闻于禁、庞德战败，召开紧急会议商讨应对方针，甚至提出迁都的方案。刚崭露头角的司马懿坚决反对迁都，并与蒋济一起献计。他们认为于禁之败是因为天灾，不影响大局，而关羽得志，江东孙权必然忌惮，只要此时对孙权许以权益，必然可以让其出兵，樊城之围不战自解。这条计策被曹操采纳，果然很快收到奇效。在江东集团的构想中，荆州本就是必取之地，背盟不过是时间问题，而关羽就是孙权图谋荆州的头号敌人。此外，两年前，也就是建安二十二年（217年），一直主张安抚关羽维系联盟的鲁肃去世，继任者吕蒙则是主战派，从那时起就对武力夺取荆州展开密谋。如今关羽北伐，如若坐视不理，任其成功，那么江东荆州攻略乃至帝业的实现将会遥遥无期。

襄樊之战发动之初，关羽的确担心后院失火，留下了一部分兵力防范。但吕蒙看穿关羽的顾虑后，故意制造生病假象迷惑关羽，使关羽相信江东无力进行偷袭，逐渐将兵力转移到襄樊战场。孙权一方面派人成功诱降被关羽怠慢过、对关羽又恼又惮的南郡太守糜芳和驻守公安的将军傅士仁，另一方面则去信曹操，表示愿意联手歼灭关羽。虽然关羽仍在襄樊前线占据主动权，但曹仁的抵抗异常激烈，曹操又派遣徐晃等将领率兵解围。此前水淹七军很大原因是老天帮忙，但在之后的战斗中，曹军作战顽强，关羽也愈发吃力。更致命的是，此时的他将要面对曹操和孙权两大强敌的夹击。

▲ 荆州关帝庙门口的关羽雕塑。

建安二十四年（219年）十一月，吕蒙"白衣渡江"，发动偷袭荆州之役，糜芳、傅士仁如约投降。丢失南郡与公安，对关羽无疑是致命打击。襄樊前线相持不下，偏偏此时后院起火，关羽不得不撤围回救。但与此同时，陆逊也率兵攻占枝江、夷道等地，切断关羽撤往益州的退路。关羽从樊城撤军后本想重新攻占荆州，但此时不仅要地尽失，连退路都被切断。孙权攻占江陵要地，"尽虏羽士众妻子，羽军遂散"。退守麦城的关羽兵败如山倒，士兵多数溃散，仅剩十几骑跟随。十二

月，关羽与其子关平败走至临沮县（今湖北省远安县北）漳乡时，被江东大将潘璋擒获，不久后便被孙权处斩，一代名将就此陨落。《三国志》对关羽被杀害的细节并无详述，只有裴松之注引的《吴书》中有孙权将关羽头颅寄给曹操，曹操以诸侯之礼下葬的记载。

关羽之死的直接连锁反应是，章武元年（221年）七月，已称帝的刘备倾巢而出，发兵攻打东吴，但这场夷陵之战却以蜀汉惨败告终，是荆州之战后又一次元气大伤的惨败。荆州在地理上是几大势力角逐的枢纽，曹魏对此地虎视眈眈，东吴为夺取此处蓄谋已久，这里的风云剧变是必然结果。将丢失荆州之责完全算在关羽头上有失公允，尽管关羽个人的确负有较大责任。而对整个刘备集团乃至蜀汉政权而言，失荆州是致命之伤，蜀汉从此失去"跨有荆益"之基础，离"汉室可兴"的最终目标越来越远。

谥号风波

建安二十五年（220年），关羽兵败身死。刘备在位时没有给文臣武将赐谥号的习惯，蜀汉后主刘禅即位后才追谥了一批功臣。刘禅给关羽定下的谥号为"壮缪侯"，这一谥号引发了颇多争议。有观点认为"缪"应为"穆"，乃是美谥。另一种观点则认为"壮缪侯"总体来说不是什么好谥号，甚至是恶谥。所谓武而不遂曰壮，名与实爽曰缪，前一个字肯定了关羽在领军方面的能力，但也包含能力没有发挥出来的意思，后一个字则说他名不副实，大有批评关羽丢失荆州之意。

后世千年岁月中，关羽的形象经历了长期的神化过程。从宋代起，人们开始给关羽追谥，如"义勇武安王""壮缪义勇武安王"等。明清时期，关公崇拜达到极致，万历皇帝给他追谥"三界伏魔大帝神威远镇天尊关圣帝君"，封神封帝。

到清代，乾隆皇帝读史书时，对蜀汉给关羽的谥号十分不满，他认为"关帝在当时力扶炎汉，志节凛然，乃史书所谥，并非嘉名"。皇帝表达一下学术观点倒也无可厚非，可要命的是，乾隆一口咬定陈寿与蜀汉有嫌，所以《三国志》中偏存私见，故意给关羽加恶谥抹黑。于是他下令"当今抄录《四库全书》不可相沿陋习，有所志内关帝之谥，应改为忠义"。也就是说，乾隆皇帝为了让关羽的形象符合自己的想象，不惜下令篡改史书，将关羽谥号改为"忠义侯"，这种"神操作"就与追谥有本质区别了。

古人云："死生亦大矣！"生命终结后会如何？是"死去元知万事空"，还是存在"毅魄归来日"？此乃千年不衰之话题。央视版《三国演义》的片尾曲那句"担当生前事，何惧身后评"甚为洒脱，但在古代的庙堂之上，真正能做到这一点的人寥寥可数。纵然是雄才大略的曹操，生前一再标榜"吾为周文王"，也想不到自己死后偏偏做了"武皇帝"。那些叱咤风云的名臣骁将，对自己的身后评价也会既担心又忧惧。得了不适当的谥号，死了也不能瞑目。远的不说，三国时代就有这么个人，他叫贾充。

贾充的首个"高光时刻"发生在甘露五年（260 年），魏帝曹髦对司马昭专权忍无可忍，集合宫中卫兵准备讨伐司马昭。冲突发生后，担任中护军但忠于司马家的贾充率兵拦截。曹髦亲自挥剑上阵，众人皆为其皇帝身份所威慑，眼看就要溃散。贾充见势不妙，连忙教唆跟随自己的太子舍人成济动手把魏天子曹髦杀了。这样一来事情就闹大了，尽管司马昭势大，可毕竟弑君之事非同小可，陈泰建议诛杀行刺的主谋贾充，但司马昭力排众议，力保贾充，只诛杀了成济、成倅等人了事。后来贾充一直为司马家忠心服务，直到司马炎以晋代魏，贾充仍是心腹宠臣。但弑君一事始终如阴影般伴随其一生。贾充年老后，心病越来越重，地位稳固的他倒不担心生前事，唯忧虑死后人们对自己的评价，更确切地说是牵挂自己的谥号问题。

贾充这一生"为人巧谄，朝野恶之"，可以说坏事做绝，得罪的人多，还背着弑君骂名，现在自己老得快死了，每天都在担心死后得个恶谥，遗臭万年。有一次晋武帝司马炎派遣皇太子来探望他，他直接将这后顾之忧告知，表示为此忧心忡忡。侄子贾模说："是非久自见，不可掩也！"也就是劝自己叔叔别多想了，反正那些事都做了，要想瞒住后人是不可能的。没过多久贾充就死了，太常议谥，果然开始历数其生前罪状。博士秦秀评判贾充"悖礼溺情，以乱大伦……绝父祖之血食，开朝廷之乱原"。按《谥法》论，"昏乱纪度曰荒"，贾充应谥

贾充

"荒"。这是对贾充一生的总结和评定，基本客观。但没想到晋武帝司马炎和他父亲司马昭一样，力排众议，丢弃"原则"，将贾充的"荒"谥驳回，更谥为"武"，毕竟贾充是西晋灭吴的挂名总指挥，也算"克定祸乱"，谁让他和司马炎是儿女亲家呢。

今人看来，贾充和司马炎为一谥号大费周章似乎难以理解，但在几千年历史中，像贾充这样对身后谥号忧虑之人比比皆是。历代文臣武将为何如此看重自己的谥号？自西汉以来，谥号制度成为国家礼制的一个重要组成部分。从国家层面来讲，死者的谥号有教化或警示后世之意义；对个人而言，谥号也是对其一生作为的高度概括。几千年来，士人阶层在宗法观念和儒家"事死如生"思想的影响下，都有流芳千古的名臣梦，谁也不想遗臭万年，让子孙蒙羞。为了这一两个字，多少治世能臣、乱世奸雄操碎了心，可谓"担当生前事，还忧身后评"。尽管大多数情况下，特殊的谥号往往是政治风云变幻的写照，因时局而异，但最终服务于时政。

关羽装容
复原记

　　如果以东汉灭亡为界，真正意义上的三国时代开启时，关羽已不在人世，但他又是千年来颇具代表性的三国文化名片之一。如此重要的人物，他的历史形象应该是何模样呢？很遗憾，正史中几乎没有记载，而今大众心目中那个关公形象，基本是从两宋时代开始在民间逐渐形成，至明代定型的。

　　笔者在第一章已经提及三国人物形象复原的种种困难。关羽是本书首位独立成章，并且形象流变资料较为详细的武将。因此，在这篇复原小记的开篇必须说明几点。

◀ 演义版关羽模型，赤面长须，手提青龙偃月刀，坐下赤兔马。这是关羽在世人心中的经典形象。（周渝 藏）

▶ 汉末版关羽形象。
（金代飞 绘）

兜鍪

兜鍪·额前金珰

大铠·盆领

美须髯

大铠（筒袖铠）

小铠（裲裆加强铠）

革带

环首刀

腿裙甲
（髀裈演变而来）

靴

雄戟

首先，复原程度有限。东汉至三国时期甲胄、服饰等实物资料极缺，因此无法得知其具体结构全貌，只能通过陶俑、壁画、砖石画像等加以推测，再结合典籍中的记载绘制，尽可能使之靠近真实历史。

其次，要保障历史装束的严谨性，会不可避免地出现不同人物的甲胄、服饰趋同的情况。因为历史上的武将不可能像演义中那样，各自拥有个性鲜明的专属装备。尤其是甲胄，款式非常有限。当然，我们会在当时存在的各种装具范围之内，进行一些调整和区分，尽可能既保证严谨性，又体现武将的个性。

再次，东汉甲胄、服饰上承西汉，下启两晋南北朝，我们在绘图过程中，以东汉至三国时期的文献、文物资料为主，但缺乏细节支撑时，会部分参考西汉和两晋南北朝的文物。

关羽是本书中第一位"享受"独立成章待遇的武将，他的甲胄与装备会做相对详细的解说。在后文中亮相的武将，若甲胄、装备与关羽雷同，则不再重复解说。

样貌

正史中对关羽相貌的描述仅见于《三国志·关羽传》。

羽闻马超来降，旧非故人，羽书与诸葛亮，问超人才可谁比类。亮知羽护前，乃答之曰："孟起兼资文武，雄烈过人，一世之杰，黥、彭之徒，当与益德并驱争先，犹未及髯之绝伦逸群也。"羽美须髯，故亮谓之髯。

诸葛亮称关羽为"髯"。《说文解字》曰："髯，颊须也。"通常来说也指胡须。陈寿又专门补充记载"羽美须髯，故亮谓之"。根据《三国志》中的这段描述，关羽的确留有漂亮的胡须，因此我们绘制关羽的样貌时，一定得保留其"美须髯"这个特征。而在这个特征之外，正史中没有任何关羽容貌的记载了，诸如丹凤眼、赤面等特征都是后世

◀ 关羽半身像。（金代飞绘）

相传，被《三国演义》采用后变得家喻户晓。既然是历史留白，那么在保证美髯特征的同时，不妨参考一些演义中的外貌特征作为补充。这样，至少在容貌上不至和大众心目中的形象相差太远。

兜鍪·额前金珰

绘图中关羽的头部防护装置为铁胄，其形制为东汉至两晋时期，北方骑兵及武将较常用的葫芦状多瓣札甲编成款式。胄体以铁片编缀而成，形制参考了东汉时期护乌桓校尉府壁画、北方东汉墓葬砖画、魏晋武士俑等，结合东晋时期辽宁北票喇嘛洞十六国墓葬中出土的铁胄实物绘制。

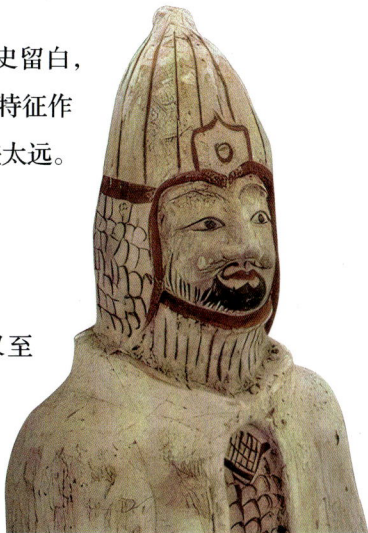

铁胄的正前方有一额前金珰，为装饰物。东汉至两晋时期墓葬中出土的甲士俑，头盔额前时有金饰出现，尤其是 2019 — 2020 年在西安南郊少陵原发掘的三座东晋时期的大型墓葬中出土的一批武士俑，兜鍪正前方有明显的装饰。关羽作为高级武将，在其额前佩戴金珰，一方面增加了头盔的美观性，另一方面也能突出个性。

大铠（筒袖铠）

在大众的印象中，关羽是绿袍青巾，常以袍罩于铠甲之上。事实上，此乃演义形象，正史中并没有任何关羽穿何种铠甲的记录。要做还原推演，首先遵从的原则就是所选甲胄一定得靠近关羽所处的年代。

从公元 184 年的黄巾起义再到公元 589 年隋朝灭陈，是中国历史上长达四个世纪之久的大动荡时期。在 400 年的变革中，中国经历了士族地主的崩溃与庶族官僚的崛起，而从汉末到魏晋再到南北朝时期频繁的战事，促进了武备的进步，同时对铠甲性能的要求也越来越高。

汉末三国时期的铠甲有"大铠"和"小铠"之分。所谓大铠，指防护面积较大，带有保护肩部、腿部装置的铠甲，曹操在《军策令》中提到"袁本初铠万领，吾大铠二十领"，其中的大铠就是此类。而小铠即指保护胸腹部分的铠甲，《三国志·董卓传》裴松之注引三国吴谢承《后汉书》曰："董卓作乱，百僚震栗。孚著小铠，于朝服里挟佩刀见卓，欲伺便刺杀之。"可见小铠也可以作为穿在袍服内的防身内甲穿着。

绘图中关羽身穿的铠甲分为内外两层，内穿大铠，形制为筒袖铠。东汉大铠的主流是分体式铠甲，即带有保护腿部的腿铠。此外，铠甲边缘采用汉式云纹包边装饰。甲片上选用了经过特殊处理的黑光铠。筒袖铠的一大特征为带甲袖，这种形制在西汉时期就已出现。其甲袖形制参考了保定市满城县汉中山靖王刘胜墓出土的铁甲，该甲重16.85千克，甲片由纯铁热锻制成，共有2859片。这种带甲袖的铠甲在汉末三国时期不仅仍在广泛使用，而且很可能被诸葛亮加以改良以提升性能。史料中对筒袖铠的具体记载，会在赵云章节详说。

当然，绘图中关羽甲胄又不完全与中山靖王甲相同，最大的区别在于颈部多出盆领。铁甲颈部带有盆领是汉代铠甲的一大特色，西汉已有之。从战争愈发激烈的趋势来看，盆领铠甲在东汉末年应该已经非常普遍。与关羽同时代的文学家孔融曾说："古圣作犀兕革铠，今盆领铁铠，绝圣甚远。"说明当时盆领铁铠是较为常见的款式。

▲ 汉中山靖王铁甲（复制品），保定市满城县汉中山靖王刘胜墓出土。（河北博物院 藏）

◄ 东汉画像砖上身穿铠甲作战的甲士，可以发现他们腿部已有腿裙出现，比西汉时期的身甲要长出不少。

汉末三国铠甲的另一大特色是出现了腿裙甲。保护腿部的甲源于东汉的"髀裈"，髀指大腿部位，裈为有裆的裤子，最初的髀裈系于禪衣之下。东汉铠甲在西汉的基础上取得了进一步发展，这一时期的髀裈对腿部的覆盖比西汉时80厘米左右的身甲要长出不少。汉末三国时期，由髀裈演变而来的腿裙甲成了铠甲的重要组成部分，这是甲胄形制上的一次重要突破。

小铠（裲裆加强铠）

关羽的盆领铁铠之外还有一层外铠，即较为简易、护住胸背等要害部位的铁甲。形制采用汉末魏晋时期常见的裲裆铠。"裲裆"同"两当"，汉末刘熙所著《释名·释衣服》曰："裲裆，其一当胸，其一当背也。"曹植在《先帝赐臣铠表》中亦曾提及此类铠甲。其实不仅是关羽，本书中绝大部分武将都身穿两层铠甲。因为这种"重衣两铠"的穿法是东汉末年到三国时期的战争中，武将穿戴甲胄的特有现象。

> 太祖募陷陈，韦先占，将应募者数十人，皆重衣两铠，弃楯，但持长矛撩戟。
>
> ——《三国志·魏书·典韦传》

> （董袭）与凌统俱为前部，各将敢死百人，人被两铠，乘大舸船，突入蒙冲里。袭身以刀断两绁，蒙冲乃横流，大兵遂进。
>
> ——《三国志·吴书·董袭传》

前者是典韦投奔曹操时的事，后者发生于孙权攻打黄祖之时。这两则记载虽然主人公分属南北不同阵营，但都出现了将士身穿两层铠甲的情况，所以这应该是当时武将较为普遍的穿法。这么做自然是为了增加防御力，往往冲锋陷阵时才会有如此复杂的装备。在《三国志》中，关羽是少有的能在万军之中取上将首级的勇将，其历史形象采用身披两铠的设定亦合情合理。顺便一提，汉末三国时期这种两铠装置，到后世逐渐轻量化，至东晋十六国时期，演变成胸前三角形护胸小铠。

考虑到甲胄形制，两层都是筒袖铠显然很难穿着，最有可能的情况是以简易裲裆铠（不含褪裙）作为胸背部分的加强铠甲。

革带与靴

　　早在先秦时期带钩就已广泛使用，后来又出现了束衣甲之用的革带。发展至东汉魏晋时期，革带之装饰更具多样性。《晋书·舆服志》载："革带，古之鞶带也，谓之鞶革，文武众官牧守丞令下及驺寺皆服之。共有囊绶，则以缀于革带。"

　　关羽足部穿搭为长靴，参考陕西咸阳杨家湾汉墓指挥官武士俑彩靴绘制。汉时靴子称为"鞾"。《释名·释衣服》曰："鞾，跨也，两足各以一跨骑也。本胡服，赵武灵王服之。"关羽作为常年骑马作战的武将，足部穿长靴也较为合理。

武器

　　绘图中关羽的主武器为雄戟。戟是中国较为古老的兵器之一，发展至汉末三国时代，仍被用于战场。从战国到汉代，军人们为增强杀敌功能，创造了多种形制的戟。雄戟又称"鸡鸣戟"，可能因类似雄鸡打鸣之形而得名。

　　副武器为环首刀，刀柄首端毫无例外地制成扁圆的环状，又称为"环柄长刀"。最早出现于西汉，故又名"汉刀"，是中国的始祖型军用战刀。

　　关羽这种戟与刀的搭配，能够从《三国志》的记载中找到依据。

　　绍遣大将颜良攻东郡太守刘延于白马，曹公使张辽及羽为先锋击之。羽望见良麾盖，策马**刺**良于万众之中，**斩其首**还，绍诸将莫能当者，遂解白马围。

——《三国志·蜀书·关羽传》

　　肃邀羽相见，各驻兵马百步上，但请将军单刀俱会。肃因责数羽曰："国家区区本以土地借卿家者，卿家军败远来，无以为资故也。今已得益州，既无奉还之意，但求三郡，又不从命。"语未究竟，坐有一人曰："夫土地者，惟德所在耳，何常之有！"肃厉声呵之，辞色甚切。羽**操刀**起谓曰："此自国家事，是人何知！"目使之去。

——《三国志·吴书·鲁肃传》

雄戟

　　关羽刺颜良，百万军中取上将首级。汉末群英中能取得如此战绩的，能有几人？此亦《三国志》中颇为精彩的一笔。然而作为被程昱、郭嘉、傅干、陈寿等

▲ 西汉彩绘指挥俑，1965 年在汉高祖刘邦的长陵陪葬墓中出土。这尊指挥俑在地下指挥着庞大的军阵，应为将领，其足部彩绘长靴颇有特色。（咸阳博物院藏）

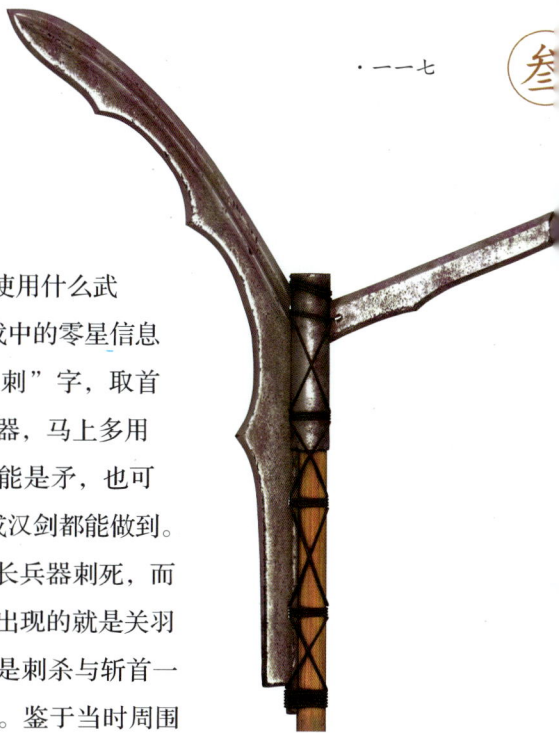

▶ 雄戟细节示意图，参考江苏盱眙大云山汉墓出土的汉代雄戟建模复原。（王涛 建模）

▼ 经研磨后的东汉中期环首刀。（山西省古代刀剑文化艺术保护协会理事长冯葵 藏）

人评为"万人敌"的关羽，在作战时究竟使用什么武器，正史中却没有记载，我们仅能依靠记载中的零星信息去推断。第一幕是关公刺颜良，既用了"刺"字，取首级时又用了"斩"字。综合东汉时期的兵器，马上多用矛、朔、戟等兵器，能直接刺死敌将的可能是矛，也可能是戟或马槊，至于"斩其首还"，环首刀或汉剑都能做到。关羽杀颜良时有两种可能，第一种是先以长兵器刺死，而后再拔佩刀割首级。其实《三国演义》中出现的就是关羽杀死颜良后下马割首级的情节。第二种则是刺杀与斩首一气呵成，这一系列动作完全由长兵器完成。鉴于当时周围都是敌军，出现第二种情况的可能性应该更大。

如果要一气呵成地迅速完成刺死敌将和斩其首级这一连串动作，普通的长矛很难胜任，关羽当时用的更有可能是雄戟一类兼具刺与钩功能的长兵器。雄戟是汉代异形戟中的一种，清人钱绎《方言笺疏》云："戟之雄者谓之医，犹凤之雄者谓之鹏矣。"所谓雄戟，又名"鸡鸣戟"，戟之援部略为弧曲，类似于雄鸡打鸣时的拥颈之状。鉴于在戟类兵器中，雄戟之形与大众心目中关羽使用的青龙偃月刀较为接近，故而我们把雄戟设定为关羽的主武器。

环首刀

关羽腰间佩环首刀的设定，主要依据则是《三国志·鲁肃传》中，鲁肃与关羽见面，要求归还荆州三郡时，关羽"操刀"而起的记录，可知关羽为佩刀而非佩剑。在东汉时期，佩剑的风气逐渐被佩刀取代，无论是武将还是朝臣，皆有佩戴环首刀的情况。《三国志·袁绍传》中记载董卓欲废少帝，袁绍与之发生冲突后离去时，也有"绍不应，横长刀揖而去"的描述。

佩刀风气一直从东汉延续到三国时期。在《三国志·夏侯玄传》中，中书令李丰欲推翻司马师，改立夏侯玄为大将军的事败露，司马师愤怒之下让人杀死李丰，其手段就是"使勇士以刀环筑丰腰，杀之"，文中提到刀环，可知其形制为环首刀。曹魏灭蜀时，姜维闻讯从剑阁发兵准备救援，到半路得知刘禅已投降，史载姜维等人"将士咸怒，拔刀斫石"，这里的刀应该也是环首刀。

此外，汉末三国时期还出现了超过140厘米的长环首刀，这个长度的刀上战场，同样是可刺可劈可斩。从这个角度看，关公耍大刀的可能性依然存在，只是不可能是青龙偃月刀，而是环首长刀。

演义中的武器

说实话，用戟与环首刀的关羽必定是让人陌生的。毕竟大众印象中，关羽的主武器应该是一把大刀。这把大刀在《三国演义》中多次出现。

云长造**青龙偃月刀**，又名"**冷艳锯**"，重八十二斤。

——《三国演义》第一回

云长恐有他变，不敢下马，用**青龙刀尖**挑锦袍披于身上，勒马回头称谢曰："蒙丞相赐袍，异日更得相会。"

——《三国演义》第二十七回

云长右手提刀，左手挽住鲁肃手，佯推醉曰："公今请吾赴宴，莫提起荆州之事。吾今已醉，恐伤故旧之情。他日令人请公到荆州赴会，另作商议。"鲁肃魂不附体，被云长扯至江边。吕蒙、甘宁各引本部军欲出，见云长手提**大刀**，亲握鲁肃，恐肃被伤，遂不敢动。

——《三国演义》第六十六回

青龙偃月刀是几百年来人民心目中的标准关公武器。《三国演义》中，这把武器的名称有青龙偃月刀、冷艳锯、青龙刀等。虽然小说中没有对青龙偃月刀的具体形制加以描述，但早在《三国演义》诞生前的宋、元两代，关羽手持长柄大刀的形象就已在画像中定格。

汉末时代的关羽到底有没有可能真的使用大刀呢？其实除了《三国志》中的"操刀"记载，在距离三国时代较近的南北朝，陶弘景所著的《古今刀剑录》也写道："关羽，为先主所重，不惜身命，自采都山铁为二刀，铭曰万人敌。及羽败，羽惜刀，投之水中。"后者虽然分量远不如《三国志》，但毕竟时代比较近，也可能从侧面透露出一些信息，即关羽很可能是一位爱刀之人。此外，《晋书》中也出现了西晋将领陈安手持"七尺大刀"的记录。也就是说长度在 160 厘米以上的大刀，当时也可能被将领用于战场。所以，我们不能排除关羽的确是耍大刀行家的可能。

▶《武经总要》中绘制的宋代长刀类型：1. 笔刀；2. 凤嘴刀；3 眉尖刀；4. 戟刀；5. 掩月刀；6. 骦耳刀；7. 屈刀；8. 掉刀。

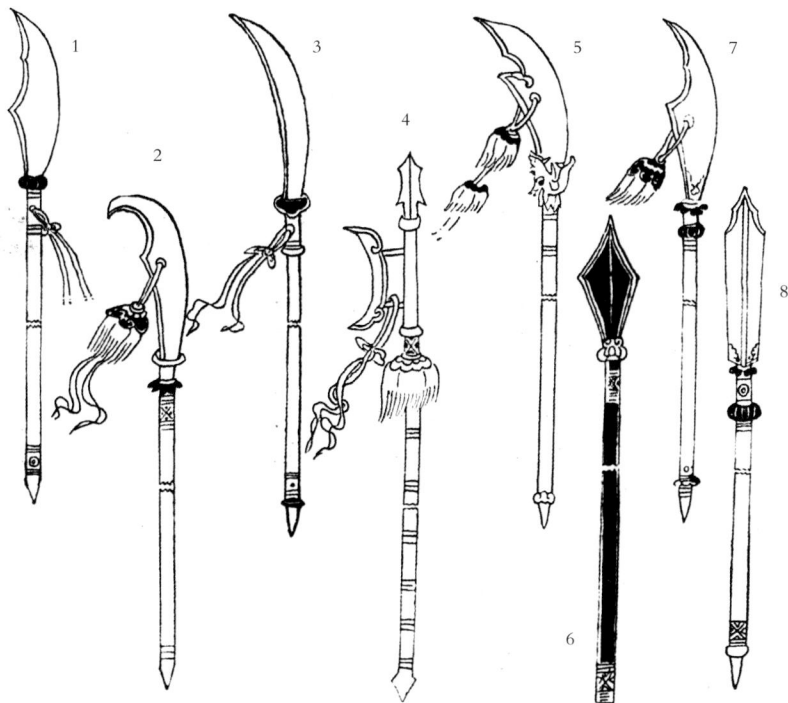

那么，关羽的大刀有没有可能是长柄大刀呢？可能性很小。虽然唐代以前鲜有长柄刀用于战场之记录，但从考古成果来看，我们的祖先很早就发明了这种结构的武器。在商代青铜器中，卷锋阑装的长柄刀数量不在少数，但更可能是作为礼器之用。不过，在西周之后，这种武器却长期不见于记载，连出土文物也没有。据此合理推测，在汉末时期，关羽所用之刀为环首刀的可能性更大，为长柄大刀的可能性则微乎其微。

况且以汉末的工艺，即使有"七尺大刀"，也不可能是宋明那种制作精良的礼器宽刃大刀的模样，这种偃月刀直到宋代才开始出现在绘画中，宋代兵书《武经总要》以图绘方式展现了这类长柄大刀的各种形制，有掩月刀（偃月刀）、眉尖刀、凤嘴刀、屈刀、掉刀等。

明代以来，随着三国题材的画作越来越多，关羽的青龙偃月刀形制也越来越清晰。因为刀形类似半月，故而叫偃月刀。由于关羽手持青龙偃月刀的形象太过深入人心，以至于这种形制的刀也被称作"关刀"或"关王刀"。

关羽形象的
流变与定格

《三国演义》对关羽的形象描写如下。

> 身长九尺，髯长二尺；面如重枣，唇如涂脂；丹凤眼，卧蚕眉，相貌堂堂，威风凛凛。

——《三国演义》第一回

> 一日，操见关公所穿绿锦战袍已旧，即度其身品，取异锦作战袍一领相赠。关公受之，穿于衣底，上仍用旧袍罩之。

——《三国演义》第二十五回

> 船渐近岸，见云长青巾绿袍，坐于船上；傍边周仓捧着大刀；八九个关西大汉，各跨腰刀一口。

——《三国演义》第六十六回

▼ 北宋平阳府徐家印《义勇武安王位图》版刻。（俄罗斯圣彼得堡艾尔米塔什博物馆藏）

关羽的形象在中国人心目中定格了数百年，在流传度最广的小说《三国演义》中也有详细描述。然而，关羽的演义形象并不是由罗贯中一人创造的，自两宋以来，随着汉末三国故事开始在民间传播，关羽的基本外观形象就已形成。罗贯中在创作《三国演义》时也继承了大众认知中的关羽形象，并使之更为具体。

宋元关羽形象

最初的史料对关羽的样貌以及服饰、甲胄皆缺乏记载。《三国志》

仅提及关羽"美髯"的特征，这是后来关羽长胡须形象的来源。

现今流传的关羽画像中，时间最早的出现在宋代，以年画《义勇武安王位图》为代表。"义勇武安王"是宋徽宗于宣和五年（1123年）为关羽加封的封号。画中关公居中而坐，背后二人，一位擎旗，一位持刀，右立一将，左站一兵，前面有一禀报军情的探马。不难发现，画像中无论是关羽还是身旁官兵，他们身上的装束都有浓厚的宋代戎装色彩。

另一幅关羽彩像相传也为宋人所绘。画中关羽身披宋代铠甲，头戴颇有宋制特点的凤翅盔，手持长柄朴刀，单手抚着自己的长胡须。此外，现藏于荆州博物馆的宋代泥制红陶关公像，是现存最早的关羽塑像，其面部也有长须特征。

关羽留着美髯，手持长刀的形象在两宋时期就已深入人心，经元代《三国志平话》而再度强化。

现在能看到的元至治本《三国志平话》诞生于《三国演义》之前，距今已有近七百年历史，其中对关羽的外貌描写为：

> 话说一人，姓关名羽，字云长，乃平阳蒲州解良人也，生得神眉凤目，虬髯，面如紫玉，身长九尺二寸，喜看《春秋左传》。

该书自带的绘图中，关羽仍是长须髯、手持长柄朴刀的形象，不过首服已经变成了浩然巾。

▼（左下）宋人绘制的关羽像，手中武器为长柄朴刀。

▼（右下）元至治本《三国志平话》插图。

明代关羽形象

元末明初，罗贯中的《三国志通俗演义》（即《三国演义》）成书，把三国文化的传播推向新的高潮。

明代宣德年间的宫廷画师商喜绘有《关羽擒将图》，取材自《三国演义》关羽水淹七军、生擒魏将庞德的故事。全图人物共六人，主角是关羽和庞德。关羽蓝巾绿袍，全身披挂，丹脸凤眼，长髯飘拂，凝神危坐；庞德上身裸露，赤脚，双目怒睁，咬牙切齿，毫不畏惧。旁边还有为关公举刀的周仓以及几位身穿铠甲的军士。图中的关羽基本就是今天大众所熟知的"美髯公"形象。

商喜笔下的关公等人皆穿着华丽的铠甲，若仔细观察，便会发现他们身上的披挂与明十三陵神道两侧的大汉将军雕像以及明代写实宫廷画《出警图》中的大汉将军非常相似，处处都有宋明甲胄之痕迹。

也就是说，明人在绘制汉末三国人物时，并不会去考据，他们往往就地

◀ 明代画家商喜绘制的《关羽擒将图》，图中关羽已经是我们今天熟知的形象。不过图中关羽、周仓等人所穿铠甲并非东汉末年款式，而颇具宋明之风。汉末三国之时并没有这样的铠甲。（故宫博物院 藏）

取材，这就导致三国人物身上所穿戴的服饰、甲胄基本都是宋元明三代的装束混搭而成，这种形象设定影响后世几百年之久。

另外，比商喜时代稍晚一些的《明宪宗元宵行乐图》中，出现了宫门外杂耍艺人正在表演"三英战吕布"这一出戏的场景，画中关羽已是绿袍青巾、手持青龙偃月刀的形象。在明代的绘画、雕塑作品中，关羽的形象基本与今天的大众认知一致。值得注意的是，此时的吕布还是有胡须的，并非后来的玉面小生模样。手持双股剑的刘备则没有胡须。

▶《明宪宗元宵行乐图》（局部），明代宫廷画师绘制，绢本设色。这是一幅反映宫廷生活的风俗画，描绘的是成化二十一年（1485年）明宪宗朱见深元宵节当天在内廷观灯、看戏、放爆竹行乐的热闹场面，其中有宫中伶人演出三国故事"三英战吕布"的场面，刘关张形象已基本与《三国演义》中的描述一致。（中国国家博物馆 藏）

关羽的"绿帽子"

如今，关羽的"绿帽子"时常被人调侃，这顶绿帽子是怎么来的呢？正史中没有任何对关羽首服的记载，小说《三国演义》中多处提及关羽身穿绿袍，但对首服的描写，仅有第六十六回中说鲁肃看见单刀赴会、乘船而来的关羽"青巾绿袍"，可知演义中关羽头巾为青色。值得一提的是，古人对青色的定义更接近于蓝色，正因如此，明代的《关羽擒将图》《关公与周仓》等图卷中关羽所戴的巾帽都是蓝色系的。其后的清代、民国时期，也都是蓝色系。

无论是民国时期的三国类图书封面、三国题材宣传画，还是20世纪50年代后影响深远的上海人民美术出版社出版的

▶ 民国时期三国题材酒水广告宣传画，取材于曹、刘煮酒论英雄的故事。图中关羽头巾为蓝色系。

《三国演义》连环画彩色封面，甚至 20 世纪 80 年代的影视形象，关羽的头巾都为蓝色。此间即便有绿巾出现，那也是偶然现象。

绿帽子取代蓝帽子成为主流，实际上是 20 世纪 90 年代之后的事，主要归功于 1994 年播映的央视版《三国演义》电视剧。由陆树铭饰演的关羽头戴绿巾，直接影响了此后关羽帽子的颜色。

在日本颇有影响力的光荣《三国志》系列游戏，塑造人物时习惯向中国取经。早期其人物形象主要参考我国连环画，1994 年之后又将电视剧《三国演义》作为主要参考。光荣《三国志》初代、二代中，关羽所戴皆为蓝帽，但从《三国志5》开始，许多人物都有模仿央视《三国演义》的痕迹，也是从这一代起，关羽的帽子变成了绿色。

如今关羽头戴绿帽的形象已深入人心，甚至不少人认为自古以来就是如此。但追根溯源，关羽的绿帽取代蓝帽成为主流，也就是不到 30 年的事。

▲民国时期出版的《三国志》封面。绘图表现了三顾茅庐的故事，而关羽所戴头巾为蓝色。（周渝藏）

▲日本江户时代浮世绘《三杰桃园结义图》，不止关羽，就连张飞也"获得"了一顶蓝巾。（月冈芳年 绘）

虚构角色周仓

知识延伸

▶ 明代古画《关公与周仓》。使用三汞九染施色之法，关公身上所承载的浩然正气、周仓脸上所流露的忠勇不渝借由这些鲜明的色彩表现，经久不衰。

　　正史中，关羽不可能用青龙偃月刀，而帮他扛青龙偃月刀的周仓也是个虚构的人物。周仓是民间三国故事中杜撰出来的一位对关羽忠肝义胆的武将，在元代《三国志平话》中就已出现，而罗贯中的《三国演义》让这一形象显得更加丰富饱满。

　　周仓的外观形象主要在明代定格，也正因如此，无论是小说插图绣像中的周仓，还是绢本设色彩画中的周仓，都穿着一身典型的明代铠甲。通过古画《关公与周仓》，我们能看到周仓身穿的铠甲十分华丽，并且拥有肩吞、护腰、抱肚等宋明铠甲的配件。

肆

肆

张飞

被演义匡正的"神话"

上篇

「第一猛将」的多重反转

下篇

张飞装容复原记

"第一猛将"的多重反转

作为人们说三国时较常提到的主角之一，张飞与关羽面临着同样问题，即早期史料太少。《三国志》将关张马黄赵合传，张飞本传字数不足千字，这不仅给艺术创作留下很大空间，也让后世学者挖空心思去进行历史考证。

文人版张飞的出现

长期以来，张飞总是摆脱不了莽夫形象，这种"人设"之所以根深蒂固，很大程度上是张飞的外貌所致。从《三国志平话》到《三国志通俗演义》，张飞都是以皮肤黝黑、豹头环眼、疾恶如仇的壮汉形象出现。

然而，从明代开始，张飞的"人设"一度出现大反转，他摇身一变成了一位文质彬彬的富家美公子。在明人笔下，张飞不仅能诗善画，而且出身书香门第，有不少画作传世，是一位精通书画的儒将。值得注意的是，张飞的儒雅形象并非来自市井小说，而是有不少明代大儒为其背书。例如有"明代三才子之首"美誉的学者杨慎，亦是《临江仙·滚滚长江东逝水》的作者，在其《丹铅总录》中记载道："涪陵有张飞刁斗铭。其文字甚工，飞所书也。"年代更早的元朝画家吴镇也曾写诗歌颂关羽和张飞："关侯讽左氏，车骑（张飞）更工书。"晚明文人卓尔昌编纂《画髓玄诠》一书中称"张飞喜画美人，善草书"。此外，相传清代《历代画征录》一书中有"张飞，涿州人，善画美人"的记载。

从这些记载可以看出，张飞大书法家、大画家的"人设"先出现于三国故事已在民间火热的元代。不过，这种设定大量集中出现则是明代中叶以后的事，此时罗贯中的《三国志通俗演义》问世已久并得到普及，在全国掀起"三国热"。这样一来，成为国民明星的刘关张也就有大把人追捧和"考证"。甚至有人为了对《三国演义》"拨乱反正"，搞出不少颠覆世人固有印象的记录。另一方面，随着中晚明

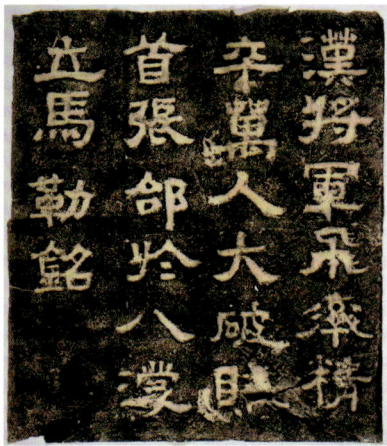

▲ 网传张飞所刻《立马铭》拓本，但经学者从铭文源流、内容及书法风格等方面加以考辨，已被认定为伪刻。

时期商品经济的繁荣，市场上从盗版书到假古董应有尽有，像张飞这样的名人，古董制造家们岂能放过。故而市面上开始出现传为张飞作品的诗作和画作，后来甚至有人把张飞说成汉末版徐霞客，到处游山玩水，留下《真多山游记》等诗篇。然而这些明清时期出现的所谓张飞诗书画，要么就像关公祖墓墓砖那样只见记载不见实物，要么就是赝品和伪作。例如最出名的《真多山游记》就被《四库全书总目提要》点名证伪——"后人拟仿伪撰之作"。

还有一部最早记录张飞精通书法的古籍，即南朝陶弘景撰写的《古今刀剑录》，先不提这本书中类似传奇小说的内容，其所载的"张飞，初拜新亭侯，自命匠炼赤朱山铁为一刀，铭曰新亭侯蜀大将也"这段文字就有致命硬伤，刘备向来以"汉"自居，作为蜀汉车骑将军的张飞，怎么可能用魏国的蔑称"蜀"作为自己的国号？如果再将时间往前推，作为正史的《三国志》以及裴松之注引的各种史料里，则对张飞能诗善画之事只字未提。基本可以得出结论，张飞的儒将"人设"是从明朝才开始被广泛营造出来的，因为前有杨慎等大儒的站台，加上当时崇文风气正盛，最终生造出了一个与市井百姓眼中豹头环眼猛张飞截然不同的明代文人版张飞。

也曾是"三国第一猛将"

《三国演义》成书之前，张飞在宋元两代的各种平话、杂剧中完全是超人般的存在。《三国志平话》中的张飞首战就独破黄巾军，而他的对手则是黄巾军中最核心的地公将军张宝和人公将军张表（历史上应为张梁）。张宝想生擒张飞，结果反而中了张飞计谋，军队死伤无数，此时刘备率军来援，阵斩张宝，夺取兖州，只有张表（张梁）负伤逃走。与《三国志平话》剧情基本一致的杂剧《杏林庄》中，张飞最后还生擒了黄巾军最高头目大贤良师张角。动摇了大汉帝国根基的黄巾起义，竟然被张飞一人平定了。

这只是开始，之后张飞的勇猛更让人瞠目，在《三国志平话》的故事里，他不仅棒杀督邮，还杀死定州太守，将袁术的"太子"袁襄一把抓住，活活摔死在石亭之上。至于《单战吕布》等杂剧中，吕布与张飞决斗，被张飞打得大败而逃。古城相会时，赵云也成了张飞的手下败将。在宋元艺人充满浪漫主义的创作中，张飞堪称"三国第一猛将"。

　　正史上，张飞的确担得起这个"猛"字。据《三国志》载，程昱曾说"刘备有英名，关羽、张飞皆万人敌也"；周瑜也向孙权上表说"刘备以枭雄之姿，而有关羽、张飞熊虎之将，必非久屈为人用者"。这些都是来自敌对阵营的评价，作为史官的陈寿也评述"关羽、张飞皆称万人之敌，为世虎臣"。"猛张飞"的形象没有争议，但陈寿也有"飞雄壮威猛，亚于关羽"之语，可见元代杂剧和话本中的张飞"猛"得过分了。

　　因此，罗贯中在写《三国演义》时做了大量修正。他根据史料，对张飞这一角色的诸多不合理之处进行删改，将正史中张飞的几个高光时刻作为重头戏来写。比如，删掉了张飞破张宝、擒张角，安排了黄巾军将领邓茂这个虚构角色当张飞第一个枪下鬼；删掉了张飞把吕布打得大败，保留了三英战吕布的情节；删掉了张飞杀定州太守，保留了怒鞭督邮的情节；删掉了张飞摔死伪太子袁襄，让袁术大将纪灵当了替死鬼；删掉了张飞古城击败赵云，添加了与马超打成平手的战斗。经过罗贯中的处理，张飞之猛尚存，但不至于天马行空。可以说《三国演义》不仅没有神化张飞，反而是根据史实对张飞的民间形象进行了匡正，最终让张飞成为《三国演义》中塑造得颇为成功的人物形象之一。

　　除了刚猛，张飞暴躁的形象同样深入人心。他嗜酒如命，喝酒后爱用鞭子抽人，抽完人往往就误事。这在正史中也能找到依据，依照陈寿的总结，关羽和张飞缺点分别为"羽刚而自恃，飞暴而无恩，以短取败，礼数之常也"。张飞的"暴而无恩"也引起了刘备的担忧，他劝诫道："爱卿刑杀上过于频繁，而且频繁鞭打手下的士卒，可是作为将领终究是需要有部属辅助的，你这样下去恐怕是取祸之道啊。"可张飞却根本没听进去，依旧我行我素（飞犹不悛），最后果然死在部将手中。

　　后世文学家们以此为素材进行创作，让贪财好贿的督邮成为第一个被张飞怒鞭的倒霉蛋，实际上正史中怒鞭督邮的人是刘备。而后《三国演义》中又设计了

▲ 清代关帝庙壁画《鞭打督邮》。历史上鞭打督邮者为刘备，不过可能是为了维护刘备的仁德形象，从元代《三国志平话》开始，打督邮的主角变成了性格暴躁的张飞。（内蒙古博物院藏）

张飞喝酒后怒鞭吕布岳父曹豹，导致曹豹串通吕布夺取徐州的故事。此事在《三国志》中是下邳守将曹豹反，迎吕布，裴松之注引《英雄记》中记载是吕布率兵袭击下邳，张飞与下邳相曹豹不和，张飞杀了曹豹，城中大乱，许耽引吕布入城，张飞被吕布击败，丢了下邳和刘备妻子。

演义对史料的空白之地进行了艺术补充，使历史上张飞暴而无恩、时常鞭挞部将之形象深入人心。同时，丢徐州事件也成为张飞暴躁打人乃"取祸之道"的首次暗示。

长坂退敌

《三国演义》中，正史上张飞几个最出彩的经历都得到大书特书，成了家喻户晓的典故，这也是张飞文学形象的成功之处。第一个高光时刻是刘表病逝后，曹操大军南下取荆州，刘备兵败长坂坡，担任断后任务的张飞立马当阳桥，面对百万曹军毫无惧色，大喝一声，竟吓死曹军将领夏侯杰，曹操大军不敢轻进。那么这一幕在正史上又是什么样呢？

根据《三国志·张飞传》记载，曹操率军追击，刘备已狼狈到抛妻弃子的境地，危局之下，张飞率领二十名骑兵断后。这一段史书中也写得非常生动："飞据水断桥，瞋目横矛曰：'身是张益德也，可来共决死！'敌皆无敢近者，故遂得免。"此一幕与演义如出一辙，唯有被张飞喝破胆而死的夏侯杰，与此前被赵云阵斩的夏侯恩、淳于导和晏明一样，都是为了突出主角光环而虚构出来的倒霉蛋。不过在正史中也有演义未曾注意到的精彩细节，那就是曹操的精锐部队——虎豹骑。

整部《三国演义》中几乎没有提及"虎豹骑"，但在正史中这确是曹操麾下非常精锐的骑兵。虎豹骑向来由曹氏将领统帅，《魏书》中记载这支部队"皆天下骁锐，或从百人将补之"，统帅乃曹仁之弟曹纯。建安十年（205年）的南皮之战中，虎豹骑曾大破袁家军，阵斩袁谭（纯麾下骑斩谭首）。建安十二年（207年）的乌桓之战中，虎豹骑再度立功，俘虏了一名乌桓单于。到建安十三年（208年）曹操挥师南下时，曹纯"从征荆州，追刘备于长坂，获其二女辎重，收其散卒"，可见当时追击刘备的部队中也有虎豹骑。那么断后的张飞所面对的很可能就是这支部队，但他仅率二十骑立马桥头，瞋目横矛大喝，使最精锐的敌兵"皆无敢近者"，其虎狼之威，绝不逊色于演义中喝死夏侯杰。

两个形象高度重合

随着刘备在荆州立足，张飞也因功被封宜都太守、征虏将军，又得新亭侯之爵位。建安十七年（212年）冬，刘备与刘璋关系恶化，急召张飞等人入蜀驰援，这段征途中，张飞迎来第二个高光时刻——义释严颜。

张飞与诸葛亮等人溯流而上，分定郡县。兵至江州时，他遭到巴郡太守严颜的顽强抵抗。严颜是刘璋手下少有的明白人，根据《华阳国志》记载，早在法正等人迎刘备入益州讨伐张鲁时，他就知道大事不妙，拊心叹息说："招来刘备就如同一个人独自坐在没有出路的深山里，放出老虎来护卫自己。"后来果然如其所料。《三国演义》对巴郡之战进行了详细描写，重点表现张飞猛中有智，在与严颜几度交手后，终于用计谋擒住这名老将。但《三国志》对战斗细节没有记载，只说"破璋将巴郡太守严颜，生获颜"。

正史的重点在张飞俘虏严颜后他们之间的一段对话。张飞大喝严颜："大军至，何以不降而敢拒战？"颜答曰："卿等无状，侵夺我州，我州但有断头将军，无有降将军也。"张飞怒，下令左右牵去斫头，而严颜面不改色，反问张飞："斫头便斫头，何为怒邪！"张飞被严颜气节所震撼，令左右将其松绑，并奉为上宾。此事也颇能体现张飞"敬君子而不恤小人"的性格特点。其后的征途，张飞所过皆克，成功与刘备会师于成都，不久后被封为巴西郡（今四川阆中一带）太守。

建安二十年（215年）曹操引兵大破张鲁，进占汉中，西线风云再起。曹操派大将张郃率军进至宕渠（今四川渠县东北），巴西危急，为避免腹背受敌，刘备与孙权讲和，湘水划界。与此同时，张飞率万余人迎击张郃，双方对峙五十余日，最后在"山

道迮狭，前后不得相救"的瓦口关狭路相逢。此役张飞的表现同样出彩，以其奋勇之军一举击破敌军，张郃大败，仅余十余人从间道逃走。相传张飞大破张郃后，乘着酒兴，用长矛在宕渠八蒙（也作濛）山崖壁上凿下"汉将军飞，率精卒万人，大破贼首张郃于八濛，立马勒铭"的铭文，又被称为《立马铭》。更有意思的是，这块所谓的石碑竟然还保留下来了，但专家学者从铭文的源流、内容及书法等方面加以考辨，已经认定其为伪刻。恐怕也是明人打造儒将张飞的又一"杰作"。

建安二十四年（219年）五月，汉中之战结束，刘备占据汉中，开疆拓土称王。为蜀汉开国立下赫赫战功的张飞，拜为右将军，假节，排位仅次于关羽。章武元年（221年）刘备称帝，张飞升迁车骑将军，领司隶校尉，进封西乡侯。同年，刘备为报关羽之仇而发动夷陵之战，令张飞率兵万人自阆中而出，结果出师未捷便飞来横祸，被其帐下张达、范强刺杀。

▲ 张飞立马怒吼模型。（周渝 藏）

当刘备听闻张飞军中有消息传来时，只有一句叹息："噫！飞死矣。"关于这四个字后人已有太多过度解读，其实结合《三国志》中刘备对张飞的劝诫，最有可能的就是刘备预料这天迟早会到来，但其中蕴含的感情分量，绝不会比演义中哭得昏厥少。《三国演义》中则添加了鞭打张、范二人的情节，张飞逼他们三天造十万白袍，否则杀头，张、范二人走投无路，铤而走险杀死了张飞。这样一来，从醉打曹豹丢徐州到鞭打张、范丧命，完全贴合正史中张飞因"日鞭挝健儿"而被杀的悲剧结局。

▲ 清代张飞泥塑，豹头环眼之形象十分生动。（天津博物馆藏）

张飞谥号为"桓侯"。所谓"武定四方曰桓，壮以有力曰桓"，这个美谥并不像关羽的"壮缪侯"那样引来无限争议。更幸运的是，罗贯中对宋元以来的张飞神话进行修正，结合正史重新塑造角色，后人通过《三国演义》认识的张飞和历史上的真实人物高度契合。

张飞装容
复原记

张飞的穿着是什么样的？历史上同样找不到只
言片语之记载。读者大概会发现绘图中张飞身上的
甲胄与关羽的很像，这是上一章就已提到的问题，
如果要复原历史装束，那么无论甲胄款式、服饰形
制，还是武器种类，都是很有限的，不可能像演义
中那样个性鲜明。在种种客观因素的限制下，我们
只能尽量在容貌、武器，以及甲胄细节上体现差别。

样貌

张飞豹头环眼的粗犷形象在中国人心中根深蒂
固，但第一手史料中对张飞容貌却无片语之记载。
后世的著作中，关于张飞的长相有两种观点，我们
先看几段资料。

却说有一人，姓张名飞，字翼德，乃燕邦涿郡
范阳人也；生得豹头环眼，燕颔虎须，身长九尺余，
声若巨钟。家豪大富。

——《三国志平话》

玄德回顾，见其人身长八尺，豹头环眼，燕颔
虎须，声若巨雷，势如奔马。

——《三国演义》

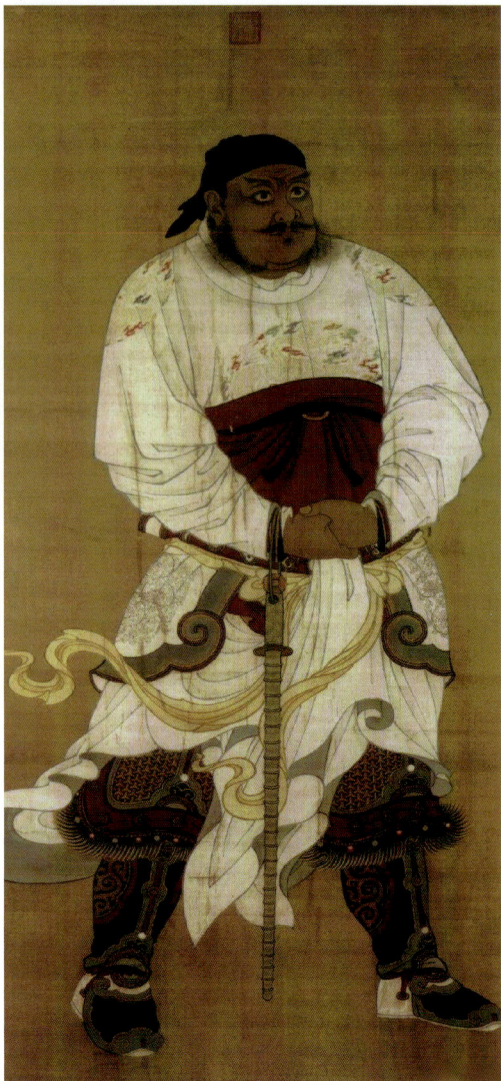

▶ 汉末版张飞形象。
（金代飞 绘）

盔翎

兜鍪·额前金珰

兜鍪

大铠·盆领

小铠（裲裆加强铠）

大铠（筒袖铠）·甲袖

环首刀

臂韝

革带

大铠·腿裙甲

马槊

◀ 明代张飞全身像，
采用了民间相传的
豹头环眼粗犷形象，
身上穿着宋代才大
量出现的"衷甲"。
宋代以来，或是受重
文轻武国策影响，武
人在身穿铠甲时，外
面需要罩上战袍或
绣衫，以示恭谦。这
种穿着之法，在东
汉末年是不存在的。
（故宫博物院 藏）

长靴

张桓侯风雅儒将，叫唱梆子戏的，唱作黑脸白眉，直是一个粗蠢愚鲁的汉子。桓侯《刁斗铭》，真汉人风味，《阃外春秋》称其不独以武功显，文墨亦自佳。

……

说张桓侯四言诗、《刁斗铭》，桓侯美秀多髯，李义山所谓"张飞胡"的考证，孝移欢然。

——《歧路灯》

▲ 江户时代浮世绘中的张飞形象，虽然肤色偏白，但立马长坂桥、吓退百万兵的生猛气质跃然纸上。（胜川春亭 绘）

以上几则关于张飞容貌的描述有个共同点——都是在汉末三国时代千年后才产生的，且都来自小说、话本，而非正史。张飞主流形象以《三国演义》为代表，即"豹头环眼，燕颔虎须"。当然，这个形象并非罗贯中原创，而是直接继承元代就有的《三国志平话》，也就是说，自从宋元时期三国故事在民间兴起，张飞的生猛形象就确立了。第二种则是秀美儒雅形象，主要出自明清两代文人笔下，也是今天很多给张飞容貌"翻案"的人常拿来引用的所谓依据。

既然两种形象都是小说家言，第一手资料完全空白，绘图时如何确立张飞的容貌也就成了问题。考虑到让三国英雄穿上符合时代特征的装束本身已经颠覆了他们的"公众形象"，如果容貌上再发生较大改动，读者恐怕就一点张飞的痕迹都找不到了。权衡再三，最终还是以影响力最大的《三国演义》为参考，让张飞以较为主流的设定来到大家面前。

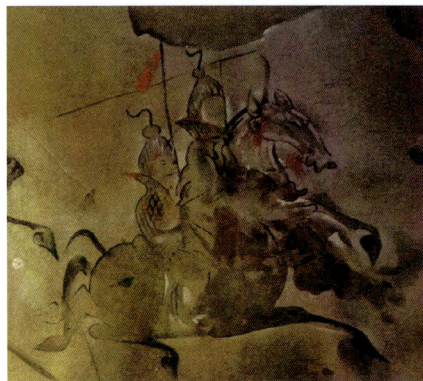

盔翎

绘图中张飞的头盔与关羽为同一款。一排长甲片围绕编成铁胄，胄顶呈半圆形收束。除了大量的陶俑、壁画以及砖画，1980年吉林省榆树县（今榆树市）老河村东汉墓出土的甲片实物也是重要参考。

张飞头盔的缨饰采用了盔翎。盔顶配以缨饰的组合可以说贯穿了一部中国

◀ 辽宁东汉墓壁画中的甲士形象。依据现有的考古成果，这一款式的头盔最早出现于东汉。壁画中甲士盔顶有类似盔翎的装饰物。（辽阳汉魏壁画馆 藏）

甲胄史，我国现存最早的商代青铜盔，顶部已经出现了用于插羽毛的铜管。1965年河北易县出土的以铁片编缀而成的战国铁胄顶部也有圆孔，显然是用来安装盔缨或羽毛的。关羽和张飞都属于蜀汉阵营，绘图中该阵营大铠（主铠）以筒袖铠为主。为了在细节上做出一定区别，关羽的缨饰采用盔缨，张飞则采用羽毛。

铠甲（玄甲）

绘图中张飞的铠甲设定为玄甲。其实从形制上看，张飞的铠甲与关羽的为同一款式，大铠为筒袖铠，小铠为简易两裆铠。这里所说的"玄甲"不是指形制，而是铠甲的颜色。

"玄甲"一词在汉代史籍中出现的频率非常高。根据《史记》记载，汉武帝为悼念英年早逝的霍去病，一度"发属国玄甲军，陈自长安至茂陵"。史书中的"玄甲"究竟为何物，目前有两种推测：有人认为这是以甲胄材质来命名，玄乃玄铁之意，玄甲即铁制甲；另有人认为这是以颜色来命名，玄为黑色，并非特指甲胄的材料。

从考古成果来看，1942年乐浪郡遗址的汉墓出土了表面涂有黑漆的皮甲残片；1953年长沙出土的一领皮甲残片底子涂有黑漆，甲面绘有红、白、黄三色花纹。这些皮甲都涂上了黑漆。此外，汉墓出土的铁制铠甲，多数也涂有黑漆。这至少能证明汉代的确存在不少黑甲，而用红色绳索编缀漆黑的甲片，也是汉代甲胄的主要形制。

考虑到张飞在人们心目中是个"黑脸"，其坐骑也是黑马，故而为他配上一身汉制玄甲。

臂韝

臂韝又作"臂鞴"，外形上看是置于手臂之上的套袖，早在先秦时就已有之。早期的臂韝有系于左袖以方便射箭用的（名为"射韝"），也有在日常生产劳动中束袖用的。此物到汉代已较为普遍，《汉书·东方朔传》载："董君绿帻傅韝。"唐代颜师古注："韝，即今之臂韝也。"

▶ "五星出东方利中国"锦臂韝。（新疆维吾尔自治区博物馆藏）

1995 年 10 月在新疆和田地区民丰县尼雅遗址一处古墓中出土了"五星出东方利中国"臂韝，主体为织锦，镶边为白绢。汉代的臂韝多由锦缎、布匹等软材料制成。从汉末三国到南北朝，频繁的战事促进了武备进步，保护手臂的臂韝也成了甲胄的一个组成部分。

马槊

张飞主武器为马槊、副武器为环首刀。与关羽情况不同，在《三国志》中，张飞所用的武器有明确记载：

先主闻曹公卒至，弃妻子走，使飞将二十骑拒后。飞据水断桥，瞋目横**矛**曰："身是张益德也，可来共决死！"敌皆无敢近者，故遂得免。

——《三国志·张飞传》

立马桥头喝退曹军是正史中张飞的第一个高光时刻。而"瞋目横矛"四个字很清楚地说明了张飞所用的武器是矛。那么问题来了，既然史书中说张飞用矛，我们为什么设定他手持的是马槊呢？

槊又称"矟"，分槊柄和槊头两部分，与矛属于同一家族，从出现的时间线来看，矛在先秦已有之，而槊出现于汉代，是先有矛而后有槊。东汉训诂学家刘熙所著《释名》记载："矛长丈八尺曰矟，马上所持，言其稍稍便杀也。"东汉的另一部典籍《通俗文》则记载："槊，矛长丈八谓之槊。"

看过这两则记载，相信大家能理解为什么张飞使用马槊了吧？毕竟在大众心目中，丈八蛇矛就是张飞的标配。那么我们抛开演义形象不谈，就东汉时期同时存在的矛和槊而论，两者的主要区别在于，槊的锋刃的长度比矛增加不少，槊头大多呈圆锤状，带有用于击穿敌人铠甲之用的破甲棱。马槊，顾名思义，乃骑在马上所用的槊，从汉末到南北朝时期，都是重骑兵十分青睐的武器。根据《三国志》中"飞将二十骑拒后"的记载可知，张飞属于骑兵，而槊本身就是矛的威力加强版，并不违背张飞"横矛"的记载，同时也符合张飞生猛的人设。

◄ 东汉马槊复原图。（王涛 建模）

▼ 执槊武士。参考辽宁北票喇嘛洞十六国墓出土的甲胄、长马槊绘制。（杨翊 绘）

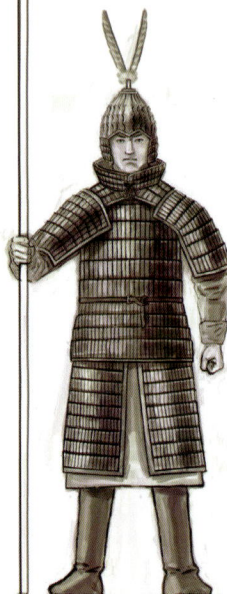

从丈八矛到丈八蛇矛

如果说在大众心中青龙偃月刀可以代表关羽，那么与之齐名的丈八蛇矛也能算得上张飞的名片。《三国志》中虽然有张飞横矛的记载，但他所用之矛并无名称。正史上第一位使用丈八蛇矛的并不是张飞，而是西晋名将、凉国缔造者陈安。根据《晋书》记载，当时陇上有歌谣唱陈安作战时"七尺大刀奋如湍，丈八蛇矛左右盘，十荡十决无当前"。又是七尺大刀，又是丈八蛇矛，犹如关张附体，好不威风。而且陈安的时代距离汉末三国非常近，也就是说在当时的确很可能存在一种名为"丈八蛇矛"的武器。

当然，从实战角度说，蛇矛不大可能像今天我们看到的演义兵器那样，矛身犹如金蛇剑一般扭曲。汉晋时期出现的蛇矛，具体形制可能更接近云南博物馆收藏的一柄西汉蛇形铜叉。它出土于云南晋宁石寨山，形状虽不像演义中的丈八蛇矛那样复杂扭曲，金属矛头也短得多，但与丈八蛇矛的蛇首部分十分相似。张飞用矛有史可载，而蛇形铜叉矛头又的确存在于汉代，也就是说张飞也具备使用这种蛇矛的条件，姑且可以把它看作"丈八蛇矛"的历史形象吧。

那么，张飞的武器究竟是什么时候变成丈八蛇矛的呢？先来看看《三国演义》成书前的情况。元代《三国志平话》中写张飞杏林庄破张宝之战时，对他描述为"一人一骑……立马横枪"。这就是说元代作品中张飞所持的武器为枪。到了三英战吕布一节，又将张飞武器表述为"丈八神矛"。鉴于枪矛一家，我们不去过多纠结。再看元至治本《三国志平话》的插图中，刘备手持双股剑，关羽使用一把类似青龙偃月刀的长柄大刀，只有张飞的武器是一柄长长的红缨枪，没有半点蛇矛的样子。

张飞使用丈八蛇矛的确是元末明初的《三国演义》中才有的，而且在明代的版本中蛇形还没那么鲜明。明代嘉靖壬午本《三国志通俗演义》中，对三兄弟打

▲ 汉代蛇形铜叉，出土于云南晋宁石寨山。这把蛇形铜叉整体上与《三国演义》中张飞使用的丈八蛇矛差别较大，但矛头部分颇为相似。（云南博物馆藏）

▼ 元代刊印的《三国志平话》中"三英战吕布"插图，张飞所持的就是一把普通长枪，并非蛇矛。这场精彩的激战在正史中并不存在。

造武器的描述为："玄德求良匠打造双股剑。关羽造八十二斤青龙偃月刀，又名'冷艳锯'。张飞造丈八点钢矛。各制全身铠甲。"也就是说，明代老版本《三国演义》对张飞武器的最初描述为"丈八点钢矛"而非"丈八蛇矛"。之后张飞杀邓艾再次描述张飞武器，但也只写为"丈八矛"。《三国志通俗演义》中第一次出现蛇矛，是孙坚讨伐董卓之时，其麾下大将程普"使一条铁脊蛇矛"。程普的蛇矛登场没多久，罗贯中终于在"赵子龙磐河大战"一节中写道："下首挺丈八蛇矛的是张益德。"算是第一次把"丈八蛇矛"交到张飞手中。

可能是因为明代版本《三国演义》中张飞的矛一会儿换一个名字，难以给人留下深刻印象，不少明代的绘画、插图里的张飞仍旧没用上丈八蛇矛。明代前期的《明宪宗元宵行乐图》中有表现伶人表演"三英战吕布"的场景，其中刘备的双股剑、关羽的偃月刀和吕布的方天画戟都已是我们今天熟知的模样，唯有张飞的武器还是一根普通长矛。直到晚明刊刻的《遗香堂绘像三国志》，插图中立马桥头喝退曹军的猛张飞，依然拿着一根普通长矛。

丈八蛇矛到底是什么时候才完全成为张飞专属的呢？大抵是清初毛宗岗父子修订《三国演义》之后。今天影响力最大的一百二十回本《三国演义》就是毛氏父子修订后的版本，第一回三兄弟制造兵器时，依旧保留了"丈八点钢矛"的说法，但在接下来张飞杀黄巾将领邓茂时，就明确写了"张飞挺丈八蛇矛直出"。到了光绪九年（1883年）五月刊刻的《〈三国志演义〉全图》，张飞所持的武器已经有了弯曲的蛇形矛头。可以说直到清代，张飞才彻底将丈八蛇矛这一奇兵利器"据为己有"。

伍

赵云

戎马半生，仍是少年

上篇

黑暗时代里的可爱之人

下篇

赵云装容复原记

黑暗时代里的
可爱之人

　　五虎上将之名人尽皆知，当然，但凡对三国历史所有了解的人都清楚，这只是小说家言，历史上之蜀汉并无"五虎上将"一说。通常认为"五虎将"之说最早出现于宋代评话，元至治本《新刊全相三国志平话》已有"封五虎将"之插图，图中关羽居中而坐，左边坐着马超和黄忠，右边则是张飞与赵云。

　　至元末明初《三国演义》成书后，五虎上将的组合已深入人心。当然，这个组合并非小说家无中生有，陈寿著《三国志》时，的确是将这五人合为一传，但顺序与演义中的关羽、张飞、赵云、马超、黄忠不同，而是关羽、张飞、马超、黄忠、赵云的排序，赵云排于末位。另外，由于汉中之战后，授封的四将军中唯独没有赵云，这就导致赵云成了五人中争议最大的一位。有人认为赵云被小说家过度夸大，实际上只是个尽职的"保镖"，不能与关羽、张飞、黄忠、马超相提并论。如今这类论点基本已被从各方面反驳，影响力大减。不过另一种观点则依旧大行其道，即认可赵云的能力，也承认其具备一流武将的素养，但惋惜其始终不受重用，将他定义为一位失意的英雄。这种看法有道理吗？在汉末三国史上，赵云究竟是怎样的一位武将呢？

◀ 元至治本《新刊全相三国志平话》插图"封五虎将"。

终不背德也

其实数百年来，被评书、杂剧过度夸大甚至神化的三国英雄不在少数，《三国志平话》中的张飞，《三国演义》中的关羽、诸葛亮都有类似情况。因此，即使塑造赵云的形象时有所夸张，在艺术创作中也完全属于正常现象。关键在于，赵云能一直在民间保持超高人气，深受老百姓爱戴，仅仅只是因为评书、杂剧、小说作者的过度美化吗？事实肯定不是这样。纵观历史上赵云一生之作为就不难理解，小说塑造出近乎完美的常山赵子龙，这只是结果，赵云的个人品格、操守深得后人尊重与喜爱才是原因。

《三国志》中的赵云本传仅有四百余字，事迹少得可怜。这并非因为赵云之地位无足轻重，而是由于蜀汉"国不置史，注记无官"，以致很多事迹都没被及时记录，令人遗憾地遗失了，这给当年撰写《三国志》的陈寿制造了不小的麻烦。最直接的后果就是，蜀汉政权很多重要文臣武将的事迹都极其简略，甚至语焉不详。至于赵云那些为今人熟知的辉煌战绩，仅有长坂坡救主一事见于本传。赵云的绝大多数事迹都来自裴松之给《三国志》注释时引用的《云别传》，这份史料的内容比本传丰富得多，但原书已失，现今能看到的也只是裴松之注于《三国志》中的部分。

赵云，字子龙，常山真定人，生年不详。《三国志》对赵云早年事迹交代得极其简略，只说他本属公孙瓒，当年公孙瓒派遣刘备为田楷拒袁绍时，赵云也奉命跟随刘备出征并为刘备执掌主骑随从。裴松之引用的《云别传》则详细得多：首先记载了赵云的外观形象为"身长八尺，姿颜雄伟"，是身高一米八五以上的阳刚型武将；接下来记载赵云"为本郡所举，将义从吏兵诣公孙瓒"，其中很有信息量，表明赵云是率部投靠公孙瓒的。结合东汉时期地方豪族兴盛的背景，不难推断出赵云早年极可能与许褚、李乾一样，是地方世族子弟，甚至可能身为一方豪帅，否则就不太可能拥有自己的武装力量。赵云最吸引人之处在于，他的身上自始至终都有着强烈的理想主义色彩，是黑暗的东汉乱世中难得一见的侠者。

这在他率部投奔公孙瓒时就有表现。公孙瓒曾问赵云，冀州之人皆投靠势力强大的袁绍，为何赵云反而不与众人做一样的选择。赵云回答："天下汹汹，未知孰是，民有倒悬之厄。鄙州论议，从仁政所在，不为忽袁公私明将军也。"乱世中绝不缺善于权谋的野心家，唯缺以至诚之心追求仁义之侠者。或许有人说，表面仁义道德，内心贪婪自私者也太多了，又岂能凭几句话而论定其人。正如孔子所云，听其言而观其行，其实只要了解赵云一生，就很难不被他早年这番充满理想主义情怀与为国为民侠义精神的话所感动。

乱世中，赵云哀苍生不幸，从仁政所在之心毕生未改。那么，赵云为何最终选择了刘备呢？早年在公孙瓒麾下时，他就曾与刘备并肩作战，对刘备有所了解。汉末三国的群雄中，刘备的人格魅力绝对可以名列前茅，他年少时就像个孩子王，喜欢骑马、遛狗，喜欢穿华美漂亮的衣服，爱好流行音乐，紧跟潮流，那些同龄的少年们都"争附之"，愿意跟他一起玩耍。后来涿郡集团形成后，又有关羽、张飞这些忠心耿耿、宛若兄弟的一流武将效忠。而诸如孔融、陈登、郑玄等顶级名士对刘备的评价都相当高，甚至在刘备做平原相时，有个叫刘平的人派刺客来搞暗杀，刺客伪装成宾客接近刘备，没想到刘备待人宽厚，但凡有宾客前来，"必与同席而坐，同簋而食，无所简择"，这种真诚与礼贤下士打动了刺客，他最终不忍下手。显然，在赵云的价值观中，刘备这样仁德、宽厚的主君更符合他的择主标准。

相比之下，公孙瓒虽然是出身于"家世二千石"的豪族，但庶出子弟的身份让他对主流社会充满仇恨，择人用人也为这种情绪所控，身边多是庸碌谄媚之人，并非一位真正立志于仁政的君主。到了初平四年（193年）六月，赵云兄长去世，他因此辞别公孙瓒，回家处理丧事。临别时，刘备也知道赵云这一去恐怕很难再回来，与他"捉手而别"，而赵云对刘备留下一句"终不背德也"，为这段君臣佳话埋下伏笔。

青州一别就是七年，到建安五年（200年），官渡之战前夕，赵云的故主公孙瓒已兵败身死，他则率部投奔当年自己看好的明主刘备。值得注意的是，此时刘备在徐州刚为曹操所破，关羽被俘，领地全失，自己也落得在袁绍处寄人篱下的落魄处境。这个时候选择这种朝不保夕的主君，要承担极大的风险，而赵云偏在此时选择刘备，本身就充满浪漫色彩，是他"从仁政所在"之初心不改，义无反顾的选择。

▲ 今人印象中的赵云——白袍银铠、白马银枪、英姿飒爽的少年将军。不过这种束装不仅不存在于汉末三国，就是和《三国演义》的描述也有很大差别。（孙毅来 绘）

子龙一身是胆

▼明末清初刊本《三国志绣像人物故事》插图"长坂坡赵云救主"。

赵云选择了处于低谷期的刘备，也做好了与之同生共死的准备。他时常与刘备"同床眠卧"，畅谈时势，规划未来，很快成了刘备之心腹，还在袁绍的地盘上秘密给刘备招募了数百人部曲，为日后增强刘备集团的独立性打下基础。不久后刘备离开袁绍，赵云则追随他先后参加了博望坡之战和长坂之战，这两场战役中，赵云的忠与义表现得淋漓尽致。

建安七年（202 年），刘备火烧博望坡，击败曹军先锋夏侯惇，俘虏了一名叫夏侯兰的将领。这个人与赵云从小相识，是"总角之交"。从"云白先主活之"的记载来看，当时刘备应该是打算杀死夏侯兰，但赵云主动为之求情，保住了夏侯兰性命。但为了避嫌，赵云并未将夏侯兰收为自己的部署，他知道夏侯兰对法律颇有研究，于是推举他做军正（军中法官，执掌军事刑法）。

如果说夏侯兰事件足以表现赵云为人之义，那么建安十三年（208 年）的长坂之战则尽显其忠勇。这次曹操南征荆州，以虎豹骑为先锋发动闪电战，猝不及防的刘备在长坂这个地方被追上，伤亡惨重，妻离子散，连徐庶也在这时离开刘备投降了曹操。此时还偏偏有人诬陷赵云，说其已向北而去投降曹操了。一向以仁德宽厚待人的刘备听闻此话，竟做出一个反常举动，他拔出手戟掷向造谣之人，说："子龙不弃我走也。"可见刘备对赵云的绝对信

任。这个典故被《三国演义》引用，小说借刘备之口把子龙之义说得更直白："子龙从我于患难，心如铁石，非富贵所能动摇也。"

演义中赵子龙血战长坂坡，带着阿斗七进七出的故事也出自正史，不过在历史上赵云的处境更为棘手，据《三国志·蜀书·赵云传》记载，"及先主为曹公所追于当阳长阪，弃妻子南走，云身抱弱子，即后主也，保护甘夫人，即后主母也，皆得免难"。也就是说赵云不仅保护着年幼的刘禅，还带着甘夫人一起突围脱险。虽然史书中没有描述战斗细节，也不存在赵云斩杀淳于导、夏侯恩、晏明等曹军将领的记载，但从刘备两个女儿都被曹纯俘虏的事实来看，长坂之战一定非常凶险，赵云能一路保护甘夫人与年幼的刘禅虎口脱险，其艰难险阻不言而喻。危机度过，赵云因功被刘备拜为牙门将军。很多年后，已登九五之位的刘禅追忆赵云时，仍不忘其长坂救命之恩，感慨道："朕以幼冲，涉涂艰难，赖恃忠顺，济于危险。"

赤壁大战后，刘备调兵攻打荆南四郡，除了武陵太守金旋可能抵抗至死（《三国志》与裴松之引《三辅决录注》记载相矛盾，一言战死，一言投降）外，其余三郡皆闻风而降。赵云很可能领兵占领了其中的桂阳郡并因此升迁偏将军，成为新的太守。前桂阳太守赵范与赵云同宗，他投降后想将寡嫂樊氏嫁给赵云，《云别传》记载这位樊氏时用了"有国色"三个字，也就是说是位有倾城之色的大美人。汉末三国时期贪恋美色的将领、诸侯不在少数，好色害死儿子的曹操自不必多说，即使是有"义绝"之称的关羽，传言在下邳之战前也多次向曹操索要秦宜禄之妻。但赵云面对国色美人的诱惑却断然拒绝。有人劝赵云娶了樊氏，赵云说出了推辞这门亲事的真正原因："范迫降耳，心未可测。"这一点也能看出赵云原则性强、心思细腻、处事谨慎的性格特征。而他的担心也并非毫无缘由，因为不久之后赵范就出逃了，如此反推，当初想以美人嫂子嫁给赵云，恐怕目的也不甚单纯。

也正是由于赵云的这种性格，在孙刘联姻后，面对桀骜不驯的孙夫人，刘备将掌管内事这份工作交给了他。后来的事证明刘备没有信错人。事起于孙夫人欲回东吴，准备将小刘禅一起带走。关键时刻，赵云与张飞勒兵截江，将阿斗救回。自从跟随刘备以来，赵云鞍前马后，每次都能顺利完成使命。从长坂之战到孙夫人事件，也能看出刘备对赵云的绝对信任。可为什么到了汉中之战后，刘备称王大封群臣，关羽、张飞、马超、黄忠都分领前、后、左、右四方将军，唯独赵云不在其列呢？这是不受重用吗？

其实这个问题用正常逻辑推演就不难解答。首先来看看被授予四方将军的人，关羽、张飞这两个老兄弟不用多说，是刘备集团最早的核心。马超虽然加入晚，但出身好、分量重，原本也是群雄之一，加上取成都时成为促使刘璋投降的关键，封一个左将军不过分。至于黄忠，的确是定军山斩杀夏侯渊的功劳太大，直接影响到汉中之战的走向，可以说他这个右将军完全是凭战功拼来的。或许有人说，赵云也参与了汉中之战并立有战功，摆了一出"空城计"，被刘备盛赞"子龙一身都是胆也"。但客观来说，赵云的取胜对整个汉中之战的大局影响已经不大，与黄忠斩杀夏侯渊那样的命运之战相比，分量完全不同。四将军里封黄忠而非赵云，在情理上完全可以理解。

归来仍是少年

赵云官位升迁始终慢于其他几位核心人物，很可能有其他原因，即赵云的个人品格让他与同僚出现隔阂，甚至不太招同僚喜欢。但这恰恰也是汉末乱世中，赵云的最可爱之处。

将时间回溯到建安十九年（214年）夏季的成都，刘备兵临城下，刘璋开城投降，西川之战的最后一役以兵不血刃的方式取得完胜，接下来自然是大宴群臣，论功行赏，赵云也升迁翊军将军。当时许多人建议将成都的住宅和城外的田地赏赐给有功将士，刘备也打算采纳。此时唯独赵云出来劝谏说："霍去病以匈奴未灭，无用家为，今国贼非但匈奴，未可求安也。须天下都定，各反桑梓，归耕本土，乃其宜耳。"当然，后面一句才是赵云劝谏的核心，即"益州人民，初罹兵革，田宅皆可归还，今安居复业，然后可役调，得其欢心"。

刘备听后采纳了赵云的建议，不再打成都人民田宅的主意。赵云此举完全出于公心，但难免会得罪同僚。换位思考，有些人出生入死求的就是升官发财，眼看到手的田宅没了，还不恨死赵云？但话又说回来，西川之战，赵云本身战功也不小，论功行赏他也是既得利益者。但瓜分民田民宅一事，他不惜得罪同僚也要站出来反对，这不仅是见识、格局与担当的体现，也很容易让人联想到当年他投奔公孙瓒时说的那番话："天下讻讻，未知孰是，民有倒悬之厄。鄙州论议，从仁政所在。"二十多年过去了，无数生关死劫足以向世人证明，赵子龙不是一个好高骛远、沽名钓誉的空想家，实操中，他每一步都脚踏实地、初心不改。走过半生之后，他仍是当年那个心怀理想与仁义的少年。

后来荆州风云突变，关羽战败被杀，刘备欲大举伐吴，赵云也曾苦劝刘备，可惜刘备没有听进去，最终有了夷陵之战的惨败。到诸葛亮时期，成为镇东将军的赵云单独领兵出战的记录逐渐增多，即使遭逢街亭惨败之局，赵云这一路亦领兵全军而还，能做到这一点非常不易。赵云去世于建兴七年（229年），景耀四年（261年）被追谥为"顺平侯"，以谥号论，赵云的谥字中规中矩。不过后世史家大多给予赵云极高的评价。

纵观赵云一生，他是汉末乱世中鲜有的一位自始至终都极具理想主义色彩的武将，一直践行着早年的理想与仁心。有人为赵云官位不及其他四人感到惋惜，但或许赵云自己根本就不在乎，也无意刻意经营。赵云更像一位侠者，他的一生为"从仁政"之理想而战，为天下苍生而战，担得起"侠之大者，为国为民"八个字。汉末三国绝不缺勇武过人之将，也不缺智谋超群之士，但在残酷黑暗的乱世中，始终保持着这份纯粹之人并不多见。凭此一点，他便足以堪称那个时代第一流的武将。

◀ 清人制作的赵云大战长坂坡木雕。（亳州博物馆 藏）

赵云装容
复原记

盔缨

兜鍪·胄顶

兜鍪·额前金珰

兜鍪·护颊

大铠·盆领

大铠（筒袖铠）·甲袖

小铠（裲裆加强铠）

革带

臂鞲

汉剑

腿裙甲

长矛

胫甲

▶ 汉末版赵云形象。
（金代飞 绘）

样貌

> 云身长八尺，姿颜雄伟，为本郡所举，将义从吏兵诣公孙瓒。
>
> ——《云别传》

> 看那少年，生得身长八尺，浓眉大眼，阔面重颐，威风凛凛。
>
> ——《三国演义》第七回

如今提及赵云，人们最先想到的形容必然是"帅"字。尤其是《三国演义》中长坂坡一战，赵子龙白袍银铠，跨坐白龙马，一手持青釭剑，一手提亮银枪，于百万曹军中七进七出，所向披靡，更是雄姿英发。他不仅拥有俊朗容貌与潇洒英姿，性格也成熟稳重，放在今日来看，也是非常受欢迎的高颜值男神。

要绘制赵云这样一位历史人物，除了推测甲胄、武器之外，表现他的相貌也相当关键。最好还是以正史资料为主要参考，以小说、戏剧的描述为补充。陈寿的《三国志》中并没有关于赵云容貌的描述，直到南朝裴松之为《三国志》作注，引用《云别传》才首次提及赵云"身长八尺，姿颜雄伟"。身长八尺好理解，若按照汉末三国时的一尺约合今天 23 厘米来算，赵云的身高在一米八五左右。总而言之，无论在当时还是在今天，他都是高个子。但对"姿颜雄伟"的理解就见仁见智了。考虑到每个时代审美不尽相同，仅凭文字描述去推断具体容貌难免会出现偏差。那不妨换一种思路，首先，正史中留下容貌记载的汉末三国人物是比较少的，绝大多数人都像张飞那样，长相只字未提。这说明赵云在当时是相貌出众的人物。其次，"姿颜雄伟"这四个字是褒义，完全可以理解为长得帅。

既然如此，综合各时代帅的标准，求一个"中位数"来绘制，逻辑上也算合理。但另一个问题随之而来，即审美本身是多元的，说得通俗一些，帅也分很多种，赵云究竟是哪种风格的帅哥呢？《三国演义》对他的面貌做了进一步描述，即"浓眉大眼，阔面重颐"。浓眉大眼好理解，但"阔面重颐"却很容易被今人想象成肥头

▼ 清代年画《赵子龙单骑救主》。可见在清代，赵子龙马白银枪、面白无须之形象已深入人心。（中国美术馆 藏）

大耳。这种理解有一些偏差，当时"阔面重颐"实际上更偏向于脸部饱满、面颊有棱角。随着《三国演义》的影响不断扩大，清代已有不少关于赵云的年画、木刻雕像，它们大致可以反映出时人心目中的"阔面重颐"形象。

清代留下的赵云画像有个共性，基本都是面白无须形象，这可能与《三国演义》中赵云初登场时是一位年少小将有关。在京剧中，赵云从登场一直到截江救阿斗之时，都以小生形象出现，直到平阳关才挂须口，也就是说绝大部分高光时刻都发生在面白无须的小生身上。想必这对后世创作影响深远，是赵云形象越来越俊的重要原因。

由于赵云容貌在正史中已有记述，而后世赵云形象的演变又较为复杂，我们决定遵循表现帅气这一基本原则，充分考虑赵云武将的身份和成熟的性格，抛弃无须小生的形象，将他设定为阳刚成熟型的美男。

兜鍪

张飞一章已提到，这种头盔主要以吉林省榆树县（今榆树市）老河村东汉墓出土的兜鍪为参考。但因为张飞的甲胄颜色较深，细节不太容易看清，故而没有详细讲解兜鍪的结构。赵云甲胄为浅色系，这就比较容易看清头盔的结构——上半部分为长甲片围成的半圆形盔顶，下半部分则沿边以另一种小型甲片编缀护颊。也就是说一顶盔采用不同形状的甲片编缀。装备之后不仅能保护全头，搭配盆领之后，连颈部、喉部及肩部也在防护范围之内。汉末三国到两晋战事频仍，武将对甲胄防护力的要求越来越高，这种盔型是此时的主流。

▶ 辽宁北票喇嘛洞十六国墓葬出土的铁兜鍪。虽然属时代比三国稍晚的东晋，但其形制、结构与东汉壁画中甲士所佩戴的兜鍪一致，尤其在结构和细节方面有很高的参考价值。（引自《中国传统工艺全集：甲胄复原》；白荣金、钟少异 著；大象出版社 2008 年版）

大铠（筒袖铠）

赵云身甲色彩较为明亮（明光铠的一种解读即指这种明亮的甲片），甲胄结构也比较明显，故而本书中蜀汉阵营将领的大铠标配筒袖铠（又称"箭袖铠"）的细节也在此一并详解。

汉末三国时期，中国经历了士族地主的崩溃与庶族官僚的崛起，频繁的战事促进了武备的进步，铠甲领域出现了重要革新。

言三国武备革新，不得不提诸葛亮。历史上的诸葛亮，不仅是一位治国谨慎的政治家，在军事武备方面，也成就卓越。前文提到的筒袖铠，据传就是诸葛亮亲自督制而成的。《宋书·殷孝祖传》这样形容筒袖铠的防御力——"二十五石弩射之不能入"。

问题来了，如果筒袖铠仅仅因为有筒状甲袖而得名，那么，西汉中山靖王刘胜墓就出土过类似款式的甲胄，为何说是诸葛亮督制的呢？

1984年，河南偃师杏园村西晋墓出土的一件武士俑，也许可以解开这个谜团。该俑身上所穿的铠甲胸背相连，由小块鱼鳞纹甲片或龟背纹甲片编缀而成。这种编缀方式，是将金属甲片钉在布或皮革上，借助底料，使之挤在一起。甲片更细、密度更大，而甲片之间则有直接的连接。与刘胜墓中的筒袖汉甲相比，西晋筒袖铠的特点在于不开襟，穿着时，就像穿T恤衫那样，直接从头部套入。这样一来，整个铠甲也就不存在"敞怀"的风险了。

筒袖铠之所以能做到"二十五石弩射之不能入"，除了形制可能被改造加强外，材质上也有很大进步——采用了东汉以来较为先进的百炼钢。这种将薄钢片反复折叠的技术，让甲胄的防御力迅速提升。诸葛亮写过一篇《作刚铠教》，明确规定："敕作部皆作五折刚（钢）铠。"铠甲材料要"五折"，也就是折叠并锻打五次，才算合格。这种技术打造的甲胄坚硬无比，从三国到南北朝时期，皆以此法为制甲主流。

诸葛亮本人是否穿过他亲自督造的筒袖铠呢？或许穿过，但《三国志》的作者陈寿显然不关心孔明先生的着装问题。我们想做复原，所依据的文献，最早是东晋人王隐的《蜀记》、裴启的《语林》。原书皆已佚失，相关文字主要收录于北宋《太平御览》。在王、裴二人笔下，诸葛亮乘坐素舆，头戴葛巾，手执一把扇子。这两则距离当事人时代最近的记载，都告诉后人，诸葛亮在战场上也

▲ 三国至西晋时期军俑，河南偃师杏园村西晋墓出土，其身上的铠甲应为史料中记载的筒（箭）袖铠。可以清楚地看到甲片为鱼鳞纹式。（中国国家博物馆藏）

习惯以文士装束示人。那么由他督造改良的筒袖铠，最有可能出现在哪位武将身上呢？赵云算是一个，魏延、姜维等名将，大概也曾身披丞相督造的筒袖铠，为蜀汉叱咤沙场。

盔甲与兵器是一对矛盾，相互竞争，相互促进。随着铁兵器的普及，以及如马槊这类带破甲属性的新兵器出现，甲胄的性能也越来越高，不仅覆盖面积越来越大，甲片密度也越来越高。即便如此还嫌不够，于是出现了《三国志》中记载的身穿两层铠甲的现象。与其他武将一样，绘图中的赵云除了身穿鱼鳞纹式的精良筒袖铠之外，还在胸腹要害部位装备了一件裲裆加强甲。

胫甲

胫甲即保护小腿部位的甲。已出土的春秋战国时期文物中就有青铜制成的胫甲，说明这种装备早已存在。不过后来不知是何原因，在秦兵马俑、汉杨家湾军俑等较为具体的展现军士时代风貌的文物中，都没有发现装备胫甲者，也就是说它可能在历史长河中消失了很长一段时间。直到魏晋时期，砖画上才再次出现了类似的装备，但因为形象过于模糊，具体为何物还不好论定。经过南北朝至隋唐的发展，胫甲的确又重新被武士们装备。从汉末三国时期甲胄覆盖面积越来越大的基本逻辑来看，砖画上的武士细节模糊的腿部装备很可能是胫甲。故而在绘图中也为经常上战场的赵云置办了一套。

长矛

绘图中赵云的主武器为长矛，副武器为汉剑。正史中没有提及赵云使用的兵器，但无论是作为"主骑"，还是长坂一役的表现，都足以证明赵云骑术精湛，所用的武器自然应该是骑兵使用的穿刺型长杆兵器，矛、戟、槊都有可能。

既然于史无载，那么再来看看《三国演义》，从赵云第一次登场，小说就明确交代他使用的武器为枪。界桥之战，袁绍大将麹义与赵云遭遇，只见赵云"挺枪跃马，直取麹义""战不数合，一枪刺麹义于马下"。可怜历史上的河北名将麹义，在罗贯中笔下就这么轻而易举地成了赵子龙的枪下之鬼。当然，小说中并没有提及赵云这杆枪的名字，后来盛传的什么狼牙枪、亮银枪、龙胆枪之类的名称，都是各种戏剧或游戏创造出来的。倒是比《三国演义》更早一些的《三国志平话》，明确提到"赵云使一条枪名曰涯角枪，海角天涯无对"。所以要追根溯源，这杆枪的第一个名字应该叫"涯角枪"。

汉末时期赵云本就属于骑兵部队，使用长杆武器，既不违背历史逻辑，也符合后世对赵云兵器的认知，故而做此设定。当然，当时骑兵用的长柄刺击武器，还是称作矛为宜。

白马银铠从何而来？

赵子龙手持银枪，身穿白袍银铠，策白马飞驰的潇洒形象可谓深入人心。也许不少人会认为，这是小说《三国演义》塑造的赵云英姿。但实际上，翻遍《三国演义》所有关于赵云的篇章，都找不到类似的描述。原著中既没有写赵云穿白袍披银铠，也没有写他的坐骑是一匹白马。

先来看盔甲，《三国演义》中的确有不少身着"白袍银铠"的人。第一位出现在《三国演义》第四十二回，由经历了长坂坡血战的刘备在逃亡时遇见："船来至近，只见一人白袍银铠，立于船头上。"此人不是赵云，而是刘表之子刘琦。第二位"白袍银铠"装束的是马超，《三国演义》第五十七回，马超兴兵为父亲马腾报仇，书中写他"白袍银铠，手执长枪，立马阵前"。接下来出现的"白袍银铠"将领就是关兴和张苞了。不难发现，第一次刘琦如此穿着是因为父亲刘表刚死，第二次是马超父亲马腾刚刚被杀，第三次关兴、张苞也是要为父报仇。可见，在《三国演义》中，"白袍银铠"并不是为了耍帅，而是戴孝。

◀ 颐和园长廊彩绘
《赵云长坂救主》。
（Rolf Müller 摄）

赵云的白马又是怎么来的呢？首先，历史上的赵云的确极有可能骑白马。赵云早年是公孙瓒麾下的骑兵军官，据《后汉书》载："瓒常与善射之士数十人，皆乘白马，以为左右翼，自号白马义从。"可见公孙瓒非常喜欢白马，帐下还有大名鼎鼎的白马义从，赵云作为他的部将，配备白马也合情合理。不过对大众影响更大的《三国演义》中并没有"白马义从"的具体事迹，也没有描述赵云坐骑的颜色。后来赵云坐骑被约定俗成地设定为白马，更有可能是受京剧形象的影响。

前文说过，在清代的京剧中，赵云绝大部分时间都是小生形象，这种俊逸潇洒的人物通常也会搭配一匹白马，这符合人们对白袍小将的印象。晚清时期留下的一些绘画作品中，赵云虽没有穿上银铠，但座下白马的形象已经固定。20世纪50年代的上美版《三国演义·长坂坡》连环画，封面上的赵子龙已俨然是"白袍银铠"形象。1994年央视版《三国演义》播出后，赵子龙的英姿圈粉无数，甚至影响了日本游戏公司的形象创作，穿白袍、披银铠、骑白马的赵云形象也变得越发深入人心。

▼ 民国时期广告彩图上的赵子龙形象。此时，赵云骑白马、穿白袍的形象在人们心目中已定格许久。

长坂坡赵云救幼主

赵云

五华牌

品質趙群

MAY BLOSSOM CIGARETTES

陆

陆

马超

独当一面，何以位高权轻

上篇
失意英雄的最佳结局

下篇
马超装容复原记

失意英雄的最佳结局

无论是演义中的五虎上将，还是历史上的蜀汉四方将军，以加入蜀汉阵营的时间而论，马超都是最晚的一位。但影响力巨大的《三国演义》里，他登场非常早，小说第十回，马腾、韩遂率军讨伐李傕、郭汜等董卓余孽的战斗中，马超的出场让人眼前一亮，书中写道："只见一位少年将军，面如冠玉，眼如流星，虎体猿臂，彪腹狼腰，手执长枪，坐骑骏马，从阵中飞出。"

年仅 17 岁的马超挺枪策马杀入敌阵，一出手就刺死敌将王方，生擒李蒙，飒爽英姿深入人心，无愧于"锦马超"之名。细读小说会发现，锦马超的几个高光时刻，如追杀曹操、大战许褚、鏖战张飞，都发生在加入蜀汉阵营之前。投奔刘备后，马超除了封五虎将时再次站到聚光灯下，其余时间几乎再无出场。毕竟罗贯中也是巧妇难为无米之炊，因为据史书所载，马超加入刘备阵营后的确就再无作为，以致无闻而终，至关重要的汉中之战他表现平平，伐吴之役都没见到他的身影。为什么如此骁勇的一位英雄，遇到了善于用人的刘备，反而变得默默无闻了呢？

马儿不死，吾无葬地也

马超在《三国志》中虽然与关羽、张飞、黄忠、赵云四人合为一传，但他的身份完全不同于其他几人。确切地说，马超不是一名纯粹的武将，而是曾经的一方军阀，他曾以汉末群雄之一的身份活跃在历史舞台上。更进一步，他既不同于李典、许褚那种身为地方宗族领袖的豪帅，也不是太史慈、严白虎那类召集一拨人扯旗自立的地方势力，而是有朝廷认证的军阀之子。

马超的父亲马腾据传是汉伏波将军马援后代，东汉灵帝时期，马腾被朝廷提升为军司马，迁偏将军。可不久之后他却与韩遂等人一起扯旗造反，被东汉朝廷

▲ 上海人民美术出版社《三国演义》连环画中马超的装束及形象。

称为"三辅作乱"，直到初平三年（192年）被董卓招安。不过马腾、韩遂接受招安没多久，董卓就被吕布所杀，等他们从凉州抵达长安，这里已是董卓余党李傕、郭汜的天下。由于李、郭等人手里控制着汉献帝，马腾和韩遂来投时也得到了由皇帝亲自封赏的职衔，韩遂拜为镇西将军，马腾为征西将军。也就是说，马超的父亲马腾虽然也在凉州拥兵自重，还是个反叛过朝廷的军阀头子，但的确是由汉献帝亲自认证过的征西将军，这个头衔拿出来，起码比当时很多自称、表奏的职位能唬人。

李傕、郭汜之乱被平定后，大量西凉兵并入马腾、韩遂等西北军阀手中，他们的实力进一步壮大。另一方面，随着汉献帝辗转到曹操手中，曹操对马腾这个征西将军还是承认的，且对其多有安抚。随着曹操在官渡之战取胜，马腾也清楚地看到曹操将统一北方之趋势，对曹操采取积极合作之态度。建安十年（205年），曹操征讨袁谭、袁尚期间，袁尚麾下的将领郭援、呼厨泉、高干在西线策应，攻打河东。面对这样的局面，曹操想到的盟友也是西凉的马腾和韩遂，他派司隶校尉钟繇前往斡旋，马腾和韩遂也很快答应出兵为曹军扫除后患。这场战役是正史上马超的首战，他在史册上留下了骁勇善战、刚烈生猛的记录——跟随父亲出征的马超身先士卒，冲锋中脚部被敌军飞箭射中，但这位少将军并没有因负伤退下前线，只是用布裹住伤口，简单包扎后继续率军作战，最终一战而捷。马超麾下的猛将庞德更是阵斩敌军主将郭援，立下首功。击退袁军西线部队后，马超也因功被东汉朝廷封为徐州刺史，不过当时因负伤在身，并未前往赴任。

马超在史册上的初战，也是史籍中他父亲马腾的最后一战。几年后，随着曹操统一北方，加上马腾与结拜兄弟韩遂的关系破裂，甚至发生了韩遂袭杀马腾妻子和儿子的恶性事件，双方几乎兵戎相见。虽然在钟繇的斡旋下双方暂时明面上和好，但马腾始终心怀不安，正好此时准备南征荆州的曹操召马腾为卫尉，马腾左思右想，最终在张既的劝说下入京就职。马超则留守凉州统领马腾旧部，被朝廷封为偏将军、都亭侯，从这时候起，马超的身份就从军阀之子晋升为一方诸侯。当他再次于战场展现骁勇英姿之时，对手已变成了曹操。

建安十三年（208年）曹操在赤壁大战兵败后引军北还，其后将剑锋指向西北。建安十六年（211年），曹操开始对关中用兵，虽然打的旗号是征讨张鲁，但此举让关中大大小小的军阀们大为不安，最终引发马超、韩遂、杨秋等十部起兵反曹事件。马超反曹事件在历史上争议极大，因为此时他的父亲马腾尚在曹操手中，另一位军阀韩遂的儿子也在许昌。可马超为策动韩遂一同起兵，却说出一番暴言："今超弃父，以将军为父，将军亦当弃子，以超为子。"

马超的意思很明确，即自己不管父亲马腾的死活，希望韩遂也不要顾忌儿子的死活，一起举兵反曹。马超这番坚决的表态直接让原本有后顾之忧的韩遂下定决心起兵。然而这一战的结果是曹操于七月亲征，大败关中联军，马超、韩遂等人先后战败。不过战斗过程也充满波折，曹操在潼关一役中差点命丧马超之手，幸得许褚相救才得以脱险（详见许褚章节）。此役也让曹操对马超的用兵能力发出感慨："马儿不死，吾无葬地也。"

马超反叛引发的一大血案就是在京的父亲马腾以及家眷全部被曹操所杀，这也让不少读者认为马超道德恶劣、无父无君。罗贯中创作《三国演义》时必然也意识到了这个棘手问题，于是在他笔下，两个事件的先后顺序颠倒，改为马腾一家被曹操所杀在前，马超兴兵为父报仇在后，这样一来马超摇身一变成了大孝子，起兵反曹也成了既忠又孝的义举。至于潼关之役则创作出曹操被马超追击，割须弃袍的经典桥段。小说中马超与许褚三百回合的激战足以令读者看得拍案叫绝。这场战斗也有历史原型，即关中联军被击破后，马超与曹操和谈，他见曹操没带多少人前来，想铤而走险偷袭曹操，但摄于曹操身边虎侯许褚之威，最终放弃动手。但故事这么写显然不过瘾，所以罗贯中便安排这两名虎将大战一场。

▲《三国演义》的故事里，曹操写信离间马超和韩遂，马超果然中计，给人有勇无谋之印象。历史上的潼关之战，曹操的确根据贾诩建议对马超和韩遂进行离间，但马超并没有如演义里那样轻易中计而与韩遂反目。（出自《三国演义·反西凉》连环画，上海人民美术出版社1979年版；李铁生 绘；杨超 上色）

离开张鲁之谜

如果说马超大战许褚还有一些历史的影子，那么演义中马超在葭萌关与张飞的一战就纯粹子虚乌有了。不过罗贯中创作这一章应该也有其用意，毕竟马超后来是要跻身五虎将之列的，如果没有与蜀汉将领交锋，让他们知道马超的实力，后面忽然空降而居高位，如何让猛张飞等老兄弟心服口服？至少身为市民阶层的读者很难理解。

正史上，关中联军反曹失败后，不甘失败的马超几度卷土重来，但终究未成气候，最后投奔了汉中张鲁。此时已是建安十九年（214年），刘备已和刘璋反目，取西川之役进行到最后阶段。较为蹊跷的是，此前在汉中穷途末路的马超在这关键时刻离开了张鲁，南下投奔刘备。当马超领兵抵达成都北部时，被吓得魂飞魄散的刘璋只好开城投降，刘备遂以胜利者的姿态开进成都城，成为益州的新主。此役马超虽然没有直接战斗，但兵不血刃就让刘璋拱手而降，无论从哪个角度看都是立了大功。论功行赏时，马超也被刘备封为平西将军。然而也正是加入刘备集团后，曾经骁勇善战的马超变得乏善可陈，最后战场上再无他的身影。

关于马超后期在蜀汉不受信任和重用的情况，后世也有不少分析。有人认为，毕竟他曾为一方诸侯，在关中根基深厚，既不像关羽、张飞等老兄弟那样值得信任，也不像赵云、黄忠这类武将那样容易控制。这当然有一定的道理，但最直接的原因，很可能出在张鲁这里。

史书中只记载了马超离开张鲁投奔刘备，

▲ 明万历十九年书林周曰校正古本大字音释三国志通俗演义》插图"马孟起步战五将"。图中马超一身明代装束，俨然明代宫廷仪仗队"大汉将军"。

但并没有详细说明内情。后来张鲁对马超的做法之绝是非常反常的，张鲁投降曹操后，曹操将马超的儿子交给张鲁，张鲁二话不说就将其诛杀。马超投奔张鲁的时间很短，即使离开了也不至于有如此深仇大恨。再看马超投奔刘备时的情况，若是正常离开张鲁，不至于连妻儿和爱将庞德这些人都没带走，可见他走得非常仓促。我们不能排除一种可能，即马超密谋推翻张鲁，但因事情败露，不得不仓皇南逃投奔刘备，而且这场密谋刘备可能也是知情的。如果这个假设成立，后来张鲁对马超、刘备的仇恨，甚至放言宁可做曹操的奴隶，也不当刘备的贵宾的行为就可以理解了。

刘备对马超的影响力有所顾忌，同时对其政治道德也不放心，毕竟多年前吕布袭徐州的教训太过深刻。从这个角度考虑，刘备必然不会赋予马超兵权，让他有降而复叛的机会。对这些客观事实，马超自己也心知肚明，后来彭羕与马超吃饭，彭羕对刘备的安排心怀不满，席间口吐怨言，并劝说马超在外面起事，自己愿意作为内应，一起平定天下。马超听了这虎狼之词，大惊失色，不久后就如实上报，彭羕也因此被处死。难以想象，当年骁勇无比的马超，也有如此"忧谗畏讥"的一天。毕竟他也深知自己身份尴尬，容易受到猜忌，担心彭羕是为了试探他才口出暴言。

当然，对刘备而言，马超之前曾举旗反曹，是抵抗"国贼"的英雄，是反抗军的一面旗帜。他前来归附，一方面带着诸侯的身份，另一方面还有东汉朝廷认证的官职，在政治影响方面对刘备是非常有利的。所以明面上必须厚待这位抗曹英雄。取成都后，刘备马上拜马超为平西将军，官位比当时的关羽、张飞还高。马超虽然加入得晚，汉中之战中也乏善可陈，但刘备称汉中王后依然晋升他为四方将军之一的左将军，假节。其地位低于前将军关羽，与右将军张飞平级（从职衔上来看，东汉时左将军略高于右将军，实权方面则右将军张飞更大），高于后将军黄忠。章武元年（221 年），关羽、黄忠已死，张飞拜为车骑将军，马超则迁骠骑将军，比张飞还高一级。

或曰马超虽有虚职，但位高权不重，不仅没有兵权，本人也被安排在成都"养老"。但将心比心，情况如此复杂的武将，哪一位君王能放心地将兵权交予他呢？从官职安排来看，刘备已经仁至义尽，给足了马超面子。此时的刘备是一位名副其实的帝王，处理部下关系也成熟老辣，他既不想让当年吕布袭徐州的悲剧重演，也不会让自己有亏待功臣之嫌。所以面子上对这位名声在外的前诸侯必须做得足够好看。无论是对蜀汉政权，还是对马超个人，这都是最佳结局了。

◀《三国演义·反西凉》连环画封面绘图，马超追杀曹操，曹操已割须弃袍。（上海人民美术出版社 1979 年版；刘锡永绘）

马超装容
复原记

矛 —

盔缨

兜鍪·胄顶

兜鍪·额前金珰

兜鍪·护颊

大铠·盆领

大铠·环臂甲袖

小铠（裲裆加强铠）—

革带 —

六角盾

环首刀

腿裙甲 —

胫甲 —

▶ 汉末版马超形象。
（金代飞 绘）

样貌

正史中没有关于马超容貌的记载，不过《三国演义》中对他初次登场的少年形象和起兵为父报仇时的青年形象都有相对详细的描述。

只见一位少年将军，面如冠玉，眼若流星，虎体猿臂，彪腹狼腰，手执长枪，坐骑骏马，从阵中飞出。

——《三国演义》第十一回

又见马超生得面如傅粉，唇若抹朱。腰细膀宽，声雄力猛，白袍银铠，手执长枪，立马阵前。

——《三国演义》第五十八回

这样的描写，无论谁看了，脑中都能马上浮现出一个肤白貌美的英俊少年郎形象，即使以现代审美而论，仍是备受欢迎的高颜值男神，也难怪历来有"锦马超"之称。

再看历史上的马超，他生于乱世，长于军旅，武艺高强，骁勇善战，无论是作为雄踞一方的诸侯，还是作为颇识兵法、差点让曹操殒命的将领，都与《三国演义》中那位勇猛有余，但冲动无谋的猛将有不少差异。因此在绘制马超形象时，我们还是选择了成熟稳重的面容。

绘图中马超的神情颇为凝重，似有郁郁不得志之感。毕竟在历史上，骁勇的马超虽然一度威震凉州，但在征战过程中却屡遭失败，亲属也被屠戮殆尽。归附刘备之后，尽管身居高位，却不受重用，不仅再无实质性的建树，甚至忧谗畏讥，郁郁终身。因此，立足于史实的马超形象更注重表现其悲剧英雄之气质。

环臂甲袖

兜鍪与铠甲在前几章已有介绍，不再赘述。不过与其他蜀汉武将不同，我们为马超设定了他的个人特色配件——全环臂型甲袖。这种环臂甲袖由多个环形甲片叠压排列组成，将胳膊完全包裹在内。1978 年湖北省随县擂鼓墩一号战国墓出土的皮甲就带有类似的部件，该甲袖共 13 排，从袖口一直包裹至肩部，底部不封口，以便穿着时手臂能灵活运动。此外，安康市长岭南朝墓出土的部曲俑上，也能看出环臂甲袖的轮廓，可见这种甲袖虽然不是主流甲胄，但完全有可能存在于那个时代。

▶（左图）绘于公元
2 世纪的帕提亚铁甲
骑兵全身像拓片，可
以看到其胳膊和小
腿处皆为环甲。（耶
鲁大学美术馆 藏）

▶（右图）根据拓片
绘制的帕提亚铁甲
骑兵。（朗杰 绘）

东汉末年，随着北方，尤其是西北地区游牧民族进入中原，骑兵的防护装备
也开始趋于重型化。生于西北的马超，本身也不属于汉末群雄的主流，故而为他
配备这种较为冷门的甲袖，一来能体现人物个性，二来也不违背时代背景。

另一方面，马超势力地处西凉，这是极有可能与西方外来文化交融的地区，
所以他的环臂甲还融入了同时期西亚地区甲胄的元素。一幅绘于公元 2 世纪的帕
提亚铁甲骑兵像的手臂装备也是马超臂甲的重要参考。汉末三国除了战事频仍，
也是一个文化融合的时代。地理位置得天独厚的马超，有幸成了本书中唯一一位
装备同时期西亚风格铠甲的武将。

▲ 安康市长岭南朝墓
出土的部曲俑。（陕
西历史博物馆 藏）

六角盾

盾作为最古老的传统防具，秦汉时期一直被军队广泛装备。东汉是盾牌发展
的黄金时期，士兵持盾牌和刀作战的情况越来越普遍，盾牌的防护面积也越来越
大，传统的样式复杂的双弧盾逐渐让位于长方形盾牌。

此外，这个时期的盾还出现了各种带有地域特色的名称。例如刘熙在《释名》
一书中就记载了吴地的特色盾牌"吴魁"，其特点为盾面较大且平。而蜀地所产的
盾则称为"滇盾"，特点是盾面隆起。还有一种狭长的"步盾"，为步兵使用。另
一种狭而短的"孑盾"则是乘兵车或骑马使用的小盾。马超手持的长六角盾是三
国时代较为常见的一种盾形，其盾面隆起，绘有纹样，符合蜀地盾牌的特征。

传统盾的材质主要为皮革和木头。根据《太平御览》卷三百五十七《兵部·盾》记载，东汉末年，公孙瓒与袁绍交锋，因缺少粮食，只能将盾的蒙皮煮来充饥，可见当时的盾牌普遍蒙有皮革。

▲ 魏晋时期画像砖上绘制的盾牌。（高台县博物馆 藏）

矛

矛是极为古老的武器，早在石器时代就已有之。一寸长一寸强，一寸短一寸险，矛一经发明就显示出了长度优势，不仅能提高捕猎时的安全系数，也能在部落战争中轻松压制石斧、石刀等短兵器。

《诗经·秦风》中有"王于兴师，修我戈矛"之句。这个时代，青铜矛大量投入战争，矛类武器的基本形制得以奠定（完整的矛由矛头、矜、镦组成；矛头分为锋、刃、叶、脊、骹等部分）。进入两汉，随着冶铁技术的成熟，铁矛逐渐代替铜矛。普遍来说，铜制矛头矛锋较为圆钝，整体的长宽比比较小，而铁制矛头则更为锐利，更显狭长。

马超所用武器，正史并未提及。但鉴于当时关西精锐习用长矛，《三国演义》又为他安排了一杆长枪，所以持矛马超是较为合理的形象。

◀（左图）持矛汉军图。该军士身甲以呼和浩特甘家子村汉代古城遗址出土的汉铁甲为蓝本绘制。胄则以临淄王墓出土的头盔为蓝本绘制。（杨翊 绘）

◀（右图）甘肃省武威市雷台汉墓出土的东汉持矛铜骑士俑。（甘肃省博物馆 藏）

黄忠

一战功成，勇冠三军

上篇

正史资料匮乏，演义形象丰满

下篇

黄忠装容复原记

正史资料匮乏，
演义形象丰满

黄忠，字汉升，南阳人也。荆州牧刘表以为中郎将，与表从子磐共守长沙攸县。及曹公克荆州，假行裨将军，仍就故任，统属长沙守韩玄。先主南定诸郡，忠遂委质，随从入蜀。自葭萌受任，还攻刘璋，忠常先登陷陈，勇毅冠三军。益州既定，拜为讨虏将军。建安二十四年，于汉中定军山击夏侯渊。渊众甚精，忠推锋必进，劝率士卒，金鼓振天，欢声动谷，一战斩渊，渊军大败。迁征西将军。是岁，先主为汉中王，欲用忠为后将军，诸葛亮说先主曰："忠之名望，素非关、马之伦也。而今便令同列。马、张在近，亲见其功，尚可喻指；关遥闻之，恐必不悦，得无不可乎！"先主曰："吾自当解之。"遂与羽等齐位，赐爵关内侯。明年卒，追谥刚侯。

——《三国志·蜀书·黄忠传》

早年戎马生涯谜团

你可能很难相信，以上就是正史中关于黄忠的几乎全部记录。蜀汉集团的核心武将中，大概没有谁比黄忠留下的史料更为匮乏。蜀汉不置史官，导致很多重要人物的事迹没能留下来，黄忠的情况尤为严重。在《三国志·蜀书·关张马黄赵传》中，黄忠虽然排在赵云之前，但留下的资料最少，全篇还不到300字。虽然赵云本传字数也很少，好歹还有《云别传》加以补充，极大丰富了赵云的事迹。而身为四方将军之一的黄忠，整个本传连一条裴松之的注释也没有，这不仅让这位蜀汉后将军、关内侯的形象显得单薄，也给后世研究带来很大麻烦。

在国不置史的情况下，《三国志·蜀书》中有个非常明显的现象，即关于文官事迹的记录远比武将的详细。这是因为大多数文官的履历变化会在各种表、文中留下痕迹，从中可以挖掘到不少有效信息，但武将的事迹只能从战斗中得知，如

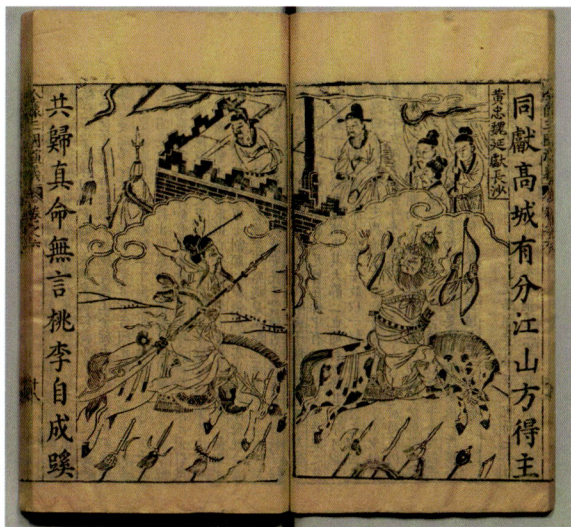

▲ 明万历十九年书林周曰校刊本《新刊校正古本大字音释三国志通俗演义》插图，表现黄忠为报关羽不杀之恩，故意射偏一箭。

果没有在第一时间留下相关记录，事后纵是一流史家，也是巧妇难为无米之炊，很难复盘。最终结果就像黄忠这样，留下大量历史空白。

比如，黄忠年轻时在干什么？这是他的第一大历史谜团。根据现有资料，唯一能确定的就是黄忠是南阳人，曾经在荆州牧刘表麾下任职，被刘表拜为相当于近现代师长的中郎将一职，与刘表侄子刘磐驻军长沙攸县（今湖南攸县）。刘表初为荆州刺史，初平三年（192年）出任荆州牧，也就是说黄忠与刘磐驻军长沙攸县的时间不会早于初平三年。典籍中找不到任何黄忠在此期间的战斗记录，而自刘表入主以来，荆襄地区也享有近二十年的和平，难道说黄忠早年就一直安安静静地做一个和平师长吗？其实还真不一定。

黄忠本传中没有记录的事迹，只能从他荆州时期跟随的刘磐身上来寻。《三国志·吴书·太史慈传》有段记载，说刘磐骁勇善战，曾数次领兵进犯艾县、安西等孙吴地界，孙策立业后，为了防止刘磐进犯，以悍将太史慈为建昌都尉，治海昏，并督诸将共拒刘磐。这样兴师动众一番后"刘磐绝迹不复为寇"。这则记载虽然没有提及黄忠，但不难推断，黄忠早年的战功应该都是跟随刘磐与东吴交战积累的，并且他可能与江东名将太史慈交过手。读过《三国演义》的人都知道黄忠是位神射手，但正史中并未对黄忠的箭术有所提及。倒是他早年的潜在对手太史慈是历史上货真价实的神箭手。不知《三国演义》的作者在塑造黄忠箭术技能时，是否从太史慈身上获得了灵感呢？

历史上黄忠加入刘备阵营的历程顺风顺水，没有过多波折。建安十三年（208年），曹操南征，荆州刘表病逝，其子刘琮举州而降，黄忠此时驻守长沙，跟随太守韩玄一同归附曹操。赤壁大战后，刘备举兵攻打荆南四郡，长沙太守韩玄直接投降，这样一来，黄忠也就成了刘备的部署。不过在《三国演义》里，夺四郡之战被写得非常精彩，其中又以关公战长沙一役最为经典。小说里，关羽与黄忠的第一次交手，双方打成平手。第二天开战，关羽打算以拖刀计阵斩黄忠，哪知黄忠马匹瘦弱，马失前蹄，跌落马下，关羽觉得如此斩杀黄忠胜之不武，于是放过黄忠。第三天，轮到黄忠施放绝技"百步穿杨"，但他念及关羽昨日不杀之情，故

意不下杀手，只射关羽盔缨。两人在一招一式中，生出英雄相惜之情。太守韩玄
因此怀疑黄忠通敌，要将其杀害，关键时刻还是魏延兵变诛杀韩玄，开城投降，
这才救下黄忠。

即便如此，黄忠还是在安葬故主韩玄后才肯追随刘备。可以说在演义中，黄
忠一出场就被塑造成一位义薄云天的老将，与关羽这场精彩的君子之战也成了各
种戏曲常引用的著名片段。可是在历史上，关羽对黄忠的态度与演义中截然不同，
黄忠归顺刘备的真实过程与演义也有强烈反差，成为《三国演义》这部名著在剧
情逻辑上一大令人费解之处。

定军斩夏侯

回到历史上的黄忠，他的情况既不同于关羽、张飞这样的老兄弟，也不同于
马超这类本身名望很大，原先为一方诸侯的大咖。能够位列四方将军之一，可以
说完全是靠战功堆上去的。从取西川到定汉中，黄忠必然立下了赫赫战功，只是
因为蜀汉不置史官这一客观原因，具体战例都没能得以流传。史书中黄忠唯一被
明确记录的战绩就是定军斩夏侯。

▲《三国演义·定军山》连环画封面，描绘了黄忠阵斩夏侯渊的场景。（上海人民出版社1979年版；朱光玉 绘）

建安二十三年（218年）七月，汉中之战已进入第二阶段，刘备集团除了诸葛亮留守成都、关羽镇守荆州之外，如法正、张飞、马超、黄忠、赵云、魏延等一批赫赫有名的谋士与武将全部跟随刘备出征，于阳平关与夏侯渊、张郃相拒。对刘备集团而言，这一战绝对算得上精锐尽出。此时也是汉中之战的重要阶段，正如诸葛亮所言"无汉中则无蜀矣"，若此役失败，不仅意味着刘备有生力量大损，而且会让曹操的汉中军事根据地更加稳固，这对成都而言无异于一把尖刀悬于头顶。

当时曹操还没有领兵亲征，留守汉中坐镇指挥的是曹魏名将——征西将军夏侯渊，其麾下还有平寇将军徐晃、荡寇将军张郃、厉锋将军曹洪等时之悍将。双方在地势险要的平阳关对峙了一年多，到建安二十四年（219年）正月，刘备率军绕开平阳关，南渡汉中，一举抢占了位于汉水南岸的军事要地定军山，打开了向汉中进军的通道。夏侯渊发现刘备军动向，立即率军前来争夺定军山。面对夏侯渊的进攻，刘备军采取以逸待劳的应对策略，让曹军疲于奔命。为了阻挡刘备军对汉中腹地突袭，夏侯渊不得不加强防御，命人在汉水南岸和定军山东侧修筑防御工事，设置了大量防止敌军偷袭的障碍物鹿角，然而正是这些鹿角最终要了夏侯渊的性命。

至关重要的一战起于一次夜袭，刘备军放火烧了南岸的鹿角防御工事。夏侯渊发现蜀兵来袭，命令张郃守东围，自己领兵守南围，形成掎角之势。这个安排本身也没什么问题，但没想到夏侯渊在巡逻时发现鹿角在燃烧，身为一军主将的他，竟然大意到亲自带着区区四百余人扑灭火势、修补鹿角。这一行动很快就被居高临下的刘备军发现，如此千载良机岂能放过，作战勇冠三军的黄忠受命率部发动突然袭击。霎时间，金鼓振天，欢声动谷，推锋必进的黄忠"一日之间，手刃百数"，曹军主将夏侯渊猝不及防，被黄忠阵斩于定军山下。夏侯渊之子夏侯荣也在混战中阵亡。此役曹军主将被杀，军心大乱，张郃只得收拾残部退守平阳关。

名将夏侯渊最终因自己一时的"匹夫之勇"枉送性命，不仅令曹操大发雷霆，亲自率军前往汉中，也直接影响了这场至关重要的战役之局势走向。定军山一役曹军大败，全军为之夺气，刘备军则军心大振，为后来汉中之战的胜利奠定了基础。历时两年的汉中之战，很多蜀汉名将都建立了战功，如张飞曾大败张郃，赵云在后期也巧布疑兵破曹军，而黄忠作为阵斩夏侯渊的主将，无论从实际战绩来看还是从影响力来看，战功都居于张飞、赵云之上。

战后黄忠因功拜为征西将军，同年刘备称汉中王，加封黄忠为后将军，赐关内侯，这些荣誉可以说实至名归。不过定军斩夏侯也是黄忠最后的高光时刻，大捷的第二年他就去世了。《三国演义》让黄忠多活了两年，将他的结局改为跟随刘备伐吴时中箭而亡。最光荣的牺牲，是英雄的宿命。大概作者也是想给这位史料极少的蜀汉名将安排一个壮烈的归宿，让他有始有终吧。

◀《三国演义》人物之黄忠骑马挽弓模型。（周渝 藏）

黄忠装容
复原记

盔缨

兜鍪·胄顶

兜鍪·额前金珰

兜鍪·护颊

大铠·盆领

大铠（筒袖铠）·甲袖

裲裆加强甲（皮甲）

圆护

臂鞲

革带

角弓（主武器）

环首刀（副武器）

弓囊

箭囊

腿裙甲

胫甲

▶ 汉末版黄忠形象。
（金代飞 绘）

样貌

《三国志·黄忠传》极简略且无裴注，黄忠战绩仅有定军斩夏侯一役，生平事迹多佚失，生年不详，更遑论对相貌的记载。《三国演义》里，黄忠登场于第五十三回。关羽在取长沙之前，孔明向他介绍说，黄忠这名老将年近六旬，但有万夫不当之勇，劝关羽不可轻敌。

《三国志·蜀书·霍王向张杨费传》中，关羽听闻蜀汉阵营中空降的黄忠位列后将军，心中大为不悦，说道："大丈夫终不与老兵同列！"当时关羽已年过半百，还将黄忠称为"老兵"，加上黄忠在受封的次年就去世了，看来他年龄确实比较大，《三国演义》的设定合情合理。考虑到黄忠留下的史料极少，其甲胄的刻画仍以史实为准，人物样貌则借鉴演义形象进行创作。

裲裆加强甲（皮甲）

黄忠是本书中唯一一位装备皮甲的武将。在先秦时代，犀牛皮、水牛皮是制作军士铠甲的主要原材料，秦始皇陵兵马俑身上所穿的铠甲，依然是以皮甲为主。进入汉代，随着冶炼技术的提升，铁甲越来越普遍。目前已出土的汉代甲胄以铁甲为主流，而且都是锻铁制成的。但需要注意的是，传统的皮甲并未退出历史舞台，它在两汉的军事史上仍占有一席之地。江苏尹湾汉墓出土的《武库永始四年兵车器集簿》记载，当时东海郡的武器储备有"甲十四万二千三百二十二、铠六万三千三百二十四"，甲即皮甲，铠为铁铠，从这个记录可知，西汉末年时汉军仍装备了大量皮甲。

皮制甲不易保存，出土数量自然不及铁铠，但也有少量汉墓有皮甲残片出土。从汉墓出土的汉代武士俑中有很多身着皮甲者，与秦兵马俑的情况类似，汉代文献中亦多处出现"革甲"一词。尽管这时皮甲失去了东周时期独领风骚的地位，可我们还是希望给它一次亮相的机会。考虑到东汉末年武器更新换代迅速，威力愈发强大，如果在这个时代单穿皮甲，基本和不穿甲没什么区别，不太符合历史逻辑。为了既能展现皮甲，又不显得突兀，我们先让黄忠身着铁铠，然后再给这位老将增添皮甲作为加强甲。至于皮甲胸前部位出现的两块金属圆护，则是这一时期新型甲胄明光铠的特征。关于明光铠的来龙去脉，我们会在曹操章节详细介绍。

▲ 古代黄忠画像，疑为明代作品，图中题识：虚老长沙六十年，晚逢真主节弥坚。横刀跃马平生事，画里英风尚凛然。己亥腊月之下浣，北谷散人题。藏印：梅亭居士、北谷晚隐。

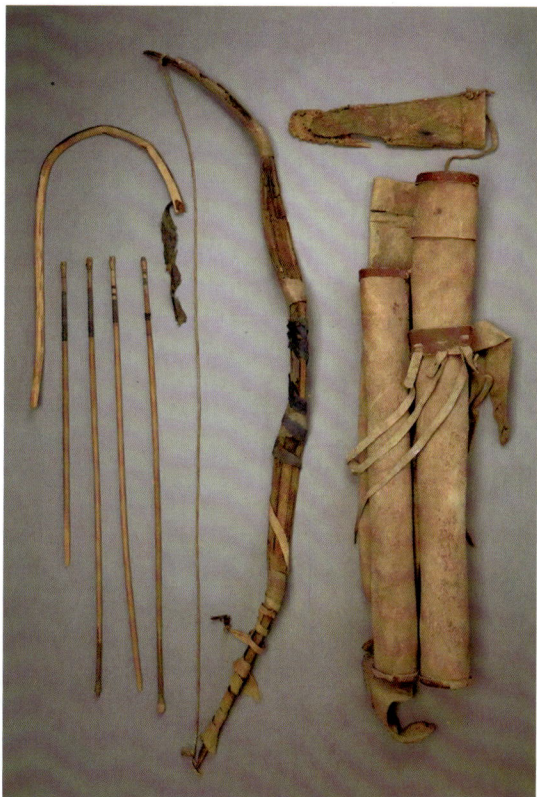

▲ 新疆塔克拉干沙漠尼雅遗址出土的汉代弓箭，包括弓袋和箭箙。和汉弩相比，出土的汉弓数量稀少。（新疆维吾尔自治区文物考古研究所 藏）

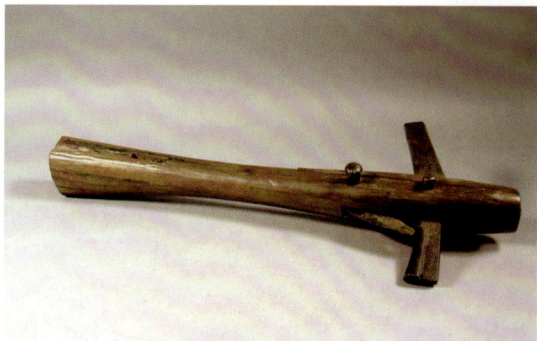

▲ 三国"黄武元年弩"，缺弩弓，木臂保存情况欠佳，后依原式进行了复制。（湖北省博物馆 藏）

角弓

历史上的黄忠虽然未必是太史慈那样的神射手，但作为一名久经沙场的老将，弓马娴熟应不在话下。

弓箭是远古时期就已问世的远程兵器。《诗经·小雅·角弓》中有"骍骍角弓"的说法，即调好角弓绷紧弓弦之意。所谓角弓，指用动物的角和竹木、鱼胶、牛筋制作而成的弓，先秦已被广泛使用。发展至汉代，人们依据骑兵、水兵、步兵等不同兵种的作战要求，制作出不同类型的弓。因此汉代的弓名也较多，诸如虎贲弓、雕弓、角端弓、路弓、强弓等。东汉刘熙在《释名·释兵》中云："弓，穹也，张之穹隆然也。其末曰箫，言箫梢也；又谓之弭，以骨为之，滑弭弭也。中央曰弣，抚也，人所抚持也。箫弣之间曰渊，渊，宛也，言曲宛也。"

汉末三国时期，除了弓这一传统远程兵器之外，军士还善于用弩。汉末时期的铜机弩出土数量较多，同一时期的史料中，弩的出现频率也很高。

例如，1972 年，湖北江陵纪南城南水门出土了一件三国时期的弩——"黄武元年弩"。全器由木弩臂和铜弩机两部分构成。弩臂全长 54 厘米，臂面最窄处 4.4 厘米，最宽处 6.6 厘米。臂平面略呈亚腰形，侧视上平下弧、两头厚中间薄。臂侧面在距前端 9.5 厘米处凿有长方形穿孔，长 4.5 厘米，宽 1 厘米。在距尾端 4 厘米处嵌入铜机郭。铜机郭全长 17.3 厘米，宽 4.1 厘米，平面呈窄长的"凸"字形。铜弩机由望山及牙、牛、悬刀、枢等部件组成，做工精巧。

另外，《三国志》《魏氏春秋》等史籍中对弩也多有记载，前文已经提及，这里就不再赘述。

捌

孙策

霸王的大陆

上篇

他为东吴留下了多少宝藏

下篇

孙策装容复原记

他为东吴留下了 多少宝藏

公元 2 世纪末，中国北方的群雄逐鹿之战进入最残酷的淘汰赛阶段。建安三年年底（199 年 2 月），曹操与吕布的战争在下邳分出胜负。曹军围城三月，决水而攻之，下邳城破，一代枭雄吕布就此殒命。与此同时，那个两年前在寿春称帝的袁术也元气大伤，准备投奔侄子袁谭，不料途中遭曹操派出的刘备、朱灵率部拦截。袁术大败，退至江亭，于建安四年（199 年）夏吐血"驾崩"。随着枭雄吕布与伪帝袁术先后败亡，曹操"挟天子以令诸侯"，势力如日中天。然而北方的战争气氛更紧张了，因为曹操将要面对最强大的敌人——袁绍。这场不可避免的决战将决定谁是新的中原之霸者。

决战前夕，曹操接到一封来自江东的密表，上表人乃原吴郡（治所在今江苏省苏州市吴中区和相城区一带）太守许贡。许贡曰："孙策骁雄，与项籍相似，宜加贵宠，召还京邑。若被诏不得还，若放于外必作世患。"意思简单明了，这名叫许贡的太守虽名义上归附孙策，却暗中密奏献帝（实际上是给曹操），提醒他江东孙策是个项羽似的枭雄，建议赶紧把他诏到许都软禁，若任由其发展，必有后患。小说《三国演义》中孙策的"小霸王"称号就源于此。这封密表的确戳中了曹操心中所虑，小霸王已东土开疆，奠定了他的霸业，下一步势必挥师北上，剑指中原。此时北方袁绍厉兵秣马，一场大战将至，身后又出此英雄，如何不令人担忧？也难怪曹操会感叹："猘儿难与争锋也。"

江都定宏图

孙策生于灵帝熹平四年（175 年），比曹操年轻整整 20 岁，无论年龄还是资历，都只能算后辈。可就是这个 20 多岁的年轻人偏偏在官渡决战前夕，成了奸雄曹操的心腹之患。为何？冰冻三尺非一日之寒。虽然汉末三国时代英雄辈出，群星闪耀，但群雄中真正配得上"英雄出少年"这五个字的人并不多，孙策是其中之一。

孙坚战死时，作为长子的孙策年仅 18 岁。虽然江东号称三代基业，但实际上孙坚至死都没控制江东一寸土地。孙策相貌英俊又骁勇善战，但寄于袁术帐下的他因非袁氏心腹，始终未受重用，甚至多次被开空头支票。兴平二年（195 年），孙策做出一个重要决定：中原群雄割据，军阀混战，不如抽身于外，率兵渡江，东土开疆。但袁术为什么会放心让孙策带兵东征呢？主要原因是当时袁术与袁绍已经兄弟反目，之后在与曹操的战争中又连吃败仗，被逐出中原，于是企图向东南发展。扬州刺史刘繇是袁绍任命的，政治上亲近袁绍势力，而孙策则归属袁术势力，让他打扬州，相当于削弱袁绍势力，扩张自己的版图。

后来有人认为袁术这一安排是"臭棋"，因为孙策打下疆土后自己割据了，并未为袁术所用。在当时，袁术未必没有考虑过孙策分家单干的可能性，但他也清楚，按照当时汉王朝"三互法"之规定（东汉桓帝时期颁布的法令，即选任地方官员时，为防止结党营私，凡婚姻之家及幽冀两州人士，不得交互为官），身为江东人的孙策不具备在江东任职的资格，即使他打下来也不能获得合法统治地位。加上当时孙策兵马很有限，而袁术还没有因为称帝事件而陷入孤立，故而放心大胆地让孙策带兵走了。

孙策踏上东征之行时不过"兵财千余，骑数十匹，宾客顾从者数百人"，但这支看起来毫不起眼的队伍，渡江后却"所向皆破，莫敢当其锋"，先破扬州刺史刘繇，后灭江东巨匪严白虎，在江东开创出属于孙氏的一片新天地。这固然与孙策有项籍之勇、战斗力强有关，更重要的是他与刘备一样，拥有一个强大的创业团队。世人皆知刘备三顾茅庐，诸葛亮为其出"隆中对"，其实十几年前，少年英雄孙策版的"三顾茅庐"故事就已上演，不过这个故事的主角是几乎被《三国演义》忽略的人物——张纮。

张纮，字子纲，徐州广陵（今江苏省扬州市广陵区）人。他至少是一位士族出身的学霸，年轻时就能进入官办太学，跟随太学博士韩宗学习《易经》《尚书》，又到外黄游学，跟濮阳闿研习《韩诗》《礼记》《左氏春秋》，学成归来后被推举为茂才。大致在光和七年（184 年）前后，张纮已声名在外。黄巾起义爆发后，何进

▼ 孙坚留下的老臣朱治为孙策谋划脱离袁术的方法。在汉末三国时代，军队已习惯性地被看作将领私产，所以孙坚死后，孙策有正当理由向袁术要求交还父亲旧部。（出自《三国演义·小霸王孙策》连环画，上海人民美术出版社 1979 年版；蒋萍、徐一鸣绘；杨超上色）

任大将军，听闻张纮是个名士便想招揽他为掾属。被特聘到三公府工作无疑是读书人的荣幸，可张纮不知是看准了何进并非明主，还是出于其他什么原因，拒绝了大将军的邀请。后来太尉朱儁、司空荀爽也先后向张纮伸出橄榄枝，高冷的张纮"皆不就"。张纮当时以文章闻名，陈寿称其"文理意正，为世令器"，名列建安七子的陈琳见其文章都自愧不如，说自己与张纮相比乃"小巫见大巫"。

董卓死后，群雄逐鹿，徐州不仅成为四战之地，还惨遭曹军屠城，张纮被迫举家迁徙，避难江东。此时孙坚已死，尚在袁术帐下的孙策正欲扯旗单干，可他毕竟太年轻，开疆拓土的大业该如何规划？他也希望像齐桓公得遇管仲那样，有高人指点和辅佐，名士张纮就是孙策的理想人选。虽然孙策骁勇似项羽，小说家又给他"小霸王"的绰号，但实际上孙郎的性格与楚霸王截然不同。《三国志》说他"美姿颜，好笑语，性阔达爱听，善于用人，是以士民见者，莫不尽心"，不仅是个阳光美男子，更是懂得如何待人、用人的少年英主。听闻张纮在江都，孙策礼贤下士，多次登门造访。张纮这座冰山一开始是拒绝的，可孙策锲而不舍，终于让他融化了。

这次江都会面是东吴开国史上值得浓墨重彩书写的一段佳话。孙策对张纮说出了自己真实想法："如今汉祚中微，天下大乱，群雄割据，没有匡扶之士。我父亲与袁氏共破董卓，壮志未酬就被黄祖所害。我孙策虽年轻，却也有点微小的志向，欲从袁术那里借兵，整合先父旧部，收合流散，东据吴会，报仇雪耻，为朝廷外藩。可如今势单力薄，该从何做起？"说到动情处，孙策"涕泣横流"，张纮为其诚心感动，真心实意地为他规划了一条江东霸业之路：第一步是夺取丹阳、吴、会稽作为大本营。第二步是统一荆州、扬州两地，成则父仇可报。第三步是占据长江天险，进一步出击诛除群秽，匡辅汉室。最后张纮对孙策说："若能成此功业，当媲美齐桓公、晋文公，岂能只图一个区区外藩？"

这场"江都对"与后来的"隆中对"何其相似，能为孙策定下这一番宏图的张纮，又岂止是一个文章写得好的书生？

▼ 孙策用父亲在洛阳获得的传国玉玺作为抵押向袁术借兵。史实中，只有《山阳公载记》有袁术"闻坚得传国玺"一则记载，孙坚是否真获得传国玉玺并无定论。（出自《三国演义·小霸王孙策》连环画，上海人民美术出版社1979年版；蒋萍、徐一鸣绘；杨超上色）

这次会面之后，孙策按照张纮的"江都对"开启开天辟地之征途：兴平二年（195 年），孙策渡江击败刘繇，继而令朱治进攻吴郡，太守许贡战败逃走；建安元年（196 年），孙策进攻会稽，王朗败溃投降，会稽平定；随后击破吴郡巨匪严白虎，一举平定三吴。小霸王所过之处，秋风扫落叶，大军势如破竹。次年，袁术称帝，孙策与之决裂，平定江东的第二阶段战斗随之展开。

策瑜双璧合

在平定江东诸役中，张纮为孙策规划的霸业路线固然重要，但要实现这一蓝图，少不了精兵良将。可是孙策渡江开辟新战场时，父亲孙坚留下的部署并非尽数跟随，相当一部分依旧留在袁术帐下效劳。所幸在这段艰苦卓绝的江东开国岁月中，孙策身边陆续聚集了一群不离不弃的追随者，他们有孙坚留下的程普、黄盖、韩当、朱治等老将，也有后来归附孙策的吕范、周泰、蒋钦等青年俊杰，事实证明，这是一个不亚于早期刘备涿郡集团（刘关张）的精英团队。同样，这个集团也有坚强的核心，刘备与关羽、张飞"恩若兄弟"，生死相随，孙策则有与他患难与共的总角之交——周瑜。

周瑜，字公瑾，出身庐江周氏。他的堂祖父周景、堂叔周忠，都官至太尉，官职最小的是他的父亲周异，但也是首都的行政长官洛阳令。孙策与周瑜同岁，二人年少时就是知己。我们知道，刘关张桃园结义的故事乃后世演义杜撰，但策瑜二人"升堂拜母"之义却于正史有载。那是在孙坚讨伐董卓之时，少年周瑜前往拜会居住在寿春的孙策，并邀请他们一家移居庐江舒县。孙策听从周瑜的意见举家搬迁至庐江，周瑜则慷慨地将路南的大宅院提供给孙家居住，同时"升堂拜母，有无通共"。直到次年孙坚战死，孙策才带家人搬离庐江。多年后，孙策提及周瑜时总说"周公瑾英俊异才，与孤有总角之好，骨肉之分"。

看过《三国演义》的读者应该会对第十五回《太史慈酣斗小霸王，孙伯符大战严白虎》中周瑜首次登场印象颇深，雄姿英发的周瑜率兵迎接渡江的孙策，两人久别重逢，诉以衷情。这倒不是演义杜撰，小说情节基本与《三国志·周瑜传》记载相符。正史中策瑜两人首次合作就是兴平二年（195 年），孙策率军入历阳（今安徽省和县西北），将要东渡长江之时，周瑜恰好前去探望身为丹阳太守的堂叔父周尚。得知孙策将要渡江，周瑜率兵迎接孙策，对这位总角之交鼎力支持。孙策与发小重逢，大喜过望，说道："吾得卿，谐也！"

孙策如此自信，除了对周瑜绝对信任，关键还在于周瑜带来一支精兵——丹阳兵（又作丹杨兵）。史载"丹杨（阳）山险，民多果劲，好武习战，高尚气力，精兵之地"。汉末群雄逐鹿时期，诸侯总是盯上丹阳郡（属扬州，辖今安徽省宣城市、池州市、铜陵市、芜湖市、马鞍山市、黄山市，江苏省南京市，浙江省杭州市、湖州市的全部或部分地区），有个重要企图就是欲得丹阳精兵。袁术评价丹阳说"此地精兵辈出而闻名"；张纮为孙

▲ 孙策与周瑜会师。这则故事基本与历史事实相符，为兴平二年（195年）之事。（出自《三国演义·小霸王孙策》连环画，上海人民美术出版社1979年版；蒋萍、徐一鸣绘；杨超上色）

策规划的霸业中，第一步也是要取得丹阳。周瑜带领丹阳兵来援，无疑给予草创时期的孙策莫大的鼓舞和底气。

就这样，弱冠之年的周瑜跟着弱冠之年的孙策踏上定鼎江东的征途，他们攻横江、当利，皆拔之。又渡击秣陵，破笮融、薛礼，转下湖孰、江乘，进入曲阿，击败刘繇。当时孙策之众已发展到数万人，他很自信地告诉周瑜，说自己兵力已足够平定三吴，周瑜可以率部回丹阳，毕竟那算是周瑜叔叔周尚的人马。此时周瑜与孙策并非君臣关系，率部助阵纯粹是因为"刷脸"换来的情义。周瑜回到丹阳不久，孙策与袁术绝交，袁术则因周瑜与孙策的关系而担心丹阳有失，派遣堂弟袁胤接替周尚为丹阳太守，令周尚、周瑜叔侄返回寿春。

这时袁术也发现了周瑜的才能，想将他收为己用，但周瑜并不想把前程草率地押在袁术身上，他自请到一个叫居巢的县去当地方官，其实很可能是看中这个地方便于渡江。"居巢长"成为周瑜人生中第一个官职。与此同时，周瑜也在仔细观察袁术，很快就发觉此人必不能成大事，想来想去还是孙策好，遂借故东归，正式渡江投奔好兄弟去了。孙策听闻周瑜归来，亲自出迎，授周瑜建威中郎将并调拨士兵2000人，战骑50匹。此时周瑜才24岁，吴郡人皆称之为周郎。

用今天眼光衡量，孙策、周瑜二人皆是很有人格魅力的绝代男神。就以颜值而论，惜字如金的陈寿也不吝笔墨记载孙策"美姿颜"、周瑜"有姿貌"。长得好看就罢了，偏偏两人还文韬武略，琴心剑胆。孙郎似火，骁勇善战，豁达而潇洒；周郎似水，精通音律，儒雅而飘逸。用珠联璧合来形容周瑜与孙策的君臣之缘再合适不过，不失为汉末的一段佳话。得到周瑜帮助的孙策顺利平定丹阳，成功收服太史慈（战况详见太史慈一章），张纮"江都对"为孙策规划的霸业第一步基本完成。

孙策开疆时期还得到了另一位名臣——张昭。张昭，字子布，徐州彭城（今江苏省徐州市）人，与张纮合称"二张"。因受《三国演义》影响，张昭的名气要比张纮大得多。张昭也是名士，少时跟随白侯子安游学，博览群书，对《春秋左传》尤为专精。后因中原动乱而避难江东，孙策听闻名士东来，礼贤下士聘请张昭，拜为长史和抚军中郎将，加以重用。征战过程中，但凡重要的事务都由张昭经手。而且张昭与张纮一样，在北方士大夫群体中也有很高的名望和良好的口碑。这二人投效孙策后，孙策"常令一人居守，一人从征讨"，同为江东集团的创业立下了汗马功劳。

▲ 三国青瓷坞堡，呈长方形，由围墙、正楼、角楼、正房、左右厢房及谷仓等部分组成。（武汉博物馆 藏）

此外，孙策陆续笼络了秦松、陈瑞等名士，还有虞翻（会稽余姚人）等江东本土望族前来投效。对比孙氏父子的朋友圈，孙坚的"圈子"是一个武夫团队，能征善战，不缺忠义之士，但确实是文化沙漠；孙策的"圈子"就大不一样了，文臣武将应有尽有，不仅有勇有谋，而且才望高雅，格调比孙坚"圈子"提高了好几个档次。这批人才也是孙策为江东集团留下的一笔宝贵财富。

沙场秋点兵

建安四年（199年），孙策已基本平定江东，实现了制霸的第一步，接下来是"荆、扬可一，仇敌可报"。仇敌自然是指荆州刘表麾下的黄祖。这一年，孙策已经巩固好根据地，准备对外扩张了。当时与江东接壤的，北面为庐江郡，西面为江夏郡，前者是袁术的势力范围，后者为荆州黄祖镇守之地。从二者与孙策的关系来说，黄祖与孙氏有不共戴天之仇；袁术冒天下之大不韪称帝，被天下诸侯共讨之，孙策也的确参加了讨袁联盟。不过这年夏天，讨袁联军尚未出发，袁术就吐血而死，这一变化也直接引发了孙策夺取庐江之役。

袁术暴毙后，其部将杨弘、张勋等人欲率部投奔孙策，结果被庐江太守刘勋拦截而全体被俘。而袁术的堂弟袁胤等人也弃守寿春，抬着袁术的棺木到皖城投奔刘勋。刘勋是袁术旧部，当时在江淮一带兵精粮足，实力不容小觑。孙策对刘勋的实力有所忌惮，但若不夺取庐江，江东就没法吸收北来势力，于是决定智取。很快，刘勋接到孙策来信，说是要与之结盟一起攻取豫章郡的上缭，同时收到了许多孙策送来的珠宝。当时在刘勋身边的刘晔就发现情况不太对劲，认为上缭城本来就不易攻取，若贸然出兵，孙策必会乘虚袭其后，刘勋也会落到"是将进屈于敌，退无所归"的窘境。

然而刘勋相信了孙策的联盟提议，大摇大摆地带兵出城前往上缭。果不其然，刘勋刚一出城，孙策和周瑜就率部奇袭庐江，一举攻破了庐江郡的治所皖城。这一战之后，孙策和周瑜还分别迎娶了当地两名国色天香的美人大桥和小桥（后被传为大乔、小乔；二桥的出身，清代有人考证说是太尉桥玄之女，影响甚广，但此说牵强附会，经不起推敲）。庐江之战，策瑜二人既成功夺取地盘，又抱得美人归，但战斗远未结束。刘勋中计后欲回师夺取庐江，结果半路中伏，精锐尽失，只好向孙策的仇敌黄祖发出求救信，黄祖则派其子黄射带兵支援。孙策得知后一鼓作气再创刘黄联军，大获全胜，曾制霸江淮一带的刘勋被打得仅剩数百人，投了曹操。

庐江之役结束后，孙策挥师直捣荆州的门户江夏，黄祖迅速向刘表求援，率领本阵及刘表援军刘虎部和韩晞部与孙策军对峙于沙羡。这一场决战黄祖军以两万人对孙策军一万七千余人，双方皆精锐尽出，是孙策一生参与的规模最大的会战。对孙策而言，这不仅是逐鹿中原的必经之战，还是告慰亡父的复仇之战。战端一开，江东上下群情激奋，战船"越渡重堑，迅疾若飞""火放上风，兵激烟下，弓弩并发，流矢雨集"。孙策亲自策马扬鞭，入阵杀敌，手中还击打军鼓为江东军助阵。江东军士愈战愈勇，周瑜、吕范、程普、韩当、孙权、黄盖等江东名将尽出。这场惊天泣鬼的战斗一直持续到第二天早晨，黄祖军再也无法抵挡孙策的凌厉攻势，最终战败溃逃。此役孙策虽未能手刃仇人，但也算给死去的父亲出了口恶气。

建安四年（199年）下半年起，北方形势日益紧张，曹操与袁绍都在为一场无法避免的决战精心部署，朝中反曹势力亦暗流涌动。此时江东孙策连战连捷，势头正旺，虽然他与曹操还是名义上的联盟关系，但在乱世中哪有永恒的朋友，老奸巨猾的曹操不由得对孙策十分担忧。同样，孙策要扩张，面前也是两条路：其一是西征，以报仇雪恨之名进入刘表势力范围，进攻荆州；其二是北伐，北上攻打由陈登据守的徐州。

▼"黄武元年"铜鍑出土于湖北鄂州一座东汉至三国时期的水井遗址当中，器身为青铜所铸，口沿两侧有对称的环形耳，分别附有一枚铁环。鼓腹平底，肩部刻有铭文，为"黄武元年作三千四百卅八枚"，腹部刻有"武昌""官"三字。（鄂州市博物馆藏）

诡谲风云中

孙策做出的选择是：我全都要！没想到的是，北伐与西征全都受挫。先说北伐路线，早在攻下皖城时，孙策就主动向陈登发难，庐江太守李术袭杀曹操任命的扬州刺史严象，继而派兵攻打徐州，结果被广陵太守陈登击败。沙羡之战后，孙策又派遣未及弱冠的弟弟孙权率军卷土重来，再次进攻陈登所在的匡琦城，结果演变成拉锯战，久攻不克。再说西征，孙策击败黄祖后，江夏郡长江以南地区被肃清，但因粮草不足，只好暂停攻势。他派遣虞翻劝降了豫章太守华歆，至此已经成功征服丹阳、会稽、吴、庐江、豫章、庐陵等六郡，整个扬州只剩下九江一郡尚未拿下。为进一步扩张，孙策整顿三军，准备攻取江夏、长沙等南三郡。万万没想到此时后院起火，严白虎余党作乱，山越人起事，江东三郡大乱，孙策不得不回师救火。这场动乱的始作俑者，正是原吴郡太守许贡。

这个许贡是朝廷官员，但此前一直与巨寇严白虎关系甚密。顺便说一下，这个严白虎一直被称为"巨匪"或"巨寇"，很可能的确是反贼出身，但孙策平江东之时，很可能已经接受东汉朝廷招安，只是作为逐鹿战争中的失败者，被胜利者永远以匪寇称之。这与张燕的"黑山军"情况类似，虽然张燕所部在灵帝末年就已接受招安，成为朝廷部队，但敌对势力一直以"黑山军"称之。

严白虎被孙策消灭后，许贡虽表示臣服，但暗中一直使坏，他一方面勾结严白虎余党活动，一方面煽动山越作乱，同时还与孙策的敌人陈登勾结，打算里应外合。另一方面，孙策与曹操虽还是盟友，双方还有联姻关系，但此时双方关系已发生质变。早在孙策与袁术绝交时，曹操就发现这个后辈不一般，一直有心防范，以汉献帝名义授予孙策虚衔时也十分小气。如今孙策平定江东，开始向北扩张，这就势必与曹操发生冲突。这一点许贡也看在眼里，他不失时机地向曹操密奏，建议以献帝名义将孙策诏到许昌软禁起来。可天下没有不透风的墙，许贡背后拆台的事很快被孙策得知，孙策的处理方式也简单粗暴，直接砍了许贡的脑袋。

尽管在与陈登的战争中连连失利，打荆州的计划又因许贡在后面放火烧粮仓而作罢，可孙策的霸业征途丝毫没受影响，此时内奸已除，一个石破天惊的计划正在酝酿之中——率部秘密远征，袭击许昌，一举将汉献帝控制在手里。既然你曹操能挟天子以令诸侯，我孙策有何不可？

曹操最担心的事终于发生了！此时已经是建安五年（200年），袁绍在北方厉兵秣马，虎视眈眈，曹操所有的部署都在对付袁绍，双方对峙于官渡，决战一触即发。若此时江东小霸王孙策"阴袭许昌"，后果必然是灾难性的。在袁绍的高压下，曹操拿孙策丝毫没有办法。一筹莫展之际，郭嘉却对曹操说，孙策刚平定江东，杀了不少当地的豪杰，很多人都对其置之死地而后快。接下来郭嘉说了很关键的一句话："而策轻而无备，虽有百万之众，无异于独行中原也。若刺客伏起，一人之敌耳。以吾观之，必死于匹夫之手。"

孙策骁勇，常冲锋陷阵，这一点张纮也曾劝诫，可惜他并未听进去。郭嘉认为孙策死敌太多，自己又喜欢单独行动，早晚死于刺客之手。不迟不早，郭嘉这话刚放出不久，孙策就遇刺了。建安五年春，孙策在丹徒山中打猎时遭到三名刺客的刺杀，虽然这三人很快被孙策和赶来的救援部队当场击毙，但其中一人放冷箭射伤了孙策面颊。据说刺杀孙策的三名刺客都是许贡门客，是为家主报仇而来。可这次刺杀的时间实在太巧了，恰好就在曹操与袁绍官渡对峙、孙策准备袭击许昌之际。此时孙策遇刺，最大的受益者无疑是曹操，而孙策遇刺的时间又刚好在郭嘉说出"神预言"后不久，不禁让人怀疑其中有更深层次的政治阴谋。

由于缺少证据性史料，刺杀孙策究竟是郭嘉神机妙算，还是曹操势力参与推动，甚至一手主导，一切不得而知。正如数千年来古今中外不计其数的疑案，真相永远埋葬在诡谲的历史风云中。

▲ 孙策发现许贡与曹操勾结，将其当场抓获。（出自《三国演义·小霸王孙策》连环画，上海人民美术出版社 1979 年版；蒋萍、徐一鸣绘；杨超 上色）

霸王的陨落

建安五年四月初四（200 年 5 月 5 日），江东基业的开创者，小霸王孙策殒命，年仅 26 岁。孙策之死，起因是被许贡门客刺杀，伤重不治，但具体细节又有三种不同说法。

《三国志》记载的是，孙策被刺杀后，伤势严重，自知不久于人世，当时张纮、周瑜皆不在身边，于是把最信任的张昭和弟弟孙权请到榻前交代后事。孙策对张昭交代："中国方乱，夫以吴、越之众，三江之固，足以观成败。公等善相吾弟！"随后他将印绶交予弟弟孙权，向他说出那段著名的遗言："举江东之众，决机于两陈之间，与天下争衡，卿不如我；举贤任能，各尽其心，以保江东，我不如卿。"

交代完后事，孙策当夜就伤重死去。而接过大权的孙权，的确也做到了"举贤任能，各尽其心，以保江东"，虽未能一统天下，但建立了三国之中国祚最长的东吴帝业。

孙策之死的第二个说法广为流传，即被鬼吓死。这个鬼是谁呢？是老神仙干吉（也作于吉）。是不是很熟悉的内容？很多人认为这是小说《三国演义》编的鬼故事，实际上还真不是。此说最早出自东晋时期的志怪故事集《搜神记》，里面说干吉受江东百姓崇拜，人气很高，孙策心生嫉妒，杀了干吉。干吉被杀，将士哀惜，共藏其尸。当天夜里更是天现异象，孙策则遭干吉鬼魂索命而死。这一说法本来就出自神话志怪小说，不足为信，但因情节离奇精彩，历来为人津津乐道，被《三国演义》采用也在情理之中。

第三种说法出自《吴历》，说孙策虽然遭遇刺杀，但伤不致死，医者给他治疗后叮嘱说，这次伤势需要调养百日，其后自然可以恢复。然而就在调养过程中，孙策偏偏忍不住去照镜子，一看发现自己的脸已经被毁容。他痛不欲生，撕心裂肺大吼："面如此，尚可复建功立事乎？"说罢推开茶几，仰天长啸，竟至创口崩裂，血流不止，当场去世。很多人看来，这种"死要面子"的死法有些滑稽，但发生在"美姿颜"的孙郎身上其实也不意外。要知道，东汉也是个看脸的时代，对一个高颜值男神而言，毁容无异于天塌地陷。

▼ 孙策遇刺。（出自《三国演义·小霸王孙策》连环画，上海人民美术出版社 1979 年版；蒋萍、徐一鸣 绘；杨超 上色）

随着江东霸王陨落，曹操心中最大的担忧消除了，接下来他可以全身心投入到与袁绍的官渡决战中。孙策是汉末的天空中一颗耀眼的流星，他年少有为，驰骋沙场，为江东开疆拓土，创下基业。同时，他礼贤下士，招纳贤能，也为日后孙权时期的江东政权储备了一大批文臣武将。临终之前，孙策对孙权的嘱托更是颇具远见，为江东集团定下了"守成"这一基本路线。不久的将来，北方的确出现了新的霸主，而以江东现有的资源和军事力量，根本不足以扩张称雄，"守成自保"的确是明智之举。多年以后，弟弟孙权不负所托，终于在这片霸王开创的大陆之上加冕为帝，其父孙坚被追谥武烈皇帝，但江东基业真正的奠基人孙策却只追谥为长沙桓王，终与帝号无缘。当然，这又是另一段吴宫恩怨了。

孙策装容
复原记

盔缨

兜鍪·胄顶

兜鍪·护颊

皮盾

大铠·披膊

环锁铠

臂鞲

胫甲

兜鍪·额前金珰

大铠·盆领

小铠（裲裆加强铠）

小铠·圆护

长矛

革带

环首刀

腿裙甲

◀ 汉末版孙策形象。
（金代飞 绘）

样貌

> 策为人，美姿颜，好笑语，性阔达听受，善于用人，是以士民见者，莫不尽心，乐为致死。
>
> ——《三国志·吴书·孙策传》

> 策既被创，医言可治，当好自将护，百日勿动。策引镜自照，谓左右曰："面如此，尚可复建功立事乎？"椎几大奋，创皆分裂，其夜卒。
>
> ——《吴历》

相比蜀汉阵营的众多英雄，江东政权的实际开拓者在《三国演义》中并没有太多出场机会，小说甚至没有对其外貌进行描述，他的形象自然也不可能像蜀汉五虎将那般深入人心。

不过惜字如金的陈寿却在《三国志》中用了"美姿颜"三个字来形容孙策的容貌。其实得《三国志》专门描述相貌者并不多，而且"容貌甚伟""资貌甚伟""形貌奇伟"这几个形容词反复地用。到了孙策这里忽然出现的"美姿颜"，着实清新脱俗，玉树临风美孙郎之形象跃然纸上。

不过也有人对这三个字另有解读，他们认为"美"是动词，应解释为孙策很爱美。如果是这样，事情就发生了本质性变化。前者是妥妥的美男，后者则是爱美，但本身不一定颜值很高。其实这种解释多少有点"酸葡萄"了，毕竟史籍中得此类形容的不止孙策一人，如《三国志·卫觊传》注引《潘岳别传》云："岳美姿容，夙以才颖发名。"这里的"岳"即潘岳，以美貌闻名的潘安，能说他仅仅是爱美吗？显然不能。《后汉书》写公孙瓒"为人美姿貌，大音声"，这里的"美"显然也作形容词，指颜值高，如果作动词，"大声音"就解释不通了。

此外，持爱美论者常以裴松之注引的《吴历》记载孙策因发现自己毁容而愤恨至死为例。这则记载未必可信，即便是真的，也不能证明"美姿颜"之意仅仅是爱美。何况自身颜值高和爱美本身就是不矛盾的，大可不必因此质疑孙郎之颜值。

不过，另一方面，孙策毕竟是骁勇无比的少年英雄，江东基业开创者，如果将其塑造成贾宝玉似的美男，显然不合适。所以综合考虑后，还是将孙策设定为阳刚型帅哥。

分体铠

本书按照阵营分别设置了不同铠甲，以便有所区分。蜀汉阵营的大铠（主铠甲）为筒袖铠，孙吴阵营的大铠则设定为分体甲。从出土的西汉刘胜甲与两套齐王甲基本可以确定，形态较为完整的汉代铁甲由身甲、钎（披膊）、锻铔（盆领）组成，甲身下有一段垂缘。东汉时期开始出现保护腿部的髀裈，到汉末三国时期演变为腿裙甲，成为一套完整甲胄的组成部分。

汉代铠甲的革新除了材质由皮变铁外，也包括甲片小型化。所谓"甲不坚密，与祖裼同"，这是汉初名臣晁错早就认识到的一个原则性问题。甲片小型化对铠甲的重要作用有二：首先，能有效减少单甲片的受力面积，提升甲胄的抗打击力；其次，铠甲上身后会更加柔软灵活，使军士在战场上更敏捷。从战国到三国的数百年间，甲片小型化的趋势非常明显。而且甲片形状也越发多样，方形、菱形、鱼鳞形、精细鱼鳞形甲片纷纷出现。鉴于东汉末年已是小型甲片较为成熟的时期，所以包括孙策在内，本书中几乎所有武将铠甲之甲片都显得细而密，不再是先秦到汉初那种大甲片。

▲ 陕西省西安市南郊少陵原出土的东晋十六国时期武士俑，甲胄形制与汉末时期壁画中的武士类似。（西安博物院藏）

▼ 欧洲锁子甲（15世纪德国纽伦堡制造），三国时期锁子甲只见其名，不见其形，不知是否与欧洲锁子甲有异曲同工之妙。（大都会艺术博物馆藏）

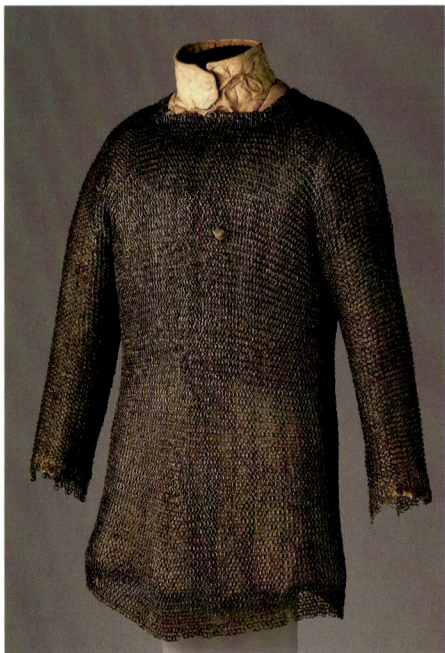

环锁铠

汉末三国到两晋南北朝这几百年的乱世，也是中国历史上武备大融合的时期。此前的身甲以札甲为主，没有受到外来形制的影响。但自这个时期开始，外来元素开始融入，最典型的当属环锁铠，也就是我们常说的锁子甲。

史书中对战场上的环锁铠具体形态的记载最早出现于晋代。据《晋书》载，东晋十六国时期，前秦名将吕光进攻龟兹国，而龟兹求救于西域的狯胡国。这个狯胡国的军队"便弓马，善矛稍，铠如连锁，射不可入"。锁子甲传入的最直接的途径是战争。前秦君王苻坚派遣大将吕光征伐西域，大获全胜。吕光在与西域军队的作战中缴获了大量战利品，其中就包括锁子甲。随后，中原地区也逐渐掌握了锁子甲的制造技术，让这一新式铠甲在中国开枝散叶。

还有一种观点认为，生活在汉末三国时期的曹植在《上铠表》里提到的"赤炼铠"实际上就是环锁铠，相当于将锁子甲

的传入时间推前了一百多年。考虑到三国时期曹魏曾设戊己校尉于高昌、置西域长史于楼兰，那么在稍早一些的汉末，有西域地区的铠甲流入也合情合理。

环锁铠的基本形制是用细小的金属扣环互相套扣，通常每一环与四环相扣，层层叠加，形同连锁。这种甲有两大特征：一是密度高，足够坚固；二是柔韧性非常好，如同武侠小说中刀枪不入的软猬甲，可以像衣服一样穿在身上，外面再套上衣袍，不易暴露。考虑到成本较高，环锁铠即便在汉末三国时期少量传入，也不太可能大规模装备，可能只有身份较为尊贵的人物才能拥有。它虽然不是主流铠甲，但生命力很强，直到清代依然能见到身穿锁子甲的武将。

考虑到锁子甲传入中国的时间尚存争议，故而绘制孙策形象时也采用了较为保守的设定，我们既让它出现在孙策的身上，又只露出冰山一角。正如史籍记载中迷雾重重一样，应该让它保留一份神秘感。

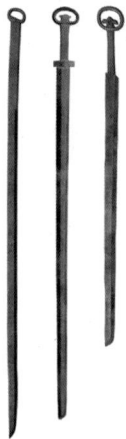

▲ 汉代三种环首刀的建模复原图。（王涛 建模）

▼ 1987 年，鄂钢综合原料场一号墓出土的东吴环首刀。（王涛 建模）

环首刀

> 刀，到也，以斩伐到其所乃击之。其末曰锋，言若蜂刺之毒利也。其本曰环，形似环也。其室曰削，削，峭也。其形峭杀，裹刀体也。室口之饰曰琫，琫，捧也，捧束口也。下末之饰曰琕，琕，卑也，在下之言也。短刀曰拍髀，带时拍髀旁也。又曰露拍，言露见也。
>
> ——《释名·释兵》

环首刀是中国钢铁时代初期，最具标志性的轻型兵器。其特征为刀体与刀柄贯通一体，通常无刀格，刀刃或为直刃，或为微下弧刃。刀柄首端有一扁环作系带之用，故而得名。这种直刃长刀兼具劈砍、穿刺等功能，是两汉最具代表性的武器。三国时期，环首刀早已普及并大量装备，军士几乎人手一把。将领之佩刀，更有玉器、鎏金等装饰，是为精品环首刀。正因如此，本书中绝大多数人物，都以环首刀为佩刀。

湖北省鄂州市博物馆中藏有一把 1987 年出土的三国时期东吴环首刀，整把刀竟有 146 厘米长，是目前已知的环首刀里最长的一把。环首刀几乎是三国武将的"标配"，不过为了向这把产于吴地的环首"长刀老祖"致敬，特意将对环首刀的介绍放在了孙策一章。

随感
策瑜之憾：两个时代的各自辉煌

落笔于伯符陨落之际，不禁百感交集。少年时代的种种回忆涌上心头。那是还在混迹于贴吧的时代，曾经看过许多策、瑜配对的美图，也听过不少瑜、策同人歌曲，看过他们的同人脑洞文。想起一群早已失去联系，消失于人海的小伙伴。遂写此随笔，纪念那段沉迷三国的美好时光。

——题记

说个短而虐的"鬼故事"：建安十五年（210年），曾主导赤壁之战，挽江东于危难的东吴水军统帅周瑜在36岁时英年早逝。他的魂魄来到地府，苦寻挚友孙策的亡魂而无果，于是来到奈何桥边询问孟婆："伯符可曾于此转生？"孟婆答："两年前，他已化作一阵东风。"

那阵东风拯救了谁？成就了谁？不言而喻。

◀ 光荣《三国志12》中的孙策与周瑜。（长野刚 设计）

　　孙策去世时年仅 26 岁，其时正值决定北方命运的决战打响之际，但英年早逝的江东小霸王却从此消失在历史长河之中。多少人读史至此，难免掩卷唏嘘。从这个节点开始，北方的曹操解除了许昌被孙氏偷袭的后顾之忧，可以全力投入与袁绍的决战；而江东也因被迫易主，内部动荡，短时间内不可能再发动大规模进攻——打不过长江，拿不下荆襄，只能孤守一方。更令人意难平的是，从建安五年（200 年）起，耀眼的新星孙策缺席了东吴政权此后数十年里的每一次成功与失败，也永远失去了和周瑜并肩作战的机会，尽管此后周瑜继续为东吴尽忠竭力，直至身死。

　　从建安五年孙策遇刺到建安十三年（208 年）赤壁之战这八年时间里，周瑜推动了江东集团意识形态之转变——从九合诸侯的桓文霸业到一统天下的秦皇帝业，他用近十年时间为江东集团绘制出一幅帝业蓝图！赤壁一役中，周瑜主导的江东水师在刘备盟军的配合下，成功击败强大的曹操集团。然而，就在这场巅峰之役两年后，刚规划出征服益州、北击襄阳蓝图的周瑜就忽然病逝，时年 36 岁。

　　后人对周瑜的评价，除了赞美其英姿勃发、雄才大略，更多的是对壮志未酬的遗恨。即便是站在汉室立场，将周瑜、鲁肃等人斥之为小人的东晋史学家习凿齿，也承认"周瑜奇孙策于总角，定人好恶于一面，摧魏氏百胜之锋，开孙氏偏王之业，威震天下，名驰四海"。

　　至于那个虐心的"鬼故事"，是当下的创作者们以历史为蓝本进行再创作，演绎出更多的可能性。在这个时代，三国题材的游戏是对汉末群英形象进行再塑造的一大主力军。从 20 世纪 80 年代到 21 世纪初，角色扮演类三国游戏中不仅有《吞食天地》等以刘备、诸葛亮为主角的主流视角作品，还相继出现了《三国赵云传》《曹操传》《三国英豪》（曹魏武将视角）等以其他人物为主角的作品，从不同角度阐述了三国故事。当然，在塑造汉末三国人物方面贡献最大的，当属光荣《三国志》系列、南梦宫《三国志》系列、奥汀《三国群英传》系列等战略类游戏。无数"80 后""90 后"，也正是通过这些游戏才对汉末三国时代的文臣武将如数家珍的。正是这种影响力保持了大众对三国历史持久不退的热

香囶

江東孫郎

清光绪庚寅冬月
广百宋斋校印《图
像三国志》中的孙
策绣像。

清光绪庚寅冬月
广百宋斋校印《图
像三国志》中的周
瑜绣像。

鼎峙三分定功成一炬
中君臣同骨肉兒女自
英雄 青城仙侶

情。周瑜、孙策这类传统三国故事中的配角，也借助游戏这一载体，获得了形象被重新认知、故事被广泛传播的机会。

一部汉末三国史，古往今来给人们留下多少意难平。民国时期，失意文人周大荒忧愤于蜀汉之亡，要"为一干英雄，代造完成一统时局"，奋笔疾书，写成《反三国演义》一书，让蜀汉英雄攻破魏国首都许昌，完成统一大业。同时，又想起童年时代让我无数次魂牵梦绕的红白机游戏《吞食天地》，最后几章同样完全颠覆了历史——孔明带领蜀汉英雄在洛阳与司马懿展开决战，取胜后，主公刘备莅临洛阳，关羽、张飞立于两侧，蜀汉在祥和的通关背景音乐中完成统一，开创盛世。另一款让我印象深刻的游戏是《三国志英杰传》，游戏有多个结局，正常情况下，打出的是刘备病逝白帝城的悲剧结局，但如果在麦城一战能发挥技术让关羽成功突围，则会改变后来的走向，最终结局是刘备成功击败曹操，辅佐汉献帝复位，实现了桃园之誓的刘关张立于庙堂之上，其乐融融。当年为了圆这个梦，无数个日日夜夜，我绞尽脑汁都在想办法让关羽在麦城一役中活下来。

再说回孙策、周瑜之憾。当代审视汉末三国故事的视角更多元化，而策瑜这对江东美少年显然更符合当代审美，很容易成为许多人心中的白月光。使人意难平的是，策瑜的故事有一个美好的开端却没有理想中的结局，可称汉末三国历史中最大的遗憾。所以在当代的诸多小说、漫画和游戏中，孙策、周瑜开始成为主角，出双入对。例如人气颇高的《真·三国无双》系列就设定有策、瑜故事线；光荣《三国志》系列也产出了不少精美的策瑜美图，流传甚广。虽然孙策的高光时刻是开拓江东，周瑜的巅峰之作是火烧赤壁，前后相隔十几年，但这不妨碍很多创作者天马行空的想象，他们用各种原创故事将策瑜强行绑定在一起——如果孙策没有陨落，他是否会与周瑜一同发动一场许昌奇袭战？后院起火的曹操还能全面击败袁绍吗？这些幻想催生了无数同人作品。

的确，同人作品中的故事有悖于史实，但那些充满浪漫色彩的文字，抚慰了多少人在少年时代读史掩卷后的黯然神伤。这大概也记录了我们这一代人对三国英雄特有的爱与执念吧。

玖

太史慈

江东流星闪耀时

上篇

信义笃烈，有古人之风

下篇

太史慈装容复原记

信义笃烈，有古人之风

论及东吴政权的名将，太史慈必定榜上有名。不过在《三国志》作者陈寿所列的十二位"江表之虎臣"（即"江东十二虎臣"）中却找不到太史慈之名。难道是正史中太史慈分量不够，后来《三国演义》夸大了他的能力吗？当然不是，实际上在《三国志》中，太史慈传位列全书第四十九卷，《吴书》第四卷，其排位不仅在十二虎臣之前，甚至比周瑜、鲁肃、吕蒙、陆逊这四大都督还要靠前。太史慈与刘繇、士燮合列一传，即《刘繇太史慈士燮传》，仅位于《三嗣主传》（传主是孙亮、孙休、孙皓三位吴国继位皇帝）之后。刘繇是扬州刺史，孙策开疆时期的主要对手之一，士燮也是割据交州一带的军阀，为何太史慈与他们二人同列一传？陈寿如此安排，自有深意。

文武双全神箭手

太史慈以武将形象闻名，但很少有人知道他早年是一名文职人员。

太史慈，字子义，东莱黄县（今山东龙口东黄城集）人。虽然史书中没有记载太史慈的家世，但从其家庭与当时名士的交集以及他后来的表现来看，太史慈至少出身于诗礼之家。成年后的太史慈在家乡东莱郡当奏曹史，做的都是文职工作。即便从事如此平淡普通的工作，太史慈还是干出了一件震惊当地官府的事。

太史慈 21 岁那年，他的上司东莱太守遇到一件非常棘手的事。起因是这名太守与青州的长官发生矛盾，两人公说公有理，婆说婆有理，一时是非难分，只好写奏章向朝廷上报，由朝廷裁决。在信息不发达的时代，这种叙事角度不同的奏章非常重要，一般谁的奏章先到，朝廷就可能就会更偏向谁。当时青州的官僚已先一步派人发出奏章，东莱太守非常焦急，于是请来太史慈前去追赶青州送奏章的吏卒。

▲ 三国时期（魏）驿使画像砖。出土于嘉峪关新城魏晋墓葬群。驿使手持的棨传，是通过关卡、驿站时的信物。（甘肃省博物馆 藏）

太史慈昼夜兼程，终于在吏卒的奏章送上之前赶到洛阳，但要让对方拿出奏章却不容易，于是他心生一计，直接提前到公门处候着那名吏卒，等那人一来便劈头盖脸问道："君欲通章耶？"这先发制人的一招让对方误以为太史慈是公家人，于是将奏章相关信息全盘托出。太史慈见对方中计，又借口说要看看奏章署名是否有误，成功将奏章骗到手，然后以迅雷不及掩耳之势用利器将其毁掉。事情进行至此，还不能说处理妥善，毕竟运用如此粗暴的手段毁掉奏章，如果事情闹大，不仅对太守不利，太史慈本人也要吃官司。所以太史慈接着发动"后招"，他对吏卒说，愿意与他一起逃亡，因为自己只是前来看看奏章是否上报，结果一不小心毁掉了奏章，不好回去交差。而吏卒因为没有完成使命，也不好交差，两人现在是一根绳子上的蚂蚱。这套话术竟然成功说服了吏卒，奏章之事他也不管了，与太史慈结伴逃亡。可逃到半路，太史慈又偷偷潜回京都，将奏章上报，顺利完成任务。通过这件事能看出太史慈在年轻时就颇有胆识与智谋。后来事情在当地传开了，太史慈无疑得罪了青州的官僚，母亲担心他被报复，只得让其前往辽东避风头。

奏章事件虽然给太史慈带来了麻烦，但也让他在当地声名鹊起，连当时在青州担任北海国相的孔融也注意到了这个颇有潜力的年轻人，多次派人前来慰问太史慈的母亲。这段特殊的缘分也为太史慈的下一个高光时刻奠定了基础。

光和七年（184 年），张角领导的黄巾起义被镇压后，黄巾军并未退出历史舞台，其后大大小小的黄巾军暴动此起彼伏，而青州就是黄巾军暴动的重灾区。初平三年（192 年）前后，黄巾军将领管亥率军攻打孔融。孔融是当时的一流名士，才华横溢，名声也很大，但论领兵打仗却一塌糊涂，很快就被黄巾军包围，危在旦夕。这时恰逢太史慈从辽东回家探亲，他的母亲便将此前孔融对家里的照顾告诉了太史慈，希望儿子能够知恩图报，帮助孔融脱险。有其母必有其子，太史慈也义不容辞地去见了孔融。

孔融不善兵事，主动出兵与管亥作战断无可能，他坚守了几天几夜也不见援军来救，于是想到了正在担任平原国相的刘备，希望太史慈能替他向刘备求援。相比上一次去洛阳追截奏章，这次任务要凶险许多，要去平原求援，首先得突破黄巾军的重重包围，不仅需要敏捷度，对武力值也有极高的要求。太史慈以弓马娴熟、箭法精准而闻名，这次突围求援就是其弓箭之术的首次表现。提及汉末三国时期的神射手，人们很容易想到黄忠。遗憾的是，黄忠箭术高超的形象主要是《三国演义》塑造的，正史中并没有关于这一绝活的记录。而太史慈箭术超群却有据可查，《三国志》明明白白记载了他猿臂善射，弦不虚发。

▲ 东汉铜轺车，甘肃省武威市雷台汉墓出土。（甘肃省博物馆藏）

辞别孔融后，太史慈等到天明，带上箭囊，摄弓上马，引着两骑跟随身后，各撑一个箭靶，直出城门。当时外围的黄巾军见他出现十分惊骇，立刻提高警惕。但太史慈只是在城下壕沟里插好箭靶，假装外出习射，射完箭便返回城内。如此反复几天，待围城黄巾军放松警惕，太史慈忽然快马加鞭直接向城外疾驰。等到黄巾军反应过来，太史慈已突出包围圈。黄巾军大呼上当，急忙追赶，他挽弓搭箭，回身便射，追兵数人皆应弦而倒，其余人也不敢再去追赶。

这段事迹在罗贯中创作《三国演义》时被引用到小说中，而且还做了夸张处理。明代嘉靖壬午本《三国志通俗演义》说太史慈在城外射死数百人，又以铁枪杀死数人而突围。但毛宗岗父子修订的《三国演义》（今天的通行本）中，不知是何缘故，太史慈箭射黄巾军的剧情被删得干干净净，只保留了以铁枪杀数人而突围的内容。或许是担心前期过于突出太史慈的箭术，会抢了后面登场的五虎将之一黄忠"百步穿杨"之风头吧。

正史中罕见的单挑

突出重围的太史慈成功抵达平原，但要游说别人出兵帮助并不容易。接下来太史慈再次熟练运用了外交话术，他以自己为例说："慈，东莱之鄙人也，与孔北海亲非骨肉，比非乡党，特以名志相好，有分灾共患之义。今管亥暴乱，北海被围，孤穷无援，危在旦夕。以君有仁义之名，能救人之急。故北海区区，延颈恃仰，使慈冒白刃，突重围，从万死之中自托于君，惟君所以存之。"

▲ 清初刊本《三国志绣像》插图"孙策大战太史慈"。

太史慈的意思很明确，连自己这么一个与孔融非亲非故的"东莱鄙人"都义不容辞，一向以仁义闻名的刘备又岂能坐视不理。刘备倒也不负孔融的期待，不仅不嫌麻烦，反而高兴地说："孔北海知世间有刘备邪！"于是遣精兵三千人跟随太史慈前去增援。黄巾军见援军到来，撤围散走。孔融获救后对太史慈非常感激，对这位年轻的后辈说："卿吾之少友也。"

兴平二年（195 年），从辽东回来的太史慈因为没有和同郡的扬州刺史刘繇见上面，于是南下渡江到曲阿去见刘繇。刘繇是汉室宗亲，一年前刚被袁绍任命为扬州刺史。太史慈与刘繇应该早就相识，这也能推测出太史慈不会是平民家庭出身。不过太史慈似乎很容易"中奖"，这次也不例外，他刚与刘繇见面，就赶上孙策渡江南下进犯，对刘繇开战。值此用人之际，有人建议刘繇任命太史慈为统帅，让他率领兵马与孙策作战，但刘繇终究因为自己的见识问题，没有对太史慈委以重任，只给了他一个负责侦察敌情的职务。但就是在这场战役中，出现了一场翻遍《三国志》都极为罕见的单挑战斗。

太史慈带领少量侦察兵侦察敌情，在神亭这个地方与敌方主将孙策撞个正着。无独有偶，当时孙策应该也正在侦察，只带了三十余人，但都是韩当、黄盖、宋谦这样的勇将。狭路相逢勇者胜，太史慈向孙策发起挑战，颇有项羽之勇的孙策也来了兴致，两人直接开打。这是正史中屈指可数的一场主将对主将的单挑战。看《三国演义》长大的我们难免会有一个固有印象，总觉得汉末时代武将们一对一单挑是司空见惯的现象——阵前两名大将单挑，他们决斗的胜负往往标志着战斗的结局，士兵更像啦啦队式的旁观者。在演义的世界中，将领之间的决斗充满了艺术色彩，往往大战三百回合不分胜负，然后相约次日再战。这样的虚构情节无疑给三国时代的骑兵战争蒙上了迷雾。

孙策与太史慈的神亭之战更像是演义世界中的单挑，但它又的的确确出现于正史记载中。这场战斗十分精彩，两人打得难解难分，孙策刺伤太史慈的坐骑，一把将他背在身上的手戟夺去，太史慈也眼疾手快，直接抢了孙策头上的兜鍪（头盔），二人战至两家兵骑赶来才各自回营。这场战斗大概也让两人生出英雄相惜之感，手戟和兜鍪算是互相交换的"定情信物"，为日后一段君臣佳话埋下伏笔。

不久后，孙策因得到周瑜相助，以能征善战的丹阳兵击败了刘繇，巩固了江东孙氏的根据地。但三年后，已是江东一霸的孙策需要解决的，正是丹阳问题。时任丹阳太守袁胤当然不是孙策的对手，孙策不肖亲自出马，仅派遣部属徐琨就轻易将他赶走。恰好此时吴景脱离袁术来投奔，孙策便任命其为丹阳太守，至此宣城以东一带已定，但泾县以西有六县尚未臣服。问题就出在这里，泾县竟然也冒出了一个丹阳太守，而且还是老熟人——昔日刘繇部属、曾与自己战得难解难分的太史慈。当年太史慈与孙策有过一场酣畅淋漓的战斗。刘繇败亡后，太史慈遁入山中，召集旧部并自封丹阳太守。也就是说太史慈也曾领导过一股独立的割据势力，这应该是《三国志》中他与刘繇、士燮合传的主要原因。

一听是老对手，孙策无比兴奋，立即亲自率兵前往征讨。这次孙策军以压倒性优势击败并生擒了太史慈。得知太史慈被俘的消息后，孙策赶来亲自为他松绑，并与他叙旧。孙策问太史慈，如果当初那一战，自己成了俘虏，太史慈会如何对他。太史慈道："那可说不清。"孙策哈哈大笑，一笑泯恩仇，而后诚挚邀请太史慈加入自己的阵营，拜其为折冲中郎将。收服太史慈后，张纮"江都对"为孙策规划的霸业第一步基本完成。

英雄抱憾而终

孙策与太史慈不仅化敌为友，还生出一段佳话。

刘繇败亡后，诸多旧部散落四处，太史慈也是其旧部之一，前去招纳自然是最合适的。不过太史慈刚归附孙策，江东官兵们都对其忠诚持怀疑态度。然而，孙策毫不担心地说："子义舍我，当复其谁。"果不其然，两个月后太史慈顺利招安旧部，如期归来。

这个故事在《三国演义》中也有表现，只是孙策的台词被改成了"子义乃信义之士，必不背我"。虽然都是相信太史慈会归来，但重点截然不同，演义着重表现太史慈的信义，而正史中我们看到的却是一个少年英主的自信，这正是英雄的魅力所在。当然，太史慈的确也称得上忠肝义胆，毕竟群雄中曹操、袁绍势力都比孙策大得多，曹操还给太史慈寄过一个包裹，里面是一味中药——当归。但太

史慈并未北上投曹，终其一生都在江东孙氏兄弟麾下效力。

不久之后，太史慈跟随孙策讨伐麻保贼时再一次展现了高超的箭术，当时麻保贼居高临下，太史慈搭弓仰射，一箭精准射中高楼上敌人的手背。这一箭贯穿手掌，将其牢牢钉在高楼的栋桴之上。值得一提的是，孙策因海昏一带时常遭到刘表侄子刘磐的进犯，拜太史慈为建昌都尉，治海昏，并督诸将对抗刘磐，而此时黄忠就在刘磐麾下任职。这两名武将一位是正史上的神箭手，一位是演义中的神箭手，或许还真交过手。太史慈与黄忠这两位英雄谁更厉害不好说，但后来的结果是太史慈成功驱逐了刘磐，成为胜利的一方。

孙策遇刺身亡后，孙权因太史慈驱逐刘磐的战功，继续将南方地区的防御委托于他。遗憾的是，太史慈的生命也走到了尽头。建安十一年（206年），太史慈去世，时年41岁，死因大概率是染病。在裴松之注引的《吴书》中还记载了太史慈临死前的悲鸣："丈夫生世，当带七尺之剑，以升天子之阶。今所志未从，奈何而死乎！"

太史慈如同流星一般，在江东的天空一闪而过。他有勇有谋，文武双全，《三国志》作者陈寿也盛赞其"信义笃烈，有古人之风"。奈何天不假年，将星陨落，甚至没能参与两年后决定江东政权命运的赤壁之战。大抵也是出于对太史慈临终之憾的同情，罗贯中在创作《三国演义》时，将太史慈的寿命延长了九年，让他先在赤壁大战前夕的群英会上为周瑜担任监酒官，又在赤壁大战中负责阻击合肥方向的曹军援兵，最后在合肥之战中与名将张辽展开对决，身中数箭，重伤而亡。虽然结局比较惨烈，但对太史慈这样的英雄而言，战死沙场总好过因病早夭，死于合肥之战也算罗贯中替太史慈完成了一部分心愿。

太史慈装容复原记

盔缨

兜鍪·胄顶

兜鍪·额前金珰

兜鍪·护颊

手戟（副武器）

大铠·盆领

小铠（裲裆加强铠）

大铠·披膊

角弓（主武器）

臂鞲

革带

箭囊

弓囊

腿裙甲

胫甲

◀ 汉末版太史慈形象。（金代飞 绘）

样貌

慈长七尺七寸，美须髯，猿臂善射，弦不虚发。

——《三国志·吴书·太史慈传》

《三国志》里的这段记载，是有关太史慈外貌的唯一信息。与孙策情况一样，太史慈在《三国演义》中登场机会不多，但令人印象深刻。刘备北海救孔融之役太史慈首次出现，明代嘉靖壬午版《三国志通俗演义》对这位青年将领的外貌专门做了描述，但基本沿用《三国志》记载的"身长七尺七寸，美须髯"。到毛宗岗父子修订的《三国演义》里，这唯——处外貌描写连同太史慈善射的内容一起被删除了，这就导致太史慈的存在感被大为削弱。

不过毕竟还有正史的记载，首先我们能确定太史慈个头也算比较高，而且和关羽一样是位美髯公。所以太史慈即使不像关羽那样长髯飘逸，也一定有漂亮的胡子。至于太史慈的性格特征，除了骁勇之外就是信义了。此外，历史上的太史慈最早是文职出身，而且有勇有谋，故而又不宜过于粗犷。这就需要有一张相貌堂堂的忠臣脸。

裲裆加强铠

太史慈内穿带披膊的分体甲，外套流行于汉末三国到两晋南北朝时期的裲裆铠。包括太史慈在内，书中绝大多数武将都装备了裲裆铠。在身穿两层铠甲的前提下，裲裆铠作为加强铠使用。由于武将主铠部分已带有腿裙甲，裲裆铠中的腿裙部分就失去了意义，故而只表现"其一当胸，其一当背"的躯干防护功能。至于带有围裙的裲裆铠完整形制，会在周瑜一章详解。

手戟：三国常见杀器

戟在先秦时期已被广泛用于战场，长戟的来龙去脉会在后面五子良将一章讲述，这里主要讲手戟在汉末三国时代的征战故事。

先说说咱们这章的主角太史慈吧。绘图中太史慈手持角弓，腰挎箭囊。作为一个正史认证的神射手，汉末三国大概没有谁比他更适合装备这百步穿杨的远程

▲ 三国时期武士俑，1999 年湖北省赤壁市赤壁镇出土。由于风化严重，已看不出细节，但大致能看出该俑的铠甲上带有盆领装置。（吴中博物馆藏）

武器了。那么他背上的两支短戟又是怎么回事呢？这一设定同样源于《三国志》的记载。征伐刘繇时，孙策在神亭与太史慈进行了一场正史中罕见的单挑战，双方势均力敌，最后孙策"揽得慈项上手戟"，太史慈"亦得策兜鍪"。这里明确提到了太史慈的另一件武器——手戟。

手戟是一种"异形戟"，最早可能出现于战国，但到了东汉才频繁见于史料记载。《释名·释兵》载："手戟，手所持摘之戟也。"这里的"摘"即投掷之意。在汉末三国时代，手戟出现的频率非常之高，似乎文臣武将都很爱用它。曹操年轻时，曾有"舞手戟于庭"的记录。刘备在长坂败逃，有人告知他赵云已北去投降曹操，对赵云充分信任的刘备气得用手戟去扔那个造谣者。《三国志·吕布传》中还有董卓用手戟掷吕布的记载，不过到了《三国演义》里，投掷的武器变成了方天画戟。孙权骑马经过庆亭时遇虎，危急时刻，他也是将双戟投掷出去将虎戳伤，后来演变成"孙权射虎"之典故。曹丕在《典论·自叙》里说自己年少时"俗名双戟为坐铁室，镶楯为蔽木户"，称自己是个使手戟的高手。

不过厉不厉害还是要看实战，正史中，手戟战绩榜首非典韦莫属。《三国志·典韦传》载："韦（典韦）好持大双戟与长刀等，军中为之语曰：'帐下壮士有典君，提一双戟八十斤。'"看来典韦所使的手戟比其他人的都要大，八十斤这个重量能直接冲破次元壁，去和演义里的青龙偃月刀一较高下了。

曹操与吕布作战时，典韦带领数十人穿上两层铠甲，冲锋陷阵，他"手持十余戟，大呼起，所抵无不应手倒者"。这段文字同样出自正史《三国志》，其中有两条重要信息：第一，手戟的使用方法主要是投掷，而且可以携带多把，类似飞刀；第二，典韦是一位飞戟高手，命中率极高。

太史慈是否善于投掷手戟，史书没有记载，不过抢走他手戟的孙策倒是一位用戟高手。裴松之注引《吴录》记载了孙策与严白虎作战时发生的一件事，严白虎派遣自己的弟弟严舆与孙策讲和，在席间，无意讲和的孙策直接将手戟向严舆投出，导致后者中戟而死。看到这里，大家也许会为太史慈捏一把汗吧，幸好神亭大战时孙策没向他投掷手戟。不过话又说回来，作为神射手的太史慈，投掷水平应该也不低，要是二人真的互相投戟，谁胜谁负还真不好说。

▲ 无柄手戟复原图。（王涛建模）

◀ 装柄手戟复原图。（王涛建模）

拾

拾

×

孙权

坐断东南战未休

×

上篇
生子当如孙仲谋

下篇
孙权装容复原记

生子当如 孙仲谋 / 上篇

建安五年（200 年），孙策伤重不治，撒手人寰，江东印绶落到了孙权身上。所谓的江东三世基业，孙权刚刚接手时并不稳固，甚至显得有些风雨飘摇。

北面，曹操一伙虎视眈眈。特别是处在对抗最前沿的广陵太守陈登，着实不是省油的灯，刚刚在去年大败孙策和孙权，还不断派人往江东渗透。

江东内部更是一团乱麻。江湖之上，山越叛乱，久不能平。另有奉于吉为祖师的太平道妖言惑众，信徒甚广，挑战着孙氏权威。曹操迁都许昌、挟天子以令诸侯之后，不少南渡之人选择北归，造成了严重的人口和人才流失。其中最著名者如在演义中被诸葛亮骂死的王朗，甚至，后来的东吴重臣鲁肃都萌生过弃江东还乡的念头。

孙氏靠杀伐奠定基业，与江东土族素来不睦，武力强悍的孙策一死，江东大族难免生出不臣之心。更有甚者，本已归顺的庐江太守李术直接反了，原本的江东六郡变成了江东五郡。另外，定武中郎将孙暠起兵欲攻打会稽郡，豫章太守孙贲想向曹操服软，派遣质子，庐陵太守孙辅和曹操暗通曲款，孙氏宗亲中不服孙权者也大有人在。

面对孙策死后的一地鸡毛，孙权这个与天下争衡不如其兄的 20 岁少年能镇住场子吗？

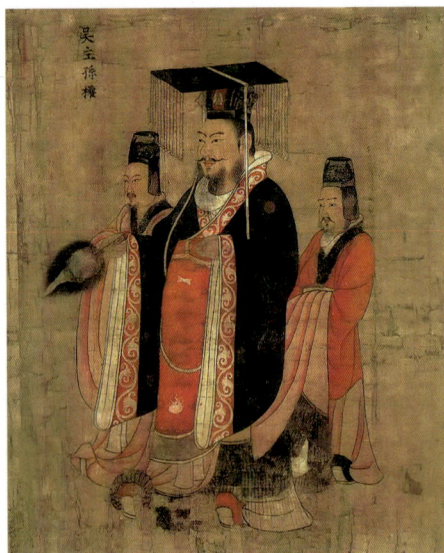

▲《历代帝王图·吴主孙权》，相传为唐代阎立本所绘，是现今能见到的最早的孙权画像。当然，这已经是孙权在公元 229 年称帝后的状态——一身帝王冕服。（波士顿美术博物馆 藏）

少年英主的"组合拳"

还没来得及为兄长服丧，孙权就被托孤重臣张昭扶上马背，巡视军队，稳定军心。当然，这位少年英主也不负张昭、朱治、周瑜等股肱之臣的厚望，一继位就打出了一组漂亮的组合拳，牢牢握住了江东政权。

为了防范各方反叛势力，孙权拒绝了不少地方官员前来为孙策奔丧的好意，让中外将校各奉其职，不得妄动。果不其然，和孙权英雄所见略同的富春长虞翻就原地守丧，其他同僚也纷纷效法，结果没给攻打会稽郡的孙暠可乘之机，虞翻还通过一番"嘴炮"说退了孙暠。

面对各种"不服"，孙权又火速上表天子，确立自己的合法地位。当时曹操正与袁绍对峙，当然不希望遭到"背刺"，正欲拉拢东吴，于是表奏孙权为讨虏将军、会稽太守（孙策曾自领此职），并且做个顺水人情"割授江南，不属本州"，还说出了"孤与将军，恩如骨肉"这样肉麻的话。如此一来，江东之主的地位算是名正言顺了。

下一步就是"镇抚山越，讨不从命"了。谁不从命？最扎眼的就是庐江太守李术，孙策死后，李术"不肯事权，而多纳其亡叛"，现在正好拿他开刀，杀人立威。公元201年，孙权起兵攻打皖城，李术闭门自守，向曹操求救。结果曹操置之不理，皖城粮尽城破，惨遭屠城，李术则被枭首示众，部曲三万余人尽被孙权所得。

树立威信后，孙权开始广泛招贤纳士，拉拢人才。无论是南渡避难的淮泗人士还是土生土长的江东人士，无论是世家大族还是寒微底层，甚至和孙氏有世仇者，他都能唯才是举，人尽其用。得到孙权启用、重用的北人包括鲁肃、吕蒙、诸葛瑾、步骘、潘璋、徐盛、丁奉等一干文臣武将，江东土族则有顾雍、陆逊、朱桓、张温、朱然、吾粲等豪杰之士。一时间，江东人才济济，一派蒸蒸日上的景象。

在军队建设方面，孙权也有两把刷子。他不仅积极扩充兵源，整饬武备，裁汰弱兵，还大力发展屯田。陆凯曾在劝谏东吴末代皇帝孙皓时回忆说："先帝（孙权）战士，不给他役，使春惟知农，秋惟收稻，江渚有事，责其死效。"屯田士兵平日得到恩遇和宽待，战场上则奋勇当先、誓死效命。

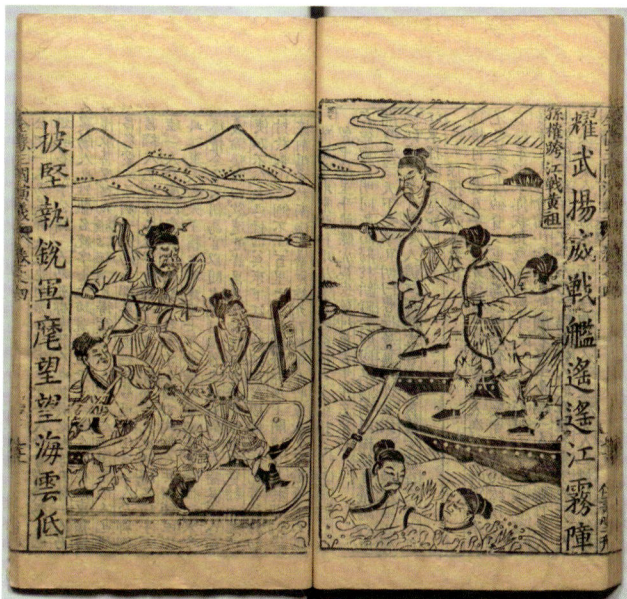

▼明万历十九年书林周曰校刊本《新刊校正古本大字音释三国志通俗演义》插画"孙权跨江战黄祖"。

这套"组合拳"让孙权在短短几年内就坐稳了父兄基业。建安十三年（208 年），他终于"奋二世之余烈"，倾江东之军力，于汉口斩杀黄祖，不仅报了杀父之仇，也开启了"跨制荆、吴，而与天下争衡"的新局面。

守成之君的高光时刻

孙仲谋并不以武力值见长，军事上的高光时刻并不多，建安十八年（213 年）的"濡须大巡游"绝对算得上他的巅峰时刻。

建安十七年（212 年），孙权听从吕蒙的建议，在濡须水修筑濡须坞，用以把守这条从巢湖进入长江的重要水道。次年正月，曹操率大军出巢湖，强攻濡须坞不下，只好在对岸与吴军对峙。双方在正面战场相持不下，于是曹操就打起了抄吴军后路的主意，命人携带轻便的油船，走陆路绕过濡须坞，前去袭击濡须水与长江交汇处的中洲。怎料孙权早已识破他的诡计，命水军在中州埋伏，以逸待劳，围而攻之，当场淹死数千曹军，俘虏了三千多人。

中州得胜后，孙权频频派人到曹营前叫阵，曹操自知水战不是对手，于是龟缩不出。后来，孙权干脆亲自出马，乘坐轻便的船只到曹军水寨面前来示威。曹操的部将觉得是可忍孰不可忍，纷纷要求出阵迎敌。曹操显然更有格局，他认定这是孙权前来刺探虚实（也可能是自觉打不过），于是下令不得擅自开弩放箭，必须严肃军容军纪，把最威武雄壮的一面展现出来。孙权当然也不甘示弱，深入曹军地盘五六里后，擂着鼓，奏着乐，大摇大摆地掉头返航。

▼ 三国时期蒙冲模型。（中国人民革命军事博物馆 藏）

曹操目睹了东吴船只齐整、装备精良、军士威武、纪律严明，不禁发自内心地感慨："生子当如孙仲谋，刘景升儿子若豚犬耳！"

转眼间，冬去春来，两军对峙已一月有余，孙权给曹操去信说："春水方生，公宜速去。"这信还有个附件，内容更不客气，咒曹操早死，叫"足下不死，孤不得安"。曹操倒也大度，觉得再僵持下去也讨不到什么便宜，于是自嘲说"孙权是不会骗俺的"，遂引大军北还。

孙权以身犯险，在曹军面前行舟如入无人之境，以严整军容博得曹操赞叹，这个故事出自西晋吴郡太守胡冲撰写的史书《吴历》。胡冲是东吴旧臣，其父胡综还和孙权有同窗之谊，所以这本书难免有美化孙权的嫌疑。但无论如何，"生子当如孙仲谋"已经成了家喻户晓的千古名句。

"孙十万"与"张八百"

孙权在今人心目中的形象恐怕远没有在古人诗词中那样光辉。最大的笑柄莫过于他一生五次攻打合肥，每一次都无法攻克。其中被"黑"得最惨的，无疑是建安二十年（215 年）八月的第二次合肥之战。

这一仗到底有什么谜之操作？先是东吴大军围城之时，张辽、李典率八百人突然杀出，直入孙权本营，阵斩吴军猛将陈武，杀退宋谦、徐盛两军，把孙权吓得躲在一个小山包上，手握长戟给自己壮胆，无论下面如何叫阵也不敢迎战。幸得潘璋、贺齐前来救驾，吴军这才稳住阵脚，合围魏军。然而张辽、李典声东击西，左冲右突，一番拼杀后居然成功率部退回。

孙权所部号称十万大军，结果却被区区百八曹兵杀得措手不及，士气不禁大为受挫。再加上当时瘟疫流行，多有将士染病，围城十余日后就不得不草草撤兵。可能是为显示自己的镇定自若，孙权命大军先行渡河撤退，自己亲帅吕蒙、蒋钦、凌统、甘宁四将，以及近卫部队车下虎士断后。嗅觉敏锐的张辽再次看到战机，率马步军火速追击，在逍遥津以北把孙权所部团团围住。

面对如此险境，孙权顿时血气上涌，和四将一齐浴血厮杀，但也仅能暂时挡住曹军攻势，无法突出重围。最终还是凌统率三百近卫拼死杀出一条血路，"碧眼小儿"才逃出生天。

接下来就是足以和刘备跃马檀溪媲美的场面了。孙权策马来到逍遥津北的渡桥，谁料张辽早已派人拆掉了一丈多宽的桥板，现在只能望着滚滚奔流的淝水一筹莫展。就在前无出路、后有追兵之际，近监谷利眉头一皱，计上心来。他让孙权抓紧马鞍、松开缰绳，自己对着马屁股使劲

▼ 孙权跃马跨过残桥。（《三国演义·威震逍遥津》连环画封面绘图，上海人民美术出版社 1979 年版；刘锡永 绘）

一抽，这匹骏马一时吃痛，竟然腾空而起，顺利跃过残桥。孙权过河后，贺齐引三千兵马前来接应，这场危机才算化解。

诚然，孙权一生从未拿下过合肥城。但在相同的战略方向上，曹魏也从来没突破过濡须口。南人善舟，陆战不利；北人便马，水战拉胯。这些仗只能说打得有来有往，双方都是实力支撑不起野心，而某些人只揪住孙权的败仗不放，实在有失公允。

人生七十古来稀

建安元年（196年），孙策初定江东，自领会稽太守，遣使向朝廷进贡，随后朝廷派使者刘琬前往江东答礼。见过众位孙氏兄弟之后，刘琬评价道："老孙家儿个兄弟虽然个个聪明又有才，可都不像长命的主。最有福的还得说孙权，这孩子长得不一般，以后肯定大富大贵，健康长寿，不信走着瞧。"

刘琬一语中的。孙权于东汉光和五年（182年）出生于下邳，东吴神凤元年（252年）逝世于建业，享年70岁，在位23年，实际执掌东吴政权52年。他不仅送走了曹操、刘备这两位老对手，还熬死了曹丕、曹睿两任曹魏皇帝。在东吴内部，至少有孙邵、顾雍、陆逊、步骘四位丞相，孙登、孙虑两位皇子，先孙权一步离世（因故赐死的不算在此列）。

和历史上很多贤君明主一样，孙权虽然年轻时宛如"开挂"一般，但晚年仍不免陷入刚愎自用、好大喜功、亲佞远贤的境地。他最遭人诟病的举动，莫过于立孙和为太子却骄纵鲁王孙霸，甚至一手促成了两宫之争。事情不可收拾之后又连出昏招，废黜太子，赐死鲁王，立幼子孙亮为储。其间受到牵连，遭到诛杀、下狱和流放的朝臣为数甚众，为东吴的覆亡埋下了祸根。

可话又说回来，孙吴这个孤微发迹、杀伐立国的政权本来就不怎么得人心，对江东大族来说是永远的"他者"，随着早年的创业班底人才凋零，其统治力量愈加衰微。纵使一生都英明神武，孙权也只镇得住一世，很难给子孙后代留下一个稳固的江山。

生子当如孙仲谋，此言并非虚妄。值得成为世人表率的，永远是那个弱冠继位，杀伐决断，纵横捭阖，敢与天下争衡的风华少年。

特邀撰稿：固固头

孙权装容
复原记

远游冠

衣领（交领右衽）

直裾袍

环首刀

翘头履

▶ 汉末版孙权形象。
（朗杰 绘）

样貌

坚为下邳丞时，权生，方颐大口，目有精光，坚异之，以为贵象。及坚亡，策起事江东，权常随从。性度弘朗，仁而多断，好侠养士。

——《江表传》

向有紫髯将军，长上短下，便马善射。

——《献帝春秋》

孙权生得方颐大口，碧眼紫髯。

——《三国演义》第二十九回

一直以来，流传着"紫髯碧眼"的孙权可能有白人血统的说法。试想一个汉末人如果真长着紫色的胡须、碧绿的眼珠子，怎么看都是异类。可实际上史书对孙权容貌的明确记载并不多，"方颐大口"是主要特征。即宽下巴，大嘴巴，按现在的话来说，应该就是脸型方正，下巴部分饱满的国字脸。至于《献帝春秋》里记载的"紫髯"，很容易望文生义，认为是指颜色。实际上在先秦两汉时期，"紫"还有另一层衍生含义，即贵气。也能理解为孙权的胡须长得非常好看，望之颇有贵气。至于"碧眼"，史料中只说孙权"目有精光"，即双目炯炯有神，并未提及颜色，直到《三国演义》里孙权才被描写为碧色眼珠。

◀ 孙权打虎图。典故出自《三国志·吴书·孙权传》："二十三年十月，权将如吴，亲乘马射虎于庱亭。马为虎伤，权投以双戟，虎却废。常从张世击以戈，获之。"图中孙权面貌以"方颐大口"来创作，又取《献帝春秋》描写的"长上短下"，上身略长。头上所戴首服为皮弁，由于汉末三国时期皮弁样式无法考证，故而根据明代《三才图会》中的样式，结合魏晋时代的记载进行推演式创作。图中老虎则按照华南虎脸长嘴细、毛色棕红、斑纹有碎点的标准形象绘制。（引自《博物》杂志2022年1月刊《中国古代老虎传奇》；孟凡萌 绘）

紫袍

根据"紫罽"的贵气之说，孙权的服饰设定为紫色直裾袍。先秦经典《韩非子·外储说左上》曰："齐桓公好服紫，一国尽服紫。当是时也，五素不得一紫。"孙权在东汉时虽为侯级，但割据江东且早有帝业野心。紫在当时属于贵色，孙权的人物特点恰可以用身穿紫袍来体现。

远游冠

孙权头戴的远游冠是汉代诸侯王常戴的首服，其形制类似通天冠，有展筩立于前而无山述。与进贤冠的情况一样，东汉远游冠与西汉远游冠有所区别。汉以后历代仍有沿用，形制也随着时间推移而变化，至元代始废。

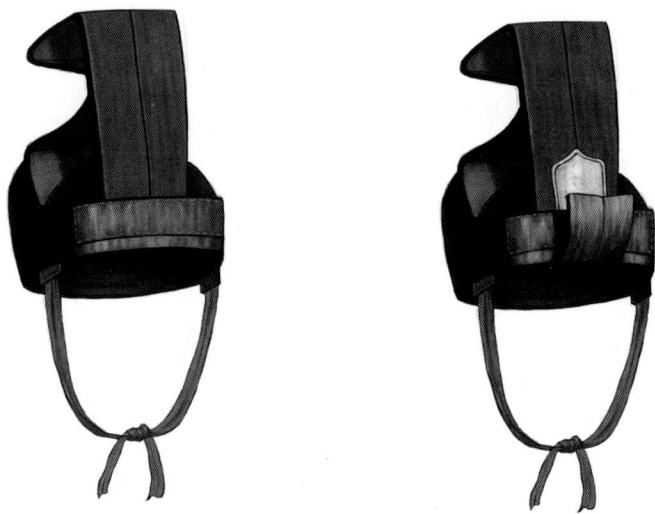

▶ 远游冠（左）和通天冠（右）的对比图。（朗杰 绘）

环首刀

绘图中的汉末版孙权手握一柄超长的环首刀。孙策一章提到，目前已知最长的环首刀，当属湖北省鄂州市出土的一把三国时期的环首刀，长度达到了惊人的146厘米。今之鄂州市，汉为鄂县，属江夏郡。魏黄初二年（221年）四月，孙权自公安迁都至此，改鄂县为武昌。公元229年，孙权在武昌称帝，建元黄龙，开启了五十余载东吴帝业。因此，参照昔日东吴帝都出土的"长刀老祖"绘制孙权的武器，也不失为一种合理的选择，恰能彰显一代雄主的帝王之气。

古代的帝王应该穿什么样的衣服？很多影视剧、动漫作品或古画像展现给我们的形象都是身穿龙纹黑袍、头戴冕旒礼冠，他们的服饰庄重而华美，只要看一眼就能识别出帝王的身份。

这身服饰称作冕服，确是古代的一种礼服，由冕冠、玄衣、纁裳、白罗大带、黄蔽膝、素纱中单、赤舄等组成。不过，冕服主要是古代帝王在重大仪式上穿的，并非平日穿的常服。

冕服在先秦经典《礼记》中就有记载。服饰外袍称为玄衣，肩部织日、月、龙纹；背部织星辰、山纹；袖部织火、华虫、宗彝纹。纁裳织藻、粉米、黼、黻纹各二。以上提到的纹饰合称"十二纹章"。不过，这种冕服在秦代就消失了。我们都知道，秦始皇统一六国后下令书同文，车同轨，废除六国旧文字，焚烧经典，统一度量衡。在这一系列大刀阔斧的改革中，周代传下来的华丽冕服也被废除。从那时起，贵族男子的礼服色调与配饰就变得极其简单。秦代尚黑，故改用全黑深衣作为男子礼服，名为"袀玄"。

西汉继承秦朝制度，帝王的礼服也沿用秦代袀玄。实际上，上至帝王，下至官员，皆以袀玄为礼服，直到东汉的汉明帝恢复冕服为男子礼服。从此，皇帝才又戴上冕旒，穿上"十二章纹"的华丽服饰。所以《历代帝王图》中刘备、曹丕、孙权、司马炎四位三国时期的皇帝都身穿冕服。其中，司马炎最终一统江山，身份最为特殊，所以我们选取他的冕服像标注了服饰各组成部分的名称。

冕服作为帝王礼服传承了1600余年，直到清朝被废止。后世历代的冕服细节上虽然有所不同，但总体形制与组成部件一脉相承。因此，冕服堪称中国历史最久远的礼服。遗憾的是，先秦、汉代、三国时期的帝王冕都早已无处可寻，即使是唐宋时期的风貌，也只能从存世的古画中探寻一二。现今，只有明代的帝王冕存留于世，尤其是定陵出土的帝冕，对研究帝王服饰有重大参考价值。

改革开放以来，定陵博物馆在文物的保护和陈设方面取得了很大成绩。近十几年来，学界对中国古代服饰的研究日益深入，定陵出土的文物发挥了至关重要之作用。定陵出土的丝织品超过600件，其中服饰衣物467件，不仅填补了明代

通天冠（冕板）

笄

充耳

天河带

月

上衣

大带

黼纹

星辰纹

山纹

下裳

附蝉

日

中单

玉具剑

革带

黻

赤舄

▶《历代帝王图·晋武帝司马炎》冕服图解。（原图由波士顿美术博物馆收藏；图解由本书作者制作）

皇家服饰实物资料方面的空白，也对研究和复原明代服饰、礼仪有重大意义。

先从保存情况较好的帝王首服说起。定陵的帝后棺内及随葬器物箱中，共出土冠帽 11 顶，其中属于万历皇帝的有 7 顶，包括冕冠 2 顶、翼善冠 3 顶、皮弁 1 顶、头盔 1 顶。而帝冕重见天日，绝对算得上重大考古发现。因为不仅是明代，在历代记载中，帝王冕服的出现频率都非常高，这种服饰相传夏代就已出现，周代已有明文记载，虽然在秦始皇统一六国后一度被废除，但至东汉明帝时期又得以恢复，此后无论王朝如何更迭，冕服皆作为帝王最高等级的礼仪服饰代代传承。唐

代诗人王维以"九天阊阖开宫殿，万国衣冠拜冕旒"之诗句形容盛唐气象，冕旒成为华夏政权帝王之象征。明代则是中国历史上最后一个使用冕服的王朝，也是传承千年的冕服集大成之时代。

冕服为古代帝王在祭祀天地、宗庙以及正旦、冬至、圣节、祭社稷、册拜等重大礼仪场合所穿的服饰，数千年来，大体形制虽然一脉相承，但各代又有所差异，就以文献资料最为丰富的明朝来说，也先后经历了四次更定。前两次发生于洪武时期，第三次大更定是永乐时期，第四次是嘉靖八年（1529 年），明世宗对冕服进行了修改。嘉靖式冕服即明朝冕服的最终款式，影响的时间也最久。从嘉靖八年（1529 年）一直到明朝灭亡，明代皇帝在重大场合皆穿此衣，作为当时属国的朝鲜李氏王朝，更是一直沿用到 20 世纪初。定陵出土的两顶帝冕正是这款礼服的实物史料。

定陵的帝冕，一项出自万历帝棺内，保存状况相对较好，另一件则出自器物箱内，受损较严重。定陵帝冕与《大明会典》中记载的基本相符。其形制为上覆冕板，前后各缀十二旒。冕板前圆后方，取天圆地方之意。冕板主体以桐木为质，长 38.7 厘米、宽 19 厘米，上方以一层黑素缎为面，下方贴一层红素缎为底。每旒穿玉珠 9 颗，包括白色 3 颗，红、蓝、绿各 2 颗。冕顶有一条长方形玉衡，玉衡上部以玉簪贯纽。簪分两段，分别固定在冠的两侧，与《大明会典》中"以玉衡维冠，玉簪贯纽"符合。定陵帝冕还有红色圆绦带一根，末端连有红丝缨。戴上冠冕后，两耳之侧各有由上下两个玉珠串联组合的玉填垂下，称为"充耳"，意为王者对谗言、急言当充耳不闻。

遗憾的是，定陵的服饰中并未发现搭配帝冕所穿的衣裳，但出土的玉佩组和玉镇圭同样是研究明代冕服制度的重要资料。明代帝王身穿冕服时需佩戴玉佩组，明代玉佩又称之为"玉叮珰""玉禁步"，系挂于革带两侧。行走时玉件相触而有声，用以规范行走的步伐。

定陵出土的帝后玉佩组共 5 副，皆保存得较完好，其中一组出自神宗皇帝棺内，形制与《大明会典》记载最为接近，其余 4 组形制均比《大明会典》记载的

▲ 明代冕服真人实拍展示。图片出自《国家人文历史》杂志 2020 年 11 月（上）的《土木之变》，再现正统十四年九月初六，身穿明制冕服，手持玉圭的朱祁钰（周渝 饰）祭告天地、社稷、宗庙，正式即皇帝位的情景。朱祁钰身穿的冕服为明代皇帝祭祀天地、宗庙以及祭社稷、举行册拜等重大典礼时穿着的礼服。图中冕服为永乐三年制式，一直沿用到嘉靖初年。冕冠前圆后方，前后各垂十二旒，每旒用五彩缫贯以赤、白、青、黄、黑五色玉珠。服饰上日、月、龙在两肩，星、山在背。手中玉圭长一尺二寸，刻山纹图案四幅，圭下套以黄绮。（宋义东摄）

▲ 明朝初年陇西王李贞冕服像。（中国国家博物馆 藏）

更为复杂。玉镇圭则是明代帝王穿着冕服出席重大典礼时所持的礼器，定陵出土的玉镇圭，长26.6厘米、宽6厘米、厚1.1厘米，圭上的图案与史籍中"刻山四，以象四镇之山"的记载完全一致，帝王在持圭时，还需以黄绮套子包住下方。可以说作为明代帝王最为正式和庄重的礼服，方方面面都有严格规定。定陵出土的一系列与冕服相关的文物，不仅印证了史籍的记载，同时也提供了最有力的实物资料，使冕服研究不再停留于纸面。

在明代，冕服不仅仅是皇帝专属，亲王、皇子乃至藩属国国王在重大场合都需要身穿冕服，但形制与皇帝的有所区别，存在严格的等级划分。最明显的区分在于旒的数量，帝冕十二旒，亲王冕九旒，世子冕七旒。同为明代考古重大发现的山东鲁王墓（朱檀墓）出土过一顶九旒冕，这项王冕经过脱水处理后，完整无损，是目前出土的保存最好的明代王冕。定陵的帝冕出土时诸多部位已朽坏，只能借助现代技术进行修复，而鲁王墓出土的王冕，恰好可以成为复原定陵帝冕的最佳实物参考资料。

▶ 明鲁王墓出土的九旒冕。（山东博物馆藏）

附 篇

长江的燃烧：赤壁之战
配角志

拾壹

×

周瑜
吞食天地的帝业擘画者

×

上篇
周公瑾的江东帝业蓝图

中篇
周瑜装容复原记

下篇
周瑜装容实拍图志

建安五年四月初四（200 年 5 月 5 日），26 岁的江东之主孙策遇刺身亡，陨落于霸业方兴之际。临终前，孙策向弟弟孙权交代"举贤任能，各尽其心，以保江东，我不如卿"，为江东定下守成之国策。在小说《三国演义》中，孙策还有一句著名遗言："内事不决问张昭，外事不决问周瑜。"此话虽不见于正史，却总结到位。未来十年，张昭与周瑜恰好代表了江东政权发展的两条截然不同的政治路线。

世家子弟中的非主流

汉末三国群英中，周瑜大概算得上人们最熟悉的陌生人，数百年来，在民间故事中，他始终无法摆脱诸葛孔明的阴影，"三气周瑜"甚至成为家喻户晓的典故。这固然主要归功于以蜀汉为主角的小说家的艺术处理，但《三国演义》选取周瑜作为诸葛亮的对手，尤其是讲述二人在赤壁之战后就荆州问题多次较量的故事，倒也不是全凭想象任意发挥，故事灵感来自正史中周瑜的江东帝业野望。

从孙策立业到三国归晋，东吴政权延续了八十年，孙氏虎踞三吴，江东群星闪耀，周瑜更像是一颗耀眼的流星，虽只一瞬，却惊艳了东汉末年之苍穹。他的传奇可以从出身说起。周瑜，字公瑾，出身庐江周氏，堂祖父周景、堂叔周忠都曾在东汉朝廷出仕，官居太尉之职。周瑜的父亲周异也曾任朝廷任命的洛阳令。

周瑜的过人之处在于出身官宦世家，却选择学习兵法军事。东汉时期的世家子弟有进入官学的资格，学有所成者，往往师从名士游学。例如张纮早年进入官学后就师从博士韩宗学习《易经》，后来又游学外黄，跟濮阳闿学习《韩诗》《礼记》等，继而被举茂才。东吴的另一位名臣张昭早年也师从名士白侯子安学习《左氏春秋》，成年后曾被举荐为孝廉。虽然孝廉是汉武帝时设立的察举制考试，但到了东汉末年，这种制度已被世家门阀垄断，沦为互相吹捧、弄虚作假以谋官的进阶手段。

▲ 抚琴画像砖，三国时期（魏）。画中男子手拨琴弦，衣袖飞扬。遥想当年公瑾抚琴之景，不知是否如此画像砖中人般如痴如醉。（酒泉市博物馆藏）

周瑜虽是世家子弟，但履历中既没有"孝廉""茂才"等记录，也没有跟随某个名士学习的记载，按照当时评价士族子弟的标准，周瑜反而会被视为"不务正业的官二代"。然而少年周瑜绝非不学无术之辈，从其在战争中展现的军事才能来看，他应该很早就开始学习兵法，研究如何运筹帷幄才能够决胜千里，如何排兵布阵才足以出奇制胜。当时像周瑜这样不走寻常路，选择学习兵法的世家子弟实乃凤毛麟角。

周瑜是世家子弟中的非主流，这也应该是他能和孙策走到一起、情同手足的主要原因。毕竟在当时的大背景下，他们一个是清高的世家子弟，一个是出身寒微的军阀之子，本就不是一个世界的人。周瑜不仅与孙策无比投缘，甚至邀请孙策一家住进自己家里，两人彼此"升堂拜母"，亲密无间。瑜策之交并非面子虚情，一定程度上跨越了身份，打破了世俗陈规。周瑜弱冠之年，正逢孙策渡江立业，他义无反顾地率丹阳之兵以援知己。24岁那年，周瑜拒绝了袁术的招揽，奔赴江东来到孙策身边，与他一同开疆拓土。

当然，醉心于研究兵法的周瑜并非一介武夫，他也有士族子弟阳春白雪的一面。陈寿在《三国志·吴书》中记载周瑜身材高挑，容貌英俊，在年少时就精通音乐，但凡乐音上有错误之处，哪怕是酒过三巡，周瑜亦能准确听出并指正，时人有云："曲有误，周郎顾。"有玉树临风之颜，具儒雅飘逸之风；通风林火山之义，怀吞食天地之志。以今日之标准，可谓万千少女心中的绝代男神，千百年来，无数文人墨客亦为之倾倒，唐时诗人李端作五言绝句《听筝》，"欲得周郎顾，时时误拂弦"，素手鸣筝的美人想尽办法时时误拨筝弦，只为换周郎一个回眸。

从桓文霸业到秦皇帝业

孙策一生纵横天下，却在霸业蒸蒸日上之际遇刺身亡，弟弟孙权上位时年少资浅，威信未立，江东集团内部一度出现信任危机。一方面宗室成员阴谋夺位，爆发了孙静（孙坚之弟）的长子孙暠欲图自立事件。另一方面是已归附的地方势力复叛，如影响深远的庐江太守李术叛乱事件。这两件事都发生于建安五年（200年），也就是孙策新死之际。前者被虞翻说服劝退，后者被武力征服，暗潮总算平定，但江东集团也暴露出主少国疑、根基不稳的危机。这种情况下，周瑜、张昭等重臣成了保障政权平稳过渡的重要人物。

建安五年那场暗杀发生时，周瑜并不在吴郡，直到孙策死讯传出，周瑜才率兵匆匆赶回吊丧，此后任中护军，与长史张昭共同辅佐孙权，执掌江东政事。这里顺带一提，东汉时，中护军乃高级军事长官之职，汉高祖时为护军都尉，有"尽护诸将"之责。孙权即位后被东汉朝廷册拜为讨虏将军，兼领会稽太守，所以周瑜这个中护军属于将军幕府，而非东汉朝廷中的列职，但就江东集团这个政治实体而言，权力已相当大。从建安五年（200年）孙策遇刺到建安十三年（208年）赤壁之战这八年时间里，周瑜最大的影响无疑是推动江东集团意识形态之转变——从九合诸侯的桓文霸业到一统天下秦皇帝业，他用了十年时间为江东集团绘制了一幅帝业蓝图！

简单梳理一下江东国策的转变。孙策渡江立业之时曾拜访过名士张纮，当时孙策的小目标仅仅是当个朝廷的外藩，但张纮却告诉孙策，你应该"据长江，奋威德，诛除群秽，匡辅汉室，功业侔于桓、文，岂徒外藩而已哉？"张纮提出的"诛除群秽，匡辅（扶）汉室"正是指成就齐桓公、晋文公那样的春秋霸业，类似于曹操的"奉天子以令不臣"。后来孙策渡江打下根基，又及时与伪帝袁术划清界限，重建与东汉朝廷之关系。官渡之战前夕，孙策野心勃勃欲"阴袭许昌"。这一系列活动都是奔着桓文霸业这一政治蓝图去的。

可孙策的突然死亡打乱了江东集团的部署，政权平稳过渡后，孙策生前未竟的桓文霸业政治纲领被张昭、张纮继承。然而，在这几年中，江东集团内部出现了新的声音，那就是以周瑜、鲁肃为代表的江东帝业论。从资历上来说，虽然周瑜是孙策年少时的故交，但他真正加入江东集团已是建安三年（198年），晚于张昭、张纮。而鲁肃则是周瑜在袁术那里做居巢长时结交的好友，因受推荐一同投效到孙策帐下。

关于江东帝业纲领，鲁肃与孙权的"榻上论"算得上代表之作，尤以"汉室不可复兴，曹操不可卒除"一针见血，清晰构建出大方针。既然汉室已不可复兴，自然要在江东开创新的帝业，但曹操势力庞大，绝非短时间内可消灭，这注定是漫长而艰难的过程。要先灭掉宿敌黄祖，打开荆州门户；而后讨伐刘表，占据荆州；再进取益州，占据长江……最后建立一统天下之帝业。

▶ 日本当代画师绘制的周瑜形象，装束参考了我国的《三国演义》连环画。（长野刚 绘）

那么江东帝业与周瑜有什么关系呢？事实上，有个重要历史细节常被忽略。孙策遇刺后，江东政权暗流涌动，刚投效不久的鲁肃也准备一走了之，回北方另投明主。关键时刻是周瑜劝阻了这位老友，并对他说了一段至关重要的话。

今主人亲贤贵士，纳奇录异，且吾闻先哲秘论，承运代刘氏者，必兴于东南，推步事势，当其历数，终构帝基，以协天符，是烈士攀龙附凤驰骛之秋。

这段对话放在建安五年，真称得上胆大包天的虎狼之词。要知道"冢中枯骨"袁公路殷鉴不远，就算是掌控着汉献帝的曹操也要标榜自己"奉天子以令不臣"。这个周公瑾，竟放言取代汉室者必兴于东南，又说江东集团"终构帝基"，他要干什么？

第一次路线之争

周瑜劝阻鲁肃的这段对话已十分清楚，他的最终目标是以东南取代汉室，成就新的帝业。不久后才有鲁肃与孙权那段精彩绝伦的"榻上论"。这至少说明，江东集团内新起的帝业之论，周瑜不仅与鲁肃有高度共识，甚至可能是最早的提出者。东汉末年，世家出身的名士们虽然也倚身各势力，但多少都有"匡扶汉室"的情结，曹操阵营的荀彧，江东阵营的"二张"皆如是。但周瑜丝毫没有这方面的思想包袱，早在建安五年他就能从"汉室不可复兴"的实际情况出发，大胆提出以东南代刘氏这一极具野心的政治目标。这可能与其少年时多在专研军事兵书，极少受君臣纲常礼教之影响有关。

帝业并非一蹴而就，尤其是孙氏集团在江东立足未稳，若贸然称帝，只会慕虚名而处实祸，步袁术后尘。再者，桓文霸业与秦皇帝业是两套截然不同的政治纲领，而前者又有张昭等托孤大臣的支持，周瑜、鲁肃等人要改变国策绝非易事。

江东集团的路线之争在建安七年（202年）首次暴露。当时正逢袁绍新死，在决战中获胜的曹操俨然已是新的中原霸主，名义上还依附东汉朝廷的江东集团很快收到曹操的来信，要求孙权向朝廷派送人质。人质的使用早已有之，而这种单方面派人质的做法，意味着表示效忠与臣服。官渡之战前曹操曾下书要求江东派送人质，但被孙策拒绝。今时不同往日，曹操已雄霸北方，孙权是否派人质直接影响日后与曹操之关系。

曹操下书后，张昭、秦松等人犹豫不决。一方面，张昭顾虑曹操势力强大，江东难以匹敌。另一方面，曹操又以汉献帝的代表自居，这让以"匡辅汉室"，走桓文之业政治路线的张昭等人投鼠忌器，不敢贸然与"朝廷"抗衡。但周瑜却果断建议孙权拒绝曹操。据《三国志》裴松之注引《江表传》记载，众臣为此犹豫不决之际，孙权引周瑜到吴夫人处密议，一番谈话下来，周瑜为孙权逐条分析了江东政权目前的处境以及未来的政治定位。

首先，江东这片土地在历史上就有楚国的成功模板。当初楚国受封于荆山之侧，不满百里之地，后来招贤纳士，开疆拓土，占据了荆、扬二州，国祚长达九百年。其次，今日主公继承父兄留下的基业，兼有六郡之众，兵精粮多，将士用命，同时又物产丰隆，人心安定。再次，江东有强大的水军，泛舟举帆，朝发夕至，士风劲勇，所向无敌，军事上也不用担心。

周瑜认为，江东既然有如此好的基础，就没有必要向曹操派遣人质表示臣服。更何况人质一入，就等于承认了与曹操的主从关系，一旦强化这层关系，曹操再发诏命让主公北上，则不得不从，只能处处受制于人。接下来周瑜向孙权说出至关重要的一段话："极不过一侯印，仆从十余人，车数乘，马数匹，岂与南面称孤同哉！"

要知道，当时孙权在汉王朝的正式职衔不过是讨虏将军，而周瑜完全以君臣的礼节事之，这不仅是对孙权的尊重，更暗藏着远大的政治目标。他对汉王朝的官职爵位并不稀罕，辅佐孙权成为"南面称孤"的雄主才是心之所向。最后，周瑜给孙权的建议是不要派送人质，静观其变。如果曹操真能平定群雄，一统天下，那没办法，到时再臣服也不晚；如若曹操穷兵黩武，必将引火自焚。"将军韬勇抗威，以待天命，何送质之有！"这番话并非周瑜的妄言诳语，他预料到两种可能性并给出了不同的应对方针。而此时的周瑜还只是个28岁的青年，其卓识远见已远在诸多江东老臣之上。

江东进入周瑜时代

对孙权来说，周瑜、鲁肃的帝业之路显然更有吸引力，但要实现这一宏图，就必须拿下荆州。中原战乱之际，刘表治下之荆州保持着和平与繁荣，实力不可小觑。江东集团想要进取荆州，第一步就是要击破宿敌黄祖，打开荆州门户。自建安十一年（206年）起，江东与黄祖的战争再度开启，周瑜先率部讨伐麻、保二屯，阵斩敌军主将，俘虏敌军万余人。而后黄祖派部将邓龙率兵进入柴桑县，周瑜发兵征伐，一战而胜，活捉邓龙押送吴郡。

至建安十三年（208年）春，孙权发兵讨伐江夏郡，周瑜被授为前部大督，率水军进攻黄祖。此役周瑜再次展现了卓越的军事才能。黄祖在江夏根深蒂固，也拥有强大的水军，他派遣部将陈就率两艘蒙冲舰坚守沔口，又派大力士与弓箭手在河边的崖顶埋伏，向江东大船投掷石头和火把。为击破黄祖，周瑜命令凌统、董袭组织敢死队，队员皆穿两层铠甲，乘大船冒着石头和火把发动冲锋。江东军士气大涨，凌统、董袭成功切断黄祖军两艘蒙冲舰，吕蒙则乘势斩杀敌将陈就。黄祖军失去主将后阵脚大乱，江夏迅速被江东军攻陷，黄祖本人也在逃跑中被杀。此役不仅报了江东孙氏之世仇，同时也打开荆州门户，成功走出了占据荆州的第一步。

但人算不如天算，恰好在这一年，荆州形势风云激变。先是曹操在许昌正式出任丞相，此前朝廷撤除三公的职位，现在又为曹操重新设置丞相，这意味着曹操的政治地位进一步提高。紧接着，荆州之主刘表病逝，蔡瑁、张允等拥立刘表幼子刘琮继任荆州牧，长子刘琦大怒，欲兴兵征讨，荆州集团分裂。曹操看准时机，亲率大军南下，刘琮迅速投降，由襄阳至江陵一线皆落入曹操之手，荆州大部分土地划入曹操势力范围。

此前江东已两次拒绝向曹操派送人质，当时刘表尚存，江东还能"以待天命"，但现在这个缓冲地带没有了，来自曹操的威胁近在咫尺，孙权很快接到曹操发来的一封带有威慑性质的书信："近者奉辞伐罪，旄麾南指，刘琮束手。今治水军八十万众，方与将军会猎于吴。"与此同时，还发生了一件对江东集团影响巨大的事——刘备被曹操大军所败，诸葛亮奉命渡江向孙权求援，表达联盟抗曹之意愿。

曹操表示要"会猎于吴"，江东集团众臣惊慌失色，连老臣张昭等人也说曹军乃虎狼之师，江东政权不足以与其抗衡，从大局出发不如臣服了吧（愚谓大计不如迎之）。《三国演义》中，诸葛亮舌战群儒，把张昭等人驳得哑口无言，这倒也是有依据的，在那场战与降的辩论中，诸葛亮的确成功说服了孙权，使之倾向于联刘抗曹。不过演义中诸葛亮以曹操造铜雀台是为夺取周瑜之妻小乔（小桥）来"智激周瑜"的故事就子虚乌有了，就连诸葛亮用来激怒周瑜的弹药——曹植作品《铜雀台赋》都是从两年后"穿越"过来的（《铜雀台赋》作于建安十五年）。

真实的情况是周瑜本身就是坚定的主战派，但他当时不在柴桑（今江西省九江市）。虽然孙权已被诸葛亮说动，但江东集团内部主和派声势犹大，力主联刘抗曹的鲁肃建议孙权召回同为主战派的周瑜，整合江东集团之意志。周瑜奉命自鄱阳湖赶回柴桑，就此事说的第一句话就是："操虽托名汉相，实为汉贼也。"

这是对曹操集团性质的定调。看过《三国演义》的人对这句话肯定不会陌生，小说里从主角刘备，到仅出场一次的徐庶母亲，人人提到曹操都要来一句"名为汉相，实为汉贼"。正史上，这句话真正的原创者是周瑜。赤壁之战前夕，周瑜不仅强烈表达了主战意志，同时也告诉江东集团的主和派们，不要被曹操"汉相"的头衔唬住，咱们抗曹不是与朝廷为敌，而是对抗"汉贼"。此时的周瑜绝口不提以江东取代汉室、成就帝业之类的构想，反而以汉室忠臣自居，用匡扶汉室的名义整合江东集团的抗战意志，将抗曹之举说成"为汉家除残去秽"，使之名正言顺，实在打了一手意识形态的好牌。听闻周瑜对形势的一番分析，孙权拔刀斩断奏案："诸将吏敢复言当迎操者，与此案同！"

此举一锤定音，统一了江东集团的意志。这一刀斩下去也意味着以张昭为首的桓文政治路线彻底边缘化，取而代之的是周瑜、鲁肃的帝业之路。从此刻开始，江东政权进入周瑜时代。

▲ 周瑜（演义版）持令旗模型。（周渝 藏）

扬眉淡看漫天烽火

得到孙权支持、统一集团意志之后，周瑜仍然面临着严峻挑战。他必须依靠战争手段为江东集团化解危机，若军事上失败，不仅江东集团万劫不复，所有政治理想也将化为泡影。事实证明，周瑜通过了考验，并以卓越的军事才能交了一份让江东政权满意的答卷。这份答卷就是赤壁之战。

　　经过《三国演义》的精彩描写，赤壁之战在大众心目中似乎成了一场曹操主攻，孙刘联军主防的大决战。而在正史上，赤壁之战资料匮乏，迷雾重重，很多细节语焉不详，从有限的资料看来更像是一场遭遇战。

　　不过赤壁之战绝非偶然遭遇，而是周瑜主动出击，率江东水军直入荆州境内发动的攻势战役。问题来了，与曹操相比，孙刘联军处于弱势，为何不以逸待劳，而是主动出击寻求决战呢？个中原因早在周瑜赶回柴桑、为孙权定下主战之议时就已分析得很透彻了。

　　第一，曹操致书孙权时号称"水军八十万众"，这个数字的确很唬人，但周瑜以一个军事统帅的眼光，看穿了曹操的致命弱点——吃得太快，消化不良。曹操取荆州并非一城一池稳扎稳打推进，而是因刘琮投降迅速取胜，这么一个大州在短时间内很难稳固统治。第二，当时北土未安，马超、韩遂虎踞关西，为曹操之后患。第三，曹军善于陆战，弱于水战，今下江东舍步兵而依仗水军，是以短击长。第四，时值寒冬，马无蒿草，曹军劳师远征，必然水土不服，生出疾病。

　　周瑜认为有此四者，曹操外强中干，贸然进犯，必败无疑，于是自请"精兵三万人，进住夏口，保为将军破之"。

　　当然，曹操也没有贸然进犯，雄才大略的奸雄怎么可能意识不到这些问题？没有任何资料表明，曹操有在建安十三年（208年）挥师南下征服江东的计划。但对周瑜而言，事态紧急，孙刘联军兵力处于弱势，只能以巧取胜，他必须趁曹操立足未稳主动出击寻求决战，一举击破曹军。如果只作防守应对，虽然短期内曹操不会南征，但等其逐步把荆州消化，站稳脚跟，那时候再挥师南下，对江东来说可就真是灭顶之灾了。

　　战机稍纵即逝，必须在建安十三年冬季与曹军主力决战！周瑜与程普分别任左都督、右都督，各领一万五千精兵，与刘备军一同逆江而上，深入荆州境内寻找曹军主力，终于在长江赤壁（今湖北省赤壁市西北）一带与曹军相遇。周瑜采纳黄盖提出的火攻之计，放火焚烧曹军战船，大破曹操，成就了一场以少胜多、以弱胜强、足以名留青史的著名战役。这场长江流域首次大规模军事行动中，周瑜发挥了主导作用，赤壁成为他短暂人生中最耀眼的舞台（战役细节详见本章附篇及曹操一章）。

　　著名的火烧战船只是赤壁之战的一个重要组成部分，曹操兵败退回江陵后并未多作逗留，而是迅速北归。这并非演义中所表现的兵马损失殆尽而狼狈北逃，真正原因如周瑜战前的分析，北方尚未完全稳定，曹操担心赤壁兵败引起后方政权不稳，故而引大军北还。但他仍然让曹仁、徐晃等将领继续留守南郡（治所江陵），文聘守江夏，乐进守襄阳，满宠代理奋威将军屯于当阳。此役让曹操失去了短期内一统天下的机会，亦重新塑造了荆州的格局。

赤壁之战的最后一个阶段相当漫长，周瑜率兵渡江围攻江陵，刘备也派兵进攻江陵，关羽自汉水出击，双方相持近一年，周瑜甚至在血战中被流矢射中右肋。最终，曹仁担心退路被孙刘联军切断，于建安十四年（209 年）年底放弃江陵，仓皇北窜，至此战役才算画上句号。曹仁退兵后，孙权以周瑜为南郡太守，驻防江陵。程普为江夏太守，屯于沙羡。吕蒙、吕范分别领寻阳令和彭泽太守。与此同时，盟友刘备也分享了赤壁之战的胜利果实，表刘琦为荆州牧，随后又迅速收服了武陵、长沙、桂阳、零陵四郡，以赵云守桂阳，廖立守长沙。荆州风云再起，新的挑战随之而来。

未完成的野望

赤壁之战后，曹、刘、孙三股势力在荆州汇集。荆州北部的襄阳、南阳郡，以及南郡部分地区仍在曹军控制之下。孙权控制了长江一线的重要地点。刘备占领四郡，虽然地盘较大，但地理位置尴尬，没有出口，发展极度受限，故而一直试图以外交手段改善自身处境。不久之后，刘琦病死，刘备领荆州牧，孙权同意让其驻扎于油口，因为当时刘备的官职为左将军，人称左公，故将此地改名为公安。

从地理位置上来看，刘备屯驻的公安和周瑜的江陵距离很近，仅相隔数十千米。现在周瑜要面对一个巨大挑战。他既领南郡太守，自然想以此为根基，扩大影响力，最终达到让江东跨有荆、扬二州的目的，但问题是曹操虽已北归，中间却横了一个盟友刘备。无论是周瑜本人还是江东集团，在荆州的影响力都无法与刘备相比。更令周瑜担忧的是，刘备开始在荆州迅速整合资源，招贤纳士，吸纳了黄忠、魏延、马良、霍峻等一大批文臣武将，声望与日俱增。这一切没有人比近在咫尺的周瑜看得更清楚了。

▼ 周瑜与江东诸将商议攻打南郡之策。围攻南郡是赤壁之战的最后一个阶段，周瑜率兵渡江围攻江陵，刘备也派兵进攻江陵，关羽自汉水出击，双方相持近一年。（出自《三国演义·取南郡》连环画，上海人民美术出版社 1979 年版；蒋萍、赵晋 绘；杨超 上色）

现实情况对周瑜愈发不利，鉴于曹操在北方的巨大压力，孙刘联盟重新划分责任，孙权纵然再不情愿，也只能接受刘备在荆州极具影响力这一事实，故而在刘备领荆州牧的同时自领徐州牧。此时徐州尚在曹操控制下，孙刘联军这一划分意味着日后徐州方向的攻略由孙权主导，荆州方面则大部分交予刘备。在这样的安排下，地位最尴尬的无疑是周瑜这个南郡太守，一旦荆州落入刘备之手，他为开拓荆州继而北进投入的心血就付之东流了。

为挽救荆州之局，周瑜决定兵行险着，他上书孙权，说"刘备有枭雄之姿，而有关羽、张飞熊虎之将，必非久屈为人用者"。他建议乘刘备前来谈判之机一举将其软禁，然后给刘备打糖衣炮弹，给他住大房子、给他美人，消磨其意志，来个挟刘备以令关羽、张飞。但这一计划遭到鲁肃的反对，毕竟一旦软禁刘备，孙刘联盟就有破裂的风险。赤壁之战后，周瑜与鲁肃这两个江东帝业推动者的路线出现分歧，周瑜认为帝业实现过程中联刘并非必要条件，鲁肃则自始至终认为只有孙刘联盟才可能对抗曹操。孙权倾向于后者，认为曹操威胁还很大，联盟不能破裂，故而采纳了鲁肃的意见，没有软禁刘备。

荆州几个回合的博弈中，周瑜处境较为被动，但他并未放弃最后一搏。建安十五年（210年），周瑜酝酿出一个更加野心勃勃的计划。

今曹操新折衄，方忧在腹心，未能与将军连兵相事也。乞与奋威俱进取蜀，得蜀而并张鲁，因留奋威固守其地，好与马超结援。瑜还与将军据襄阳以蹙操，北方可图也。

▼ 周瑜（演义版）
舞剑模型。（周渝藏）

第一，这个计划涉及与奋威将军孙瑜（孙权堂兄）入蜀取益州，它与诸葛亮"隆中对"中"跨有荆益"的战略不谋而合，是刘备集团不久后的路线。第二，它提到盟友，也就是与西凉马超结援。第三，涉及北伐，周瑜计划与孙权一同会攻襄阳，而后进取北方，成就帝业。在常人印象中，东吴是一个以割据为主的"守成"式政权，只能作为黄金配角。但在周瑜的时代，虎踞龙盘的江东亦曾怀吞食天地之志，敢于问鼎中原，逐鹿天下。只可惜天不假年，周瑜本打算回江陵着手实施这一宏大计划，却在途经巴丘时患病而逝，时年 36 岁。

有观点认为周瑜的忽然去世，与他在南郡之战负伤有关。也有人认为周瑜去世的时间点过于蹊跷，甚至怀疑是孙权谋害了手握兵权的都督。当然，这些都是猜测。笔者认为周瑜的死因，最大的可能是感染瘟疫。根据裴松之注引的《江表传》记载，周瑜去世前曾给孙权写了一封信，信中提到"道遇暴疾，昨自医疗，日加无损"。可知当时周瑜的确是染病了。再看巴丘这个地方，正好是在赤壁之战战败的曹操焚烧战船、引军北返之地。而曹操在赤壁战败的一个重要原因，就是军中感染瘟疫。此时距离赤壁之战仅过去一年多，而曹操自巴丘仓促北返，感染瘟疫而死的士兵尸体恐怕也很难得到妥善处理，直接后果就是巴丘一带成了病毒肆虐的疫区。

总结下来，周瑜之死最有可能是两个次要因素和一个主要因素共同作用的结果。第一个次要因素，周瑜在南郡之战中负伤，虽不致命但损害了身体，导致抵抗力下降。第二个次要因素，周瑜在南郡之战后日夜操劳，四处奔波，构思荆州计划、入蜀计划，陷入连轴转模式，导致抵抗力下降。最主要的因素则是巴丘病毒蔓延，瘟疫肆虐。抵抗力下降的周瑜经过疫区，不幸感染瘟疫去世了。

风云散聚任评说

周瑜之死让江东集团跨有荆益、挥师北伐、一统山河的宏图帝业戛然而止。后人已无从得知，如果周瑜能活着回到江陵，这个计划具体会如何实施。我们只能从他留下的短短数语中推断一二。值得注意的是，周瑜提出的计划中有并张鲁，有结援马超，有北伐襄阳，但对目前已在荆州生根的刘备只字不提。可是以当时的局势来看，无论西征还是北伐，刘备都是无法绕开的一环。赤壁大战后，在与刘备的政治交锋中，周瑜并未占得便宜，所以除非他能在军事上取得胜利，刷新版图，征服甚至消灭刘备，否则很难将刘备的影响力从荆州抹去。

▼ 周瑜率军攻打南郡。在孙刘联军的进攻下，曹仁于建安十四年（209 年）年底放弃江陵，仓皇北窜。曹仁退兵后，孙权以周瑜为南郡太守，驻防江陵。（出自《三国演义·取南郡》连环画，上海人民美术出版社 1979 年版；蒋萍、赵晋 绘；杨超 上色）

　　假如周瑜没有英年早逝，日后江东集团乃至整个时局会如何发展呢？有人认为，若这个蓝图得以实现，江东会跨有荆益，历史或许会提前进入南北朝。也有人认为刘备不易对付，北方曹操更是难以抗衡，周瑜若贸然北伐，很可能招来一场惨痛的军事失败，晚节不保。当然，周瑜与刘备之间爆发激烈的荆州争夺战几乎是无法避免的，如若历史那样发展，或许周瑜和诸葛亮真会像《三国演义》讲述的一般展开各为其主的生死较量。当然，这只是假设，事实上周瑜病逝后不久，孙权就将南郡让给了刘备，而周瑜临终前推举的继任者鲁肃，亦是孙刘联盟最坚定的支持者。

　　璀璨的将星已陨落在东汉末年，周瑜之死对孙权来说无疑是一大损失，但其对江东乃至汉末格局的影响犹在。赤壁之战后，天下三分之势渐成，孙权亦在帝业征途上步步为营。多年后，孙权已占据荆州，与陆逊谈论往事，犹记周瑜英姿，叹道："公瑾雄烈，胆略兼人，遂破孟德，开拓荆州。"加冕登基、成为东吴大帝时，他忆及周瑜，同样感慨万分："孤非周公瑾，不帝矣。"后人评价周瑜，除了赞美其英姿勃发、雄才大略，更多的是对壮志未酬的遗憾。如南宋陈亮所言："使斯人不死，当为操之大患，不幸其志未遂而天夺之矣。"周瑜去世872年后，宋神宗元丰五年（1082年），一位叫苏轼的失意词人泛舟游于黄州城外长江之上，见大浪滔滔，东风染尽半壁胭脂色，他思绪翻涌，遥想赤壁烽火中的周郎英姿，遂提笔而书，写下了千古名篇。

　　大江东去，浪淘尽，千古风流人物。故垒西边，人道是，三国周郎赤壁。乱石崩云，惊涛裂岸，卷起千堆雪。江山如画，一时多少豪杰。

　　遥想公瑾当年，小乔初嫁了，雄姿英发。羽扇纶巾，谈笑间，樯橹灰飞烟灭。故国神游，多情应笑我，早生华发。人生如梦，一樽还酹江月。

▼ 明代仇英绘《苏轼游赤壁图》。（辽宁省博物馆 藏）

周瑜装容
复原记

发髻

铁胄

钎（披膊）

裲裆铠

直裾袍

马头带

羽扇

汉剑

裲裆铠·围裙

内袍

翘头履

◀ 汉末版周瑜形象。
（金代飞 绘）

样貌

瑜长壮有姿貌。

——《三国志·周瑜传》

周瑜字公瑾，庐江舒城人。少有姿貌，与孙策同年。

——《建康实录》

美姿貌，时年二十四，吴中皆呼为周郎。

——《吴地记》

其人面如美玉，唇若点朱，姿质风流，仪容秀丽，胸藏纬地经天之术，腹隐安邦定国之谋，乃庐江舒城人也，姓周，名瑜。

——《三国志通俗演义》（嘉靖壬午本）

当先一人，姿质风流，仪容秀丽，见了孙策，下马便拜。

——《三国演义》（通行本）

其实《三国志》里一句"长壮有姿貌"的记载，已经道出了周瑜身高、颜值皆处于上层的事实。虽然惜字如金的陈寿在全书中只用了五个字，但与其他汉末英雄比起来，这已是非常高的待遇了。而且值得注意的是，无论是后世修的史籍，还是文人雅士挥毫诗词，又或是由这段历史衍生出的小说，提及周瑜总是要强调他颜值出众。唐人许嵩编撰的六朝史料集《建康实录》载周瑜"少有姿貌"；唐代陆广微撰写的地方志《吴地记》也说周瑜"美姿貌"；宋代大文豪苏东坡更是在《念奴娇·赤壁怀古》中以"雄姿英发"一词形容在赤壁之战时神采飞扬的周瑜；即使是让周瑜的智商一次次被孔明碾压的《三国演义》，也没有否认周瑜英俊潇洒，玉树临风。

按理说周瑜的高颜值本不会有什么争议，但偏偏到了当代，总有好事者抓住"长壮"二字不放，强行解读为周瑜是一个魁梧粗犷的壮汉，甚至取出"瑜大壮"之类的绰号。这恐怕是带着恶意的望文生义了。在古汉语中，"长壮"一词并非用来形容魁梧大汉，例如同为东汉人的应劭在《风俗通义》中记载，皇宫选秀女标准为"年十三以上，二十以下，长壮妖洁有法相者，载入后宫"。可见"长壮"

◀ 日本江户时期浮世绘的粗犷版周瑜。（葛饰北斋 绘）

周瑜字公瑾

▲ 日本当代画师笔下的周瑜。这也是大众心目中极具代表性的周瑜形象之一，其装束参考了我国连环画。（长野刚 绘）

为男女通用的形容词，较为中性，"长"形容个子高没错，但"壮"绝不能简单粗暴地解释为身材魁梧，而更偏向于其引申义，形容健康。

虽然周郎的颜值经得起时间考验，但不同时代，审美不同，不同地区，审美也不同。那周瑜这样的公认的美男到底应该属于哪种类型呢？他有没有可能是粗犷型汉子呢？还真有人这样创作过周瑜的形象，日本江户时期的浮世绘画家葛饰北斋笔下的周瑜就活脱脱是一个猛张飞形象。

不过在中国，周瑜形象在明代就基本定型了，《三国志通俗演义》将周瑜塑造成了一位面若冠玉、唇若涂脂、姿质风流、仪容秀丽的佳公子，对后世影响颇为深远。周瑜形象具体流变过程会在后文中详说，回过头来看本书汉末版周瑜的设定。应该如何去塑造汉末美周郎的形象呢？例如，自明代以来，周瑜的演义形象多是没有胡须的，大众也形成固有印象，那么我们究竟应该重现汉末的须髯之美，还是应该塑造明代以来形成的、大众熟悉的无须小生形象？

两种选择各有利弊。一方面，须髯面貌显然更贴近历史，弊端在于大众对其较为陌生。装束还原到汉末，已经有些偏离大众认知，如果再以胡须形象示人，难免会有"周瑜不像周瑜"之感。另一方面，贴近演义的无须形象虽然容易被接受，但与史实难免有不少偏差，而且不太好表现历史上的周瑜儒雅而不失稳重的特点。几经权衡后，我们决定两种形象都加以采用，泰衡工作室的朋友负责按照历史逻辑绘制周瑜形象，我个人则在真人装束复原部分亲自上阵，以贴近演义的无须小生形象出镜。

铁胄

绘图中周瑜头戴复古款铁胄，与本书中的绝大多数武将不同。为何如此设定？首先得说说当时江东的情况。

吴越之地给人的总体印象是物产丰隆的鱼米之乡，但这是后来的事。东汉末年，经济最发达之地区是以洛阳为核心的中原，荆州属于次发达地区，而东吴所在的江东则属于欠发达地区。大概由于经济上的差距，加之地理位置、气候等原因，东吴地区的装束与中原地区存在一定区别。

例如东吴地区出土的军士俑，从头盔到身甲，精细程度似乎都不如同时期北方的军俑。还有像戈这种春秋战国时期的大杀器，在东汉末年基本已被淘汰，但在关于东吴的记载中，仍有人把这一老古董当武器使。

虽然与中原比起来，江东地区经济欠发达，但周瑜作为赤壁之战的主帅，自然不能穿得过于寒酸。考虑到东吴地区装备发展比中原慢一拍，说好听些就是器物颇有古风，又综合美观方面的考虑，故而以1979年山东临淄西汉齐王墓五号随葬坑出土的一顶特别的铁胄为参考，绘制了周瑜的铁胄。

汉代铁胄的样式很多，不过齐王墓五号坑出土的这顶相对完整的铁胄非常独特，高约25厘米，由鱼鳞甲片编缀成圆锥筒形。其编缀方式有多种，头部主要是下压上、中间压两侧，下方保护面颊部分为上压下。与大多数传统胄不同，齐王墓中的铁胄为无顶形制。

不过目前没有明确的出土文物显示其佩戴方式，有观点认为不太可能直接套上铁胄，将发髻暴露在外，故而穿戴顺序应为先戴上内衬包裹头部和发髻，然后再戴上无顶铁胄。但也有人认为，在内衬形制不明的情况下，不宜做过多自我发挥，而且铁胄本身也能直接佩戴。在绘制周瑜形象时，也是考虑到巾帻形制不明的情况，让他直接戴上了铁胄。

裲裆铠

绘图中周瑜只有一层铠甲，他内戴保护肩部的披膊装置，外套标准的裲裆铠。这里裲裆铠以完全体，而非以加强铠的形式出现。

汉末刘熙所著的《释名·释衣服》曰："裲裆，其一当胸，其一当背也。"曹植在《上铠表》中提及的"两当铠"也指这类铠甲。顾名思义，裲裆铠由一片胸甲和一片背甲组成，肩上用皮革扣结，穿时在腰间系带，其形状与当时的服饰裲裆衫相似。2016年7月15日，在洛阳市洛龙区寇店镇西朱村曹魏时期贵族大墓中出土的琥珀小儿骑羊串饰，小儿身上所穿的也是这种裲裆铠，这说明此种铠甲的基本形制在三国时期已定型。时间再往后一些的两晋南北朝时期出土的陶俑或壁画、画砖里，经常能看到身披裲裆铠的武士，大多数还有坐骑。这种铠甲的长度仅到腰部，而且便于双手挥动，显然是为适应马上动作而生的。

裲裆铠的出现与战争形式的变化息息相关。自战国后期起，步兵与战车协同的作战方式已逐渐衰落，经过"胡服骑射"改革，骑兵开始在中原推广。两汉时

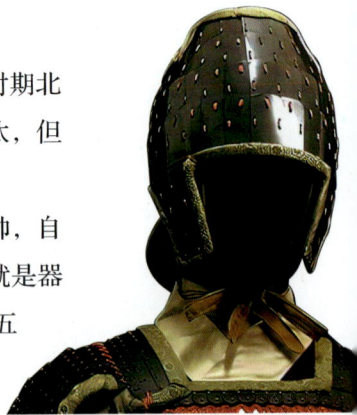

▲ 齐王墓五号坑出土铁胄复刻款。（函人堂 供图）

▼ 南北朝时期武士俑，其裲裆铠形制与东汉击鼓画像砖上的人类似，应为同一款式的沿革。（洛阳市博物馆 藏）

▶ 琥珀小儿骑羊串饰，三国时期（魏），出土于洛阳市洛龙区寇店镇西朱村的曹魏时期贵族大墓。可以清楚看到，骑羊小儿身上穿着一件裲裆铠。（洛阳博物馆 藏）

期恰恰也是骑兵迅速发展的时期，到东汉末年时，诸如虎豹骑、白马义从、西凉铁骑等五花八门的骑兵部队层出不穷。随着马具不断完善，人们掌握骑术的速度得以提升，马匹也更容易被驯服和控制，同时骑马变得更舒服、稳固、省力，骑兵可以做出很多新的战术动作，也更加擅长长途奔驰和行军。这个时代，灵活机动的骑兵终于彻底取代了战车，成为战场主角。

两晋南北朝的裲裆铠，腰部以下用绢或皮革制成短形筒裙以保护腿部。周瑜作为水军统帅，冲锋陷阵的可能性不大，故而用质地薄而坚韧的绢做裲裆铠下半部分围裙。

总体而言，出现于汉末，在魏晋南北朝时期被广为使用的裲裆铠，从形制到编缀方式都与秦汉时期甚至先秦时期的札甲有一定的沿革关系。但它的最终定型，则是为了适应新的战场形势——骑兵崛起。

羽扇

在诸葛亮一章，我们说到了"羽扇纶巾"描写的是谁这一公案。纶巾问题前文已详说，这里主要说说羽扇。正史中没有任何关于周瑜手持羽扇的记载。但如果做合理推测，历史上的周瑜是否会用羽扇呢？完全有可能！

羽扇当年究竟有多火？魏晋时期文学家嵇含专门写了《羽扇赋》；西晋安平文学家张载也写过《羽扇赋》；西晋诗坛泰斗陆机同样写过《羽扇赋》。羽扇在晋朝士大夫群体中影响之大可见一斑。

值得注意的是，生活于三国到西晋时期的文学家傅咸在《羽扇赋序》中写道："昔吴人直截鸟翼而摇之，风不减方圆二扇，而功无加；然中国莫有生意者。灭吴之后，翕然贵之，无人不用"。这提供了一个重要信息，即羽扇很可能诞生于吴地，而且在吴地流行已久。太康元年（280 年）晋灭吴后，羽扇在晋朝的士大夫群体中流行开来。据此推断，在比西晋稍早一些的东汉末年，周瑜作为吴地的军事统帅，手持当地特产羽扇也完全合情合理。

周瑜演义形象的定格

《三国志》除了说周瑜"长壮有姿貌"之外，并未对其长相和装束有具体描述，这也让后世文人墨客们有了创作空间。

元代，三国故事开始在民间兴盛，这也是群雄形象在老百姓心目中定格的第一个关键时期。不过这个时候的三国故事"蜀汉正统"已占据主流，曹魏、东吴方面的人物受到不同程度的歪曲甚至丑化。在宋元时期的评书、杂剧中，周瑜算是被丑化得最严重的人物。

▼（左下）《遗香堂绘像三国志》中群英会时正在舞剑的周瑜。此时周瑜的形象已是无须的青年儒将，与今人心目中的周瑜十分接近。

▼（右下）明万历十九年书林周曰校刊本《新刊校正古本大字音释三国志通俗演义》，周瑜形象与《遗香堂绘像三国志》中的非常相似，都为俊秀小生。

《三国志平话》对周瑜的外观没有描述，倒是专门描写了诸葛亮"髯如乌鸦，指甲三寸，美若良夫"。可见胡须浓密的形象在当时是被视为美丈夫的。至于周瑜，外貌不仅有正史认证，还有苏东坡加持，美男子地位很难撼动，所以即使是把他塑造成胸无大志、愚蠢莽撞的小丑的《三国志平话》，虽不提及样貌，但插图也得参照当时的审美，画得相貌堂堂。元代至治年间刊印《三国志平话》配图"曹彰射周瑜"里，周瑜留着浓密胡须，身穿宋式甲胄，外套罩袍，手持长矛追击曹军。这应该是现今能看到的最早的周瑜的图像资料了。

元末明初《三国演义》成书后，周瑜的外貌有了更详尽的描述。现存最早的嘉靖壬午本《三国志通俗演义》写道："其人面如美玉，唇若点朱，姿质风流，仪容秀丽。"明代中期开始，人们以肤白、清秀为美，这一时期绣像中的周瑜形象又与元代大为不同。现存《遗香堂绘像三国志》虽然是清代翻刻，但原刻出自晚明时期的版刻匠黄诚之手，可以视作明人笔下的三国人物绘本。该书"群英会"一图中，舞剑的周瑜是面白无须的小生形象，而他身边围观的江东群臣则身穿明代官袍，头戴乌纱、大帽、飘飘巾等典型的明代服饰。周瑜身上的服饰也类似于一套明代圆领袍，颇有时代特征。这个形象基本和今人印象中的周瑜相符。

再看明万历时期刊印的《新刊校正古本大字音释三国志通俗演义》，周瑜同样以清秀小生面貌出现，装束也与《遗香堂绘像三国志》中的周瑜非常相似。京剧兴起后，周瑜皆以小生脸谱出现，也是在脸谱化的影响下，到了晚清时期，周瑜的形象就有些清秀过头了。例如光绪九年（1883年）五月刊刻、由吴友如绘制的《〈三国志演义〉全图》里的周瑜，如果不是题记写明了身份，大概率会被认成贾宝玉。

可能时人也意识到，周瑜作为一位军事统帅，画成贾宝玉着实是秀气有余英武

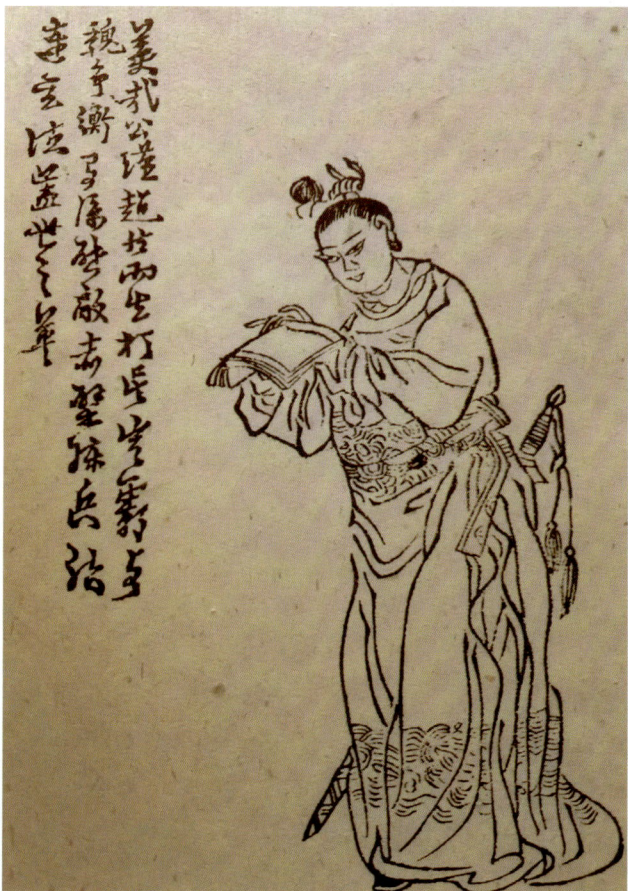

▼ 清光绪九年五月刊刻《〈三国志演义〉全图》周瑜形象，从外形到样貌都酷似贾宝玉。

不足，所以民国时期的连环画中又给周瑜穿上铠甲，以表明身份。但问题又来了，如果每次周瑜都全身披挂出场，那又如何与赵云、马超这些武将区分呢？于是 20 世纪兴起的各版本三国题材连环画采用了古人的老办法，即创作儒将型人物时，加上绣衫或文武袖这样的装束。

所谓文武袖，即穿上铠甲后，再罩一身袍服，但袍服不必全穿，而是袒露一臂的铠甲。这种装束起始于唐，流行于宋，到明代绘制儒将形象时，多采用文武袖形象。比起全甲装束的威武，文武袖的确能在彰显武力的同时又不失文化底蕴，给人刚柔并济之观感。

后来，头戴凤翅盔，身穿文武袍之装束几乎成为周瑜的特有形象。20 世纪 80 年代，不少对三国文化痴迷的日本人前往中国采风，深受我国三国题材连环画的影响。后来他们以我国连环画人物的装束为主要参考，使用油画等形式绘制出三国人物形象，用于动画、游戏，使之广泛传播。如光荣《三国志》系列、《三国志英杰传》等当年影响深远的三国题材游戏里，周瑜皆以凤翅盔、文武袖的形象出现。

不过话又说回来，虽然从明代开始，周瑜清秀无须的小生形象就已定格，但在市井文化之外，偏官方的画像中，他一直保持着中规中矩的留胡须形象。明代《三才图会》收录的"周公瑾像"，周瑜头戴软脚幞头，身穿交领袍服，留有胡须，年龄看上去在 50 岁上下，容貌装束也没有特色。

由中国国家博物馆编撰的《中国历代名人画像谱》收录了一幅清代绘制的彩色周瑜像，容貌与《三才图会》中的周瑜像非常相似，都是慈眉善目、方面长须的传统形象。清代顾沅辑在《古圣贤像传略》中收录的周瑜像，同样是毫无个性的方面长须。其实这些周瑜画像最大的问题不在于有没有胡须，而在于千人一面，无论容貌特征还是服饰装束都不具备个性。何况它们又不是历史上流传下来的画像，其影响力自然远不如演义，很快就被遗忘了。相反，那个一身戎装，雄姿英发的周郎形象只会越来越深入人心。

◀ 日本著名三国游戏《三国志 12》（光荣系列）中，周瑜身穿文武袍之形象。（长野刚 绘）

◀《中国历代名人画像谱》收录的清代绘制的周瑜像。

在周瑜的演义故事中，蒋干堪称黄金配角，其自作聪明的盗书之举更是周瑜除掉蔡瑁、张允之关键。历史上，蒋干出场不多，只有一次游说失败的经历，但他绝不是《三国演义》中那个盗书中计的小丑。史书记载蒋干"有仪容，以才辩见称，独步江、淮之间，莫与为对"。既仪表堂堂，又独步江淮，可见也是位学富五车、能言善辩的名士。

绘图中的蒋干是汉末至魏晋时期较为典型的文士形象，其装束参考了魏晋时期文物，甘肃省高台县骆驼城苦水口一号墓出土的赠剑画砖，反映了汉末至魏晋这一时期的风貌。

蒋干的服饰外为禅衣。禅衣又称"单衣"，即单层罩衣。《说文》释"禅"曰："禅，衣不重。"长沙马王堆一号汉墓曾出土过两件著名的"素纱禅衣"。西汉时，禅衣往往作为上层人士日常所穿的常服。

无论是上朝的礼服，还是燕居的便服，两汉至魏晋的服饰，尤其是男子服饰经历了从拘束严谨到自由活泼的变化过程。西汉时期，男子服饰大多紧身贴体，但到了东汉，服饰向着宽松、肥大的方向转变。魏晋服饰则继承了东汉的宽松随意之风格。东汉时期，虽然男子地位较高者习惯穿着宽袍大袖风格的袍服，但不拖地的袍服增多，里面则穿着襦裤（即图中蒋干足部露出的肥裤子）。

蒋干头上所戴之首服为介帻。西汉早期，男子发式与先秦风格类似，以戴冠不戴帻为主流，头冠也颇有战国遗风。至西汉晚期，帻开始被广泛使用。《后汉书·舆服志》记载，帻的普及与汉元帝有关。汉元帝刘奭登基后，因额前的毛发不容易整理，索性常戴帻将头发全部包起来，群臣仿之。这个风气一开，帻的质料和做工自然就讲究起来。到了东汉，既有帻加上冠（如进贤冠）的戴法，也有戴帻不戴冠的现象，倒是单独戴冠不戴帻的发式基本消失。

王莽篡汉称帝后，由于秃发，没办法戴冠，于是将原先的软帻衬裱使之硬挺，又将顶部升高，形成一个可以将秃顶掩盖住的介字形的帽屋。后来这种有介字形帽屋的帻得名"介帻"，成为东汉至魏晋时期颇为常见的文士首服之一。从其最初的功能来看，介帻也堪称无发人的福音。

▼ 蒋干立像，汉末文士历史装束。（饶晋萍 绘）

周瑜装容
实拍图志

▲ 演义装束之周瑜执旗图。表现的是赤壁之战时，头戴凤翅盔、身穿文武袍，挥动令旗，号令三军的周瑜。这种装束虽然宋明之风十足，却是各种三国题材作品中周瑜的标准装束。

周瑜装束真人实拍分为演义形象和历史形象两部分。演义形象的周瑜头戴凤翅盔、身穿文武袍，这是在《三国演义》影响下自明代以来形成的，具有代表性的周瑜装束。历史形象则身穿汉制甲胄和汉制襌衣，并且与绘图不同，表现了东汉末年盛行的"人被（披）两铠"的穿着效果。

摄　　影：	朱莫诩（侯先生作品除外）
妆　　造：	花小花酱
服饰提供：	入时无传统服饰工作室
甲胄提供：	函人堂
武器道具提供：	刮胡刀王、陈楚浩
出镜角色：	周瑜——周渝 饰
	小乔——侯佳明 饰
	小桥——花小花酱 饰

▲ 历史装束之周瑜与小桥。此图表现的是赤壁之战胜利后，周瑜凯旋，尚未卸甲便迫不及待抚琴一曲，小桥则在侧静听。

◀ 周瑜演义形象，装备凤翅盔、鱼鳞甲、兽吞、文武袍等，一手持明剑，一手持笛。

▶ 周瑜历史形象，装备汉制兜鍪与汉制铠甲，外加一层加强铠，即《三国志》所记载的"人被（披）两铠"之穿法，一手持汉剑，一手持笛。

◀ 演义装束之周瑜与小乔（虽然《三国志》记载为"小桥"，但后世误传的"小乔"之名显然更广为人知，故而涉及演义形象时，皆以《三国演义》为准，记为"小乔"）。周瑜的演义形象多为头戴凤翅盔，身穿宋明风格铠甲。相比之下，小乔则没有固定的演义形象。虽然《三国演义》原著对小乔有所提及，但她并未正式出场，故而明清时期的三国绣像中也很少出现小乔形象。不过在 1994 年央视版《三国演义》电视剧中，由何晴饰演的小乔直接亮相，给观众留下了深刻的印象。除了电视剧，近几十年来的三国题材漫画、动画、游戏中均有小乔的身影，周瑜与小乔也成了三国系列作品中极为著名的组合之一。由于《三国演义》原著中并无对小乔的详细描写，后来各种衍生作品中小乔的形象也各异，多为身穿古风服饰的美人，但其装束并无明显的时代特征。（摄影：侯先生）

► 演义装束之三气
周瑜。演义里，周
瑜似乎总是一副气
呼呼的模样，因为
每次与诸葛亮斗智
都落于下风，前一
秒还在大骂"诸葛
村夫"，后一秒就被
气得口吐鲜血。

周瑜实拍小记 · 甲胄

　　拍摄周瑜历史装束之前，我们用东汉至魏晋时期存在的几款甲胄形制进行过各种"人披两铠"的尝试。例如以戴盆领的魏晋骑兵重铠（本书中于禁所穿甲胄）套穿带披膊与裤甲的汉制铁甲（本书周瑜所穿），发现完全不能穿着。后又以筒袖铠套穿汉制铁札甲，发现套穿后活动极为不便，也不具有可操作性。最后尝试成功的搭配为：主铠——带裤甲（下半身裆部的防护甲）与披膊（上半身肩部保护甲）的汉制铠甲；加强铠——简单的汉制胸背甲，主要防护躯干要害部位。二者套穿后，对正常活动毫无影响，也验证了史籍记载的"人披两铠"搭配方式之最大可能性。

　　周瑜所戴的兜鍪为当时典型的复合型头盔，胄体也由甲片编缀而成，顶部由一排长甲片围成，下排以短甲片编缀，佩戴后可以保护头部、耳朵和后颈部位，边缘有织物包裹以防擦伤。

周瑜实拍小记 · 杂物

　　除了甲胄之外，实拍还使用了汉剑、书简、白羽扇、虎符、偏将军印、笛子、埙、古琴等器物。以周瑜的人物设定，作为佩剑的汉剑和用于研读的兵书自然必不可少。白羽扇的设定在前文已详细说过。至于偏将军印，其出现的依据是赤壁之战后周瑜被封为偏将军。该印外形参考出土的东汉龟钮偏将军印。笛子、埙、古琴这几件古代乐器的出现，主要根据《三国志·周瑜传》的记载："瑜少精意于音乐，虽三爵之后其有阙误，瑜必知之，知之必顾，故时人谣曰：曲有误，周郎顾。"

◀ 历史装束之周瑜
执剑持胄。

▶ 演义装束之周瑜
郁郁寡欢。在《三
国演义》的故事里，
周瑜与孔明斗智屡
次失败，逐渐变得
郁郁寡欢，不再有
赤壁之战时的意气
风发。案桌上有埙、
笛、香炉、竹简以
及偏将军印等物件。

周瑜实拍小记·虎符

　　虎符这个道具值得重点介绍，让它出镜有两个原因。其一，虎符象征兵权，周瑜作为军事统帅，手持虎符可以彰显身份。其二，本书完稿于虎年开年之际，虎符也有一定的纪念意义。借此机会，也撰写一篇小文科普一下这个特殊的军武重器。

◀ 历史装束之周瑜与小桥。赤壁之战前夕，周瑜夜读兵法，案桌上除了兵书之外，还有调动兵力用的虎符。

虎符小传

知识延伸

▶ 杜虎符，战国秦，1975年陕西省西安市南郊出土。其状为一只作欲走势的老虎。（藏陕西历史博物馆藏）

　　象征着兵权的兵符以虎之形态铸造，称"虎符"。现存的虎符多是以青铜、玉、黄金等材质做成的，但史籍中最初的兵符是用竹节制作，形制不明。按照《史记正义》的说法，早在传说时代，"天遣玄女下授黄帝兵信神符，制伏蚩尤"。也就是说，远古时期就有了兵符。若不算过于缥缈的神话，那至少在西周时期兵符就已登上历史舞台。从最早的兵符实物来看，战国时代的兵符就已经用青铜制作并以老虎为外观。

　　1975年出土于陕西西安郊区的杜虎符是现存年代最久远的虎符。它是战国晚期秦国杜地的兵符，青铜材质，虎身长9.5厘米，高4.4厘米，厚0.7厘米。老虎造型为昂首、塌腰、垂尾，作欲走势。这枚青铜虎符的虎身上还有错金铭文9行，共40字："兵甲之符，右才（在）君，左才（在）杜，凡兴士被（披）甲，用兵五十人以上，必会君符，乃敢行之。燔燧之事，虽毋会符，行殹（也）。"铭文写明了虎符的使用方式，即右半符由国君掌握，左半符在杜地的将领手中。但凡需要调动的甲士超过50人，就必须有君王的右符与杜地左符相合，组成一只完整的虎，否则不能行动。不过铭文也说了，若遇烽火报警等紧急情况，则不必等右符也可调兵应对。

　　这枚杜虎符仅有左半符，另外一半应该没用上，还在秦王手里，所以即使有人拿着它穿越回战国晚期的杜地，也没法用半面虎符调动军队。相对来说，现藏于中国国家博物馆的秦代阳陵虎符则是一枚完整的兵符。阳陵虎符长8.9厘米，宽2.1厘米，高3.4厘米，姿态为卧虎，与呈欲走之势的杜虎符不同。虎之颈背有12字错金篆书铭文："甲兵之符，右在皇帝，左在阳陵。"可知是秦始皇颁发给阳陵守将使用的兵

符。这枚虎符本可以中分为二，两边铭文相同，但由于年代久远，对合处已经锈死，不能分开。从其左右完整的形态来看，当时可能已发挥作用，或是秦亡时子婴集齐后献给刘邦的。

在通信不发达的时代，虎符成为统治者调兵遣将的重要凭证，为了限制将领滥用兵权，设计了合二为一方能调动兵马的规则。那么问题来了，虎符如此重要，别有用心者会不会进行仿制以夺取兵权？从生产力水平来看，虎符流行于春秋战国至秦汉时期，以当时的条件要仿制并不容易。更重要的是，每一个虎符都只能调动相应地区的兵马，并非拿着一个老虎兵符就能包打天下。而仿制的最大难点在于，从先秦到两汉，这些兵符虽然都是老虎造型，但形态各异。我们可以看看出土文物，战国杜虎符是一只正准备行走的老虎；阳陵虎符是一只卧虎；现藏于济南市博物馆的战国玉虎符虽也是一只卧虎，却是扁平形态。也就是说，虎符不仅数量众多，而且刻铭、形状、等级皆不相同，外人很难仿制。

当然，利用虎符来擅自调兵也并非不可行，只要把国君手里的另一半偷来就行。《史记·魏公子列传》中就记载了一则信陵君窃虎符调兵的故事。魏安釐王二十年（前257年），赵国在与秦国的战争中节节败退，都城邯郸被秦军将领王陵重重围困，灭亡只在旦夕之间。魏王接到赵国的救援请求后派遣将军晋鄙"将十万众救赵"，但晋鄙出兵后又驻于邺城，名为救赵，实则作壁上观。危急之际，一心想调兵救援赵国的魏国公子信陵君无忌决定铤而走险，在门客帮助下，借魏王姬妾如姬之手窃得君王手中的另一半虎符。随后，信陵君携魏王虎符，带着力士朱亥一同来到将军晋鄙帐中，诈称魏王令其交出兵权。晋鄙生疑之际，朱亥以迅雷不及掩耳之势将其击杀，又缴获了晋鄙手中那一半虎符。两块虎符合而为一，取得兵权的信陵君选精兵 8 万人对秦军发起进击，邯郸之围遂解。

虽然虎符并不能完全与兵权画等号，但它毕竟是调兵遣将的重要凭证，也是古代军事文化中虎崇拜的重要依据。从先秦时代开始，无论是东周列国，还是后来的秦汉帝国，尽管地域不同、文化不同、统治者也不同，可兵符在外观设计上却出奇地一致——都是百兽之王老虎。当然，虎符并不是军队崇虎的唯一例证，从纷乱的先秦到尚武的两汉，无论是调兵遣将的兵符，还是朝廷给武将封的官职名称，又或是一支部队的番号，无处不见虎之身影。

兵符以虎为形传统悠久，虽然到隋朝时出现过麒麟状的兵符，但虎符仍是主流。可入唐后因为讳虎，老虎在兵符界连一席之地都没有了，兵符外形被改为鱼，武周时期又以龟代替，后又以鱼和兔子为形。所以在唐朝，兵符也不叫虎符，而叫鱼符、兔符或龟符。等到改朝换代，赵宋治天下之时，老虎终于咸鱼翻身。这个时代，不仅出现了李公麟这样擅长画虎的画家，绘制了《百虎图》《猛虎下山图》等佳作，虎兵虎将也得以在庙堂之上重见天日。

▼ 三城护军虎符，三国（魏）。（故宫博物院 藏）

虽说兵符恢复成老虎形态，消失了几百年的虎符回来了，可宋时奉行重文轻武的基本国策，兵制也经过多次变革和进步，虎符早已不像先秦两汉时那般重要，只具有象征意义。正因为象征性大于实用性，制造又颇为麻烦，所以宋末元初虎符就简化成了一块带老虎图纹的铜牌。王国维在《元铜虎符跋》中考证云"元之虎符俗云虎头牌"，所指的就是这种铜牌。跨越了先秦到魏晋南北朝的千年不易，曾在战争中至关重要的虎符，从此淡出了历史舞台。

　　汉末三国"三大战役"中，发生于建安十三年（208 年）的赤壁之战无疑最为著名。此役对时局的影响已有定论，但关于战役具体过程的史料十分稀少，与战役知名度完全不匹配，导致千百年来疑云重重。大量战斗细节的缺失，不仅让历代文人、学者耗尽心思反复推敲，无穷考证，也给文学艺术创作留下了极大的空间。明代《三国志通俗演义》成书之时，关于赤壁之战已形成了一个精彩绝伦的完整故事，火烧连环船的激战场景酣畅淋漓，战前曹、孙、刘三方一系列纵横捭阖同样扣人心弦，蒋干盗书、草船借箭、苦肉计、借东风等典故更是家喻户晓。

　　折戟沉沙铁未销，自将磨洗认前朝。火烧赤壁成就了周瑜的人生辉煌，但主角光环之下，那些因《三国演义》而闻名的配角们又是以何种形象出现在史书上的呢？

蒋干：变成丑角的配角

　　荆州刘琮投降后，曹操给孙权发去带有威胁性的书信，但他并没有在建安十三年南侵江东之计划。原因很简单，汉末荆州疆域辽阔，北有南阳郡，东有江夏郡，西有南郡，涵盖河南、湖北、湖南三省部分区域，加起来大致相当于今天两个省的地盘。而刘表统治期间，荆州未经战火，人口集中，地方富庶，曹操轻而易举拿下，不得不分兵占领辽阔土地，招揽本土人士以笼络人心，这些都需要逐步操作。

　　可不发动战争不代表不进行谋略。不战而屈人之兵，善之善者也。从内部策反与分化江东政权的暗战早已打响。这场较量中，曹操的目的明确：第一，策反江东主战派的核心人物；第二，拉拢江东统治集团尤其是孙氏家族内部的主和派，分化其政权，瓦解江东抗战意志。先说第一计，看过《三国演义》的读者对"蒋干盗书"这一典故必定熟悉，名士蒋干向曹操毛遂自荐，他自认为是周瑜的老同

▲ 清初刊本《三国志绣像》中的"群英会瑜智蒋干"。

学,可凭三寸不烂之舌说服周瑜来降。而后蒋干前往江东,参与群英会,被周瑜施以反间计,盗走周瑜伪造的蔡瑁、张允之降书,继而成功让曹操起疑,诛杀了熟知水战的蔡瑁、张允,为东吴除去一大祸患。从此,蒋干以徒有虚名、自作聪明的小丑形象定格在老百姓心中。众多《三国志》系列游戏中,蒋干的智力值也只有 60 左右。

历史上的蒋干究竟是何形象呢?蒋干此人并无列传,只出现于《三国志·吴书·周瑜传》裴注所引的《江表传》中。史书记载蒋干"有仪容,以才辩见称,独步江、淮之间,莫与为对",既仪表堂堂,又独步江淮,可见也是位学富五车、能言善辩的名士。

对江东周郎之才,曹操早有耳闻,于是便派遣名士蒋干前往江东劝说周瑜归顺。周瑜对蒋干之来意心知肚明,见面便问:"子翼良苦,远涉江湖为曹氏作说客邪?"蒋干答:"吾与足下州里,中间别隔,遥闻芳烈,故来叙阔,并观雅规,而云说客,无乃逆诈乎?"周瑜说:"吾虽不及夔、旷,闻弦赏音,足知雅曲也。"从这段对话来看,两人虽然不是亲密的老同学,但也互有耳闻,互相尊重。周瑜热情招待了蒋干,邀请他一同进食,又带他参观营中兵仗。三天后,周瑜带蒋干到室中赏玩服饰珠宝,并向其说出心里话:"丈夫处世,遇知己之主,外托君臣之义,内结骨肉之恩,言行计从,祸福共之,假使苏张更生,郦叟复出,犹抚其背而折其辞,岂足下幼生所能移乎?"

这无疑是向蒋干表明,您老兄的意思我都懂,但我已遇明主,即使苏秦、张仪、郦食其这样的名士复生也无法说动我心,何况是你这个后生呢?蒋干听周郎如此说,心里也有数了,只得返回曹营,从此以后,史书中再也没出现过关于蒋干的记载。也就是说,正史中的蒋干的确为曹操充当说客,也确实无功而返,但整个游说过程也算君子之言,蒋干并无趁周瑜醉酒盗走书信这般猥琐之举。虽然蒋干只是赤壁暗战中一个用于衬托周瑜忠诚度的配角,但其历史形象没有多么不堪。经过演义的再塑造,他竟然以小丑形象闻名于世,其冤不亚于被"三气"而死、成为心胸狭隘的代表的周郎。

至于演义中被反间计所杀的蔡瑁、张允二人，正史中并无他们结局的记载，只有后来曹丕在《典论》中一句骂贰臣的话，即"匡、璋、配、图、瑁、允之徒，固未足多怪，以后监前，无不烹菹夷灭，为百世戮试"。这里的瑁、允即蔡、张二人，说他们"无不烹菹夷灭"，似乎也表明二人结局并非善终，演义大概也是就此发挥，创作了周瑜巧施反间计诛杀蔡、张二人的经典故事。

朱治：被遗忘的"救火队长"

虽然蒋干无功而返，但曹操对江东孙氏集团的分化却收到一定成效。江东阵营本就为战和问题争吵不休，恐吓信事件后，除了张昭等老臣主张迎曹，就连孙权的从兄孙贲也开始大唱迎曹论调。

孙贲在演义中毫无存在感，但历史上此人在东吴政权中的地位不可小觑。孙贲是孙坚同母兄长孙羌之子，也是孙策和孙权的堂兄，早年跟随孙坚南征北讨。演义描写孙坚被黄祖射杀时，用了诸多笔墨刻画少年孙策初露锋芒、危局突围之英姿。但正史中并无孙策随父出征黄祖的记载，孙坚战死时，率部突围投奔袁术的人正是孙贲。孙贲在孙策立业后兼任豫章太守，后又受封都亭侯，是江东孙氏中举足轻重的人物。此外，孙贲与曹操也有一层关系，他的女儿嫁给了曹操之子曹彰。

曹操南下荆州、刘琮投降之后，孙贲为曹操的强大势力所震慑，加上姻亲关系，于是心生迎曹之意。孙贲与张昭的情况还不太一样，张昭虽也主张迎曹，但这只是政治路线的选择，必须有孙权拍板才算数。而孙贲因为与孙权、曹操的种种关系，更具自主性，他可以付诸实际行动——将自己的儿子派给曹操当人质，以此表示臣服。如果孙贲真向曹操派遣质子，对东吴的抗战意志无疑是一种打击，政治影响相当恶劣，甚至会导致孙氏家族分裂。所幸在危急关头，一位江东三朝老臣亲自出马，阻止了孙贲迎曹之举，此人就是朱治。

与孙贲一样，朱治也是《三国演义》中的"小透明"，但在历史上声望极高。汉灵帝时期，朱治已是汉朝的公职人员，历任县吏、州从事等职，与孙坚结识后一路追随，为其出谋划策。后来孙坚战死，朱治又继续辅佐孙策渡江立业，被拜为吴郡太守。建安五年（200 年），孙策遇刺身亡，在奉孙权嗣位这件事上，朱治与张昭发挥的作用同样重要。建安七年（202 年），孙权改

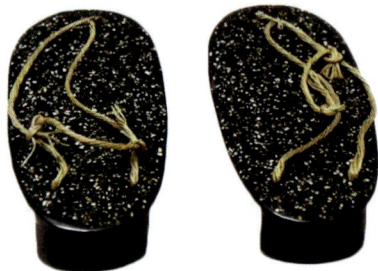

▼ 朱然墓出土漆木屐。朱然为朱治养子，最后在东吴官至左大司马、右军师。（马鞍山市三国朱然家族墓地博物馆藏）

授朱治为九真太守，行扶义将军。一直以来，朱治为稳定江东局势做出了卓著的贡献。赤壁之战前夕，得知孙贲准备送质子以迎曹操，他挺身劝阻。

前在东闻道路之言，云将军有异趣，良用悒然。今曹公阻兵，倾覆汉室，幼帝流离，百姓元元未知所归。而中国萧条，或百里无烟，城邑空虚，道殣相望，士叹于外，妇怨于室，加之以师旅，因之以饥馑，以此料之，岂能越长江与我争利哉？

朱治劝说孙贲的这番话与周瑜给孙权做的形势分析非常相似，他指出北方战事方止，曹操后方不稳，贸然兴师渡江远征很难成功。孙贲也是聪明人，听完朱治的分析后就打消了派送人质的念头。

今人都知道赤壁之战前，周瑜、鲁肃是江东最坚定的主战派，前有周瑜与孙权的一番谈话，后有孙权拔刀斩案立决心之举。但在此前的战和之争中，江东人心惶惶，主和之声甚嚣尘上，值此关键时刻，正是朱治这种声望颇高的三代老臣挺身救火，孙氏家族内部的迎曹势头才被扑灭于摇篮之中。可以说，朱治为江东集团统一抵抗意志、坚定抗战决心所做的贡献同样不可忽视。

▼ 上海人民美术出版社出版的《三国演义》连环画中的程普形象。

程普：没有存在感的右都督

暗战阶段，曹操对江东集团的两项攻略相继破产，既然政治手段已无法奏效，那就只能用军事手段解决了。周瑜显然早就料到了，他向孙权自请精兵，直入荆州境内寻找曹操主力进行决战。据《三国志》载，孙权下定决心后，周瑜、程普分任左右都督，各自督领一万五千精兵，联合盟友刘备军一起逆江而上，深入荆州破曹。

问题来了。首先，《三国志》只说"遂以周瑜、程普为左右都督"，那么到底谁是左，谁是右呢？这里的左右并非平级关系，而是有主次排序的。按照《三国志》记载的先后顺序，应是周瑜为左都督，程普为右都督。毫无疑问，周瑜肯定是赤壁之战的主导者。黄盖等参加赤壁之战的将领的传记里都是"随周瑜据破曹公"的记载，而无"随程普"之说。多年后孙权也言"公瑾雄烈，胆略兼人，遂破孟德，开拓荆州"。从这个角度看，周渝为左都督更加确定无疑。但也有人提出

异议，认为古代中国以右为尊，故而周瑜应为右都督。事实上，以左为尊还是以右为尊不能一概而论，例如周朝以右为尊，战国时秦国、赵国亦如是，但楚国却反过来以左为尊。东汉以来逐渐形成了左尊右卑的制度。这样来看，周瑜为左都督、程普为右都督更为合理。

顺道一说，《三国演义》中周瑜乃东吴水军大都督，这并不符合事实。实际上他在讨伐黄祖时做过前部大督，赤壁之战时则为左都督，战后被孙权表为偏将军，终其一生都没做过大都督。那么是不是演义将周瑜的地位拔高了呢？也不是，因为当时江东政权并无大都督一职，东吴首个授大都督之职的人是陆逊，那是黄武元年（222 年）孙权受封吴王后的事。常有好事者挑刺，认为周瑜至死都只是一个偏将军，以职位很低为据否定其历史地位，这就显得非常外行了。须知当时孙权官职亦不过讨虏将军，但江东集团却是一个独立的政治实体，无论是讨虏将军还是偏将军，其实权与职位已无太大关系。若真要以官职论英雄，恐怕除了汉帝之外，第一英雄当首推"寿春天子"袁术，至于"阳明皇帝"许昌、"下邳天子"阙宣、"巴蜀天子"马相等人，都要排到众多汉末三国英雄前面了，岂不谬哉？

言归正传，右都督程普虽然职位在周郎之下，但也足以看出孙权对他十分重视，这与程普深厚的资历有关。程普是江东政权的元老级将领，当年孙坚讨黄巾、伐董卓、斩华雄、破吕布，程普随征左右，无战不与。孙策立业期间程普更是战功累累，尤其是在孙策与祖郎的战斗中，他奋勇当先，救主于危难。孙权即位后，程普又在平定各方不服势力时再度立功。他是东吴诸将中年岁最长的，在《三国志》列出的孙吴十二虎臣中位列第一。但这么一位久经沙场的老将，在赤壁之战中存在感着实不高，这又是何原因呢？

从其履历中不难发现，老将军的地位是靠战功一步步累积起来的，他除了作战英勇之外，并没有太多政治上的表现。这也是孙坚留下的老将的共同特点，他们对孙吴政权忠心耿耿，也大都能征善战，但缺乏后起之秀周瑜、鲁肃等人身上那种纵横经纬的雄才大略。程普更多的是一员骁勇善战的悍将，孙权派这位三朝老臣给周瑜当副手，也代表他对周瑜能力的肯定。其实《江表传》中还有一段颇似"将相和"的记载，说程普自恃年长资历深，瞧不上小辈周瑜，并数次侮辱。周瑜却毫不计较，甚至折节容下。后来程普被周瑜的气度所折服，逢人便说："与周公瑾交，若饮醇醪，不觉自醉。"

虽然史籍中不见程普参与谋划赤壁之战的记载，但他无疑是一名优秀的战将，史载其"破曹操于乌林"，于沙场再立军功。赤壁之战的最后阶段，程普又跟随周瑜攻打南郡。相持近一年后，周渝终于成功驱逐曹仁，程普也因功拜为裨将军，领江夏太守。裨将军比周瑜的偏将军还低一级，但还是那句话，官职高低与实权大小是两回事，程普在江东集团的政治地位很高。周瑜病逝后，接任其南郡太守之职的也是程普。之后这位老将军几乎就不见于记载了，就连其卒年都有争议。

黄盖：悲壮的老将军

相比右都督程普，江东另一位老将黄盖的存在感要强很多，别的不说，就看"周瑜打黄盖"这个典故多么家喻户晓吧。其实《三国演义》对黄盖的着墨并非无中生有，毕竟在正史中，提出火烧赤壁并亲率敢死队冲入曹军舰阵纵火之人就是黄盖。

黄盖与程普、韩当三人合称"三世老臣"，而黄盖又是三人中最有名的一位。他的早年经历就颇为传奇，《三国志》记载他自幼贫苦，很小的时候就遭逢凶难，

▶ 明万历十九年书林周曰校刊本《新刊校正古本大字音释三国志通俗演义》插画，表现赤壁之战爆发，黄盖冲向曹军放火烧船的场景。

丧失亲人，是真正的草根出身。但少年黄盖胸怀大志，给人打工砍柴之余还自学兵法。更具传奇色彩的是，在"举孝廉"普遍为官宦世家垄断的东汉末年，黄盖作为一个底层百姓，竟然也被举为孝廉，这在当时并不多见。跟随孙坚后，黄盖一直对孙氏家族忠心耿耿，孙策立业期间也随之南征北讨，屡立战功。有意思的是，黄盖还当过地方官。孙权即位后，黄盖曾转任春谷县县长、寻阳县县令等职，先后在九个县任职，所治之地皆平安稳定。后来担任丹阳都尉期间，他对山越问题也处理得恰到好处。

建安十三年冬赤壁大战时，黄盖作为周瑜部将随军远征。江东水军深入荆州与曹军战舰相遇后，这位久经沙场的老将根据多年作战经验，向周瑜提出火攻之计。当然，黄老将军令人敬佩之处不仅在于一针见血地提出火烧赤壁之战法，击中曹操命门，更体现在他身先士卒，舍生忘死。黄盖之勇，《江表传》中有详细记载。

至战日，（黄）盖先取轻利舰十舫，载燥荻枯柴积其中，灌以鱼膏，赤幔覆之，建旌旗龙幡于舰上。时东南风急，因以十舰最著前，中江举帆，（黄）盖举火白诸校，使众兵齐声大叫曰："降焉！"操军人皆出营立观。去北军二里余，同时发火，火烈风猛，往船如箭，飞埃绝烂，烧尽北船，延及岸边营柴。瑜等率轻锐寻继其后，擂鼓大进，北军大坏，曹公退走。

从这段记载中看来，黄盖凭借诈降冲入曹军船阵放火之举已非普通进攻，简直就是率领敢死队拼死一搏，非有献身之精神，实难有此壮举。事实上，黄盖的确险些牺牲，纵火之后，曹军展开反击，黄盖本人被张辽一箭射入水中，所幸被友军捞起，但友军不知伤者就是老将黄盖，只将他扔在侧舱之中。时值隆冬，江水寒冷彻骨，黄盖又受箭伤，已是奄奄一息。生命垂危之际，他想到了一起征战二十几年的老战友韩当，用尽力气呼喊韩当之名。正是这一喊让韩当发现船舱中生命垂危的老将就是老战友黄盖，他被黄盖的壮举感动得老泪纵横，立刻为其更衣御寒，救了黄盖一命。

赤壁之战的配角中，黄盖的表现最为突出，其忠义奋勇最为感人。《三国演义》给这位江东老将加了一出苦肉计诈曹操的戏码，使之形象更为丰满。在正史中，赤壁之后的黄盖仍有故事，他因功升为武锋中郎将，后又到武陵当地方官，去世前官至偏将军。黄盖还是江东十二虎臣中唯一一个身后受到百姓祭拜的，应该与其生前多次担任地方官有关。这也从侧面体现出，黄盖不仅是一位忠臣虎将，也是一位让百姓怀念的好官。

战船：江东水军有多强

统帅有方，将士用命，这些都是赤壁一役孙吴集团以弱胜强的原因。不过既是水战，又涉及火攻，就必然要依托于战船。赤壁之胜，还有个决定性因素——江东拥有强大的水军。

周瑜手下有哪些战船呢？史籍中提到了三种，即蒙冲、斗舰、走舸。

先说蒙冲，东汉刘熙在《释名·释船》中记载："外狭而长曰蒙冲，以冲突敌船也。"显然是一种进攻性战舰。建安十三年年初孙权征伐黄祖时，黄祖军两艘蒙冲舰令江东军大为头疼，后来还是凌统、董袭奋勇突击，成功切断两舰之间的联系，吕蒙才趁势阵斩敌将陈就。赤壁之战中，黄盖之所以选择以蒙冲数十艘出击，应是看中了这种战船"外狭而长"、速度较快、适合突袭的特点。

斗舰又是什么船呢？顾名思义，也是一种战斗型船舰，但当时史料中没有记载其形制。成书于宋朝的《武经总要》中倒是有斗舰条目："斗舰者，船舷上设女墙，可蔽半身，墙下开掣棹空。船内五尺，又建棚与女墙。齐棚上，又建女墙。重列战士，上无覆背，前后左右树牙旗、金鼓。"虽然宋代的斗舰未必与东汉相同，但大体能反推一些基本特征，即船体巨大，装载能力强，适合用于装载焚烧曹军的燃料。

至于走舸，也是一种行驶速度极快、灵活性很强的船，适合突袭作战，亦是执行救援任务的上乘之选。

以不同类别的战船搭配构成完整的作战体系，孙吴水军的实力可见一斑。跳出赤壁战场，能够反映江东水军实力的例子也有很多，例如孙权曾经派遣水军北至辽东与公孙渊接触，南至夷州（今台湾省）招人，留下大陆东渡台湾的最早记录。东吴水军的足迹遍及东海、黄海及渤海，没有强大的实力是很难做到的。此外，曹魏史书《魏略》也提到东吴"此年以来，复远遣船，越渡大海，多持货物……长吏以下，莫肯禁止，至使周贺浮舟百艘，沉滞津岸，货迁有无"。可见东吴水军在曹魏眼皮底下来去自如，而曹魏对此束手无策。

赤壁之捷，固然归功于统帅周瑜敢在曹操立足未稳之际率部主动出击，抓住了最佳时机。但要实现这一战略目标，既不能缺少程普、黄盖、韩当等英勇忠诚的将领，也要有强大的水军作为后盾。

▲ 铭文弩机，赤壁镇墓葬出土。弩机上刻有"上大将军吕侯都尉陈文和弩一张"。通过专家鉴定，它是东吴时期铸造的，距今约有1800年的历史。

拾贰

曹操

建安十三年南征疑云

上篇

赤壁纵横：曹操视角的
建安十三年

下篇

曹操装容复原记

赤壁纵横：曹操视角的建安十三年

　　唐开元年间，漫步在赤壁古战场的大诗人李白送别好友，遂作《赤壁歌送别》感怀。这首七言古风的前四句，以短短28字恰如其分地概括了500多年前那场改变历史进程的战争。

　　二龙争战决雌雄，赤壁楼船扫地空。
　　烈火张天照云海，周瑜于此破曹公。

　　看来李白也认为，当年赤壁那场漫天大火，正是东吴都督周瑜破曹功绩的凭证。可是，作为战败方当事人的曹操对此役却是另一番说辞。赤壁一役，他惨败北逃，至巴丘（今湖南省岳阳市一带）时叹息："若奉孝在，不使孤至此。"的确是又悔又恨。可等曹操引军北还，缓过气来，又在给孙权的书信中写道："赤壁之役，值有疾病，孤烧船自退，横使周瑜虚获此名。"

　　曹操的意思很明显。第一，赤壁之战，我军遭遇瘟疫，战力大减。第二，战船是我曹操自己烧的，周瑜乘虚而入捡了便宜，说他是赤壁之战的首功，名不副实。总而言之，赤壁之败，曹操败得既不甘心也不服气。而他这段话，给本已疑云

▼ 曹操赤壁兵败后，引军北返，授予曹仁锦囊让其固守南郡。历史上曹操并没有给曹仁锦囊，但赤壁之战后，面对孙刘联军的猛攻，曹仁的确坚守南郡长达一年之久。（出自《三国演义·取南郡》连环画，上海人民美术出版社1979年版；蒋萍、赵晋 绘；杨超 上色）

重重的赤壁之战又平添了许多争议。——曹操到底是败给了周瑜，还是败给了瘟疫？赤壁的烈火到底是谁放的？站在曹操的视角，建安十三年（208 年）他经历了荆州之役的完胜和赤壁之战的惨败，霸业受挫、统一梦碎，这大起大落又产生了多少连锁反应，对天下时局造成了什么影响呢？

荆州集团的基本盘

这场搅动天下时局的狂风暴雨自荆州而起。即使对三国不甚了解之人，也一定听过"刘备借荆州""大意失荆州"等典故，故有"闻听三国事，每欲到荆州"之说。今天的荆州是一座城市的名字，《三国演义》里也出现了所谓的"荆州城"，但在汉末三国时期，荆州是十分广阔的地域概念，并非一座城，这也是《三国演义》的地理硬伤之一。

作为大汉十三州之一，东汉时的荆州一共下辖 7 郡、117 县，分别为南阳郡、南郡、江夏郡、零陵郡、桂阳郡、武陵郡、长沙郡。辖境相当于今天湖北、湖南大部，还有河南、贵州、广东、广西等省或自治区的一部分。赤壁大战前，位于汉水中游、水陆四通八达的襄阳为荆州的政治中心。

要探究赤壁之战全貌，不能只看火烧赤壁。广义上，这场战役分为三个阶段，以建安十三年（208 年）七月曹操引兵南下入侵荆州至九月曹军占领南郡为第一阶段；从十二月周瑜主动出击火烧赤壁至曹操引军北还为第二阶段；建安十三年年底至建安十四年（209 年）冬周瑜与曹仁进行的南郡之战为第三阶段。这场战役更是牵涉了东汉末年四股活跃势力——北方曹操集团、荆州刘表集团、江东孙吴集团以及流动中的刘备集团。

建安十三年曹操南征之前，荆州以和平、稳定、富裕著称。初平年间，刘表"单马入宜城"，来到荆州，然后用了不到一年时间平定大大小小的宗帅，成为这里的主人，也由此开创了荆襄地区长达 18 年的治世。刘表，字景升，《后汉书》记载其为西汉鲁恭王刘余之后。虽是汉室宗亲，但一无爵位，二无封地，应是早已没落的远宗，情况大致和刘备差不多。不过刘表比刘备成名要早得多，年轻时就已是天下皆知的名士，侪辈中颇受推崇，名列"八及"（又作"八俊"）。刘表从政较早，第二次党锢之争中还因受牵连而逃亡。

中平元年（184 年）黄巾起义被镇压后，党禁解除，作为党人的刘表受大将军何进征辟为掾属，不久后被推荐再次入朝，出任北军中侯。几年后董卓入京师把持朝政，刘表手中无实权，北军中侯形同虚设，恰好初平元年（190 年）发生荆州刺史王叡被孙坚袭杀之事件，董卓上书派刘表继任荆州刺史，刘表趁机领职，逃离了山雨欲来的京城。

黄巾起义后的荆州并不太平，这里宗帅林立，贼寇四起，又有孙坚、袁术等军阀虎视眈眈。刘表初到此地时，单马入城，连僚属都没有，更遑论军队。那么他为何能在一年之内迅速平定乱成一锅粥的荆州，并坐稳荆州之主的位置呢？因为刘表找到了统治密码——与荆州当地望族结盟，获得他们的支持和帮助。荆州当地豪门望族中，有势力强盛的襄阳蔡氏家族、根深蒂固的中庐蒯氏家族、忠义传家的襄阳习氏家族等。此外，刘表的老乡，虽是南迁而来，但声名远播的山阳高平王氏家族在荆州也颇有影响。在这些望族的支持下，刘表迅速将荆州各地大大小小的宗贼、豪帅讨平，其余势力也纷纷归附，由此，荆州在汉末乱世中享受了 18 年的太平之治。

面对北方群雄逐鹿、民不聊生的局势，刘表采取保境安民、固守荆州之策。但他并非闭关锁州，也不像文学作品中表现的那般庸碌无为。相反，刘表一直密切关注着北方时局的变化。一方面，他利用联姻等方式与荆州豪门加强联系，如蔡家的蔡瑁，蒯家的蒯良、蒯越等荆州望族之代表，都成了刘表集团最核心的人员。另一方面，对有可能威胁甚至企图染指荆州的其他势力，他给予坚决的反击，例如孙坚、张济皆先后因此丧命。

当北方的军阀混战结束时，胜利者一定会不可避免地盯上荆州。那么，刘表是否思考过如何应对来自北方的威胁呢？这是一定的。位于荆州最北方的南阳郡，一直被张绣所控制。张绣叛曹后，刘表对其积极援助，与其合击曹操，他一直希望维持平衡，让张绣这样的小军阀守住北方大门，同时试图找机会将南阳郡纳入自己的统治范围。但建安五年（200 年）张绣依贾诩之计投降曹操，刘表意图收复南阳郡的计划破产，荆州北部也因此门户洞开。可以说刘表终其一生，都未能将荆州七郡全部纳入自己的统治范围。

风云之前奏

官渡之战期间，刘表采取坐山观虎斗的策略。直到曹操击破袁绍、刘备南逃投奔后，他才意识到危险已悄然逼近，于是派刘备屯驻新野，对其进行军事援助，使其与曹军战于博望，策应北方的袁氏兄弟。曹操远征柳城时，刘备劝刘表趁机袭击许昌，但未被采纳，此事让他后来追悔莫及。总体而言，刘表的政策还是以固守荆州、保境安民为主，但因此说他不思进取、错失良机也有失公允。

刘表始终未深度参与群雄战争的主要原因有二。第一，当时他年纪较大，曹操征伐袁氏兄弟时他已年过花甲，无论精力、眼界、斗志都有局限性，能够保荆州18年安宁已十分不易，苛求他积极进取、逐鹿中原也着实强人所难。第二，也是最重要的一点，他的上位离不开蔡氏、蒯氏等望族的拥戴，这些本地豪门望族也一直处于荆州权力核心层，他们最明显的特征就是保守，一切以巩固自身在荆州的既得利益为先，出于这个目的，他们不会也不可能赞同刘表冒险北进。

刘表上位可以保障本土望族的利益，荆州望族便拥戴刘表，但如果曹操势大了，也能保障他们的基本利益，他们也会毫不犹豫地换刘拥曹。实际上早在刘表在世之时，荆州集团内部就已出现降曹论调，曹操与袁绍决战期间，荆州义阳人韩嵩和零陵人刘先都力劝刘表"不若举州以附曹公"。而这个提议就连当初为刘表平定荆州最卖力的蒯越也表示赞同，只是刘表在世之时尚能镇得住荆州望族的投降论调，但基本盘如此，荆州焉能长久姓刘？

建安十三年，摊牌的时刻终于到来。年初，江东孙权派兵攻陷江夏，斩杀了与江东有世仇的黄祖。六月，曹操下令废止太尉、司徒、司空等三公，恢复西汉时的丞相、御史大夫制度。丞相由曹操自己出任，他强化了手中的权力，为下一场战争做了充分准备。七月，曹操部队自宛城出发，挥师南下，拉开荆襄之役序幕。

从曹操视角来看，此次南征主要解决两个集团，一是在荆州根深蒂固的刘表集团，二是善于游击，多次让曹操后院起火的刘备集团。在荀彧的建议下，曹操这次行军没有大张旗鼓，而是隐秘轻进，突然在荆州边界发起闪电战，出师之迅速就连与曹操周旋多年的刘备也未想到，他连忙弃新野南遁。曹操大军长驱直入，很快就进驻新野。当年八月，刘表偏在这节骨眼上病逝，次子刘琮在蔡瑁等人拥戴下即位。刘表在世时虽然权力也有限，但对荆州望族尚存威慑，可他的儿子刘琮就完全是本地望族手中的傀儡了。

刘琮继承父业的第一天只干了一件事——开会讨论是否投降曹操。不出所料，

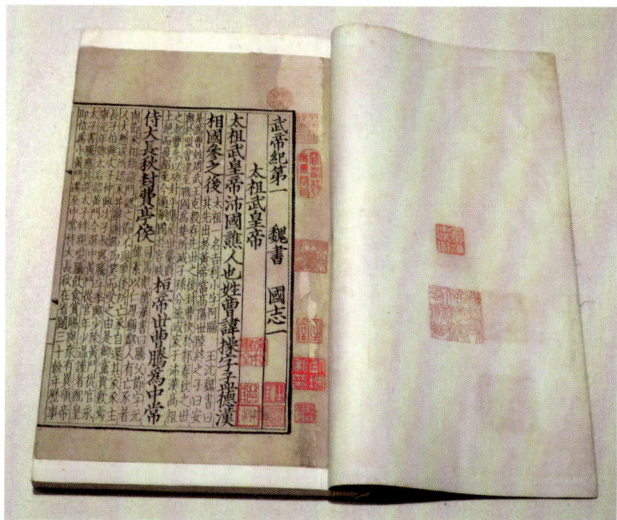

▼ 宋刻本《三国志》，图为记载曹操生平事迹的《魏书·武帝纪》页面。（中国国家博物馆 藏）

蒯越、王粲、蔡瑁、傅巽等荆州核心人士一致主降。这些望族认为不仅要降，而且越快越好！就连生性怯弱的刘琮也被荆州这强烈的投降氛围压抑得有些窒息，他问这些父亲留下的臣僚："今与诸君据全楚之地，守先君之业，以观天下，何为不可乎？"这些人根本不给他面子，傅巽直接反问，你刘琮是否能比得过刘备，如果比不过，如今连刘备都为曹操所破，你与曹操抗衡就是自取灭亡。刘琮这个主公看来已名存实亡，会议的结果也毫无悬念，荆州之主不战而降，举州附曹。

南征荆州的顺利程度恐怕连曹操自己也没想到，在这场战役中遇到的唯一的麻烦，大概就是那个"打不死的小强"刘备始终在顽抗，从徐州袭杀车胄到博望坡之战，刘备在曹操后方制造了无数麻烦，最令曹操头疼的是，刘备每次都敌进我退、敌驻我扰、敌疲我打、敌退我追，既不能让他像张绣那样臣服，又不能像对吕布那样予以彻底消灭。

此次曹操南征，刘备一如既往地不投降、不求战。刘琮投降的消息传来后，驻扎在樊城的刘备第一反应就是赶紧向江陵撤退。北襄阳、南江陵，这是荆州极其重要的两个战略要地。江陵就是现在的荆州市，地处长江中游，南临长江，北依汉水，西控巴蜀，南通湘粤，有"七省通衢"之称。汉末之时，蒯良曾说"南据江陵，北守襄阳，荆州八郡可传檄而定"，加上当时江陵还存有大量军用物资，其重要性可见一斑。

此时的曹操虽喜得荆州，但还没被胜利冲昏头脑，他听闻刘备的撤军路线，立马意识到刘备可能要撤往江陵，如果江陵为其所据麻烦就大了。曹操当即挑选轻骑兵五千——包括曹纯率领的精锐骑兵"虎豹骑"在内，重演了征伐袁谭、远征乌桓时的闪电战。这支精兵从襄阳出发，以"一日一夜行三百余里"的惊人速度，在当阳（今湖北省当阳市）之长坂追上刘备的部队。这回就连与曹操周旋多年的刘备也没想到曹军会如此神速，其部很快被打得丢盔卸甲，刘备本人甚至狼狈到连妻儿都顾不上，与诸葛亮、张飞、赵云等人率数十骑逃走。此役曹操击破刘备，大获其人众辎重，唯独未能擒获或斩杀主帅。刘备逃到夏口（今湖北省武汉市汉阳区）与刘表长子刘琦会合，然后派遣诸葛亮出使东吴，联吴抗曹，为不久后曹操在赤壁的惨败埋下伏笔。

大捷背后的危机

从建安十三年七月南征，到九月占领江陵，曹操仅用了两个月时间就达到了

"北守襄阳，南据江陵"之目的。占领荆州后，曹操又从荆州北部的南阳郡划分出南乡郡，位于中部的南郡也被一分为二，以襄阳为核心的北部划为襄阳郡，由此形成了三国时常提到的"荆襄九郡"。

对曹操而言，建安十三年的确是最有可能实现统一大业的时候。袁氏已灭，中原全部纳入曹操势力范围，同年，西北军阀马腾也被迫放弃军权，入朝为官，携家属迁居邺城，被曹操控制起来。南方除了被打残的刘备（含刘琦）集团之外，尚未征服的大型政治势力只有两个：一是盘踞江东的孙权集团，二是位于荆州以西的益州刘璋集团。

此前，孙氏政权与曹操已经有过几次交锋，早在群雄逐鹿时期，孙策开创江东基业，曹操对其一直采取拉拢政策，以其制衡伪帝袁术。官渡之战期间，孙策曾有阴袭许昌计划，让全心投入与袁绍作战的曹操大为不安。偏在此时，孙策遇刺身亡，曹操后方隐患遂除。曹操在官渡之战中取胜后，又一度想趁孙策新死，率军征伐江东，但在张纮的劝谏下作罢。至建安七年（202 年），曹操以朝廷的名义下书让孙吴遣送人质，当时孙吴政权内部发生分歧，后来因周瑜坚决反对送质，孙吴对曹操的要求不予回应。

从这几件事至少可以看出，江东政权非但没有臣服之意，而且与曹操的关系也并不那么友好。以前曹操对江东鞭长莫及，如今北方袁氏已灭，荆州俯首，孙吴与曹操仅一江之隔。而且在曹军占领江陵后，西川也传来好消息，即"益州牧刘璋始受征役，遣兵给军"。益州之主刘璋派遣军队给曹操，这是一个非常好的信号，如果整个东南也为曹操所有，西川很可能成为第二个荆州，不战而降。曹操在荆襄之役中获得完胜，又得到荆州原有军队，随时可能挥师渡江，东吴的灭顶之灾近在眼前。此时的曹操完全有底气说一句："优势在我！"

孙权果然收到了曹操的恐吓信，说是要带着水军 80 万

▼ 曹操（演义版）模型。（周渝藏）

与他"会猎于吴"。这封信给江东政权造成了极大的震动与恐慌，主张放弃抵抗、效仿荆州投降之声甚嚣尘上，主降派中包括托孤老臣张昭。然而，曹操真的占尽优势吗？其实不然。先说兵力，他信中写的所谓水军80万只是号称的虚数，在平定荆州后，总兵力大致在22万到24万之间应是不虚。即使是这个兵力，对江东孙吴也占有绝对优势。然而这20余万兵力绝对不可能全部投入长江前线。

首先，曹操南征荆州的过程实在过于顺利，近乎兵不血刃，这一点完全打破了原先的计划，吃得太快、太多就容易消化不良。忽然接管荆州如此辽阔的土地，曹操不仅需要分兵去驻守各地，还需要收罗荆州的各种人物，与本地望族建立联系，重建秩序。在这种情况下，曹操无法将全部兵力投入南征东吴的战争中，赤壁之战时，长江前线大约有十余万人。

其次，荆州投降和刘璋输诚这种大好形势也很容易让曹操过于乐观，对时局产生误判。不仅他没有意识到孙刘联盟形成的致命影响，而且他手下的士卒也在富庶的荆州抢夺财物，曹操集团在物质上和精神上都陷入膨胀，生出胜局已定、很快能回家享乐的心理，成为"骄兵"。

再次，曹军善于陆战，弱于水战，但江陵以东至夏口西面，在当时沿着长江北岸是一个几百里宽的沼泽地带，人烟稀少，道路不通，属于兵家死地。这就导致屯驻江陵的曹军无法从陆路进攻孙权，只能选择自己的弱项水战。

最后，实际情况是，天时、地利、人和，曹操一个都占不上，但局势却又偏偏很容易给曹军上下造成"优势在我"的错觉。曹营中也不乏有识之士，例如程昱就认为孙刘结盟后，形势发生了新变化，征服江东的计划很难在短期内实现；贾诩则提出了见好就收、休兵安民的建议。这些建言都没被曹操接受。相比之下，刘备已经抱定宁为玉碎不为瓦全的心态，打算拼死一搏，而孙权也知道曹操的下一个目标就是自己，若不与刘备联合抗曹，江东必然不保。双方将士的心态也形成鲜明对比。对曹操而言更不幸的是，他还遇到了一个从政治攻势、意识形态、战略方针到具体战术全方位瓦解此次南征计划的"克星"，这个人就是周瑜。

克星来自江东

说周瑜是曹操的"克星"，绝非由于火烧赤壁这个单一事件。周瑜在政治上推动孙吴政权走向坚决抗曹的路线，这一点才是最重要的。

当曹操屯兵赤壁、威胁东吴之时，摆在江东政权面前的有三条路。其一，效仿刘璋模式，先向曹操表达诚意，而后静观其变。这条不太行得通，因为东吴与益州不同，与曹操仅一江之隔，而江夏的刘备已经不具备独立抗曹的能力，一旦刘备被消灭，曹操必然渡江灭吴。其二，效仿荆州模式，直接投降曹操，这样的话，江东臣僚、望族们也和荆州集团的蔡瑁、蒯越、张允等人一样，得以保住自己的原有利益，至于孙权的结局则可参照刘琮，挂个刺史虚职打发到远方去，安安稳稳过一生。其三，联刘抗曹，孤注一掷，放弃幻想，准备战斗。

第二种方案，即投降方案，无疑最符合孙吴臣僚、望族的利益，因而最具诱惑力。故而一时持降曹论者多不胜数，甚至连孙氏宗亲中也有人打算给曹操送人质输诚。但孙权比刘琮幸运，以周瑜、鲁肃为首的江东实权人物愿意不计个人利益坚决抗曹，给予了他最大的支持和鼓励。其中原因也很简单，在周瑜、鲁肃构想的政治蓝图中，江东是要成就帝业的，雄心壮志在关键时刻也会转化为玉碎的决心，这种眼界与格局，绝非只看重自己那一亩三分地的荆州望族可比。

为了稳定君心，周瑜从各方面为孙权分析了曹军强势的表象下潜藏的危机，这让他有足够的信心以孙刘联军的 5 万兵力迎战曹操。至于意识形态方面，曹操当时废三公，恢复丞相制，又进封丞相之职，对名义上属于东汉朝廷的地方势力而言，说完全没有震慑力是不可能的。为了应对这种政治身份上的不对等，周瑜直接釜底抽薪，说出了"操虽托名汉相，实为汉贼也"的名言，将曹操从一人之下的丞相变成了人人得而诛之的"汉贼"。这种意识形态攻势不仅使江东抗曹出师有名，而且也有利于团结盟军、鼓舞士气。

可曹操一方呢？占领江陵后好运似乎就用光了。他率领十余万兵马屯兵于赤壁（今湖北省赤壁市西北，一说今嘉鱼县东北），虽然也一度占领南岸的一些地方，但只要与吴军交战就会受挫，只好退回北岸。此时曹军虽然人多，但一部分在船上，一部分在北岸，而江北大片的沼泽地又让陆上活动空间极度受限，大军只能收缩于江边一线。这种布防的危险在于，一旦水师崩溃，岸上的军队很难有时间从容展开应战，遭遇敌军冲击时极易陷入混乱。

雪上加霜的是，一场天灾接踵而至。从建安十三年入冬开始，曹操军中瘟疫蔓延。根据多方史料印证，这场瘟疫很可能是进兵途中在巴丘这个地方感染的。军中大疫，战力大减，这让曹操不敢轻易用兵。

但从后勤角度讲，十余万军队屯于赤壁，这也是一大难题。从中原往长江一线运送物资，要跋涉辗转千里，可谓"劳师袭远，日费千金，中国虚耗"。如果江陵城中的物资耗尽，后勤负担会让国力虚耗，他不能持久承受，必须速战速决。

这就导致曹操陷入两难之境，想快却又快不起来。

总之，曹操屯兵赤壁，拉开了渡江作战之架势，又很可能因疫情影响而迟迟未动，并没有在建安十三年发动南侵。可赤壁之战还是在这年十二月爆发了，只是发动者并非曹操，而是周瑜。

两场焚船之火

建安十三年十二月，周瑜自请"精兵三万人，进住夏口"，与刘备军会合。此后联军逆江而上，深入荆州境内寻找曹军主力，终于在赤壁这个地方发起了那场扭转乾坤的大战。火烧赤壁的过程很顺利，黄盖诈降，而后点火焚烧曹操战船。此时偏偏还天公作美，东南风大起，火趁风威，风助火势，船如箭发，烟焰涨天。此时岸上曹军背靠沼泽、沿江扎营的地形劣势也暴露无遗，水师崩溃后，火势侵入岸上营寨，加上孙刘联军登陆北岸后一鼓作气发起冲击，无从抵抗的曹军迅速崩溃，曹操率残部狼狈逃往江陵。

回顾火烧赤壁的整个过程，从周瑜率领水军深入荆州境内寻找曹军，到火攻曹营，实在有太多的巧合，有种天公助周不助曹的感觉。这里我们拆解分析几个重要疑点。

疑点一，曹操本是进攻方，为什么身为防守方的周渝主动打来了？这其实不难解释，孙刘联军与曹军的实力严重不对等，在实力悬殊的情况下一味防守很可能坐以待毙，要想以弱胜强就必须寻找有利战机，化守为攻，消灭敌人的有生力量。

疑点二，曹军正在闹瘟疫，周瑜为何这么巧就打过来了？这也好解释，周瑜在动员孙权主战时就对曹军的情况做了一番详细分析（详见周瑜一章），曹军的缺陷他一清二楚，可见其坚决主战并非头脑发热，必然是对敌人进行过调查研究。所以曹军闹瘟疫、战力大减的情况应该早就被周瑜侦知了。

疑点三，为什么周瑜发动长江火攻时，老天偏偏刮起东南风，陷曹操于更不利的境地呢？这也不是巧合。历史上当然没有孔明借东风，但赤壁之战时真的刮起了东南风。最有可能的情况是，作为一军统帅的周瑜掌握了天时，精通军事气象学。他通过观察天象、研究气候，得知东南风起的时间，再结合敌我情况制定出了一套合理的作战方案。黄盖一纵火就达到"时风盛猛，悉延烧岸上营落，顷之，烟炎张天，人马烧溺死者甚众"的效果也就不难理解了。

▲ 曹操高陵出土刻铭"魏武王常所用慰项石"。（曹操高陵管委会藏）

疑点四，曹操在长江沿线屯驻军队十余万，一把火远不能烧光这么多人，可为什么赤壁之战曹操还是败了？这个疑点争议最多，加上曹操后来说是因为军中大疫，遂自己烧船撤退，一手资料本就稀缺的赤壁之战变得更加扑朔迷离了。这火到底是周瑜放的还是曹操放的？《三国志》中为何会出现自相矛盾之记载？其实这个问题在《郭嘉传》中就有答案，即"太祖征荆州还，于巴丘遇疾疫，烧船……"也就是说曹操是在遭遇火烧赤壁后战败退兵，经过巴丘时军中的瘟疫闹得更厉害了，无奈之下只得烧毁剩余的战船，引军北返。赤壁之战其实有两把火：第一把火是周瑜在赤壁发动的火攻，第二把火是曹操从巴丘撤退时自己放的，为的是避免无法带走的战船被吴军所得。这两把火完全不是一回事。

一分为三的荆州版图

赤壁之败，曹操究竟是败给了瘟疫，还是败给了周瑜？要解答这一问题，还是得结合整个赤壁之战前后过程来看，不可断章取义。染上瘟疫肯定是曹军兵败的重要因素，但用兵打仗，情况本就瞬息万变，遭遇天灾、瘟疫、哗变等因素都是行军无常之体现。关键在于曹军遭遇瘟疫后，作为对手的周瑜能否在极短时间内发现战机，主动出击，在敌人最脆弱之时给予致命一击。这非常考验一位军事统帅对战局、时机的把握。

纵观整个赤壁之战，周瑜对曹操的打击是全方位的。他先在政治上坚定了孙权的抗曹决心，继而在意识形态方面瓦解了曹操身份的权威性，最后在军事方面掌握了曹军因疫情战力大减的情报，运用军事气象学技能抓住最适合的时机，主动出击并发动火攻，给予敌军沉重打击。

赤壁的大火不可能烧光曹军，但它推倒了曹军第一张骨牌。曹操本就因军中大疫战力大减，长江沿岸的溃败更让其陷入劣势。而军事失败又会造成政治上的连锁反应，荆州吃得太快，消化不良，大小叛乱时有发生。西北方向的马超、韩遂也蠢蠢欲动。这些因素叠加在一起，最终导致曹操不得不引军北返，孙刘联军获得完胜。试想，如果孙吴一方的统帅是个头脑发热的庸将，未能抓住有利时机推倒第一张骨牌，那么即使曹军染上瘟疫，也不至于出现一连串的连锁反应，曹操甚至可以一咬牙，不惜加大后勤力度，花更多的时间让军队恢复。等疫情过后，东吴是否还有机会翻盘呢？走错一步，孙吴政权都可能万劫不复。幸运的是，周瑜从政治到军事，从战略到战术，一整套"组合拳"几乎拳拳命中，如此才有赤壁的逆袭。

至于曹操后来给孙权信中所写的"赤壁之役，值有疾病，孤烧船自退，横使周瑜虚获此名"，显然是将火烧赤壁和巴丘焚船混为一谈。赤壁之后，周瑜威声远著，"故曹公、刘备咸欲疑谮之"。这封书信中除了有曹操的自我开脱之外，也有对孙权与周瑜的"疑谮"之词。把这种中伤之词拿来否定周瑜火烧赤壁之功绩，不仅断章取义，也极不严谨。

赤壁兵败后，曹操首先逃回南郡，但并未多作停留就引军北返，南郡则由曹仁防守，赤壁大战的最后一个阶段——南郡之战——拉开了序幕。周瑜领兵攻打南郡，曹仁坚守长达一年，双方激战多次。吴军主帅周瑜还在战斗中被箭射伤，仗打得十分艰苦。此战以曹仁撤兵，周瑜攻占南郡告终，为赤壁之战画上句点。

至此，曹操南征计划宣告彻底破产，短期之内，他再也无法完成统一天下的宏图霸业。赤壁之战给曹操集团带来了巨大影响。战争规模方面，曹操在此后的戎马生涯中，再没有发起过如此大规模的兼并战争。行军路线方面，他有生之年再也没有率军从赤壁之战的这条路线对孙权或刘备发动进攻。政治方面，因外部扩张受挫，曹操集团的内部裂变加速，曹操本人从魏公进封到魏王，他一步步"去汉朝化"，强化曹魏色彩，为此后以魏代汉打下基础。

荆州的格局也完全被打乱了。曹操控制着包括襄阳在内的荆州北部，南郡被周瑜攻占，刘备则在战后陆续打下南部的零陵、武陵、桂阳、长沙四郡。版图被一分为三的荆州，不可避免地成为三家博弈的最前沿。十年之后的建安二十四年（219 年）。这片土地上掀起的那场席卷魏蜀吴三家的腥风血雨，此时已埋下伏笔。

◀ 三国时期"魏归义氐侯"金印。此印由黄金铸成，阴刻小篆"魏归义氐侯"五字，驼钮呈跪姿。曹魏统治短暂，颁发给少数民族王侯的印绶极为罕见。（甘肃省博物馆 藏）

曹操装容
复原记

盔翎

兜鍪·额前金珰

兜鍪·胄顶

兜鍪·护颊

盆领

大铠（襦铠）·披膊

金属圆护

小铠（裲裆加强铠）

汉剑

直裾袍

革带

腿裙甲

内袍

翘头履

▶ 汉末版曹操形象。
（金代飞 绘）

样貌

魏武将见匈奴使，自以形陋，不足雄远国，使崔季珪代当坐，帝自捉刀立床头。坐既毕，令人问曰："魏王何如？"使答曰："魏王信自雅望非常，然床头捉刀人，此乃英雄也。"魏武闻之，驰追杀此使。

——《语林》

武王姿貌短小，而神明英发。

——《魏氏春秋》

为首闪出一个好英雄，身长七尺，细眼长髯，胆量过人，机谋出众。

——《三国志通俗演义》

曾几何时，曹操容貌丑陋的说法广泛流传。《三国志》《后汉书》中并无关于曹操容貌的记载，人们对曹操相貌的印象主要来自以上几条记载。

第一则故事出自东晋裴启所著的《语林》，虽然没有具体描述曹操的容貌，但他自己都嫌自己"形陋"，以至于在见匈奴使者时让崔琰来冒充自己，自己则伪装为捉刀人，但匈奴使者还是一眼看出其器宇不凡。值得一说的是，《语林》并非正史类资料，而是笔记小说集，其中故事自然只能算逸闻，不可作为信史。

▼ 清代《百幅京剧人物图册》中的曹操造型装扮，显得相当丑陋。（大都会艺术博物馆 藏）

第二则记载出自东晋史学家孙盛撰写的《魏氏春秋》。该书共二十卷，为记述三国曹魏政权之事的编年体史书。原书佚失，裴松之为《三国志》作注时多有引用，分量自然比《语林》重得多。这则史料中只说曹操"姿貌短小"，充其量只能说明曹操个子不高，并没有相貌丑陋之意。而后面接的"神明英发"，可以理解为气质较好，气场强大。以今人的经验来看，一个人即使容貌一般，只要气质较佳，看起来同样会有种酷酷的感觉，很难会让人觉得丑陋。

第三则记载出自明嘉靖壬午本《三国志通俗演义》，即影响深远的《三国演义》。从这段描写中，我们也能看出罗贯中塑造曹操时对其外貌的考量和态度。首先，"身高七尺"在《三国演义》中并不算高，属于正常水平，这符合《魏氏春秋》的记载。至于容貌，演义也只说"细眼长髯"，并没有过多描写。

《三国演义》的这种设定是比较合理的。曹操身高不高，但不必刻意矮化为侏儒，相貌平常，但不应刻意丑化到猥琐。绘制汉末版曹操时，还是要重点突出其"神明英发"之气质，这才是大众能接受的曹操形象。

襦铠

曹操以及本书后面出现的魏将张辽、许褚所穿的主身甲，基本形制皆设定为襦铠。所谓襦铠，即仿造襦服的形式，按照周礼右衽之规矩，于铠甲的右肩和右胁系带。存世的文献中，襦铠的首次亮相是在汉代，当时北方少数民族首领慕容氏"著金银襦铠，骑白马，金银鞍勒，自天而坠，鲜卑神之，推为君长"。

1979年，山东临淄的西汉齐王墓五号随葬坑出土了两套铁铠和一顶铁胄。其中一套金银饰铁铠甲，由2244片甲片编成，由身甲、钎（披膊）组成，甲身下有一段垂缘。这符合右肩、胁系带，又有金银嵌饰的襦铠形制，因此被推测为襦铠。相比西汉时期的齐王襦铠，曹操身上这套多出腿裙甲部分，并且增添了盆领，具有汉末三国时期的特色。

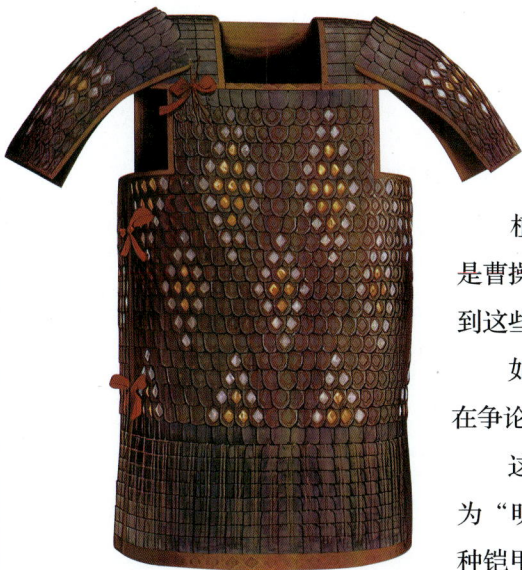

▼ 山东临淄西汉齐王墓五号随葬坑出土的菱形金银饰襦铠（复原图），甲片多达2244片。甲片小型化是汉代铠甲发展的一大趋势，其重要作用，首先是有效减少单甲片的受力面积，提升甲胄的抗打击力，其次是穿上后应更加柔软灵活，利于提高战场上军士的灵敏度。本书中曹操、张辽、许褚所穿铠甲，皆设定为襦铠，添加东汉时期的腿甲裙铠制而成。（本图由安利华绘制）

明光铠之争议

图中曹操的加强甲安装了金属圆护。明光铠之记载首次出现于曹植《上铠表》，文中出现一连串曹操赐给曹植的铠甲：黑光铠、明光铠、两裆铠、赤炼铠、马铠。既然是曹操所赐，这些甲胄无疑诞生于东汉末年，可问题在于曹植仅提到这些铠甲的名称，没有解释其模样。

如果当年曹植在这串名称后面多描述几笔，后世学者们就不必在争论其形制时大动肝火了。

这一系列铠甲中，名气最大，争议也最大的，当属明光铠。何为"明光"？简单两个字，就已引发数种猜想。主流观点认为，这种铠甲主要出现在古代雕像上，板状护甲在太阳照射下闪闪发光，犹如汉镜"见日之光，天下大明"，故称"明光"。还有人主张"明光"是对甲片物理特征的描述，凡是做了强烈抛光处理的金属甲片，皆属于"明光"范畴。三国两晋以来，甲胄多用钢铁制造，然而铁甲容易锈蚀。逐步摸索的过程中，人们发现，水磨可起到防锈的作用。另外，甲胄经过水磨，能产生明亮的反光，在阳光下夺目刺眼，使敌军头晕目眩，也给披甲者创造了有利的攻击机会。

事实上，东汉砖画中已经出现了胸前带圆护的形象，魏晋南北朝兵俑所穿的带圆护铠甲更是数不胜数。有鉴于此，对"明光"的定义，笔者也采用主流观点。至于"黑光铠"，因缺少实物，只能推测与明光铠属于同一类型，"黑光"可能是指胸甲上圆护的颜色，也可能是指甲片的颜色。

可以确定的是，明光铠在魏晋以后便出现于各种记录中，南北朝时期尤其流行。如元熙墓、元邵墓等墓中都有穿明光铠的陪葬陶俑。从出土的武士俑及石刻可以看出，当时的明光铠已发展得相当成熟，除了带有圆镜形护胸装置外，许多甲身上还有竖起的盆领，与垂有顿项的兜鍪连接。手臂部分有披膊，腿部则有裙甲防护。南北朝后期，北周将领蔡祐率部与北齐作战，史载其"着明光铠，所向无前"，北齐士兵皆大喊着"此铁猛兽也"，纷纷撤退。到了隋代，明光铠仍保留着大量的南北朝特征，以钢铁打造，宽大而厚重。

明光铠的传奇一直延续到唐代，在《唐六典》中，明光铠位居各类铠甲之首，这也是其发展的巅峰。此后，明光铠出现的次数逐渐减少，唐末已不见经传。到北宋，《武经总要》收录的各类甲胄名目中已找不到明光铠。

汉剑

自先秦以来，士大夫以上佩剑是常态，军事统帅亦然。不过东汉时期兴起的配刀之风，一定程度上取代了原先佩剑之传统。那么曹操究竟应该配刀还是配剑呢？

据《三国志·魏书·武帝纪》记载，建安十七年（212年）春，"公（曹操）还邺，天子命公赞拜不名，入朝不趋，剑履上殿，如萧何故事"。可见，曹操拥有剑履上殿之特权。另外，《魏晋世语》记载："太祖（曹操）过伯奢。伯奢出行，五子皆在，备宾主礼。太祖自以背卓命，疑其图己，手剑夜杀八人而去。"即是说当年曹操杀吕伯奢一家时，所用的武器是剑。另有曹魏时期王沈撰写的《魏书》记载："兵谋叛，夜烧太祖帐，太祖手剑杀数十人，余皆披靡，乃得出营。"

▲ 南北朝时期身穿明光铠的北齐按盾武士俑。明光铠特有的圆护，最早在东汉时期的击鼓画像砖上就已隐约看到其形，但画像砖过于模糊，不及两晋南北朝时期武士俑清晰。不过从画像砖也能看出，东汉时期胸甲前的圆护较小，没有南北朝时期明显。（河北博物院 藏）

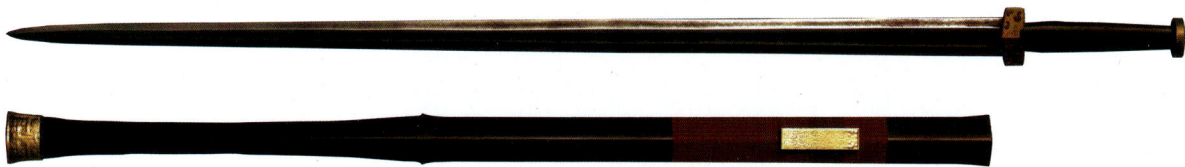

各种史料中并未见曹操用刀之记载，用剑的次数则比较多，故而本书中汉末版曹操的武器为汉剑。说个题外话，在大众的认知中，刘备的武器是双股剑，但在正史中刘备几乎没有用剑的记录，倒是有引刀和投手戟之记载。刘备铸剑、用剑的说法，最早见于南朝颇有传奇色彩的《古今刀剑录》，而非《三国志》这样的正史。

穿遍宋、明官服的曹操

曹操的装束在正史中也没有过多记载，其画像与周瑜情况类似，分为官方肖像和民间形象两个体系。官方肖像以明代《三才图会》收录的肖像为代表，不知道是否受到《三国演义》描述的影响，画像中曹操容貌特征的确为细眼、长须。后来官方曹操肖像画基本以这张图为母本临摹。

当然，《三才图会》中曹操肖像的冠服与汉末三国时期服制完全不搭边。画中曹操头戴明代五梁冠，身穿类似明代朝服的服饰。提及明代官服，很多人大概会想到头戴乌纱帽、身穿补子服，两个帽翅摇摇晃晃的芝麻官形象，以明朝为背景的古装剧中，官员也似乎一年四季只穿一身衣服，品级大小全靠前胸后背的补子辨别。实际上，明代官服体系之复杂远远超过人们的想象，根据《大明会典》等典籍记载，文武官员服饰分为朝服、祭服、公服、常服、吉服、素服、忠靖冠服等几大类，外形差别巨大，而明人绘制古人装束时也常以这些服饰为参考。

明人笔下的曹操着装酷似明制朝服，这套服饰具体由梁冠、白纱中单（衬于朝服上衣之内）、赤色朝服上衣、赤色朝服下裙、红色缎绿镶边云头履、蓝素段玉带、雕龙纹玉佩、象牙笏板等八件套组成，这便是明代朝服的完整形制。明代朝服制定于洪武元年（1368 年），至洪武二十四年（1391 年）又作修订，最后在嘉靖三年（1524 年）修订后再未改动。所谓朝服，是明代官员最庄重的礼服，主要在帝王最隆重的典礼大祀庆成，或正旦、冬至、圣节等节日祭祀，或百官朝贺、辞谢等重大场合穿着，配饰也非常复杂。

◀ 明代朝服上身效
果图。不难看出，
《三才图会》曹操
像装束在很大程度
上参考了这种服饰。
（模特 周渝）

▲（左上）上海人民美术出版社《三国演义》连环画曹操装束设定图。

▲（右上）元代《三国志平话》插图，此书最初刻本很可能诞生于宋代，图中曹操头戴宋代武官常戴的交趾幞头，内穿甲胄外套绣衫的衷甲制穿法也颇具宋代特征。

那么，明人绘制曹操肖像时，为什么会选择当代的朝服作为参考对象呢？合理推测，很可能是因为对明人而言，朝服还维持着古朴的上衣下裳制，具有交领、右衽等特征，完整配套的还有蔽膝、绶、大带等配件，穿着起来十分烦琐复古。但即使是明代具有古风的服饰，也与东汉差别很大，不可混为一谈。以首服为例。梁冠是搭配朝服的首服，又称进贤冠，由冠额（戴于额头部分）、冠顶（黑色有梁部分）和冠耳（冠后两侧凸起的蝴蝶状部分）组成。官员穿朝服之时，品级高低就通过冠顶上的冠梁数来辨别：一品七梁，二品六梁，三品五梁，四品四梁，五品三梁，六品和七品二梁，八品和九品一梁。本书序章及诸葛亮一章都详细介绍过东汉进贤冠，大家不妨对比明代梁冠与东汉进贤冠，会发现两者有巨大差别。

和偏官方的画像不同，曹操在民间的形象更为丰富，可以说从元代《三国志平话》到明代的各种《三国演义》插图，总结下来大致有头戴宋代展翅幞头、身穿宋圆领公服的，有头戴宋代冲天幞头、身穿宋制甲胄绣衫的，还有身穿明代官员公服、补服等服饰的。不夸张地说，曹操几乎把绘者所处时代的官服、铠甲穿了个遍。到了清代，画作中的曹操又融入了京剧脸谱和服饰的元素，带有浓浓的戏曲风。直到 20 世纪 50 年代的《三国演义》连环画出版，曹操的服饰才算摆脱了前代绘者所处时代的色彩，稍微恢复了一些汉晋之风。

拾叁

×

夏侯惇

宗亲掌军权之代表

×

上篇
与曹操同生共死的独眼大将军

中篇
夏侯惇装容复原记

下篇
夏侯惇装容实拍图志

与曹操同生共死的独眼大将军 /

如果给汉末三国时代的优秀军事家排名，曹操必然名列前茅。然而，这么一位半生戎马，南征北战，创下魏国根基，差点统一全国的乱世奸雄，在起兵之初却遭遇过一场险些丧命的大败仗——初平元年（190 年）的荥阳汴水之役。不过《三国演义》把这场失利的战斗描写得十分精彩，尤其是夏侯惇、曹洪等曹魏第一代军事将领的表现令人印象深刻。作者罗贯中为突出以夏侯惇为首的沛谯宗亲将领的风采，在一场失利的战斗里将他们的忠勇表现得淋漓尽致。

在曹操缔造魏国的漫长过程中，诸夏侯与诸曹自始至终的鼎力相助至关重要。《三国志·魏书》也将他们合为一传，在《诸夏侯曹传》中记载了夏侯惇、夏侯渊、曹仁、曹纯、曹洪、曹休、曹真、曹爽、夏侯尚、夏侯玄等人的事迹。位列该传之首的夏侯惇一生之经历极具代表性，是曹操与沛谯集团第一代宗亲将领关系的缩影。

▲ 日本当代画家笔下的夏侯惇形象。（长野刚 绘）

天然的同盟者

荥阳之役是曹操起兵讨董的首战，起因要追溯到董卓进京。大将军何进死后，董卓收编了何进兄弟余部，又策反吕布击杀执金吾丁原，统领其众，声势大振。为进一步把持朝政，董卓软硬兼施，对设置于中平五年（188 年）的西园八校尉中的袁绍、曹操等人，本希望拉拢收买，结果一次次碰壁。四世三公的袁绍出走冀州后，董卓忌惮其强大的号召力，不仅不敢对其问罪，还封其为渤海太守以示安抚，结果反被袁绍用以号令群雄讨董。至于曹操，董卓也"欲与计事"，遂表荐他为骁骑校尉。曹操同样不肯就范，索性乔装打扮，改名换姓，连夜东逃，自图发展。曹操逃回家乡沛国谯县（今安徽省亳州市），紧接着就去陈留（今河南省开封市境内）干了一件大事——"散家财，合义兵，将以诛卓"。

相比于故乡谯，陈留更具有优势，不仅地理位置适中，西可进取洛阳，东可退往家乡，还有太守张邈的支持，显然是一个更适合举大计之地。完成一系列招兵买马的准备工作后，曹操于中平六年（189 年）十二月，在己吾（今河南省宁陵县西南）扯起讨伐国贼董卓的大旗，正式举兵。虽然《三国志》对此只有短短 32 个字的记载，但在后世影响更大的《三国演义》却在第五回《发矫诏诸镇应曹公，破关兵三英战吕布》中，花了相当大的篇幅描写这次举义。

演义首先将曹操写成诸侯的号召者，算是第一个颠覆。历史上，曹操的确是最先起兵讨伐董卓的人，但他并未发矫诏号令群雄，演义如此艺术加工，一来与前期孟德刺董的剧情呼应，二来也更凸显曹操在这场会盟中的作用。小说此回的另一个重要之处，则是让曹操麾下几名主要将领登场，出场顺序分别为乐进、李典、夏侯惇、夏侯渊、曹仁、曹洪。

历史上，夏侯兄弟与曹氏兄弟都出身沛国谯县的望族，两家世代有姻亲关系。东汉晚期，曹氏较为发达，自曹腾以来门第兴盛，夏侯氏虽也是望族，在当地具有相当大的影响力，但毕竟朝中无人做官，未列宦籍。这也注定了夏侯氏要谋求政治上的发展，就必须向曹氏靠拢。如同关羽、张飞在刘备集团中处于核心地位，沛国谯县的曹氏与夏侯氏两大望族也是曹操集团最早、最忠诚的支持者。

夏侯氏以夏侯惇为代表，但史书只记载他在"太祖初起"时就追随左右，没有更具体的时间，这就留下了许多疑问，例如：曹操参与讨伐黄巾时期，夏侯兄弟有没有参与？曹操做济南相时，他们有没有追随？这些恐怕不易考证。不过陈留起兵之前，曹操无论征战还是出仕朝廷，都不具独立性，直到这次散尽家财举义兵才真正扯旗单干。家乡曹氏家族的曹仁、曹洪和夏侯氏家族的夏侯惇、夏侯渊，为了支持曹操举大事，在此时纷纷赶来投效，这也在情理之中。从这个层面看，演义将陈留起兵定为"太祖初起"的时间点，安排夏侯兄弟与曹氏兄弟登场，也是较合理的推测。

在通行本《三国演义》（毛宗岗父子修订本）中，曹操陈留起兵后登场的几名武将，唯有夏侯惇获得单独简介，其余众将皆一笔带过，不难看出作者对夏侯惇的重视。紧接着的第六回《焚金阙董卓行凶，匿玉玺孙坚背约》，为突出他的刚烈、勇猛，甚至不惜改写历史。

被罗贯中偏爱的夏侯将军

初平元年，渤海太守袁绍、后将军袁术、冀州牧韩馥、豫州刺史孔伷、兖州刺史刘岱、河内太守王匡、陈留太守张邈等诸侯率领所部同时举兵讨董，共推袁绍为盟主。袁绍自号车骑将军，领司隶校尉。这次会盟中，曹操地位比较特殊，他没有朝廷的官职，于是袁绍让他暂代奋武将军。奋武将军是东汉时的杂号将军之一，地位自然不能和车骑将军这种重号将军相比。不过东汉末年的奋武将军，行使的职责相当于各路军队中的总监军，也能看出袁绍对曹操能力的肯定。

诸侯会盟后袁绍屯于河内（今河南省武陟县西南），张邈、刘岱等屯于酸枣（今河南省延津县境内），袁术屯于南阳，孔伷屯于颍川，韩馥屯于邺城，虽然联盟看似强大，但诸侯各自都不敢发兵轻进。当时董卓也惧怕联军，于是火烧洛阳，于初平元年二月挟天子西迁长安，一路烧杀抢掠，民怨沸腾，"海内震动，不知可归"。曹操看准此乃击败董卓的大好机会，但诸侯按兵不前，坐失良机。曹操劝谏袁绍等人发兵，认为此乃天亡董卓之时，"一战而天下定矣，不可失也"。但袁绍等人不为所动，曹操只得带领自己为数不多的部队向西追击董卓。在这个过程中，除了济北相鲍信全力支持，陈留张邈给了一点兵马支援外，曹操几乎是孤军深入，不可避免地遭遇人生中的第一场大溃败。

曹操军事生涯中遇到的第一个克星是董卓麾下的名将徐荣。曹操军至荥阳汴水，与徐荣的部队交战，他大概没想到，与董卓军的首战就将"一战而天下定矣"的豪言击得粉碎。对方不仅兵力更多，而且武力强悍，战斗异常凶险。跟随曹操一起行动的鲍信在战斗中负伤，作为裨将的弟弟鲍韬则死于乱军之中。士卒血流成河，曹操也深陷重围，被乱箭射中，战马不能动弹，命悬一线之间。

▼ 曹操在荥阳被徐荣击败，性命危在旦夕，关键时刻，曹洪将战马让给曹操，助其脱险。此事在《三国志》里也有记载。（出自《三国演义·虎牢关》连环画，上海人民美术出版社1979年版；刘锡永绘；杨超上色）

不难想象，如果曹操在此役中兵败身亡，他的名字充其量就像鲍信、刘岱一样，深埋于故纸堆中。幸运的是，曹操兵力虽少，但追随身边的皆是最忠诚、最坚定的勇士。千钧一发之际，从弟曹洪赶来救了曹操。根据《三国志》记载，曹洪发现曹操后，立即让曹操坐上自己的战马突围，这意味着曹洪很可能因无马而丧命。曹操一开始推辞，但曹洪对他说："天下可无洪，不可无君。"危机中的短短九个字，其情义着实不亚于刘关张的"恩若兄弟"，何况曹洪与曹操本来就是同族兄弟。正因得到曹洪战马，曹操得以趁夜突围，飞渡汴水，曹洪则步履跟随护卫，一路奔向家乡谯地。

曹洪忠勇救主的事迹在史书中有明文记载，但曹魏开国元勋中最有名的夏侯惇在这场战斗中有什么表现呢？很遗憾，并无相关记录。不久前，暂代奋武将军的曹操以夏侯惇为司马，相当于曹操副将。不难推测，如果夏侯惇也参与了这场战斗，其所遭遇的凶险当不亚于曹操，若运气不好，很可能就像鲍信的裨将鲍韬那样殁于阵中。

不过在《三国演义》第六回，荥阳之战被写成了夏侯惇的成名战。小说中，曹操追击董卓时即与吕布相遇，双方一阵骂战后，夏侯惇挺枪跃马，直取吕布。登场首战就与书中武力值最高的吕布交手，大战数回合后虽不敌吕布，但足见其勇悍。紧接着，曹操与徐荣遭遇，被徐荣一箭射中肩部，马又中枪，更被两名敌军擒住。关键时刻曹洪杀出，砍翻两名士卒，救出曹操并以马相让。小说直接引用了曹洪在正史上所言"天下可无洪，不可无君"这句话。这段故事虽然添加了很多精彩细节，却也和史实高度吻合。但接下来的情节就令人思考了。曹操刚逃过汴水，徐荣率兵追来，危急时刻，夏侯惇、夏侯渊

▼ 演义中曹操兵败荥阳，董卓部将徐荣追来与夏侯惇相遇，遂被夏侯惇一枪刺死。正史上徐荣并非死于荥阳之战，而是在几年后李傕、郭汜犯长安时出城迎战，不幸阵亡。（出自《三国演义·虎牢关》连环画，上海人民美术出版社 1979 年版；刘锡永 绘；杨超 上色）

两兄弟引兵来救，大喝："徐荣无伤吾主！"徐荣见状直奔夏侯兄弟，夏侯惇挺枪迎战，交马数回合，竟一枪将徐荣刺于马下，随后杀散余兵，令曹操转危为安。

这一虚构情节最大的问题就是董卓军主将徐荣之死。毕竟在历史上，徐荣作为辽东籍将领，能在要职几乎被西北将领垄断的董卓军中成为名将，其军事才能可见一斑。历史上的徐荣结局也不好，董卓死后，李傕、郭汜率兵犯长安，已经向王允投诚的徐荣率兵抵抗，因部下胡轸投降，他寡不敌众，不幸战死。但那是荥阳之战两年后的事。初平元年，在荥阳汴水大破曹操，绝对算得上徐荣军事生涯的高光时刻。万万没想到，在《三国演义》中，他的高光时刻竟然成了陨落之期，而作者让他提前战死，仅仅是为了给夏侯惇积累战绩。罗贯中为何会如此偏爱夏侯惇，甚至不惜改写历史呢？

荣耀与耻辱并存

让徐荣成为枪下鬼，只是小说刻画夏侯惇这位曹魏名将的第一步。其后，夏侯惇在讨伐吕布的战役中大破高顺、怒杀曹性、鏖战张辽。关羽千里走单骑时，夏侯惇又与关羽单挑。其悍勇给读者留下了深刻印象。

然而在正史上，夏侯惇不仅没有像张辽威震逍遥津、乐进火烧乌巢、徐晃樊城救援这样的成名之役，反而有两场败仗被《三国志》记得明明白白，这就非常尴尬了！人们习惯用参与战斗的重要程度与胜率来评定武将，以这个标准，夏侯惇似乎足以从勇将跌落到庸将了，难道他的悍勇只是演义"吹"出来的吗？

虽然《三国志·夏侯惇传》篇幅很短，其中还有一大段是讲韩浩的，但根据其生平事迹，倒是能解答夏侯惇是否被演义拔高这个问题。

演义中的夏侯惇性情刚烈，这与正史一致。

夏侯惇，字元让，作为西汉开国功臣夏侯婴的后代，他与当时的大多世家子弟一样，14 岁就跟随老师游学。有个人侮辱了他的老师，结果被性情暴烈的少年夏侯惇怒杀身亡。在讲究尊师重道的时代，夏侯惇此举让他以"烈气"闻名。曹操起事之初，夏侯惇就追随左右。另一方面，在典韦、许褚这些专业保镖出现前，护卫曹操人身安全的任务也一直由夏侯惇负责。

荥阳战败后，曹操前往扬州募兵，随行者有夏侯惇与曹洪。至龙亢时，军士忽然哗变，曹营起火，情况危急到曹操甚至要亲自上场"手剑杀数十人"。虽然史料没有记载随行的夏侯惇和曹洪做了什么，但从后来曹操对夏侯惇的信任程度来看，他至少在保护曹操这件事上是尽职的。其实夏侯惇早期战绩不详是很正常的事，当时连曹操都只是暂行的杂号将军，这个时期，即使夏侯惇等人有战功、战绩，也都会算在曹操头上，史书中仅以"从征伐"三个字概括。

至董卓伏诛，群雄纷起，曹操投入群雄争霸的军阀战争，事业蒸蒸日上之际，夏侯惇的核心地位一直未动摇。兴平元年（194 年），曹操率部攻打徐州陶谦，以夏侯惇为东郡太守，将自己的根据地兖州的防务交给了夏侯惇、荀彧、程昱等最信赖的部属。正当曹操在前方势如破竹，眼看就要将徐州收入囊中时，自家后院却起火了。张邈与陈宫秘密叛变，他们勾结吕布，欲将曹操的根据地兖州一锅端。这次有预谋、有计划的反叛对曹操来说非常致命，一夜之间兖州诸城皆响应吕布，唯有鄄、范、东阿三城赖荀彧、程昱之力坚守。

最早察觉张邈有叛变意图的人是荀彧，他从张邈使者刘翊身上发现苗头后，立即派人告知镇守濮阳的东郡太守夏侯惇。身为当时掌握后方兵权的统帅，夏侯惇迅速做出判断，他认为兖州最要害之地是鄄城（今山东省菏泽市），曹操的家属全在城中，吕布肯定会先来攻打此地。夏侯惇的第一步行动是除内患，他侦查到周围意图谋反者后，忽然来了个大肃清，一夜诛杀数十人，而后只带领少数精锐轻军疾驰，救援鄄城。事实证明，夏侯惇的判断是准确的，在救援途中果然与吕布的部队遭遇。这场至关重要的遭遇战中，一向骁勇善战，尤其长于野战的吕布竟然在与夏侯惇交手后引兵退去，此役也为守住兖州三城争取到了宝贵的时间。

然而此时，夏侯惇却险些丧命。吕布败退后引军占领濮阳，随后又派遣一批军士来诈降，刚刚在与吕布的战斗中取胜的夏侯惇可能也有些"飘"，不仅接纳了降卒，还不做防范。入夜后，这些诈降者突袭主帅营帐，劫持了夏侯惇。所幸这些变兵并非吕布的死士，也没那么忠诚，他们只想诈取一笔钱财便散去。但不管怎么说，在整个汉末三国时期，主帅被部属劫持的事件都极其罕见，事变一出，全军震恐，身陷危机的夏侯惇也不知如何是好。关键时刻，还是一名叫韩浩的部下当机立断，怒斥变兵并拒绝谈判，同时哭着对夏侯惇表明态度："不能因为将军您的安危而罔顾国法（当奈国法何）。"这样一来反而让变兵失去筹码，他们知道即使杀了夏侯惇也没用，便放弃抵抗，叩首投降，夏侯惇也因此获救。

这件事后来被曹操所知，他不仅没有责备韩浩，还对其进行表彰，说："卿此可为万世法。"曹操还下令以后发生主帅被劫事件，一律当场围剿，不用顾忌人质安危。对身为一军主帅的夏侯惇而言，这次兵变被劫无疑是一生的耻辱。但总体而言，在这场影响极大的兖州事变中，身为大将的夏侯惇与荀彧、程昱这两名崭露头角的谋士配合得还是相当成功的。在得到荀彧的消息后，夏侯惇果断率部回防鄄城，而后程昱得以成功说服范县县令靳允诛杀陈宫的心腹并调兵守住仓亭津，使陈宫无法分兵渡河。也正是因为他们努力坚守三城，不仅兖州没有全境沦陷，而且曹操得以引兵归来扭转战局。

与曹操同生共死

夏侯惇之所以令人印象深刻，还因为他独眼将军的形象。《三国演义》中，夏侯惇参与曹操攻灭吕布的徐州之役，在击破高顺后被吕布部将曹性一箭射中左眼。他不顾血流如注，连箭头带眼珠一并拔出，还大呼"父精母血，不可弃也"，吞下眼珠，接着忍痛拍马，挺枪戳死曹性。这一系列"硬核操作"也让"拔矢啖睛"成了夏侯惇身上最著名的典故。顺便一说，这位倒霉的曹性也算吕布帐下一员猛将，他曾与反叛吕布的郝萌交战，斩下郝萌一只手臂，被吕布称为"健儿"。他的结局于正史无载，演义中却得到了和徐荣一样的待遇——成为夏侯惇的枪下鬼。

虽然"拔矢啖睛"之故事是小说虚构，但夏侯惇的确是位独眼将军，正史上他被流矢射中左眼的时间要更早。在曹操与吕布进行兖州争夺战时，"惇从征吕布，为流矢所中，伤左目"。虽然这次作战付出了丢失一只眼睛的惨痛代价，但夏侯惇也因此被封为建武将军、高安乡侯。令很多人想不到的是，这位夏侯将军还是位很在意自己颜值的武将，失去左目后，他时常怒砸铜镜，因为看见了自己的不雅模样。军中有人给他取了个"盲夏侯"的绰号，他非常厌恶，终身耿耿于怀。那时的夏侯惇又怎能想到，1000多年后，他在人们心目中就以他最厌恶的独眼将军形象定格。

回到前面的问题，《三国演义》是否拔高了夏侯惇？如果只认可正史中有记录可查的战绩，夏侯惇的确乏善可陈，而小说中徐荣、曹性这些

▼ 清初刊本《三国志绣像》插图，下邳之战，夏侯惇被曹性射瞎左眼，生吞眼珠后将曹性刺死。不过正史上夏侯惇眼伤于兖州争夺战期间，射瞎夏侯者不是曹性。

将领都送给夏侯惇积累战绩，的确有拔高之嫌。但仅仅用战绩去评价一位历史人物是不公平的，尤其是夏侯惇这种位极人臣的开国元勋，更具复杂性，绝不能简单地用打了多少胜仗、杀了多少敌将来衡量、评判。

举个例子，出于情节需要，小说会虚构很多战斗场面，读者、听众最津津乐道的也是武将的武力值，谁斩了谁，谁和谁打得不分胜负，等等。但要把搞内政、后勤这些事写进去，恐怕大多数读者会看得一脸茫然，也会影响故事的精彩程度。小说把夏侯惇塑造成一员猛将，但绝不会告诉你他是个内政能手，屯田、兴修水利等工作都搞得有条不紊。

曹操与吕布争夺兖州期间，时逢大旱，蝗灾又起，这种天灾对交战双方来说都是一种考验。此时夏侯惇指挥士兵将太寿水截断，使其成了一个蓄水的池塘。而后他又亲自挑着土率领士兵屯田耕种。此举不仅使百姓受益，也让曹操集团避过了粮食危机。反观吕布一方，遭逢天灾后粮食紧缺，出现了食人的惨景。吕布只得将部队移到山阳驻扎，第二年就被曹操赶出兖州。要在"白骨露于野，千里无鸡鸣"的汉末乱世保障粮食供应实非易事，曹操能在群雄中脱颖而出，其充分发挥屯田的作用是重要原因。从这个角度看，夏侯惇搞的屯田与水利工程在关键时刻发挥的作用，又岂是杀徐荣、曹性可比的？

曹操迎奉献帝，又相继剪除吕布、袁术、袁绍等诸侯，霸业兴隆，夏侯惇也一如既往地受到器重，常被委以镇守后方之重任。这期间唯一一次有史所载的作战是博望坡之战，当然，那又是一场败仗（详见"李典"一章）。建安十二年（207年），曹操平定乌桓，彻底统一北方，对追随自己征战十数年的夏侯惇进行封赏，因前后功劳增封邑一千八百户，与以前所赐的加在一起，有二千五百户之多。赤壁之战后，曹操征张鲁、孙权诸役夏侯惇皆有参与。建安二十四年（219年）襄樊之战时，夏侯惇率军赶赴襄阳时正逢曹操到达摩陂（今河南省郏县东南）。曹操直接召他同车而坐，出入卧室也让他随行，亲近和信任程度类似刘备之于关羽、张飞，这是曹营绝大多数将领都没有的特权。曹操本人给了夏侯惇高度评价："魏绛以和戎之功，犹受金石之乐，况将军乎！"在他眼中，夏侯惇的功劳，超过了春秋时期提出"和戎"之策的魏绛。

▼ 军队屯田画像砖，嘉峪关魏晋墓出土。历史上的夏侯惇虽然战绩不出彩，但在屯田、兴修水利方面的成就可观。

当然，以夏侯惇为代表的夏侯氏能得到曹操的绝对信任，还源于他们对曹魏政权的绝对忠诚，以及与曹操之间的高度默契。曹操晋封魏公后，诸多将领都被授予魏国官号。此时夏侯惇担任的还是汉朝官职，从规格上来说相当于曹操的同僚，于是他上书请求曹操授予魏官。这种自降规格的要求让曹操很过意不去，起初并未同意，架不住夏侯惇强烈要求才答应封他为魏前将军。在曹魏与东汉朝廷的矛盾愈演愈烈的敏感时刻，夏侯惇此举无疑向曹操表明了夏侯氏对他的绝对支持。

夏侯惇不仅一生忠于曹魏，也真正做到了与曹操同生共死。建安二十五年（220年），曹操病故后，继承王位的曹丕拜夏侯惇为大将军。遗憾的是，夏侯惇没看到曹丕登上帝位的那一天。曹操去世三个月后，夏侯惇也于四月庚午日病逝。这位曹魏政权的开国元勋出殡时，曹丕为之穿上素服，行至邺城东城门发丧。

夏侯惇谥号忠侯。"危身奉上曰忠"，追随曹操数十年的夏侯惇自然配得上这个评价。"廉公方正曰忠"，夏侯惇同样也担当得起。据《三国志》记载，他"性清俭，有余财辄以分施，不足资之于官，不治产业"，的确是曹魏政权中一位既忠诚可靠，又德才兼备的良将。罗贯中在书写《三国演义》时为何如此偏爱这位独眼大将军，也就不难理解了。

◀ 演义中，关羽离开曹营，在黄河道斩杀夏侯惇部将秦琪，导致夏侯惇追击关羽。两人交战之际，张辽及时出现，阻止了这场恶战。正史上不存在千里走单骑之事，也没有关羽与夏侯惇交手的记录（出自《三国演义·千里走单骑》连环画，上海人民美术出版社1979年版；陈光镒 绘；杨超 上色）

夏侯惇装容
复原记

盔缨

兜鍪·胄顶

兜鍪·护颊

铠·盆领

铠·披膊

铠·身甲

臂韝

革带

钩镶

环首刀

腿裙甲

胫甲

▶汉末版夏侯惇形
象。（饶晋萍 绘）

样貽

太祖自徐州还，惇从征吕布，为流矢所中，伤左目。

——《三国志·魏书·夏侯惇传》

时夏侯渊与惇俱为将军，军中号惇为盲夏侯。惇恶之，照镜恚怒，辄扑镜于地。

——《魏略》

《三国志》以及裴松之注引的文献，都没有关于夏侯惇容貌的直接描述，但夏侯惇却是曹魏阵营里给人印象最深刻的将军，主要因为其在跟随曹操与吕布作战时，被流矢射中左目，成了一名独眼将军。

军中称他为"盲夏侯"，尽管夏侯惇本人对此耿耿于怀，奈何他在后人心目中就以这个独眼形象定格。虽然历史上的夏侯惇败绩甚多，但他毕竟属于领兵作战的武将，故而设定的身材为魁梧型，并以魏晋时期骑兵甲胄为参考绘制其身甲。

钩镶

在武器设定方面，我们为汉末版夏侯惇配备了环首刀以及另一件颇有汉代特色的兵器——钩镶。东汉刘熙《释名·释兵》曰："钩镶，两头曰钩，中央曰镶，或推镶，或钩引，用之宜也。"

钩镶为一种钩、盾结合一体的复合型兵器。其形制为上下有钩，中间部分是圆角方形薄铁板制成的小型盾牌，盾面设有突出的尖刺。作战时盾可用以推挡，钩则用以钩束，兼有防、钩、推三种功能，通常配合环首刀使用。1999 年，四川绵阳地区出土了两件东汉时期的钩镶，一件长 45.5 厘米、宽 9.1 厘米，另一件长 49.8 厘米、宽 11.5 厘米，现藏于绵阳市博物馆。本书中夏侯惇所持之钩镶，主要以这两件东汉文物为参考。

考虑到历史上的夏侯惇在正规野战中战绩不佳，所以未配马战所用之长兵器。不过在典韦、许褚这些专业保镖出现前，护卫曹操人身安全的职责一直由夏侯惇负责，他与曹操在扬州共同遭遇过凶险兵变，曹操自己尚且斩杀数十人，身为护卫的夏侯惇想必也经历了一番血战。能活下来，近战武功应该是不错的，故而将钩镶这种近战兵器装备给他使用。

拾叁

▶ 钩镶攻击方式示
意图。（杨翌 绘）

▶ 汉代钩镶复原图。
（王涛 建模）

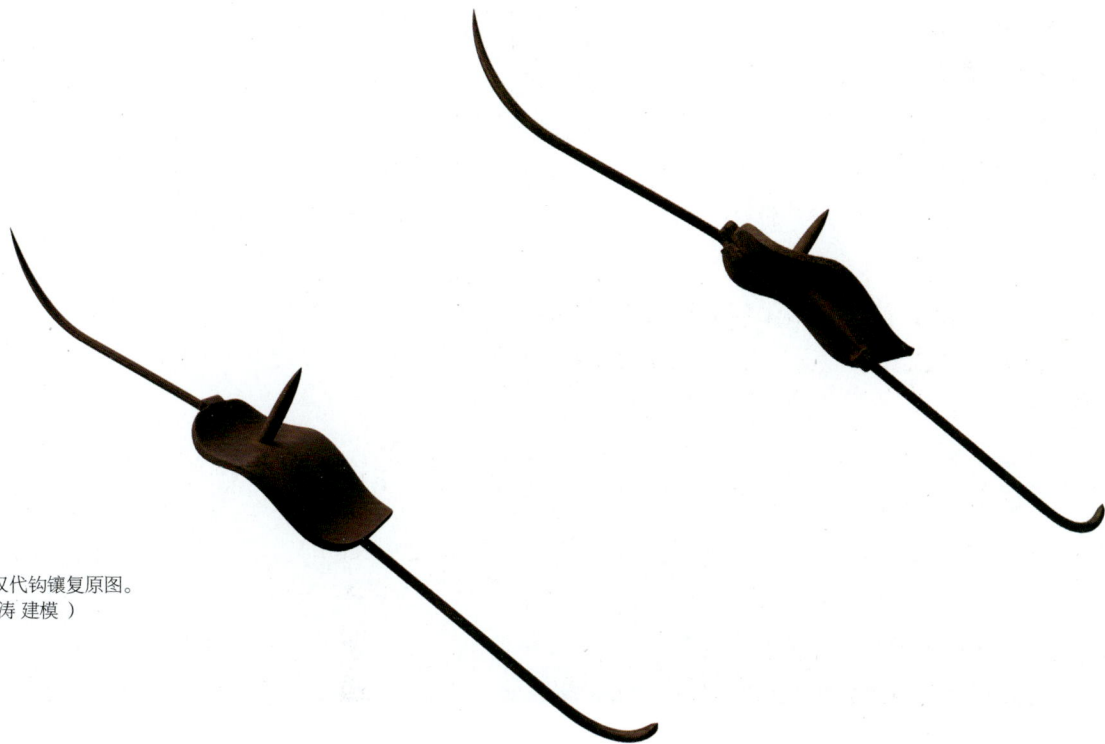

夏侯惇装容
实拍图志 /

　　绘图重点表现了夏侯惇的武将形象，而真人实拍除了对比演义形象和历史形象之外，还有意展示夏侯惇鲜为人知的、颇似文官的一面，让他戴上当时文人常用的介帻，也表现了他读书的场景。虽然这些与大众认知中刚猛的独眼大将军存在一定反差，但能使其形象更加完整丰满。

▼（左下）夏侯惇（演义版）形象。头戴凤翅盔，身穿宋制札甲，外套绣衫，手持长枪，武艺超群。

▼（右下）夏侯惇（演义版）形象之开弓。

▶ 夏侯惇（演义版）
形象之持枪。

摄　　影：　　朱莫诩
甲胄提供：　　函人堂
服饰提供：　　入时无传统服饰工作室
武器道具提供：刮胡刀王、陈楚浩
出镜角色：　　夏侯惇——楚材 饰

▲ 夏侯惇头戴介帻，身披裲裆铠，内穿直裾袍，手持环首刀的历史形象。虽也是知名武将，但总体战绩不佳，文治却有一手。

▶ 夏侯惇读书的历史形象。

◀ 夏侯惇持刀挽袖之历史形象，怒目圆睁，尽显刚烈之气。

拾肆

拾肆

✕

李典
一个家族的精忠史

✕

上篇
曹操集团中的『带资入股』者

中篇
李典装容复原记

下篇
李典装容实拍图志

曹操集团中的"带资入股"者

近几十年随着对曹操研究的深入，从曹魏视角叙述汉末三国史的各种书籍、影视、游戏等作品日益丰富，在这些作品中，"五子良将""八虎骑"等效仿蜀汉"五虎上将"的说法相继出现。然而，在这些良将、虎骑的成员问题上又难免出现争议。例如，典韦、许褚这样的猛将，为何既非虎骑，也没列入良将？在正史中有勇有谋的李典为何也榜上无名？

其实，这两个称谓都是根据《三国志·魏书》中列传分类衍生而来的，"五子良将"来源于《张乐于张徐传》，"八虎骑"的成员则是《诸夏侯曹传》中所列的八人，"虎骑"之名应该源于曹纯统率的精锐骑兵"虎豹骑"。问题又来了，抛开诸夏侯与诸曹宗亲关系的因素不说，为何文武双全的李典和忠勇护主的许褚，在《三国志》中未能与"五子"列为一传，而是列于排在后面的《二李臧文吕许典二庞阎传》中呢？

这是《三国志》中人物成分非常复杂的一传。先看陈寿在传末给诸将的评语："李典贵尚儒雅，义忘私隙，美矣。李通、臧霸、文聘、吕虔镇卫州郡，并著威惠。许褚、典韦折冲左右，抑亦汉之樊哙也。庞德授命叱敌，有周苛之节。庞淯不惮伏剑，而诚感邻国。阎温向城大呼，齐解、路之烈焉。"可知李通、臧霸、文聘、吕虔因镇卫州郡之功划为一类；许褚、典韦作为护卫折冲左右，划为一类；庞德、庞淯、阎温皆是殉主死节（其中庞淯有死节之举，因张掖、敦煌二郡感念其高义而幸存），以忠烈闻名，分属一类。唯有列于传首的李典，又未能入前面的"五子"列传，也不属于本传中的任何一类，地位非常尴尬。这当然不是因为李典技不如人，恐怕还是与他在曹魏阵营中的特殊性有关。

博望的烈火

曹操帐下名将如云，李典的确算不上"顶流"将领。哪怕在《三国演义》中，不少读者还是读到诸葛孔明的出山首战——博望坡之役，才对李典这个败军之将有些许印象的。小说里火烧博望坡发生于建安十三年（208年），当时曹操罢三公之职，自兼丞相，欲南征吞并荆州，遂以夏侯惇为都督，于禁、李典、夏侯兰、韩浩为副将，发兵十万，直抵博望，进逼新野。

在这左有山、右有林的博望坡，诸葛亮设下层层伏兵，以赵云为前锋诱敌深入，当夏侯惇率领的曹军追入树木丛杂、山川相逼、道路狭窄的博望坡时，埋伏于此的精兵猛将倾巢尽出，霎时四面火起，火借风势，风助火威，曹军人马阵脚大乱，死伤无数。作为曹军副将的李典在此役中有何表现呢？他见势不妙，急奔回博望城，火光中被一支兵马挡住去路，为首者乃刘备二弟关云长。李典纵马混战突围，终于"夺路而走"，狼狈收场。

《三国演义》将火烧博望坡写得绘声绘色，数百年来无数读者对孔明之智拍案叫绝。不过，历史上博望之役发生于诸葛亮加入刘备阵营五年前，即建安七年（202年）。不仅主角不是孔明，而且，小说里那个在烈焰中夺路而逃的李典还是此役中挽救曹军败局的关键人物。

事起于建安六年（201年）夏季，曹操携官渡大捷之威，扬兵北上，于仓亭之战中击破袁绍，又回师在穰山一役中击败刘备部队，逼得刘备突围南下投奔荆州牧刘表。至建安七年（202年）夏，袁绍气病交加而死，审配等人矫袁绍遗命，奉三子袁尚为嗣，引发袁谭、袁尚的夺权之争。这年九月，曹操率军北征，与袁氏兄弟爆发了一系列城池争夺战。此时荆州刘表为策应袁氏兄弟，援助刘备，趁机对南阳郡发动袭击并攻克宛城。为了应对来自南方的危机，曹操派遣心腹大将夏侯惇率领于禁、李典等部将南下征讨刘备。

刘备有丰富的游击战经验，面对夏侯惇大军南进，立即避其锋芒，收缩阵线于博望坡（位于今河南省南阳市方城县西南30千米处），此地北负伏牛山，南面隐山，西倚白河，地势险要，为古"襄汉隘道"之通衢，乃兵家必争之地。曹、刘两军对峙了一段时日后，某一天曹军发现刘备军屯驻的博望坡燃起大火，烈焰冲天。夏侯惇断定这是刘备军支撑不下去了，要烧屯撤退。如此大好机会岂能放过？于是命令中郎将李典留守大营，自己率领于禁追击。这时李典才二十出头，处事却比夏侯惇、于禁等人冷静得多，他发现事态反常，劝夏侯惇说："贼无故退，疑必有伏。南道狭窄，草木深，不可追也。"

一心想生擒刘备的夏侯惇哪听得进，还是坚持带着于禁一路狂追，大军行至博望县境内之时，郁郁葱葱的草木中忽然伏兵四起，曹军陷入腹背受敌之境，很快就被刘备军击溃，主将夏侯惇也深陷重围，危在旦夕。关键时刻，有一支人马忽然杀至，刘备一看来人是曹操援军，敌众我寡，立刻撤退，已成瓮中之鳖的夏侯惇也因此脱险。而这支来得及时的救兵，正是由留守后方的李典率领。

演义中，李典见到刘备军就跑；历史上，刘备军见到李典就跑。两场博望之役纵火者不同，焚烧对象不同，结局也不同。此役，李典虽不是主将，但在刘备纵火烧屯、夏侯惇立功心切之时能够保持谨慎，根据敌军反常、地形险峻、草木丛生等因素，识破刘备军伪遁设伏之意图，敏锐度以及洞察力远高于同行的曹军诸将。当夏侯惇落入刘备军的伏击圈时，负责留守大营的李典又能当机立断，率部驰援，不仅成功救出主将，还达到驱退敌军之目的。博望坡之战中，年纪轻轻的李典成功扭转了曹军败局，算得上智勇双全之良将。

可这么一位难得的将才，不仅在正史《三国志》中未能与张辽、徐晃等"五子良将"同列一传，在小说《三国演义》里也被"欺负"，这是为什么呢？

忠于曹操的地方豪强

先来看看《三国演义》中李典的存在感弱到什么程度。他登场于第五回，曹操于陈留起兵，众将来投，这些将领中只有夏侯惇一人有较详细的介绍，李典仅有"又有一个山阳巨鹿人，姓李，名典，字曼成，也来投曹操"一句，还把李典的籍贯写错了。难道就连罗贯中也认为李典不值得多费笔墨？这么说还真冤枉了他，现在通行本（一百二十回本）的《三国演义》，是经过清代毛宗岗父子修订后的版本，目前存世最早的明代嘉靖壬午本《三国志通俗演义》必然更接近罗贯中的原稿，这个版本中，李典非但不是一笔带过，而且作为最后登场的压轴武将，描写翔实。

一人持枪而来，于曹操面前大呼曰："愿从将军，以诛国贼！"操问之。其人姓李，名典，字曼成，山阳巨鹿人也。于操前施逞枪法，问答如流。操喜。

这段生动描述中，除了有对李典表字、籍贯（有误，应为钜野）的介绍，还体现了李典的志、武、才三个方面。相信熟知汉末三国史并将之改编成经典名著的罗贯中，对李典作如此特殊的登场安排，很可能是考虑到李典在曹操阵营中的独特地位——他既非"八虎骑"一类的宗亲将领，也不是"五子良将"这样纯粹的武将。

李典投曹的时间非常早，在曹营中的资历颇深，但他与曹操并非同乡，更无宗亲关系。最重要的一点是，李典归属曹操并非乐进那样的个体投奔，而是作为地方豪族势力的"代理人入股"，具有一定独立性。甚至可以视为曹操起事之初，外地豪强势力支持曹氏集团之代表。

李典是山阳郡钜野县（今山东省巨野县）人，其宗族主要居住在乘氏县（今山东省巨野县龙堌镇）。李氏家族属于地方豪强，李典的叔父李乾是当地很有威望的豪杰，能够"合宾客数千"。在东汉末年的乱世中，能召集如此多的人员，李家的财力及李乾的个人魅力可见一斑。

至初平年间，曹操在陈留率先举起讨伐董卓的大旗，散尽家财招募义军。从地理位置上看，以陈留（今河南省开封市陈留镇）为核心，从荥阳，虎牢关至洛阳一带属于董卓的势力范围。而支持曹操讨董的人马主要来自东南和东北两个方向。东南方向的援曹主力是他老家谯县的宗亲子弟集团，而东北方向这股力量则是山阳郡乘氏县李氏家族中，由李乾带来的一支部队。李典应该就在此时跟随叔父李乾一起加入曹操集团，随后追随曹操到兖州平定青州黄巾军，又于匡亭大败袁术及黑山军。兴平元年（194年）春，曹操以父亲曹嵩路过徐州被杀害为由，兴兵征伐徐州牧陶谦，李乾亦随军征讨。正当曹操在徐州杀得遍地猩红之时，留守后方的东郡守备陈宫与陈留太守张邈等忽然策动叛乱，迎吕布为兖州牧。

曹操后院起火，兖州诸城纷纷响应叛乱，除了鄄城、东阿、范县三座城仍在苦撑待变外，其余"郡县皆应"，成为吕布势力范围。其实，除了荀彧、程昱坚守的三城，还有一地也始终没有向吕布投降，那就是李氏家族的大本营乘氏县。原来李乾带领家族中的一批人投靠曹操后，留守乘氏的李氏家族势力由一个叫李叔节（叔节应为字，其名不可考）的人与其弟李进共同统领。曹操在徐州屠城影响极其恶劣，以致兖州诸郡接二连三地叛变，但李氏家族在拥曹问题上却十分坚决，李进与李乾保持统一意见，决定"杀数头肥牛，提数十石酒，作万枚胡饼，先持劳客"，全体动员备战，以抗吕布。

吕布果然亲率大军来犯，但钜野李氏家族也不是吃素的，他们财大气粗，粮草充裕，率领部曲与宗族层层防御，一次次顶住了吕布的进攻，将这位乱世飞将死死拒之于乘氏城外。吕布无奈撤围，屯军山阳郡。曹操得知钜野李氏对抗吕布、坚守乘氏的消息后，赶紧派遣李乾返乡慰问。不幸的是，当时正逢吕布的别驾薛兰、李封前来劝降，这个薛兰是颇有声望的名士，为汉末"八俊"之一。薛兰不知用什么方法将李乾骗到了自己军营，然后与李封一起动员李乾倒戈反曹，李乾誓死不从，劝降失败的薛兰一怒之下竟将其杀害。李乾也成了为曹操集团牺牲的首位钜野李氏首领。

将星陨落，天命难违

得知李乾被杀，曹操非常难过，他让李乾的儿子李整统领李乾的部众，又遣诸将助他杀回家乡复仇。李整率部直扑钜野，一鼓作气击破吕布军，还把薛兰这个名士的脑袋砍了，不仅报了父仇，还立了大功。随着兖州各郡县相继被曹操平定，李整也在一系列作战中升迁为青州刺史。但没过多久，李整去世，钜野李氏的大旗传到了他的从弟李典手中。

李典的特殊性从《三国志·李典传》就能看出来，与直接叙述个人生平的"五子"传记不同，《李典传》是依李乾、李整、李典这样一个顺序叙述的。如果用武侠世界来类比，钜野李氏好比江湖中一个大门派，李乾作为其中一个堂主带领全堂集体加入曹操集团，而他的儿子李整、侄子李典都是这个堂的核心成员。至于乘氏县的李进兄弟则可能是门派掌门人或其他堂主，他们留守后方，政治上与李乾保持一致，属于拥曹门派。第一代堂主李乾遇害后，李整继任，李整死后，他的从弟李典成为第三代堂主，他们是一个整体势力的代表，而非独立武将。

那为何是《李典传》，而不是《李乾传》《李整传》？因为，第三代掌舵人李典是这个家族中成就最大的一位。史载李典幼时就非常好学，但并不热衷于带兵打仗，而是和当时的世家子弟一样，跟随老师游学，博览群书，重点研习《春秋左传》（这本书记载了大量春秋时期列国争霸的战例，在当时可以看作兵书）。从兄李整去世后，李典成为家族代表，很快就被曹操拜为中郎将，这个官职类似于近现代的师长，是实际掌握兵权的。由此也能反推出，李乾跟随曹操征战之时，李典肯定已在军中历练，如此才可能顺理成章地接过大旗。李典也不负曹操的期望，在官渡之战中立下战功，被曹操升为裨将军。从职位上看，与同时期的张辽相同。但值得注意的是，张辽当时已经31岁，而李典在官渡之战时年龄不会超过21岁。

就是这么一个刚过弱冠之年的青年将领，在建安七年（202年）又两次立下奇功。在进攻袁谭、袁尚的战役中，李典向程昱献上坚持让军队走水路的建议，被采纳后曹军北渡黄河攻打高蕃并取得胜利，成功打通水路。同年，李典又跟随夏侯惇南征刘备，于博望坡识破刘备的伪遁之计，关键时刻率部救出主将夏侯惇。

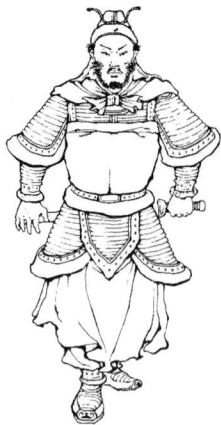

▲上海人民美术出版社出版的《三国演义》连环画李典形象设定图。

二十出头就屡立奇功，可见李典颇有成为一代名将的潜力。

而李典作为一个家族势力的青年领袖，在曹操集团中的地位又不同于与他合传的臧霸。臧霸在吕布败亡后归属曹操，但以他为首的泰山小集团始终保持着独立性，类似于名义归属。曹魏对他们的实际控制力有限，终曹操一生也没有解决泰山集团问题。李典则不同，建安十一年（206年），李典、乐进在长广攻打管承的作战中获胜，李典升迁为捕虏将军，封都亭侯。就在这时，他主动向曹操请求，将居住在乘氏的族人迁徙到魏郡，这相当于将家底全部交给曹操。

此举让曹操有些惊叹，他笑问李典是不是要效仿东汉名将耿纯？这位耿纯也是钜野大姓出身，当年刘秀自蓟州向东南奔驰时，耿纯与从弟耿訢、耿宿、耿植共同率领宗族宾客两千余人，老者、病者都载棺木相随，忠心耿耿。李典的回答却非常谦逊，他说："典驽怯功微，而爵宠过厚，诚宜举宗陈力；加以征伐未息，宜实郊遂之内，以制四方，非慕纯也。"于是，李典徙部曲宗族一万三千余口居于邺城。为嘉奖李典的忠诚之举，曹操升迁他为破虏将军。虽然李典是地方豪强势力领袖，但李氏宗族与曹操集团的关系显然十分紧密，他们甚至自愿削弱独立性，成为名副其实的曹操部将。

建安十三年（208年），曹操征伐荆州，李典随军，见证了赤壁之战。建安十六年（211年）秋，李典又跟随曹操征讨韩遂、马超。史籍中，李典参与的最后一场战役是建安二十年（215年）的合肥之战。此役中，李典与乐进、张辽屯于合肥。张辽原属于吕布集团，而吕布与李典宗族有着血海深仇，因此两人始终不太和睦。此时孙权大军已打过来，张辽非常担心李典在关键时刻不肯服从自己指挥。李典得知张辽的顾忌后，慨然地说："此国家大事，顾君计何如耳，吾可以私憾而忘公义乎！"

李典以大局为重，打消了张辽的后顾之忧。在合肥之战中，众将积极配合张辽，终于以寡敌众，大破吴军。但遗憾的是，不久之后李典就去世了。史籍中没有记载他去世的具体时间，大概率是建安二十二年（217年）。这年居巢爆发了一场瘟疫，曹军大规模染病，李典很可能在这场大疫中染病去世。《三国志》评价说："典好学问，贵儒雅，不与诸将争功。敬贤士大夫，恂恂若不及，军中称其长者。"然而，这位"军中长者"去世时年仅36岁，寿命与东吴之周瑜、蜀汉之庞统一样，属英年早逝。

儒将李典早逝，未能在曹魏代汉后建功立业，存在感大为削弱。可能也是这个原因，毛宗岗父子在修订《三国演义》时，直接将李典登场时的浓墨重彩删去，只一句带过。李典文武全才，年少成名，颇具名将风采。奈何将星陨落，天命难违，是为曹魏将林一大遗憾。

▲ 汉末三国门卒形象图，出自辽阳魏晋墓群壁画。

李典装容
复原记

赤帻 ——

铠·披膊

铠·胸甲 ——

锦护膊

汉剑 ——

铠·甲裙

直裾襌衣 ——

靴

◀ 汉末版李典形象。
（饶晋萍 绘）

样貌

▲ 20世纪90年代风靡世界的游戏《吞食天地2：赤壁之战》中的李典形象，这也是很多人对李典的第一印象。（船水纪孝 设计）

曹魏阵营的优秀将领中，李典是存在感比较弱的，很多人对其印象甚至不是来自《三国演义》，而是三国题材的游戏。很多"80后""90后"都认识李典，毕竟他出现在《吞食天地2：赤壁之战》第一关（博望坡之战）的关底，还是非常容易见到的。游戏中的李典头戴软幞头，使一杆大枪，攻击方式除了用枪绰人之外，就是像撑竿跳运动员那样跳跃加飞踹了。由于在游戏中的第一关亮相，总体实力比较弱，通常三下五除二就能将其斩为两段，这就导致很多人有李典很弱的固有印象。

很可能也是受游戏《吞食天地2：赤壁之战》的影响，后来出现的很多李典形象都与之雷同，即头戴软脚幞头，身穿红色系战甲，只有下胡须。毕竟无论《三国志》还是《三国演义》，都没有对李典的外貌特征进行描写。

不过若要细抠，《三国志》倒是记载了李典"有雄气"，这三个字基本还是能框定李典形象的大致方向的，至少可以确定其气质属性偏向于阳刚而非阴柔。虽然李典年纪不大，但出于气质需要，还是将他设定为多须形象。

圆顶赤帻

圆顶赤帻为东汉时期武人常见首服之一。从西汉时期的甲士俑装束可知，当时军士主要戴武弁，而武弁之下衬有帻。到东汉时期，随着各种帻被广泛运用，赤帻后部逐渐增高，形成图中圆顶之形制。除了水军为黄帻之外，其他军士基本为赤帻。

这种帻又名平上帻，可以与武冠一起佩戴（见序章皇甫嵩绘像）。《后汉书》刘昭注引《晋公卿礼秩》载："大司马、将军、尉、骠骑、车骑、卫军、诸大将军开府从公者，著武冠，平上帻。"

这种帻最早只有地位较低的仆从才戴，但经过发展演变，到东汉末年时已成为一些贵胄平居时常戴的首服。

▶ 魏晋墓葬画像砖，头戴赤帻的武者形象。

摄　　影：　朱莫诩
甲胄提供：　函人堂
服饰提供：　入时无传统服饰工作室
武器道具提供：　刮胡刀王、陈楚浩
出镜角色：　李典——卢龙 饰

李典装容 实拍图志 / 下篇

◀ 身穿直裾燕尾长襦的李典。这套服饰参考西安南郊汉墓出土的西汉晚期陶俑身上的服饰制作。到东汉时期，直裾长襦依然作为燕居之服穿着。

▶ 李典着戎装、执
长剑。

虽然正史中关于李典的记载不多，但他有两个主要特征可以确定。其一，《三国志》中说他"有雄气"。其二，裴松之注所引《魏书》载："典少好学，不乐兵事，乃就师读《春秋左氏传》，博观群书。"

根据这两个关键信息，我们将李典定位为一位阳刚型的青年儒将——身穿常见款汉制札甲，手持书卷以示其好学之特征。此外，李典所用这把武器仿自马王堆汉墓出土的角质长剑，采用玳瑁剑具。马王堆三号墓出土角质长剑3把，最长者达140厘米左右，远长于汉代同时期的剑。

之所以给李典配剑，而不采用武将气质较重的长杆冷兵器，主要是为了契合他一代儒将、宗族青年领袖的身份。另一方面，他的武艺应该是不弱的，所以选用了文雅中透着霸气的双手长剑。

▼（左下）李典着直裾长襦、执长剑。

▼（右下）李典读《春秋》。李典研读《春秋左氏传》之事于史有载，也较为符合其儒将形象。

▶李典顶盔掼甲，执剑读书，亦文亦武，文质彬彬。

拾
伍

×

许褚

豪帅的另一种选择

×

许褚装容复原记

下篇

上篇

生前无悔，身后有憾

生前无悔，身后有憾

上篇

许褚在《三国演义》里频繁亮相，而且每次出场都意味着有精彩的战斗。初次登场，许褚与典韦打得不分胜负，赤壁兵败之际又力敌张飞掩护曹操，后期与马超大战二三百回合更是堪称小说中最长的单挑战。在武艺这方面，许褚的文学形象与历史形象高度重合。史载许褚"长八尺余，腰大十围，容貌雄毅，勇力绝人"。历史上的曹魏诸将若以个人武力值来排名，许褚甚至可能位居榜首。

也曾是一方豪帅

曹操一生最重要的贴身保镖有两位，一是在张绣之叛中为保护曹操而牺牲的典韦，另一位则是跟随曹操时间最长、护卫之功最多的许褚。与典韦出身低微（《三国志》中甚至未记载其表字）不同，许褚在加入曹操集团之前已是一方豪帅。

▲ 上海人民美术出版社《三国演义》连环画中的许褚形象。

许褚，字仲康，谯郡谯县（今安徽省亳州市古城镇）人，算是曹操的老乡。东汉末年，天下大乱，盗匪横行，官府无力，百姓常遭盗贼洗劫而不得安宁，许褚的家乡也不例外。面对贼寇的威胁，各地民众只能自发组织抵抗，青年时就孔武有力的许褚，就是当地领导宗族进行武装抗贼的领袖人物。当时汝南方向有一伙上万人的山贼正准备洗劫谯县，为了对付这伙来势汹汹的贼寇，许褚召集宗族中人备战，他让族中有力的年轻人连夜修筑壁垒进行防守。被许褚号召起来一同坚壁御寇的人有多少呢？《三国志》中的记载是"宗族数千家"。指挥如此众多的人员，可见许褚并非单纯的武夫，而是一位在当地能够一呼百应的英雄豪杰。

汉末时，出仕前就能在地方聚众的武将不在少数，东吴名将甘宁早年组成渠师抢夺船只财物，曹魏名将曹仁早年结集上千青年，在淮河、泗水之间干些非法勾当。山贼出身的严白虎更是盘踞在吴郡一带，形成不亚于群雄的军事集团。相比之下，许褚聚众数千户人家，为的是抵御山贼，保境安民，颇具侠士之风。汝南贼寇来犯之

后，防御人员因寡不敌众有些吃力，战局凶险。许
褚又想出新方法，他让大家将石头全部收集到堡
垒前沿，而后自己以飞石为武器攻击贼寇。力大
无穷的许褚将石头掷出，命中之处竟被击得粉碎，
吓得众贼不敢上前，只得在外围屯驻，与许褚
一方形成对峙。

过了些时日，堡垒内的粮草不足，许褚决定
与贼寇谈判，想用牛去换粮食。不承想交易达成后，这头牛竟然不愿意到贼寇那边去，
许褚见状二话不说，一把抓住牛尾，竟然将牛倒拖百余步。这名副其实的力大如牛
将贼寇吓得心惊胆战，没过多久便主动撤退了。经此一役，许褚的名声在汝、淮一带
广为流传。后来，曹操迎汉献帝那段时间也曾在汝南一带剿寇，正是在这期间许褚
被曹操看中，于是率领自己的部属一起投奔曹操。喜得虎将的曹操也对许褚赞不绝口：
"此吾樊哙也！"

许褚追随曹操的情况又与李典不同。李典是在叔父、从兄之后接过大旗，而后
逐步向曹操靠拢，消除独立色彩的。许褚则是一步到位，直接成了曹操的贴身保镖，
即日拜为都尉，引入宿卫。至于跟随许褚一起来的那些侠客，曹操照单全收，作为"虎
士"任用。这样看起来，许褚率部加入曹营后就获得信任，成为宿卫。但也有人为
其惋惜，认为许褚本为一方豪帅，颇具领导能力，作为保镖有些大材小用，而且与领
兵打仗无缘了。其实也不尽然，就在不久后曹操征伐张绣，史籍中记载，此役许褚
率领虎士冲锋陷阵，"斩首万计"，他还因此被升迁为校尉。毕竟曹操用兵章法多变，
为实现迅速、精准打击，在某些时候投入宿卫精兵也在情理之中。

禁卫军统领的身后憾事

许褚投曹不久，典韦不幸战死，此后曹操的个人安全由许褚全权负责。因此许
褚与五子良将等武将有了本质区别，他所有的战绩、战功都是跟随曹操一起建立的，
不可能像张辽、徐晃那样有机会独自带兵在外作战。所以演义中许褚率领三千铁甲
军作为前锋出征新野的情况不太可能出现，毕竟历史上"火烧新野"事件也不存在。

曹操的护卫一职绝非仅靠勇武和忠诚就能胜任。无论是早年保境安民，还是后
来征伐张绣，许褚都表现出了一定的统率能力，把虎士部署得稳稳当当。最重要的是，
他还具有高度敏锐的洞察力。

▲ 邬堡射鸟画像砖，三国时期（魏）。图中可以看到汉末三国时期邬堡建筑的模样。（高台县博物馆藏）

官渡之战期间，曹操身边有个叫徐他的侍卫欲刺杀曹操，但此人也知道许褚武功高强，对曹操忠心耿耿，有他在身边，刺杀很难成功，于是一直等待机会。某天徐他得知许褚回营休息了，赶紧抓住机会，与其他几个刺客一同怀刀进入曹操营帐准备行刺，哪知一进帐就见到腰大十围、容貌雄毅的许褚立在曹操身边。突如其来的变故让徐他等人大惊失色，许褚一见这帮人的神色便知其图谋不轨，三下五除二将他们当场击杀。其实徐他的情报没有错误，当天许褚的确回营休息了，但途中他竟然"心动"，这精准的第六感让他立即返回曹操身边，竟然因此为曹操化解了一场劫难。而史书记载的看似有些玄的"心动"，反映的恰恰是许褚见微知著、睹始知终的洞察力。

徐他事件后，曹操对许褚更为信任，两人几乎寸步不离，即使在战场上，许褚也追随主君出生入死。建安九年（204年），许褚因随曹操围邺城时立了战功，赐爵关内侯。到建安十六年（211年），曹操兵至潼关，讨伐韩遂、马超。此役中，曹操又遇到过一次凶险，差点丧命。当时曹军正欲渡河，曹操让大军先行，自己和许褚及虎士百余人断后。没想到此时马超率步骑万余疾驰而来，欲图一举劫杀曹操。战局突变，危急万分，许褚急忙将曹操扶上船。转眼马超军已杀至跟前，剩余曹军因无主帅而大乱。溃军都争着上船逃命，船很快便不堪重负。许褚仗剑于船头，攀船者来一个斩一个。此时马超又下令放箭，霎时飞矢如雨，连船工也中箭身亡。许褚见状，迅速以左手举起马鞍为曹操挡箭，用右手推着船渡河，终于助曹操脱离险境。当天若无许褚忠心护主，曹操恐怕凶多吉少。

许褚赤膊战马超的情节虽是虚构，但历史上两人的确有过一次交锋。也是在这场战役中，曹操与韩遂、马超等人谈判，当时曹操身边人少，马超试图趁机偷袭曹操，但又担心曹操那位贴身保镖就是早已久闻大名的"虎痴"许褚，于是问曹操："公有虎侯安在？"曹操听后以手指指身边护卫。马超见这高大的武士果然是许褚，自知无必胜把握，只得打消袭击曹操的念头。数日后，曹军与马超再

▼ 战潼关，许褚英勇护主。建安十六年潼关之战时，曹操亲率主力由潼关前线北渡黄河，虽然马超迅速赶到渡河地点，并一度将曹操本人及少数护卫堵在渡口，但在许褚冒死营救和保护之下，曹操还是成功脱险。（出自《三国演义·反西凉》连环画，上海人民美术出版社1979年版；李铁生绘；杨超上色）

度交战，此役中许褚再次身先士卒，亲斩敌军首级，官拜武卫中郎将。

曹操大半生戎马生涯，皆得益于许褚护卫身边，多次化险为夷。而许褚对曹操，因朝夕相处，除了君臣关系外，也建立了非常深厚的私人交情。建安二十五年（220年），曹操病逝，许褚伤心欲绝，以至"号泣欧血"。曹丕称帝后，许褚受封万岁亭侯，升迁武卫将军，负责统领宫中禁卫军，又为文帝一朝尽忠职守。至曹丕驾崩，魏明帝曹叡继位，又封许褚为牟乡侯，但不久后许褚就去世了。许褚生前，曹魏三代君主对其也算优厚礼遇，可在身后追封问题上却出了大问题。

从魏明帝曹叡时期到曹芳登基、曹爽掌权时期，曹魏政权先后两次拟定进入太祖庙的文臣武将名单，初期跟随曹操的人员中，除了荀彧、于禁这类有特殊情况的人员外，大多都得以进入。然而令人费解的是，一生为曹魏尽忠、几次救过曹操性命的许褚竟然榜上无名。

无论是早早战死的典韦，还是文聘、朱灵这些二三流的武将，都进入了太祖庙享受祭祀，唯独许褚没有资格，这是非常反常的现象，史书中没记载具体原因。推测起来，很可能是许褚执行公务时得罪了曹氏宗亲的缘故。

例如当年曹仁驻守荆州，有一次从前线回来见曹操，在殿外等候时见到许褚，便主动与他聊天。结果许褚认为曹仁虽贵为宗亲，但毕竟是镇守外藩之将，自己作为内廷护卫，不应与他有过多接触，遂不予回应，只说了一句"王将出"便自己进殿去了。"热脸贴了冷屁股"的曹仁认为许褚目中无人，从此厌恶他。不难推测，日后许褚执行禁军任务时，很可能也因这种奉公职守、公私分明的行事风格得罪了某个位高权重的宗亲显贵，以至于评定进入太祖庙的名单时被人使了绊子。

纵观许褚一生，其发展轨迹既不同于长期保持独立的臧霸集团，也和让宗族逐步融入曹魏政权的李典家族相异。入曹营后，许褚迅速完成了从豪帅到家臣的转变，与曹魏君主牢牢绑定，为之奉献一生，是曹魏政权最忠诚的禁卫军统领。李典生前有憾（英年早逝），许褚身后有憾（未入太庙）。当年裴松之为《三国志》作注时，也为许褚身后事抱不平："（徐他）谋逆而许褚心动，忠诚之至远同于日磾，且潼关之危，非褚不济，褚之功烈有过典韦，今祀韦而不及褚，又所未达也。"

裴氏之问，亦后人万世之问也。

许褚装容 复原记

样貌

> 许褚字仲康，谯国谯人也。长八尺余，腰大十围，容貌雄毅，勇力绝人！
>
> ——《三国志·魏书·许褚传》

> 正行之间，山背后撞出一军。为头一个壮士，身长八尺，腰大十围，容貌雄伟，勇力绝伦，截住去路。
>
> ——《三国志通俗演义》（嘉靖壬午本）

正史和演义对许褚外貌的描述非常统一。身高超过八尺，又加"腰大十围"，用今天的话来说就是高大魁梧。再加上《三国志》中的一句"容貌雄毅"，我们基本可以勾勒出一位身材高大、长相勇武、肌肉发达、充满男性荷尔蒙的刚毅武者形象。

许褚是曹操的保镖，将他塑造为武夫大抵是不差的。但这又容易陷入另一个误区，让他看起来有勇无谋，四肢发达，头脑简单。实际上，许褚是一位集细腻、勇猛和刚正于一身的武将，"徐他事件"显其粗中有细，"马超事件"显其英勇无畏而又能随机应变，"曹仁事件"则是显其尽忠职守、铁面无私的表现。因此，我们绘制许褚的历史形象时，除了凸显其魁梧高大之外，也着重体现其"雄毅"的特征，使其刚猛与稳重兼具。

锤戟

许褚的主兵器是什么，正史无载。不过《三国志》中倒是有许褚早年防御贼

盔翎

兜鍪·胄顶

兜鍪·额前金珰

兜鍪·护颊

大铠（褕铠）·披膊

小铠（裲裆加强铠）

臂鞲

革带

锤戟

腿裙甲

胫甲

▶ 汉末版许褚形象。
（金代飞 绘）

寇时使用飞石的记录。《三国演义》里许褚的武器为一把长柄大刀——当然，这种武器几乎不可能出现在汉末三国时期。而在很多年轻人的印象中，许褚的武器为大锤，这主要是受游戏影响。1992 年，由日本卡普空电视游戏软件公司推出的游戏《吞食天地 2：赤壁之战》里，许褚作为第三关"火烧新野"的关底人物，手持一柄刻有"魏"字的巨锤，看上去十分唬人，这也是很多"80 后""90 后"在童年时代对许褚的第一印象。进入 21 世纪后，一度风靡全国的《真·三国无双》系列游戏里，许褚也是个"大块头"，武器同样为巨型铁锤。

考虑到正史中未记载许褚的主武器，也为了致敬童年记忆中的经典形象，我们找到一种名为"锤戟"的异形戟作为许褚的主武器。锤戟非常稀有，但它确存在于汉代。保定收藏协会的徐战勇先生曾于《文物春秋》2006 年第 4 期发表《一件从未著录的西汉古兵器——"锤戟"》一文，详细介绍了这一兵器，并附有文物图片。该文中对"锤戟"的描述如下。

▲ 20 世纪 90 年代风靡全国的游戏《吞食天地 2：赤壁之战》中的许褚形象，其手中大锤令人印象深刻。这也是很多人对许褚的第一印象。（船水继孝设计）

达观斋收藏有一件特殊的兵器。此器通长 27 厘米，刺长 16.5 厘米，宽 2.8 厘米，茎长 3 厘米，宽 1.1 厘米，锤体长 6.5 厘米，中间直径为 4.1 厘米，两端直径为 3 厘米，锤体中部有一个 2×1 厘米的长方形孔。此器造型独特，由一把扁茎短剑插入一个圆鼓形锤体中，剑身高出锤体平面 16.5 厘米，剑茎突出锤体下端 3 厘米，用以安装在已插入锤体銎孔中的木柄上。锤体两端齐平，正反两面均铸有一种流行于西汉时期的螭虎纹。

该文作者认为，锤戟的使用原理与汉代钺戟相同。从钺戟结构来看，前刺与后砍并用。以斧钺代替戈头的称为钺戟，那么以锤代替戈头的称为"锤戟"亦合情合理。《三国志》既然明确说许褚"勇力绝人"，那么让锤戟这件沉重的冷门兵器在他手上重见天日，可以说是相得益彰。

◄ 锤戟形象设定图。（王涛 建模）

拾陆

拾陆

×

五子良将

武将乱世悲喜剧

×

上篇

决胜官渡：五子良将归曹记

中篇

张辽装容复原记

下篇

于禁装容实拍图志

决胜官渡：五子良将归曹记

自明代以来，人们但凡说三国，必言五虎上将，这是名著《三国演义》对三国文化的重要影响之一。在历史上，刘备称汉中王后所封的是前（关羽）、左（马超）、右（张飞）、后（黄忠）四方将军，但这个"组合"远远没有演义中五虎上将的说法深入人心。关于曹魏武将，民间同样有"五子良将"之说。不过，相对于流传了几百年的"五虎上将"，"五子良将"之称近几十年才出现，他们分别是张辽、徐晃、乐进、于禁、张郃。

与五虎上将源自《三国演义》不同，"五子良将"之说的确出自《三国志》。陈寿在《魏书》卷十七《张乐于张徐传》中将五人合传，叙述诸将生平事迹之后有这样一句评语："太祖建兹武功，而时之良将，五子为先。"后来，有心人将"时之良将"和"五子为先"合并，创造出"五子良将"之说，也得到大众认可而流传甚广。五子良将与诸曹、诸夏侯不同。首先，他们都非宗亲将领，虽然战功赫赫，但终究不可能像夏侯氏那样进入曹魏政权的权力核心。其次，五子加入曹操集团的时间不一，有的此前还是曹操敌对阵营的将领，直到官渡之战后他们才尽归曹营。

发生于建安五年（200 年）的官渡大决战，不仅是五子良将首次集体登台的战场，也是改变汉末三国时代文臣武将身份地位与各政治集团结构的一场关键性战役。

张辽：政治风暴中的随波逐流

官渡之战前的群雄逐鹿时代，从主君与麾下文臣武将的关系来看，各军阀集团有一个共同点——地域色彩浓厚，即使后来成就大业的曹操与刘备也不例外。虽然曹刘两人的出身、经历、背景，以及社会资源都有很大不同，但他们发迹之初皆以家乡人士为主构成核心团队。刘备、张飞与外地逃亡至涿郡的关羽三人组成最早的涿郡集团。曹操陈留起兵后，依靠的则是诸曹、诸夏侯等宗亲子弟组成的沛谯集团。无论曹操还是刘备，以其早期的势力和声望都还不足以令四方英豪来投。曹魏的五子良将中，早期就跟随曹操的，只有乐进一人。乐进之所以早早投效曹操，毫不意外地取决于地理因素。

武将型军事人才要如何在汉末乱世生存和发展？曹魏五子良将的早期经历就非常有代表性。先来看他们的籍贯和初始阵营。根据《三国志》记载，张辽（字文远）籍贯在雁门马邑（今山西省朔县），属于并州，而他最早跟随的人就是并州刺史丁原。徐晃（字公明）籍贯为河东杨县（今山西省洪洞县），属于司州，跟随的第一个主公也是自己的老乡、河东郡杨县的杨奉。于禁（字文则）是泰山钜平（今山东省泰安市）人，属兖州，他最初追随的是时任济北相的鲍信，鲍信是泰山平阳（今山东省新泰市）人。张郃（字儁乂）是河间鄚县（今河北省任丘市北）人，属冀州，第一个效力的主公是身任冀州牧的韩馥。乐进（字文谦）乃阳平卫国（今河南省清丰县）人，属豫州，无论是到曹操的家乡谯县，还是曹操起兵之地陈留，离乐进的家乡都很近，故而他早早得遇明主，一生未换阵营。

五子良将籍贯各不相同，他们在乱世之初择主自由度很有限，都是就近投效本地势力。自光和七年（184 年）黄巾起义以来，地方势力崛起。后有董卓进京乱政，关东联军举旗讨董，中原大小诸侯纷起，出现群雄逐鹿之势。而五子良将（除乐进）的所属阵营，也是从中平六年（189 年）开始出现巨变。

张辽是五子良将之首，但他在曹营的资历远不如乐进和于禁，也比不上徐晃，能够列于传首，全凭后期立下的赫赫战功。他的早期经历也是五人中最为复杂的。早在并州时，张辽就凭借过人的武力被刺史丁原看中，选为从事。灵帝驾崩后，何进召丁原进京，这让身为从事的张辽有机会到京师洛阳结识了大将军何进。何进对这个年轻人颇为欣赏，指派他去招募兵马。应该说张辽起步期的运气不错，年纪轻轻就得到位高权重的大将军赏识，即使是太平盛世，其仕途发展应该也不会差。

但没想到政治风暴就在这时席卷而来，张辽刚完成募兵任务，京师就风雨骤变，先是何进被杀，紧接着董卓进京。吕布杀了丁原，率丁原部属投效董卓，张辽就这样稀里糊涂地成了董卓部属。至初平三年（192 年），董卓被吕布所杀，张辽又成了吕布的部将。

短短三年间，张辽就先后为丁原、何进、董卓、吕布四人效力过，东汉末年帝国核心的每次政治风暴都直接影响了他的仕途。这是张辽不会择主吗？当然不

▲ 上海人民美术出版社《三国演义》连环画中的乐进形象。

是。当时人微言轻的张辽根本没得选，在大乱刚刚降临时，随波逐流是绝大部分人才的无奈之举。直到吕布被李傕、郭汜赶出长安，张辽才算暂时远离了帝国核心的风云变幻。

群雄战争中，吕布是一股相当活跃的势力，几乎每年都在流窜作战。虽然吕布也不是成大事的明主，但不可否认他很器重张辽，早在长安时就封张辽为骑都尉，逃出长安奔徐州后，又升张辽为鲁国的国相。年仅28岁的张辽不仅在群雄战争中积累了大量的实战经验，政治上也日渐趋向成熟，这段经历为他日后的名将之路打下了坚实的基础。

张辽的早期履历，足以反映东汉末年帝国权力核心政治风暴之凶猛无常。而张郃、于禁、徐晃在这段时间的经历，则是地方军阀残酷角逐的真实写照。

张郃、于禁：割据战争中被迫易主

黄巾起义爆发后，各州招募军队征讨黄巾军，河间人张郃也在此时投军，效力于御史中丞韩馥麾下。董卓把持朝政后，关东联军兴起，已升任冀州牧的韩馥也成为讨董参与者之一。可是在追随韩馥期间，张郃籍籍无名，没有任何事迹或战功见诸史料，这当然也与他的主公有关。韩馥虽为一方封疆大吏，但生性怯懦，在残酷的乱世中，这样的庸主不仅无所作为，而且逃脱不了被淘汰出局的命运。果然，不久后袁绍变计夺冀州，被削去军政大权的韩馥最终落得个在厕所忧惧自杀的结局，其部属也尽归袁绍所有。

与张辽相似，张郃也在没有选择的情况下易主。好在和韩馥相比，袁绍还算是个心存大志的雄主，在他麾下，张郃被提为校尉并很快投入军阀混战。自初平三年（192年）以来，不仅西迁长安的朝廷经历了血雨腥风，关东地区的诸侯争霸同样风起云涌，冀州河北地界以袁绍和公孙瓒的战争最为酷烈。初平四年（193年）公孙瓒击杀刘虞后，袁绍与公孙瓒爆发过多次战争，服役于袁绍军中的张郃每战必与，期间他在河北疆场浴血作战，也与公孙家的精锐骑兵部队"白马义从"交锋，在一次又一次的恶战中成长为一员骁将。残酷的血战一直持续到建安四年（199年）三月，公孙瓒终于在袁绍的猛攻下战败自焚，至此袁绍成功统一河北，坐拥冀州、青州、并州、幽州地区，成为北方实力最强的军阀。而在与公孙瓒漫长的战争中，张郃身先士卒，屡立战功，被袁绍升迁为宁国中郎将，成为一方军事统帅。

　　若论在曹操军中的资历，五子良将中的乐进投效最早，因地理优势，他幸运地选对了主君。其次是于禁，他最初为鲍信部属，而鲍信是关东讨董诸侯之一，且与曹操关系最为紧密。酸枣会盟时期，曹操要率部追击董卓，诸侯皆不应，唯有鲍信全力支持，并与曹操一同经历了荥阳汴水的惨败。后来，兖州刺史刘岱被青州黄巾军所杀，鲍信又拥曹操为兖州牧。但遗憾的是，在与曹操一起平定青州黄巾军的战斗中，鲍信不幸战死。

　　青州黄巾军乞降后被收编为"青州兵"，曹操军事力量大增。而于禁在主君鲍信战死后就隶属兖州军将领王朗。王朗算得上于禁的伯乐，他对这位青年军官非常欣赏，将其推荐给曹操。于禁故主鲍信与曹操是至交好友，起兵讨董以来又多次并肩作战，曹操很可能早就认识于禁。这次王朗一推荐，于禁便顺理成章地成为曹操部将，被拜为军司马。

　　无论是跟随吕布东征西讨的张辽，还是在袁绍麾下成长为一军统帅的张郃，又或是遇到伯乐而顺利投入曹营的于禁，他们从最初择主到易主都是因时局剧变而被动为之，在天下大乱之时，没有人知道自己的主君明天是否会被淘汰出局。况且这些年轻武将大多没有声望，也没有"贤臣择主而事"的资本。五子良将中，真正意义上"择主而事"选择曹操的，仅有徐晃一人。

徐晃：贤臣择主而事

　　徐晃之所以能掌握主动权，首先因为他有择主资本，其次归功于个人眼光敏锐。从五子良将的初始阵营来看，徐晃投效的杨奉地位最低。张辽追随的丁原是刺史，张郃投效的韩馥是州牧，乐进和于禁跟随的曹操、鲍信好歹也是杂号将军，一方小诸侯。杨奉是什么人呢？河东白波军统帅之一。白波军本为黄巾军余部，黄巾起义失败后在西河白波谷再举反旗，而后占山为王，成为活跃于河东一带的贼寇。

　　不过杨奉很会抓机遇。董卓死后，李傕、郭汜犯长安，挟持皇帝，此时杨奉麾下的白波军已成气候，他索性率部与同样匪气十足的西凉军勾结，摇身一变成了朝廷正规军，徐晃也跟着被提拔为朝廷的骑都尉，与吕布封张辽的职位一样。然而不久后李傕、郭汜交恶，于长安城内日夜交兵，杨奉亦卷入其中。当时徐晃已经意识到，西凉军这样天天乱搞必不能长久，于是给自己的主公杨奉出主意，劝说他尽早将天子迁回洛阳，不仅有护驾之功，还能将天子掌握在自己手中，大大提高政治资本。杨奉采纳了徐晃的建议，趁李、郭交兵之际救出汉献帝，一路护送其东归洛阳。

建安元年（196 年），献帝东归渡河至安邑，护驾有功的徐晃被封为都亭侯，是五子良将中首位封侯者。而且和其他四人不一样，徐晃这个都亭侯可是汉献帝钦点的。这些都是保证他在日后择主时掌握绝对主动权的重要资本。虽然年纪轻轻就已封侯，但徐晃明白在这乱世中，虚衔并无多大作用，更重要的是加入一个成熟且有潜力的政治集团。显然，现在的主公杨奉并非一位成大事的明主。

护送献帝期间，杨奉与同为白波军的韩暹、国舅董承等人失和，发生了严重内讧。此时曹操刚平定兖州境内黄巾军，声势大振，派遣使臣前来慰问。徐晃一眼就相中了曹操，极力劝说杨奉"入股"这个极具潜力的集团。杨奉起初口头答应，不久后又反悔，毕竟身为一方统帅的他也不甘居于人下。这次食言直接导致曹操与杨奉交恶，双方兵戎相见。曹、杨交兵之际，早已身在杨营心在曹的徐晃索性投奔曹操。

徐晃归曹与张辽、张郃、于禁的易主性质截然不同，有更强的主动性，算得上真正的良禽择木而栖，贤臣择主而事。从后来在曹操集团的发展来看，徐晃于形势未明之时果断做出选择，绝对称得上有智慧。相比之下，五子良将之首的张辽始终跟随吕布，即使后期吕布四处受敌、东奔西窜，张辽也未抛弃这位见利忘义、把一手好牌打得稀烂的主君。难道张辽眼光不如徐晃？未必如此。张辽始终追随吕布，固然与其有始有终的忠义性格有关，但更重要的是，此时他在吕布麾下已非单纯的武将，而是集团核心成员。吕布与西凉军决裂后建立了一个新的军事集团——并州集团。经过几年发展，这个集团形成了以吕布、张辽、张杨等三支武装力量为核心的基本架构。当时张辽虽然名义上归属吕布，但以北地太守或鲁相名义保持着相对独立的地位。

并州集团是当时的主要割据势力之一，其核心成员相互之间紧密配合、唇齿相依，在这种情况下，张辽当然不可能像徐晃那样洒脱择主。这也是早期群雄集团地域色彩浓厚的基本盘所决定的，只要并州集团存在，张辽换阵营的可能性就非常低。建安三年十二月（199 年 2 月），曹操于下邳之战中一举击败吕布并将其处死，吕布麾下的优秀将领，"陷阵营"统帅高顺也一并被杀。至于河内太守张杨，此前欲支援吕布时就被部将杨丑所杀，并州军事集团遂告瓦解。作为孤立无援的独立武装统领，张辽最好的选择就是率部加入曹操阵营（辽将其众降）。

▲ 日本江户时代浮世绘中的徐晃。（葛饰北斋 绘）

　　当然，张辽投降的时间也有些争议，主流观点按照《三国志》"太祖破吕布于下邳，辽将其众降"这个时间顺序，认为是曹操俘杀吕布之后张辽才率部投降。另一种观点则认为，吕布还没有被俘时张辽就率部投降了曹操。不久后曹操攻破吕布，吕布阵营将领虽无一阵亡，全部被俘，但几乎都与吕布一起被处以极刑。张辽是为数不多的幸存者，主要原因就是他投降得早。张辽投曹后受到曹操礼遇，立即被拜为中郎将，赐爵关内侯，继续统兵作战。

　　乐进、于禁、徐晃、张辽四人先后因不同的机遇投入曹操麾下，亦是局势发展的写照——早期以地域为纽带形成的大大小小的军事集团相继瓦解，这些集团中幸存的优秀人才向脱颖而出的大集团靠拢。因为他们的加入，大集团也逐渐淡化了原先的地域色彩，转变为更成熟、更具包容性的政治团体。

于禁、乐进：珠联璧合

　　吕布、袁术先后败亡，北方成熟的政治集团只剩两个，一为挟天子以令诸侯的曹操集团，一为坐拥四州之地、帐下谋士猛将如云的袁绍集团。建安四年（199年）下旬，终于到了曹、袁大决战的准备阶段。巧合的是，后来曹魏政权的五子良将都在这场决定中国命运的决战中相继现身沙场。

　　官渡决战的序幕始于曹操战略目标的转变。此前攻伐吕布期间，并州张杨的武装落入杨丑之手，但不久后杨丑又被黑山贼出身的眭固所杀。眭固率部向袁绍投诚，屯兵射犬聚（今河南省焦作市东南），在黄河北岸直接威胁曹操的势力范围。消灭吕布后，曹操的兵锋直指河内郡，他派遣曹仁、史涣督率乐进、于禁和徐晃渡河作战，首战迅速而顺利，一举斩杀了企图北上向袁绍求援的眭固。曹操继而率军渡河，顺利夺取河内郡。此时袁绍与公孙瓒的战争尚未结束，对曹操而言本是北上攻袁的大好时机，但进入建安五年（200年）后，一系列变故接踵而至。首先，许都发生董承政变，因事败被镇压。紧接着，袁绍击破公孙瓒，解决了后顾之忧。此时刘备又借征讨袁术之机叛变，夺取徐州。

　　这些变化对袁绍而言无异于天赐良机。在兵力对比上，袁绍占据绝对优势，兵马超过十万，而曹操只有大约两万人马。部队装备方面，曹操也远逊于袁绍，根据宋人所修的类书《太平御览·兵部》记载，官渡之战时，袁绍军装备大量马铠，在其引述的魏武《军策令》中，曹操曾言："袁本初铠万领，吾大铠二十领，本初马铠三百具，吾不能有十具，见其少遂不施也，吾遂出奇破之。"即袁绍有"铠万领"，马铠"三百具"；曹操只有铠"二十领"，马铠"不能有十具"。既然袁绍占尽优势，而曹操此时还要分兵去徐州讨伐刘备，袁绍的谋士田丰劝他赶紧渡河大举攻曹。无奈袁绍以儿子患病为由拒绝出师，只派了一支先锋部队进攻河内郡的乐进，田丰对此痛心疾首。

袁绍军的第一个失误是低估了曹将乐进的能力。乐进虽然个头很小，但以胆烈而闻名，被曹操选为帐下吏。兴平元年（194年），在曹操与吕布、袁术的战争中，乐进战吕布于濮阳，攻张超于雍丘，破桥蕤于苦县，因先登陷阵，屡立战功，受封广昌亭侯。后来他又在征张绣、灭吕布诸役中一路历练，成长为身经百战的悍将。这次面对袁绍军进攻，乐进始终坚守城池等待援军，不让袁绍军越雷池一步。

失误之二则是低估了曹军将领间的默契程度。当时袁军派一部分兵马佯攻河对岸的于禁，战斗在延津一带打响。于禁统率两千步兵很快就击退了袁军，随后他当机立断，率部渡河支援坚守河内郡的乐进。于、乐二将顺利会师后，袁军取河内郡之计划基本破产。可于禁和乐进却没有善罢甘休，他们统领步、骑兵五千余人发动反攻。袁绍的先锋部队完全没有料到会遭到如此凶猛的反扑，先后在汲县、获嘉县等地被打得丢盔卸甲，三十余屯尽被焚烧，数千人被杀、被俘，袁绍麾下的何茂、王摩等二十余员将领被生擒。

击败袁绍先锋部队后，乐进回师河内郡固守，于禁则屯兵于黄河南岸原武县（今河南省原阳县）。此役乐进与于禁以极高的默契守住黄河北岸，还对袁军反戈一击，配合堪称完美，不仅挫败了袁军锐气，同时也稳定了曹军在北部的防线，确保曹操能在南线放开手脚击破刘备，俘虏关羽，夺回徐州。这场珠联璧合的前哨战也让袁绍军中目光敏锐的田丰意识到，曹军兵力虽少，但兵精将悍，不可轻取。他对袁绍谏言："曹公善用兵，变化无方，众虽少，未可轻也，不如久持之。"田丰给袁绍的建议是休养生息，而后派遣精锐分兵袭击，打持久战，不出两年便可拖垮曹操。

经过乐进、于禁联合破袁之战，田丰转变了战略思维，反对在当下与曹操进行主力决战，并恳谏袁绍"决成败于一战，若不如志，悔无及也"。这话袁绍可就

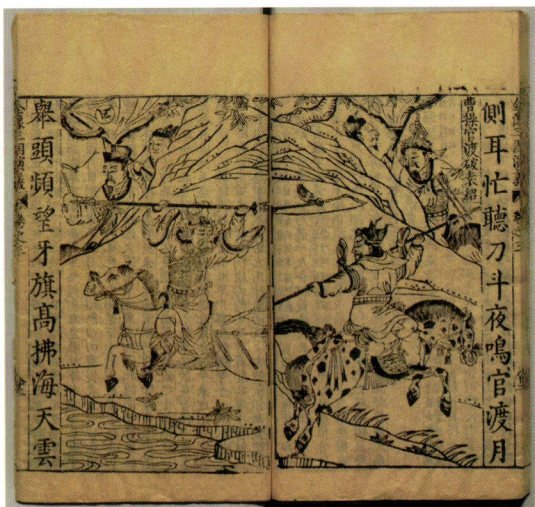

不爱听了，这位外宽内忌的君主终于忍无可忍，将反对决战、屡次苦谏的田丰逮捕下狱，自己则于建安五年（200 年）二月进驻黎阳（今河南省浚县），派遣大将颜良从白马（今河南省滑县北）渡过黄河，进攻东郡（治所在今河南省濮阳市），围困东郡太守刘延于白马县。至此，决战已是箭在弦上，不得不发。

刺颜良，诛文丑

前哨战中，乐进与于禁联合击破袁军先锋，成为官渡之战中最先立下战功的良将。到了四月的白马之战，为解救东郡，曹操亲自率领张辽、徐晃以及刚投入曹营的关羽，由官渡（今河南省中牟县东北）向东北方向出击，与颜良军决战。战斗打响后，刚受封偏将军的关羽见敌军主将颜良麾盖，直接纵马突入敌阵，刺颜良于万众之中，取其首级而还。袁军主将阵亡，迅速溃退，白马之围也迎刃而解。

曹操击破颜良所部后没有再派军坚守东郡，而是将刘延所部调出，让当地居民沿黄河向西迁徙。袁绍得知曹操兵力有限，遂率军渡河挺进至延津以南，派大将文丑协同刘备率领步、骑五六千作为先锋追击曹军。当时曹营诸将都认为敌军人数众多，不易对付，劝曹操赶紧上马应战，但被拒绝。曹操不愧是优秀的军事家，敌众我寡还能临危不乱，并很快寻找到破敌的最佳时机——刘备未尽全力，行动缓慢；在前方追击的文丑军纪差得一塌糊涂，不少骑兵竟下马抢夺曹军故意丢弃的辎重，陷入混乱。见此情形，曹操说了一句"可矣"，众将遂上马作战。

对文丑发动突袭的曹军还不到六百骑，但士气旺盛、战备充分。文丑军人数虽多，但为抢夺辎重已乱作一团，又怎能招架住这出回马枪？曹军一至，文丑军顿时溃不成军，自相践踏，死伤无数，主将文丑亦死于乱军之中。文丑被谁所杀，史籍中没有明说，但《三国志·徐晃传》中有"进至延津，

▼ 曹操与袁绍军交战于白马，袁绍大将颜良连斩曹营数人后，曹军大将徐晃与颜良交战。正史中徐晃并未与颜良交手，但袭杀文丑后徐晃获得升迁，他很可能在该役中立功。（出自《三国演义·白马坡》连环画，上海人民美术出版社1979 年版；李铁生绘；杨超上色）

破文丑，拜偏将军"之记载。诛杀文丑后，徐晃升任偏将军，由此推断，突袭文丑的那不到六百人的骑兵，很可能就是由徐晃率领的。

从河内郡救援战到白马—延津之役，袁绍军没有占到一点便宜，反倒是曹营中的乐进、于禁、徐晃、张辽屡立战功。在接下来的官渡决战中，曹操再度将手下这些骁勇战将的能力发挥得淋漓尽致。虽然曹操在战役第一阶段取得胜利，但毕竟未伤及袁绍根本，当浩浩荡荡的河北人马南下而至时，中原人心还是受到了极大震撼，后方各种势力蠢蠢欲动。袁绍挥师至阳武县（今河南省原阳县东南）后即开始构筑工事，与曹军对垒，大军浩浩荡荡，连营数十里。急于寻求决战的曹操多次从官渡出击皆遭挫败，只有于禁由原武向杜氏津的反击作战获得小胜，攻破袁军数座营屯。

在这一阶段，曹操面临的形势非常复杂，不仅兵力悬殊，而且关键时刻后院起火，刘备策动刘辟等人在汝南郡举兵反曹。所幸率部南征的曹仁不辱使命，迅速平定了刘辟之乱，按期返回官渡大营。但不久后，刘备又回到汝南，联络龚都反曹，这次曹操派遣蔡阳（又作蔡扬）领兵平乱，结果吃了败仗，主将蔡阳被阵斩。看来不是随便派一个人带兵就能完成任务的，良将的可贵之处就在于此。

几线受敌的曹操终于撑到秋收时节，河北粮车开始络绎不绝地运送粮食过河至袁绍军中，此时荀攸向曹操献策，主张袭击粮车。曹操问他谁可完成这个任务，荀攸答："徐晃可。"徐晃果然不负所托，不仅击溃了袁绍的运输部队，还一口气缴获粮车数千辆，一把火焚之。此次战斗徐晃功劳最大，因此被封为都亭侯，这是徐晃第二次受封此爵位。

十月，官渡决战终于到了最关键的时刻。虽然曹军烧毁了袁绍几千车粮食，但袁军仍然粮草充裕。相反，曹操的粮食库存日益紧张，全军面临断粮危险。没想到此时发生了许攸降曹事件，给曹军带来了转机。在许攸的建议下，起到决定性作用的奇袭乌巢计划出炉。这是一次冒险行动，赌赢了能扭转战局，输了的话恐怕连后方的许都都保不住。为此，曹操亲自挑选五千精兵，以乐进为先锋执行这次任务。乐进身材矮小，胆气过人，作战一往无前，有进无退。曹操选择乐进，也能看出他的确是孤注一掷了。

张部归曹，五子齐聚

建安五年（200 年）十月，袁绍使淳于琼率兵万余，押运粮车，宿营北四十里之乌巢（今河南省延津县境内）。当时沮授担心乌巢有失，建议袁绍派出蒋奇在其外围巡逻，但袁绍没有听从。随着曹军先锋乐进抵达乌巢，对淳于琼发动突然袭击，官渡之战中最关键的转折之役爆发了。战局发展至此，五子良将中最后加入曹营的张郃终于也在决战中登场了。只是与其他四子不同，此时张郃身处袁绍帐下，而且这场战役带给他的，更多的是有心无力的无奈和对主公的深深失望。

事起于袁绍得知曹操率军突袭乌巢后，对其子袁谭说："他曹操攻打淳于琼，我就派人去打他大本营，让他无家可归！"派张郃、高览二人攻打驻守曹操大营的曹洪，这纸命令让作战经验丰富的张郃大跌眼镜——乌巢危在旦夕，袁绍不思营救，想的居然是在几个时辰内攻克曹操大营，完全是痴人说梦。张郃向袁绍建言，说曹操奇袭乌巢之军甚为精锐，淳于琼根本无法抵挡，如果乌巢有失，后果不堪设想，当务之急应先援救乌巢。

偏偏此时郭图出来奉承袁绍的瞎指挥，还说张郃的建议不是良策。张郃一听急了，直接说："曹公营固，攻之必不拔。若琼等见禽，吾属尽为虏矣。"这话肯定又不是袁绍爱听的。为了应付张郃，袁绍还是答应派遣一支轻骑兵去救乌巢，但仍令张郃、高览进攻曹操的大本营。

▶ 官渡之战中，张郃与高览奉命进攻曹洪未果，又听闻自己被进谗言，担心被袁绍责罚，于是率部投降了曹操。历史上火烧乌巢事件后，张郃曾向袁绍建言率部救援乌巢，但未被袁绍采纳。（出自《三国演义·战官渡》连环画，上海人民美术出版社1979年版；李铁生绘；杨超上色）

事实很快证明张郃的担忧是对的。镇守乌巢的淳于琼当年也是西园八校尉之一，此时他手下虽有一万人，但包括很多夫役，不具备战斗力。曹军五千人，皆为精兵良将，抵达乌巢后，乐进的先头部队迅速击败了淳于琼的抵抗，纵火焚烧粮仓。乌巢烈焰冲天，血流漂杵，淳于琼所部在曹军猛攻下溃不成军，袁军将领眭元进、韩莒子、吕威璜、赵叡等全部死于乱军之中，主将淳于琼亦被擒获割鼻，士卒战死数千人，被俘者甚众。奇袭乌巢直接扭转了官渡之战的局势，也是乐进的成名之战。

乌巢战败，粮草付之一炬，淳于琼被曹军擒杀的消息很快传到袁绍军中。看来张郃的计划更具可行性，却被郭图这等小人贬为"非计"，以至于袁绍遭此惨败。事到如今，郭图又担心此前因附和袁绍的馊主意而被问责，索性开始谗言诬告张郃等武将，说他不仅作战不力，还对袁绍出言不逊。张郃很了解这位跟随多年的主公，他不愿意变成第二个田丰，于是和高览率部投降了曹操。曹操回到大营后，得知张郃来投，大喜迎接，当即拜张郃为偏将军，封都亭侯。至此，五子良将全部归属曹操。

命运与张郃形成鲜明对比的是当初苦谏袁绍的田丰。奇袭乌巢后曹操顺利扭转战局，最终取得了官渡之战的胜利。山穷水尽的袁绍带着长子袁谭和数百残兵狼狈渡河，逃至黎阳。此时身边小人逢纪又进谗言，说田丰在狱中听闻前线失利，拍手叫好。袁绍听后恼羞成怒，竟下令将田丰杀害。田丰与张郃同为谗言所害，但截然不同的命运正应了张郃投曹时曹操所言："昔子胥不早寤，自使身危，岂若微子去殷、韩信归汉邪？"

春秋时，伍子胥苦谏吴王夫差无果，最终被逼自尽，这是忠臣良将命运悲剧之典故。况且千里马常有而伯乐不常有，如吕布麾下的武将高顺，袁绍帐下的谋士田丰，无疑都是汉末一流的文臣武将，但纵使高顺骁勇善战，田丰料事如神，依旧避免不了为主君陪葬或被杀害之结局。今人站在上帝视角或许会说他们不会识人，选错了主君，但在那个"贤臣择主而事"的时代，选择的自由实在非常有限。有志者固然期望得逢明主，然一旦所择非人，往往很难重新选择，很可能成为庸主的牺牲品。这是乱世中贤才的悲剧。

相比高顺和田丰，五子良将无疑是幸运的。他们加入曹操集团的时间、背景乃至动机各不相同，但在历经坎坷波折后，他们能够幸存下来并得遇明主，有了施展才能的舞台。追随曹操南征北伐，这些优秀将领都迎来了自己的巅峰之役，因此名垂青史。此乃乱世良将之幸事。

张辽装容
复原记

盔翎

兜鍪·胄顶

兜鍪·额前金珰

兜鍪·护颊

卜字戟

大铠·盆领

大铠·全臂甲袖

小铠（裲裆加强铠）

革带

环首刀

腿裙甲

胫甲

▶ 汉末版张辽形象。
（金代飞 绘）

张辽为曹魏"五子良将"之首，其"忠义"的性格特点已然深入人心，他与关羽惺惺相惜的友情也不失为一段佳话。所以本章的汉末版人物形象以张辽为代表。

样貌

张辽引兵攻打西门。云长在城上谓之曰："公仪表非俗，何故失身于贼？"张辽低头不语。

——《三国演义》第十八回

无论是以《三国志》为代表的正史，还是以《三国演义》为代表的文学作品，都没有正面描述过张辽的样貌。唯一一处沾点边的是《三国演义》第十八回，关羽与张辽在战场上有一番对话，里面有"仪表非俗"四个关键字。

既然正史无载，则以演义为参考。关羽称赞张辽仪表不俗，因此将张辽设定为相貌堂堂、颜值高于平均水平的武将亦合情合理。

▼ 三国时期东吴青瓷执盾俑。这尊青瓷俑呈跪姿，头戴盔帽，身穿铠甲，一手持盾，一手持兵器，盾牌为长方形兽面盾，中央起脊。该青瓷俑装备了包裹全手臂的札甲环臂。（武汉市博物馆 藏）

全臂甲袖

全臂甲袖以甲片将手臂全部覆盖保护。这种甲袖在战国时期就已出现，到秦代已有较完整清晰的形制，具体可参考秦始皇陵兵马俑中的驭手俑。驭手俑的甲身比其他武士俑的要长，甲片也较小。此外，其脖根处有竖起的盆领，整条手臂，甚至手背处都有臂甲覆盖。实际上，这种臂甲形制并非秦人独有，它的构造与湖北随县出土的战国皮甲非常相似。至于秦军驭手穿的究竟是铁甲还是皮甲，目前难下定论，但皮甲的可能性更大。

这种覆盖整个手臂的甲袖在三国时期再度出现。1986年出土于湖北武汉黄陂县（今黄陂区）滠口镇三国墓M68，现藏于武汉博物馆的东吴青瓷执盾俑的手臂部分就装备了这种臂甲。考虑到两汉以来铁甲已逐渐取代皮甲成为主流，故而为汉末版张辽绘制了铁臂甲。

卜字戟

▶ 东汉持戟铜骑士
俑，1969 年甘肃省
武威市雷台汉墓出
土。这名骑兵手中所
持的戟即为卜字戟。
（甘肃省博物馆藏）

▼ 汉代卜字戟复原
图。（王涛 建模）

　　辽夜慕敢从之士，得八百人，椎牛飨将士，
明日大战。平旦，辽被甲持戟，先登陷陈，杀
数十人，斩二将，大呼自名，冲垒入，至权麾下。
　　　　　　　　　　——《三国志·魏书·张辽传》

　　《三国志》很明确地记载了张辽在逍遥津
之战中"被（披）甲持戟"，以八百勇士大破
孙权的英姿。张辽所用的武器也正是当时盛行
的马上作战冷兵器——戟。

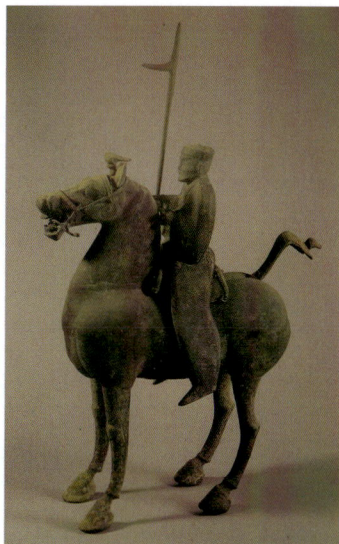

　　提到戟，就不得不说其升级前的版本——
戈。先秦经典《诗经·秦风·无衣》有句"王
于兴师，修我戈矛"，诗中提到的"戈"即青铜戈，乃春秋车战中的大杀器。与矛
这种人类各文明通用的武器不同，戈是我国先民独创的武器。戈头分上刃与下刃，
配以长柄，在与敌方战车交锋之际，可用勾挂、扎挑等方式攻击敌人。虽然《无衣》
中没有直接写战斗场景，但我们可以从另一部经典《楚辞》中看出先秦戈战之酷
烈——《九歌·国殇》有云："操吴戈兮被犀甲，车错毂兮短兵接。"由于戈在先
秦时代的战场上一直占据主导地位，汉语中"武""战""戎"等与战争相关的字
均从"戈"，"干戈"（干即盾）一词也成为战争之别称。

　　《无衣》中还有一句"修我矛戟"。先秦时期的"戟"，是戈和矛的结
合体和升级版，兼具直刃与横刃，攻击方式上可钩、可刺、可啄、可割。"修
我矛戟"反映的可能是秦国军士们在战前准备时，将青铜矛头与青铜戈
组合为戟的场景。进入两汉后，随着战车退出历史舞台，戈也逐渐退出
主流舞台，但戟却一直维持着其在战争中的地位，持续革新，发展出三戈戟、卜字
戟、雄戟、手戟等多种形制。本书中关羽使用的雄戟和许褚使用的锤戟都属于非主
流的异形戟，太史慈使用的手戟虽然在汉末三国时期较普遍，但多用于投掷。

　　本章为张辽配备的卜字戟是戟在经过漫长发展后演变出的十余种常见形制之
一。卜字戟因外形近似于"卜"字而得名。卜字戟在战国末期就已出现，兴盛于
两汉时期。这种戟的戟刺和戟援垂直，可用于挥砍、穿刺。雷台汉墓出土的东汉
铜武士俑中，有不少骑马的军士手中所持的就是这种卜字戟。

乐进、张郃、徐晃形象设定

为了在全面展示五子良将形象的同时避免重复，我们为徐晃、张郃、乐进绘制了半身像，其甲胄、装束的设定略有区别。

◀（左上）乐进，身穿两层铠甲，头部为未戴兜鍪的束发状态，发髻上有华丽的包巾。（金代飞 绘）

◀（左下）张郃，头戴武弁大冠。（金代飞 绘）

◀（右下）徐晃，头戴兜鍪，身穿两层铠甲，大铠带盆领，小铠为裲裆加强甲，装备与张辽类似。（金代飞 绘）

于禁装容
实拍图志

摄　　影：	函人堂
甲胄提供：	函人堂
出镜角色：	于禁——郝岭 饰

▼ 于禁戎装特写。

于禁如果不是因为襄樊之役遭遇水淹七军，沦落为俘虏那段不堪回首的经历，在列传时很可能位于五子良将之首。这位屡立战功，得主公称赞"胜过古代名将"的杰出军事人才，是曹操时代魏军将领中唯一的假节钺之人，谁承想最终会落得被曹丕羞辱，郁闷而死的结局，着实令人叹息。所以我们在实拍时，更希望表现于禁的荣光岁月。

于禁所穿的甲胄为魏晋南北朝大锻钚骑兵甲，参考高句丽冬寿墓壁画骑兵形象推测性仿造而成。整体由 0.8 毫米厚铁甲片制作，咖啡色高仿皮绳纵向串联布满全身。头盔为由 34 片札瓣组成的高头盔，盔瓣厚度亦为 0.8 毫米。一体式前开襟左右交叠大型盆领（锻钚）参考辽宁朝阳十二台前燕墓铁盆领制作，和披膊直接连为一体以提供更全面的保护。身甲采用中缝前开襟结构，垂缘保护小腹和臀部，另配分体式腿裙和札片式护臂、胫甲。其整体风格彪悍朴实，属实战型骑兵专用甲胄。

◀ 于禁身穿重甲，腰挎环首刀。从这个角度可以清楚看到魏晋南北朝时期骑兵甲的结构和特征。

▶ 准备拔刀进攻的
于禁。

拾柒

拾柒

×

乱世红颜

汉末三国女子装容

×

上篇

红颜不让须眉

中篇

两汉时期女子服饰变化

下篇

三国女子装束图志

红颜
不让须眉

汉末三国群星闪耀，文臣武将各显神通，共同谱写了一段精彩绝伦的历史。虽然以男性主导的政治、战争为底色，但作为数百年来最受国人关注的一个历史时期，那个时代涌现出的杰出女性也为数不少。虽然历史记载中只有只言片语，但她们的事迹被一次又一次地深度挖掘出来。尤其是在《三国演义》出现后，不少角色甚至因文学作品赋予的新故事而广为人知，最有代表性的当属貂蝉。

现存的汉末三国正史中并无貂蝉其人，唯一的线索见于唐代天文学著作《开元占经》卷三十三："荧惑犯须女。占注云：《汉书通志》：'曹操未得志，先诱董卓，进刁蝉以惑其君。'"根据这则记载，当时的确有一位叫刁蝉的舞女，但进献者不是王允，而是曹操。遗憾的是，《汉书通志》这本书早已佚失，其内容真伪也就无从考证了。至于《三国演义》里关于貂蝉的故事，主要源自《三国志·吕布传》："卓常使布守中阁，布与卓侍婢私通，恐事发觉，心不自安。"可见吕布与董卓身边的一位侍婢有染，但她是否与"刁蝉"为同一人则不得而知。

不过貂蝉也不是《三国演义》原创人物，时间更早一些的元代《三国志平话》里就有这个人物。书中貂蝉姓任，是吕布的原配妻子，因战乱而失散，王允得知这一信息后故意将其献给董卓，引发吕布与董卓之矛盾。这个版本中，貂蝉与董卓侍婢没什么关系。

罗贯中创作《三国演义》时，一方面沿用了元代杂剧、平话中的貂蝉之名，另一方面又结合《三国志》记载，以私通侍婢一事为原型，塑造了一位为国家大义而不惜深入虎穴，以美人计诛除国贼董卓的巾帼英雄形象。在《三国演义》的故事里，无论董卓还是吕布，都是见色起意的人物，貂蝉正是利用这一点使二虎相争，最终达成目标。貂蝉拿的是"谍战剧本"，实在与爱情没有一点关系。

除了貂蝉这类偏虚构的角色，汉末三国时代还有很多见诸史料记载的女性，大体分为三类。第一类本身属于王公贵族，有的甚至因直接卷入政治斗争而闻名，例如：大将军何进之妹、汉灵帝的皇后何氏，被曹操幽闭而死的汉献帝皇后伏寿，不肯将玉玺交给篡汉兄长曹丕的献穆皇后曹节，东吴后期卷入政治斗争的孙鲁班、孙鲁育，等等。第二类见诸记载的文字极少，但因夫君的名气而广为人知，典型如孙策与周瑜分别迎娶的大桥（大乔）和小桥（小乔）。第三类为在历史事件中出现的女性，有的甚至影响了某些历史事件的走向。较为典型的有张绣之婶，即《三国演义》中的"邹夫人"，正史虽不见其姓名，但曹操垂涎其美色引发了张绣叛变事件，令人印象深刻。还有一例较著名的，是孙刘联盟时期为双方和亲嫁给刘备的孙权之妹孙夫人，因引发赵云过江截阿斗事件而闻名。后世的文学创作，让她拥有了孙仁、孙尚香等名字。除了以上三大类外，还有若干小类，例如以文学闻名的蔡琰，于其他史料中出现的奇女子王异，《三国志》中明确记载的女性起义领袖郑、姜，等等。

总体来说，汉末三国乱世的红颜中同样英雄辈出。本章主要通过真人实拍的方式展示数名见诸正史记载的三国女子，探寻三国时代女子装束的可能性。

两汉时期
女子服饰变化

　　两汉是中国服饰发展史上具有标志性的时期，南北服饰文化分野的局面第一次被打破，不同民族、地域的服饰第一次大融合。值得注意的是，在长达四百年的时间里，汉代服饰并非一成不变。相反，东汉服饰与西汉服饰存在较大的区别。

　　一些三国题材的影视作品，在服装、化妆、道具方面曾努力摆脱演义中的宋明风貌，致力于还原三国人物的真实形象。以电影《赤壁》为例，影片中小乔梳着椎髻，身穿衣缘带纹样的曲裾袍——主要参考湖南长沙马王堆汉墓出土的服饰及同时期的陶俑制作而成。

　　电影中小乔跳舞的片段给人留下了深刻印象，其实这个画面也能从文物中找到原型。出土于陕西省西安市白家口的一尊彩绘长袖舞女俑，生动地表现了西汉时期女子穿着深衣翩翩起舞的姿态，有衣带飘飘、衣袖飞扬之灵动感。

　　从历史考证的角度来说，《赤壁》这类作品在服装、化妆、道具方面向汉代画风靠近的路子是正确的，但实操中常出现以西汉代东汉的情况。这确实在所难免，毕竟无论是出土的实物资料还是留下的图像资料，西汉要远多于东汉。

　　从西汉末年开始，京都地区服饰就向着多元化方向发展，到东汉时期已形成各式丰富多彩的服饰。那么两汉服饰主要有哪些区别呢？

　　形制方面，西汉男女服装皆以束裹穿着的深衣为主，而东汉至魏晋时期男女袍服皆趋向于宽松，女装中上衣下裙的搭配逐渐成为主流。

　　发式方面，西汉女子以背后挽发髻或头后挽发髻为主，装饰较少，总体较为简洁朴素。而东汉女子则以高髻为主流，整个发式变化有由低到高之趋势。

　　男女两相对比，女装的变化更快，时代特征更为鲜明。

▼ 西汉彩绘长袖舞女俑，出土于陕西省西安市白家口。电影《赤壁》中小乔服饰与发型主要以这类西汉文物为参考。但实际上西汉到东汉这几百年间，无论服饰还是发型都发生了较大变化。（中国国家博物馆 藏）

▶ 根据湖南长沙马
王堆汉墓出土实物
绘制的汉代印花锦
袍。（高春明 绘；引
自：周汛、高春明
著，《中国历代妇女
服饰》，学林出版社
1997 年版）

▼ 西汉时期身着曲
裾袍的彩绘木俑。
（湖南省博物馆 藏）

江东二桥的复古深衣

回过头来探讨电影《赤壁》中小乔穿曲裾袍的设定是否合理。目前发现的东汉墓砖画、侍女俑身上，基本已经看不到曲裾的影子，可以说这种西汉时期的流行款在汉末三国时代已基本消失，至少在这一时期的文物身上无法寻其踪迹。但是有没有作为复古款出现的可能性呢？还真有。首先，汉末三国时期，东吴政权所在地区与中原相比属于欠发达地区，制度上也比曹魏和蜀汉更为落后。其次，《三国志》中还存在东吴地区以长戈为武器的记录，这种春秋战国大杀器在中原地区已经消失，放在当时也算复古武器了。既然武器能复古，那么身着西汉服饰倒也合乎情理。

为直观展现两汉服饰之区别，我们让江东二桥穿上复古深衣，以便和后文出现的东汉到魏晋时期装束形成对比。

就形制而论，深衣是先秦服饰的主流之一。这种形制出现于春秋战国之交，《礼记》中专有"深衣篇"，唐人孔颖达在《礼记正义》中释曰："以余服则上衣下裳不相连，此深衣衣裳相连，被体深邃，故谓之深衣。"也就是说，深衣将此前分开的上衣和下裳两个部分连为一体，以类似包裹的穿法穿在身上。战国时期秦、齐、魏、中山等国遗址，从出土的陶俑到墓中彩绘人物，无处不见深衣之踪迹。先秦时期最为常见的深衣乃曲裾袍，这种衣服可以为文，亦可以为武，无论男女皆可穿着。

实拍版大桥、小桥的服饰主要参考湖南长沙马王堆汉墓辛追夫人墓出土的曲裾袍（深衣）、直裾袍（深衣）、素纱襌衣（曲裾款和直裾款）制作而成。汉初服饰尚存先秦之风，男女皆以深衣为主流，但随着时间推移，深衣逐渐消失。东汉时期，男子穿着曲裾袍的现象已经罕见，直裾袍逐渐成为主流，女子服饰的变化更为明显。图中大桥所穿之红衣为曲裾款，小桥所穿之小雏菊条纹服饰为直裾款。东汉末年，这种深衣只能算复古款，并非当时服饰之主流。

摄　　影：	朱莫诩
妆　　造：	花小花酱、杨婉莹、孟宁
服饰提供：	入时无传统服饰工作室
武器道具提供：	卢龙
出镜角色：	大桥——杨婉莹 饰
	小桥——花小花酱 饰
	周瑜——周渝 饰
	孙尚香——侯佳明 饰
	孙尚香（京剧）——李昊昱 饰
	郑——杨云泽 饰
	姜——张 Sada 饰

图一，周瑜与小桥。周瑜身穿汉制白菱格燕尾直裾长襦，小桥相伴于侧。两人穿着服饰皆参考西汉款式，在东汉末年属于复古款，并非主流。之所以给这几位角色穿上复古服饰，主要是为了和后文中的东汉至魏晋主流款式对比，更好地展示两汉服饰的发展和变化。随着时代发展，男装与女装区分愈发明显。相对而言，女装变化更大。

图二，大桥装束正坐展示。身穿红菱格马王堆款曲裾袍，手持便面，庄重而典雅。

图三，小桥装束展示。主体服饰由外袍与内袍组成，外袍仿马王堆汉墓素纱襌衣制作，内袍为绿底小雏菊条纹直裾袍。

图四，江东二桥身着复古深衣展示。大桥身穿红菱格曲裾袍；小桥身穿绿底小雏菊条纹直裾袍，手持之扇为便面。两套服饰均参考马王堆汉墓出土服饰制作。

图五，直裾袍与曲裾袍是西汉时期较为流行的两种服饰，进入东汉后，曲裾袍逐渐消失，直裾袍则依然具有生命力。

图一

图二

图三

图四

图五

英姿飒爽孙尚香

无论是正史上还是影响深远的《三国演义》中都没有孙尚香这个名字。不过，考虑到这个名字已得到广泛认可，后文中亦以孙尚香代指孙夫人。

孙尚香外穿流行于三国两晋时期的交领襦，内穿曲领中衣，下身为交襭裙，又称"破裙"。所谓破裙并非破掉的裙子，而是指将布料破开拼接而成的裙子。其手中持刀，英姿飒爽之形象亦根据史书记载而设定。《华阳国志》载："孙夫人才捷刚猛，有诸兄风，侍婢百人，皆仗剑侍立。先主每下车，心常凛凛。"另根据裴松之注《三国志》所引《云别传》载，孙夫人嫁给刘备后，"以权妹骄豪，多将

▼ 孙尚香持刀形象。上衣为绿色交领襦，内穿白色曲领中衣，下穿橙色破裙。与大桥、小桥的复古深衣相比，孙尚香的服饰是三国两晋时代的主流。

吴吏兵，纵横不法"。后来随着孙、刘关系日趋紧张，孙夫人索性渡江回到吴地。她是汉末三国时代，见诸正史记载的一位个性鲜明的奇女子。

孙尚香这个名字从何而来呢？以往正史和各种野史只记为"孙夫人"，并未提及其名。直到元代杂剧《两军师隔江斗智》问世，她才第一次拥有姓名，但不是广为人知的孙尚香，而叫孙安。《三国演义》提及吴国太之女名为"孙仁"，而且仅提了一次，后面皆以"孙夫人"称之，我们只能推断"孙仁"即孙夫人之名。直到清代，京剧兴起，《龙凤呈祥》中的《甘露寺》一折才首次出现"孙尚香"之名。比之孙安、孙仁，孙尚香显然更好听，故而这个名字最被人们认可，成了孙权之妹的专属。

郑与姜：正史中的女武者

或许对今人而言，三国女武将并不稀奇，毕竟从当年的《三国群英传》到当代的《王者荣耀》，貂蝉、孙尚香、大乔、小乔等人物皆化身武将，登上战场。其实大家心里清楚，这不过是游戏的设定罢了，纵观中国历史，女性武将实属凤毛麟角。那么，三国乱世，到底有没有浴血沙场的红颜呢？或许有人会说祝融夫人。的确，作为《三国演义》里唯一一位登上战场的女武将，祝融夫人武艺高强，善使飞刀，为帮助夫君孟获对抗蜀汉军队，骑着一匹卷毛赤兔马杀出阵来，一连擒住张嶷、马忠二将，给人留下了深刻印象。不过很可惜，祝融夫人是文学作品虚构的角色。

正史中，三国时代从没有上过战场的女武将。但若不计较武将身份，只算上过战场的女武者的话，那还真能找出两位，其中一位叫"郑"，另一位叫"姜"，应为郑氏与姜氏。《三国志·魏书·方技传》记载如下。

▼ 汉末三国时期真实存在的女武者郑（左）与姜（右）。

周宣字孔和，乐安人也。为郡吏。太守杨沛梦人日："八月一日曹公当至，必与君杖，饮以药酒。"使宣占之。是时黄巾贼起，宣对曰："夫杖起弱者，药治人病，八月一日，贼必除灭。"至期，贼果破。

后东平刘桢梦蛇生四足，穴居门中，使宣占之，宣曰："此为国梦，非君家之事也。当杀女子而作贼者。"顷之，女贼郑、姜遂俱夷讨，以蛇女子之祥，足非蛇之所宜故也。

大意是说周宣这个术士有靠解梦占卜的能力，他给太守解梦预言了黄巾军被平定。后来建安七子之一的刘桢梦见一条蛇生有四只脚，在门中打洞而居，也让周宣占卜，周宣对刘桢说："你这是为国家做梦，非你自家的事，那些反叛的女贼会被杀死。"果然，不久就传来"女贼"郑、姜被剿灭的消息。

这是《三国志》中很不起眼的一段记载，但其至少证明了汉末三国时代出现女性武者的可能性。其实以正常逻辑也不难推断，东汉末年，朝政腐败，民不聊生，在官逼民反、不得不反的大环境下，男女老幼都有可能被逼上"梁山"。此起彼伏的起义大潮催生出一丈青扈三娘式的巾帼豪杰，这完全合乎情理，郑和姜就是其中被无意记录下来的两位。

既然是造反，过刀口舔血的日子，所以给两位女武者安排了便于作战的军士戎服、绑腿、草鞋。郑之设定为擅长近战，故装备轻兵器环首刀，戎服之外套简易札甲。姜之设定为远程射手，故不穿甲胄，装备长弓，腰间短刀为应对近战情况之用。史书中既然专门记载了这两名"女贼"之名，大概可以得出两个结论：其一，能够驰骋沙场且造成一定影响，这两个女子很可能的确武艺高强。其二，她们是类似于迟昭平、王聪儿的起义领袖。那个时代，贵族为建功业而战，百姓为争生存而战，即使是柔弱女子，也可能被残酷的战争激发出潜能。其实在历史长河中，农家女子不输儿郎的事例也多不胜数。

▼ 郑、姜两人均穿汉代戎服，打绑腿、穿草鞋，作战技能的设定有所不同。

特约撰稿：Ziki－镜子

知识延伸
三国妆发，远比垂髻淡描更丰富

　　三国影视剧中的美女往往以这样一种形象出现：一头乌黑亮丽的长发，背后松松垮垮扎了一把，发髻低垂。历史上真是这样吗？非也。

　　汉末三国到两晋南北朝时期是中国古代妆造的第一个转折时代——从周、秦、汉"顺乎于天然""椒兰携珮"的浪漫主义转变为丰富多彩、充满想象的情绪释放。这时候高耸的发髻已开始全面流行了，为后世更多繁复的发型提供了"原型"，比如飞天髻、堕马髻、螺髻、惊鹤髻等。

　　在东吴出帅哥、魏宫收美女的三国时代，发髻不光高大，形状也丰富多变。比如《采兰杂志》记载："甄后既入魏宫，宫廷有一绿蛇，口中恒吐赤珠，若梧子大，不伤人；人欲害之，则不见矣。每日后梳妆，则盘结一髻形于后前，后

异之，因效而为髻。巧夺天工，故后髻每日不同，号为'灵蛇髻'。宫人拟之，十不得一二也。"

魏宫中不光甄后在美妆美发上有所建树，其他美女也不甘示弱。青黛眉、连头眉、八字眉一度是小姐姐们追捧的时尚妆容，宫中更有因一次意外造就千年美妆的故事。《妆楼记》记载：魏文帝宫人薛夜来，某夜因灯光暗，影响视线，不小心一头撞在了水晶屏风上，顿时头破血流，痊愈后在外眼角边留下了两道很深的疤痕。没承想因祸得福，两道血痕令薛夜来更添娇媚，魏文帝对她愈加怜爱。其他佳丽见状纷纷效仿，用胭脂模仿薛夜来的两道血痕。

这就是斜红的由来，这股风潮一直流行到了唐末五代。

历史总是用这些生动的例子来告诉我们一些道理。每每读到"时人效之"这类描述，不禁感慨，"跟风"和"模仿"虽古已有之，但"竞相效仿"的人从没在文献资料中留名。除非如赵合德，在卓文君原版的基础上改良精进，加上自己的风格，才有持久的生命力。甄后的灵蛇髻，模仿者不得要领；薛夜来的意外，模仿者刻意为之并未得宠。

以西汉代三国，是不是也属于一种刻意为之的跟风呢？也许更贴合大众对"历史感"的期待，但在展现时代特征方面，终归存在着瑕疵。

拾
捌

×

特约撰稿：侯佳明

两汉魏晋女子
时尚妆发指南

×

上篇

当窗理云鬓

下篇

对镜帖花黄

　　先说一个历史题材影视剧中很容易出现的现象——作品的时代背景一旦放在两汉或是热门的三国时代，那些在服装、化妆、道具方面试图追求"历史感"的造型师们，总喜欢给剧中的女性角色梳一条披散在脑后的垂髻，仿佛这个从西汉文物上借鉴来的经典发型历久弥新，永"垂"不朽，历经400年岁月还被姑娘们深深地记挂着。倘若当今的哪位理发师发明出保质期如此长的发型，他的名字定能载入21世纪时尚流行史。可惜，世上从来没有不变的潮流，古人对时尚的热衷或许不如今人，但"喜新厌旧"的脾性却一模一样。这也使得两汉魏晋时期涌现出了太多精彩绝妙、富有创意的发型与妆容，女孩们的一双巧手，将三千青丝挽成各式各样，把一张小脸涂抹得妆容精致。接下来，我们不妨暂且把固有印象中代表了两汉400年的垂髻放下，一起细细欣赏那些惊艳了两汉魏晋的美人们，看看她们的发型与妆容是多么多彩绚丽。

当窗理云鬓

"顺乎于天然"的汉垂髻

就从各种影视造型师们最爱参考的西汉发型说起吧。其实从很多文物上就能看出，对这个时代的女性而言，将一头青丝打理得整齐服帖，是件不太困难的事，因为她们已经拥有了一整套梳头工具。西汉人喜欢用一种名叫"香泽"的护发用品，滋养自己干枯的发尾，再用篦子刮去头上的皮屑和发间的虱子，最后用梳子将一头秀发挽成发髻，收拾整洁。

在汉代，女子的发型，不仅是个人偏好的体现，而且是年龄与身份的象征。女孩年幼时，父母常给她梳双丫髻，这种发型又叫作"总角"，即在头顶扎两个对称的小发髻，余下的头发或披散开，或围绕两个发髻向上盘旋。总角将伴随女孩成长到15岁，也就是汉代女子成年的年纪，这时候就可以将头发梳理成一个发髻，举行加笄礼仪了。所谓"笄"，是一种发簪，换发髻，加发簪，意味着女性成年，可以谈婚论嫁、承担社会责任。这种用发型变换来体现年龄与身份的做法，从周代便广泛在社会各阶层中流行，一直延续到明清。在1966年江苏省苏州市虎丘乡新庄出土的《明宪宗元宵行乐图》中，就画着头梳总角的小女孩形象。

西汉成年女性的发髻主要分为两种，一种是将头发高高梳在头顶的高髻，另一种是任青丝自然下垂、在脑后梳个花样的垂髻。其中，垂髻最为流行，大概也是众多古装剧观众最常见的汉代女子发型。

垂髻将女性秀发柔顺、黑亮的自然之美展现得淋漓尽致。张衡在《西京赋》里写道："卫后兴于鬓发。"汉武帝的皇后卫子夫生了一头漂亮的头发，也正是因为有秀发的加持，她被偶然驾临平阳侯府邸的汉武帝相中，从此开启了传奇的一生。不难想象，或许正是因为搭配着垂髻这样的发式，卫子夫这位大汉皇后的风采愈加夺目，使得千百年后的人们仍然记得她的美丽。

虽然垂髻不是两汉通用发型，但它的历史的确也算得上源远流长。如今去汉阳陵、马王堆汉墓等景区游玩，走进博物馆，你会发现大量汉代女俑都是梳着精致的垂髻的贵族女性及宫人。对西汉时期更广大的中下层女子而言，垂髻当中方便简单的椎髻，或许是更为流行的发式。椎髻便于生产生活，因此从战国时期便开始流行，一直到东汉都经久不衰。成语"举案齐眉"的女主人公孟光，就曾梳着椎髻。孟光在刚嫁给东汉隐士梁鸿时，衣着华丽、妆发精致，却遭到梁鸿冷落，后来孟光改换了椎髻，穿上布衣，才得到梁鸿喜爱。椎髻是一种象征朴实勤劳的发式，与好看的

◀ 头戴树枝状金步摇的年轻贵族女子，参照《夫妇宴饮图》复原。（妆发：Niki-镜子；摄影：徐向珍；出镜：喜悦）

▶《夫妇宴饮图》，
1981 年洛阳西工汉
代大墓出土。（洛阳
博物馆 藏）

皮囊相比，梁鸿更看中的是妻子勤俭持家的能力。

由于垂髻简单大方，西汉女性在梳好后大多不加发饰。偶有佩戴发饰的女子，但其佩戴方式与后世存在着较大差别。西汉女子不喜欢将发钗、发簪插在低垂的发髻上，而是将饰品佩戴在鬓角上，使步摇上的流苏垂于额头。步摇这种发饰深受上层女子喜爱，20 世纪 70 年代出土于湖南省长沙市马王堆一号汉墓的帛画当中，就勾画出女性墓主人额前插步摇的形象。即便到了西汉末年，一些贵妇放弃垂髻，转而梳上高髻时，也会佩戴步摇。1981 年，在洛阳西工汉代大墓出土的壁画《夫妇宴饮图》中，年轻的贵族女子头上就戴着一项树枝状的金步摇。西汉时期，金步摇属于礼制配饰，因此绝大多数女性和这种精美的头饰无缘。随着社会经济的发展和时尚潮流的演变，汉代之后，金步摇终于可以闪耀在寻常女子的头顶发梢，成为诗歌作品中屡见不鲜的首饰意象。

城中好高髻，四方高一尺

历史的车轮悠悠荡荡，王莽篡汉已成历史，光武中兴需然降临，东汉终于到来了。其实不是所有的事物都像朝代这样有清晰的划分，女子发型从西汉到东汉有着漫长的发展过程，如果一定要为两汉女子发型断代的话，东汉和西汉最大的区别在于更加绚丽多彩。东汉时期国家财富有所增长，社会氛围也比西汉早期更为宽松，逐渐富裕的贵族女性，将更多的心思与精力花在梳妆打扮上，因此发型花样繁多，发式越来越华丽。

这一时期，高髻得到了女子的青睐。顾名思义，高髻就是将一头秀发梳在头顶，盘发方式烦琐复杂，因此多为妃嫔、贵妇、官宦小姐所梳。汉代童谣曾唱道："城中好高髻，四方高一尺。"不难想象当时的上层妇女们梳着高高的发髻，浩浩荡荡出现在正式场合的盛况。

当然，高髻是发型的一个大类，对具体发式细节没有特别严格的规定，否则人人都梳一样的发型，那多没意思。东汉贵族女子们喜欢在高髻上做文章，设计出了各种各样的发式。汉明帝的马皇后头发秀美，史载她"为四起大髻，但以发成，尚有余，绕髻三匝"。也就是在头上梳一个发髻后仍有余发，于是绕着发髻又梳了三个发环。如此发量，着实令当今喜爱熬夜的年轻人羡慕。1949年春天，在朝鲜黄海北道安岳发现了一些有壁画的高句丽古墓，据考证，墓主人是十六国时期前燕的将领冬寿，壁画当中有位侍女，所梳的发髻便是四起大髻。冬寿因慕容氏内讧，带领族人迁居高句丽，最终将故乡的记忆带进了墓中，陪伴自己长眠于地下。后世因此得以推断史书中四起大髻的具体形象。

东汉的女孩子爱漂亮，也喜爱追逐时尚，甚至出现了引领时尚潮流的"美妆博主"。据《后汉书》记载，当时大权臣梁冀的妻子孙寿"色美而善为妖态，作愁眉，啼妆，堕马髻，折腰步，龋齿笑，以为媚惑"，梁冀也跟着"改易舆服之制，作平上軿车，埤帻，狭冠，折上巾，拥身扇，狐尾单衣"。意思是，

▼ 参考靖边东汉墓壁画女子发型，结合《后汉书》记载，推测绘制的孙寿髻式与妆容。（饶晋萍 绘）

◀ 冬寿墓壁画（局部），右侧端香炉侍女的髻式应为四起大髻，冬寿夫人的发髻则是比较流行的缬子髻。

孙寿长得美，而且也擅长打扮，发明了中国最早的"啼哭妆"，眉头蹙起，满面愁容，乍看之下如诉如泣，惹人怜爱。笔者自己也曾仿过类似的妆容，笑起来表情"格外精彩"，好奇的读者也可以试着复刻一下这个妆面，体验一定终生难忘。咱们说回东汉，孙寿走起路来一扭一扭，婀娜多姿，或许只有如今 T 台上的猫步才能与之一较高下。有趣的是，孙寿的夫君梁冀也没闲着，夫妻俩一个忙着创新妆容、步态，一个忙着创新服装搭配。此外，孙寿还发明了堕马髻，这种发髻松松垮垮，偏向一侧，望之如女子从马上摔下，搭配啼妆愁眉，更添妩媚。一时间，孙寿的妆容、发型、步态被妇女们争相模仿，堕马髻也得名"梁家髻"。

不过，堕马髻究竟属于垂髻还是高髻，一直以来都存在争议。笔者认为堕马髻应属于一种高髻。首先，孙寿生活在汉桓帝时期，此时已近东汉末年，正是高髻大为流行的年代。其次，垂髻当中虽然也有偏侧与倒垂的样式，但这种发式大量出现在西汉女俑脑后，比孙寿生活的时代早了 100 余年。因此，从发式发型的流传与变化角度看，只有成为一种高髻，堕马髻才和前后流行的发型有相似性与传承性。创作于东汉的诗歌《陌上桑》，刻画了一位扬名千年的美女秦罗敷，她头上的倭堕髻，便是一种偏向一侧的高髻，也许和堕马髻有着千丝万缕的联系。虽然梁冀与孙寿最终因作恶多端被诛杀，但是孙寿引领的审美潮流却超越了她的生命。在孙寿伏诛后，堕马髻不仅继续影响着东汉女子发型的发展，甚至在 500 年后，其变种又在唐代女性的头顶上重新绽放。

与西汉相比，东汉女性的发饰更显丰富华美。在郑州市区西南 6 千米的新密市打虎亭汉墓壁画上，有几个梳着花钗大髻的妇人，高高的发髻上横竖插着数支发钗，有的还头戴额巾，在宴饮聚会中愉悦交谈。这一反映世俗场景的画面，我们即使隔着 2000 余年的艰辛路回望，依然能感受到她们的从容与优雅。

都知道"巾帼不让须眉"是对女中豪杰的夸赞，而这个代指女性的"巾帼"也是流行于汉代的头饰，多用丝帛、鬃毛制成，有点类似于帽子，使用时套在头上，配以发簪固定即可。《晋书·宣帝纪》曾有记载："亮数挑战，帝不出，因遣帝巾帼妇人之饰。"意思是蜀魏交战之时，诸葛亮眼见司马懿不敢出战，于是使出激将法，将巾帼等妇人之饰送给司马懿以示羞辱。可见，至三国时期，巾帼已然成为主流的女子装束之一。

缓鬓倾髻，以为盛饰

　　魏晋时期是个动荡与开放并存的时代，这一时期女子的发型一方面沿袭着东汉的发式，另一方面又存在着极具生命力的创造与创新。通常而言，女性的穿衣打扮、妆容发型，从来都不是古代史学家关注的重点。不过我们今天仍然可以通过史料，窥见魏晋女子活色生香的妆饰生活。有一个重要原因就是魏晋妆发潮流的引领者，往往假托于女性名人或者名人的妻妾。这些新潮美丽的发型，有幸随着历史人物一起载入史册或者留下传说。

▲ 尚食图画像砖，甘肃嘉峪关长城出土，图中女子发型比较符合对灵蛇髻的记载。（嘉峪关长城博物馆藏）

　　例如灵蛇髻就有一个动人的传说。这种发髻将头发梳于头顶，挽成一个或多个环形，因其样式如游蛇蜿蜒而得名。相传灵蛇髻由魏文帝曹丕的妻子甄氏发明。一日，甄氏在宫中看到一条绿蛇，当宫人想要加害蛇时，蛇就消失不见了。甄氏得到灵感，将头发梳成灵蛇模样，宫中人见她发型漂亮，纷纷效仿，但大多无法企及甄氏十分之一二的美貌。这个故事最早见于《采兰杂志》，作者生卒年代不详，大概是宋元时代的作品。可惜的是，甄氏的美貌无法改变她凄惨的命运。虽然作为妾室的她一度得到了正妻般的礼遇，但曹丕称帝之后立郭氏为后，身边更是美女如云。甄氏此时年岁已长，容颜不再，色衰而爱弛。她因不满受曹丕冷落而作悲怨之诗，最终被曹丕赐死，倒是这美丽的灵蛇髻流传下来，成为魏晋时期风靡一时的发型。

　　能与之媲美的缬子髻也是魏晋时期流行一时的发型，干宝的《晋纪》将缬子髻的首创权送给了晋惠帝的皇后贾南风。这种发型将头发编成环，用色带束缚住。所谓"缬子"，就是束缚的意思，其音同"截子"，暗讽贾南风策划戕害太子的血腥阴谋。贾南风贵为皇后，却没有自己的孩子，她曾将晋惠帝的太子司马遹废黜，后来又命人将其杀害。这一行为引起了许多人的不满，并间接导致她被废为庶人。

　　魏晋时期，宫廷女性中还曾流行惊鹤髻。这种发髻在头顶分叉，宛若鹤鸟的两扇翅膀，做出展翅欲飞的模样。当时的魏宫人梳着惊鹤髻，画着长眉，摇曳生姿地走在深宫之中，给了曹魏末年身处政治旋涡中的皇帝莫大的心理慰藉。惊鹤髻是一种经久不衰的发型，唐代的长安街头依旧可以觅见它的身影。

　　魏晋时期女子对鬓发的处理可谓别出心裁、五花八门。当时曾流行过长鬓、薄鬓、缓鬓等多种样式。长鬓即将鬓角头发留长，一直长至胸部。留着长鬓的女子行走起来，两条鬓发随风摇曳，宛若仙子。薄鬓则是将鬓发梳理成薄薄的发片，并使发片的一部分紧贴脸颊。相传薄鬓是魏文帝宫中莫琼树所创，可谓除了灵蛇髻外另

▶ 图中两位女子皆身穿直裾袍，头梳高髻，留着鬓发。高髻在东汉时期较为流行，女子可在发髻中佩戴饰品。左侧女子头戴汉代盛行的树状金步摇，右侧女子头戴玉首饰。发髻侧边垂下的短小发尾，名为"垂髾"，自东汉至魏晋，高髻与垂髾的搭配都受妇人喜爱。（摄影：杨海伊；妆造：凌波；出镜：璇玑、侯佳明）

一个借助曹丕名垂青史的发式了。如若今天的女性穿越回魏晋,最喜欢的�‌发式或许是缓鬓,这是一种宽大的鬓发造型,利用鬓发将耳朵遮住,显得脸型小巧精致。

　　提及缓鬓,不得不说一说倾髻。缓鬓倾髻是魏晋时期特有的发式,指的是将鬓发处理成缓鬓的同时,将硕大的假发戴在头上,做成高髻的样式。高高的假髻被聪慧的魏晋女子制作成不同样式,其中,十字髻是缓鬓倾髻中常见的发髻。十字髻先在头顶做出一个空心环,之后用头发在左、右各挽出一个环,乍看之下,宛如"十"字。陕西西安草场坡北魏墓葬中,大量的陪葬女俑梳着十字髻。

　　缓鬓倾髻离不开重要的发饰——假发。魏晋时期,中国的假发制作工艺已经较为成熟。假发的历史可以追溯到周代,《庄子·天地》中曾说"秃而施髢",这里的"髢"就是假发。对贵族妇女而言,戴假发并不是一件罕见的事。《周礼·天官冢宰》记载,当时有个官职叫作追师,专门掌管发饰,供身份尊贵的妇女在出席重大场合时佩戴,假发也包括在内。制作假发的材料,既有真人的头发,也有黑色丝绒,

▲ 十字髻复原照,妆发参考北魏女俑,面妆有魏晋时期流行的点状面靥。(出镜:侯佳明)

▶ 甘肃酒泉丁家闸晋墓壁画（局部），画中女子发型为不聊生髻。

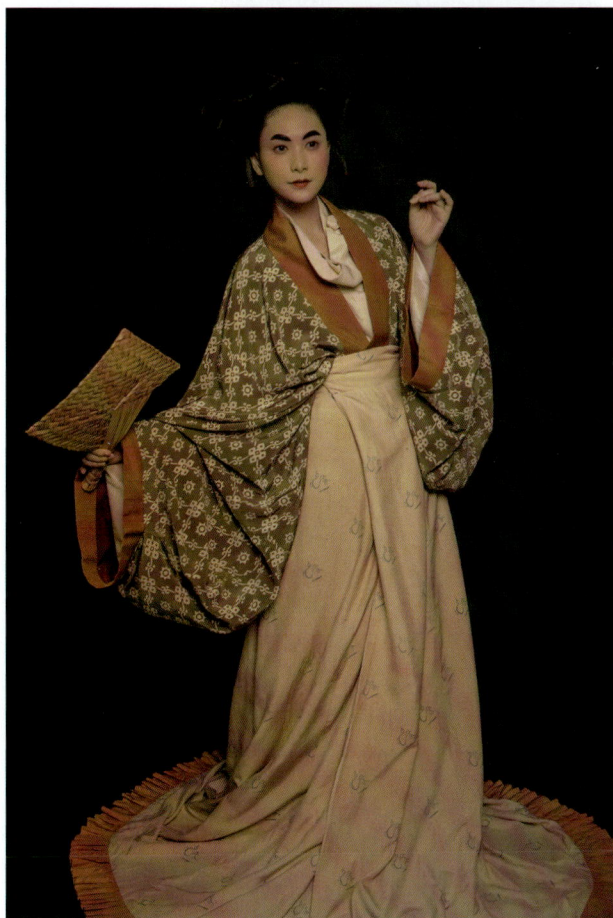

▼ 三角髻复原照，小说笔记中传为汉武帝时期的一种女性发髻，根据"头作三角髻，余发散垂至腰"的记载来看，有些类似魏晋之际流行的不聊生髻。（妆发：Niki- 镜子；摄影：徐向珍；出镜：Zen 杭君）

甚至还有木头。关于周代假发制作，还有一个令人哭笑不得的"爱情"故事。春秋时的卫后庄公发现戎州人已氏的妻子生了一头美丽的秀发，于是命人把已氏妻子的头发剃下来，给自己心爱的妻子吕姜做了假发。已氏虽然敢怒不敢言，但对卫庄公怀恨在心，终于找机会杀掉卫庄公，为自己可怜的妻子报了仇。秦汉时期，假发成了上流社会的梳妆好搭档，大名鼎鼎的西汉马王堆墓葬中就有一束辛追夫人的假发片。到了魏晋时期，佩戴假发的风气传遍整个社会，平民女子也想在出席重大场合时梳缓鬓倾髻，于是就跑去租借假发，由此还产生了一个今天听起来略显恐怖的名词——借头。贫寒女子则从假发行业中看到了商机，通过贩卖自己的头发补贴家用。《世说新语·贤媛》就记载了一个"截发留宾"的故事，说陶渊明的祖父陶侃幼时家贫，他的母亲湛氏为了招待贵客，就剪下头发卖钱换米。

甘肃酒泉丁家闸晋墓内壁画为我们展示了一组随性放纵的发型——不聊生髻。若以今天的审美看待这款魏晋时期的爆款发型，大约会觉得有些许古怪。不聊生髻充斥着满满的"放弃治疗"之感，有一种凌乱之美。然而这种发髻却彰显了魏晋时期发型的重要特征：高髻垂鬓。所谓"垂鬓"，即梳完发髻后不处理发尾，任由其自然垂下。垂鬓在汉代就已经出现，一直延续到南北朝，体现了发式的传承性。

汉妆漱泄，拂青黛蛾眉

对当代女性而言，化妆是件再正常不过的事：坐在梳妆镜前，摆开琳琅满目的化妆品，在半小时之内娴熟地打扮自己，扬长避短，画出符合时下审美的妆面。倘若两汉时期（尤其是西汉）爱美的女子，有幸看到当代女性的化妆过程，恐怕会艳羡不已。在汉代，有条件化妆的多为贵族妇女，对广大劳动妇女而言，化妆着实是件稀罕而奢侈的事。因此，后世文人诗歌中经常出现的美人"描眉画唇"的意象，在两汉时期的文学作品中并不常见。无论是《孔雀东南飞》中"精妙世无双"的刘兰芝，还是《陌上桑》中的"秦氏好女"罗敷，都未获得细致的妆容描写。当时，化妆是少数有钱、有闲人家的行为，虽然不是很普遍，但也展现了让人惊叹的聪明才智。

俗语云"巧妇难为无米之炊"，既然要聊化妆，我们首先看看汉代的化妆品都有哪些。

当代女性化妆，首先要上底妆，将一层美白遮瑕的粉底扑在脸上，用以均匀肤色。汉代女性也有粉底，主要分为米粉和铅粉两种。米粉主要的原材料是粱米和粟米，北魏《齐民要术》详细记载了米粉的制作方法，其材料虽便宜，但制作工序却比较烦琐和细致。铅粉则更为昂贵，制作工艺也更为考究。成语"洗尽铅华"的"铅"字，即是铅粉之意。制作铅粉的主要材料是水银和铅，用铅敷面可以起到短期令人变白的作用，因此在古代铅常常作为化妆品原料，唐代人甚至用铅制作面膜。友情提示，无论是水银还是铅，长期使用均对身体有害，咱们现代人就算是复原古代妆容，也大可不必用这些材料来做仿妆。

▼ 马王堆汉墓双层九子漆奁中的一层，九个小漆奁用来盛装丝绵、假发、粉底、粉扑、胭脂、梳篦等化妆用品。（湖南博物院藏）

胭脂的历史也非常久远，早期被称为"燕支""燕脂"，用来做口红、腮红。对聪明的古代女子而言，制作胭脂是一件闺中乐事。汉代胭脂的原材料主要为朱砂和红蓝花。虽然朱砂在中原的使用历史更早，但这种材料更加昂贵，长期使用还不利于身体健康。相比之下，红蓝花便于采摘，价格也比朱砂便宜得多，因此更为流行。红蓝花制作的胭脂，很可能最早由匈奴人使用，之后传入汉朝。2000多年前，匈奴人曾在焉支山（今甘肃省山丹县、永昌县交界）牧马，焉支山上盛产红蓝花。对匈奴人而言，红蓝花制作的胭脂是美丽的象征，单于的妻子被称为"阏氏"，便与胭脂有着千丝万缕的联系。匈奴与汉王朝爆发过旷日持久的战争，汉武帝时期，卫青、霍去病出兵夺取焉支山与祁连山，令匈奴人发出"失我焉支山，令我妇女无颜色"的悲叹。有观点认为，以红蓝花为原料制作胭脂的方法很可能是在这一时期传入中原的。在汉代，女子用胭脂画唇妆，也画面妆，她们将胭脂在手掌心晕开，涂抹在两颊、唇部，淡妆浓抹，明媚秀丽。

完成了唇妆，咱们再看看眉眼妆容怎么画。早在先秦时，中国人就已经有了画眉的喜好。周朝人曾发现一种名为"黛"的矿石，当时人又称之为石墨、石黛，男人用它写字，女人用它画眉。可是，坚硬的矿石，怎么用才方便呢？汉朝人将石黛制作成黛块，使用的时候放入黛砚之中，用水调和化开，就可以画眉了。江苏泰州新庄出土的东汉时期的黛砚，上面还残存着黛痕，令我们得以触摸到东汉女子那具有温度的生活片段。

▼ 汉大吉铭黛板，研磨石黛之用，研钮为正方形，上有篆书"大吉"二字。（洛阳金石文字博物馆藏）

汉代对妆容的偏好，最初以自然为美。西汉时期，女性喜欢画细长的眉毛，如眉长入鬓的长眉，平直纤细的细眉。西汉文学家司马相如对美丽的眉毛十分喜爱，他的《上林赋》提到"若夫青琴、宓妃之徒……长眉联娟"，而他的妻子卓文君也生了对好眉毛，传为刘歆所作的《西京杂记》卷二记载："文君姣好，眉色如望远山。"远山眉也是一种细长的眉毛，形态宛若连绵起伏的山峦。除了追求细长的眉形，西汉女子还喜欢将嘴唇涂成樱桃小口的模样，步骤大致与今天画咬唇妆类似：先用粉将嘴唇涂白，然后施朱。整体上讲，西汉装容追求清新自然、幽雅动人之美。

妆容和发型的发展往往呈现高度同步的趋势。东汉时期，女人们大胆拥抱更为华

◀汉初宫女复原照。
梳着简单大方的垂
髻，妆容清新优雅。
（妆发：Niki - 镜子；
摄影：徐向珍；出
镜：十七）

▶ 孙寿"啼哭妆"复原照，发型参考靖边东汉墓壁画。（妆发：Niki- 镜子；摄影：徐向珍；出镜：琪琪）

贵夸张的高髻之后，细长的眉形显然不再合适了，于是宽阔硕大的眉形开始出现在东汉美女们的脸上。东汉女子喜欢阔眉，阔眉又被称作广眉、大眉，这种大气磅礴的眉形最早诞生于长安，之后风靡各地。《后汉书》记载："城中好广眉，四方且半额。"说的是城中流行画阔眉，女人们恨不得将眉毛画半个额头那样宽。刚开始学着化妆的小女孩，由于不太会画阔眉，甚至画着画着，便将眉毛画到耳朵上。除了阔眉，东汉还流行蛾眉，这种眉形状如飞蛾，汉明帝的宫人便皆是"拂青黛蛾眉"。

汉代人还喜好在脸上作面饰。秦代宫廷之中就曾经流行过面饰，这与皇帝的个人喜好有关。秦始皇喜好神仙，于是命令宫人打扮成神仙的模样，梳神仙的发型，脸上贴五色花子。五色花子在汉代仍然流行，汉代之后进一步发扬光大。另外，汉代刘熙的《释名·释首饰》当中，还记载了一种更具特色的面饰——勺。这种面靥最初起源于周代宫中，宫里的女子本应侍奉天子，但有时遇到生理期，不方便被召幸，又不好意思开口提及此事，于是便在脸上点勺。宫里的内官看到，就不会将脸上点有勺的女子记录在侍奉名册中了。后来，勺成为一种流行时尚，逐渐传出宫廷，走向民间。汉代的女性甚至将勺点满面颊，足见时人对这种面饰的喜爱。

和今天的流行时尚相同，汉代妆容的流行，也离不开有地位、有创意的女子引领。除了前文提到的作愁眉啼妆的孙寿，汉代还有一位更知名的美人，曾无意间引领时尚潮流，甚至在过世100年后依然对美妆界有巨大的影响，她就是才女卓文君。卓文君眉如远山，究竟是天生一对远山眉，还是后天画作远山眉，已不可考。不过，名人的影响力总是不可小觑，在卓文君生活的年代，就已经出现大量效仿她画远山眉的人。100年后，赵飞燕的妹妹赵合德化身"仿妆博主"，改进了远山眉，并把这对眉形加入了自己独创的慵来妆中。配合着桃花含笑的肌肤，星辰一般的双眸，浮云一样的秀发，赵合德在宫中大放异彩，获得皇帝宠爱，被封为婕妤，在后宫一路平步青云。

寿阳公主嫁时妆，八字宫眉捧额黄

与发型相同，魏晋妆容也延续了东汉的风格，并在此基础上改良创新。在战乱频发、政权更替、礼教松弛、新思想风起云涌的时代背景下，魏晋人一方面艰难求生，另一方面又将情志与兴趣转移到了山水与生命之美之中。因此，魏晋是中国艺术与审美发生重大变革的时代，同时又是发现"人"之美的时代。翻开魏晋时期的志人小说《世说新语》，我们看到的女性，是富有生机与朝气、敢于表达好恶的女

▶ 东晋顾恺之《女史箴图》唐摹本局部。（大英博物馆藏）

▼《女史箴图》人物形象复原照。（摄影：君墨；出镜：参商）

性。比如女孩子们见到潘安这样的美男子乘车出行，为了表示对他美貌的喜爱，纷纷向车子上扔水果，最终导致车子被水果堆满。这一行为有点类似于今天的女粉丝向偶像献花，是一个多人参与的群体行为。"掷果盈车"这个故事，将当时女孩子们活泼烂漫的群体特征刻画得淋漓尽致。这一时期的女性妆容，更加大胆地追求美丽与个性，甚至不乏风格怪诞、立意稀奇的创新之举。

在继承汉代妆容的基础上，魏晋女性逐渐摸索到了更适宜自己的美妆思路。紫妆是用淡紫色的粉底涂抹而成的妆容。魏晋妇女用葵子汁混合米粉，将自己的粉底调制成紫色，用以涂面。相传，紫妆由魏文帝的宫人段巧笑发明。当时，魏文帝曹丕最宠爱的宫人有四位，分别是莫琼树（发明薄鬓）、薛夜来、田尚衣、段巧笑。段巧笑每日穿着华丽的衣衫，化着紫妆，侍奉在曹丕身边。以今天的化妆理念来看，段巧笑应该是位非常聪明的女子。面色发黄强行涂抹白妆，肌肤的颜色会趋向灰色，很不自然。而用紫色的底妆涂面，提亮肤色的同时，还可以让面妆看起来更为自然、白皙。如果各位读者前去逛美妆专柜，会发现直至今天，还有许多品牌贩卖紫色的隔离霜，给面色发黄的女性使用。段巧笑的紫妆可谓一个伟大的创新，直至南北朝时期，紫妆依旧流行，为广大爱美女性提供了更多的选择。

聊完底妆的创新，我们再来看看这一时期的面饰。汉代已经开始流行五色花子、勺等面饰，到了魏晋及之后的南北朝时期，女孩子们更加大刀阔斧地在面饰上做文章，恨不得将装饰通通堆砌到自己巴掌大的小脸上。

看过刘亦菲主演的《花木兰》的读者，肯定会对女主角扫额黄的镜头记忆深刻。化妆者将一层浓厚的黄色颜料，均匀地涂抹在美人的整个额头。这种妆容虽然不符合今日的审美，但在魏晋南北朝时期异常流行。额黄又称"宫黄""鹅黄"等。明代学者张萱曾在《疑耀》中说："额上涂黄，亦汉宫妆。"额黄虽起源于汉代，但广泛流传于魏晋南北朝时期，其原因很可能与佛教在中国的传播有关。女子对着庙宇中的金身佛像拜了又拜，一个不经意的抬头仰望，或许就在心底种下了美妆的灵感。因此，南北朝时期，有的妇女甚至将自己整个面部涂黄，谓之"佛妆"。家喻户晓的《木兰辞》中有"对镜帖花黄"的描述，"花黄"就是额黄的变种，它类似于一种黄色的花钿，使用时将其贴在额上即可。不难想象，在佛妆流行的趋势下，黄色系或许是当时爱美女性格外钟爱的色系。

斜红是魏晋女子发明的另一面饰，往往被画在两个太阳穴旁边，呈月牙状，充满残缺之美。之前提到，魏文帝曹丕有四位宠爱的宫人，个个都是小发明家，莫琼树发明了薄鬓，段巧笑发明了紫妆，另一位宫人薛夜来则在无意间创造了斜红。魏文帝给自己置办了水晶屏风，某夜他正在屏风内读书，薛夜来走过来，由于天色已暗，视觉受到影响，不小心一头撞在屏风上，直撞得鲜血淋漓。之后薛夜来虽然痊愈，但脸上留下了两道伤痕。幸运的是，魏文帝依旧对薛夜来宠爱有加。于是宫人们纷纷模仿薛夜来，也在自己脸上勾画出这样两道红色伤口一般的妆饰，命名为"晓霞妆"。纵观美妆、美发界的传说，魏文帝身边先后有甄氏和三位宫人引领时尚风潮，假如曹丕生在今天，或许可以开一个运营公司，好好挖掘一下身边的"美妆博主"。

汉代一度流行点勺，一张小脸上密集地点缀着朱红色的圆点。到了魏晋时期，勺的变种更为夸张大胆地出现在女孩子们的脸上。这时的面靥形状各异，除了圆点，还有花状、

▼ 东晋顾恺之《女史箴图》近代摹本（局部），侍女正在为一名女子对镜梳妆，一旁摆放着品类丰富的"化妆品"。（于非闇临）

▶ 魏晋面靥复原妆，
额头为倒三角花钿，
面部为罗圈状面靥。
魏晋时期的面靥形
状各异，除了圆点，
还有花状、罗圈状
等。（妆发：Niki-
镜子；摄影：徐向
珍；出镜：是非娘娘）

罗圈状等。这一时期的女孩子，甚至将面靥点满整个脸颊，呈现一种支离破碎的美感，称之为"碎妆"。相传，碎妆由三国时期孙权之子孙和的邓夫人发明。孙和很喜爱邓夫人，常常将其抱在膝上。一夜，孙和在月下舞弄水晶如意，不小心误伤了邓夫人脸颊，一时间鲜血直流。孙和既悔恨又惋惜，于是命太医调配药方，太医建议邓夫人以白獭髓、玉石、琥珀的碎屑涂抹面部，避免留疤。邓夫人谨遵医嘱，将这些碎屑抹在脸上，白色的琥珀点缀红色的伤口，竟显得邓夫人更加美艳动人。于是孙和的姬妾们效仿此妆，随后碎妆成为流行风尚。

碎妆与斜红的故事大抵相同，讲的都是贵族夫人意外受伤，却因祸得福，更加受宠，从而引起女子争先效仿以博得宠爱，皆为"女为悦己者容"的故事。而花钿诞生的故事，则伴随着女性自身对美丽的追求，和女性之间的相互欣赏，逐渐成为一段佳话。花钿又名"花子""眉间俏"等，往往被贴于额头与眉间。花钿传承于秦汉时期的五色花子，在六朝乃至隋唐时期广为流行。相传，宋武帝的女儿寿阳公主仰卧于含章殿下，一朵盛开的梅花悄然落在公主额头，随即在额间染上花瓣的印记。宫女们眼见寿阳公主额间印记美丽，于是心生艳羡，争先效仿，纷纷将梅花贴在额上。久而久之，这种面饰从宫廷流传至民间，因来源于寿阳公主，故又称"寿阳妆"。女子若想贴花钿，需要先将呵胶抹在花钿背后，使用时只需要呵一口气，便可使之发黏，之后就可以贴在脸上。这种使用方法，与今天大街小巷随处可见的文身贴相仿。与面靥类似，魏晋时期的花钿形状各异，有的呈月牙状，有的呈倒三角状，甚至有人直接在额发下面贴出一排刘海状的波浪。一张脸上，同时出现斜红、面靥、花钿，大大小小的面饰恨不能挤满整张美人脸，怎一个热闹了得！不知魏晋美人们，会不会遗憾自己的脸太小，盛放不下自己辛苦做出的妆品呢？

南北朝时期，女子妆容将光怪陆离、前卫新奇的风格发扬到极致。如当时流行黄眉墨妆，即女子不施脂粉，以墨涂面，并配以黄色眉妆。由于参考文物数量不足，墨妆究竟是全脸涂墨，还是仅在面部饰以墨色，我们无从得知。此外，当时还流行圆润短粗、宛若虫茧的出茧眉。在唇妆方面，南北朝时期的女性一度改换了从前流行的朱唇，而是将唇色涂黑，效果与当今流行的厌世妆有些类似。最前无古人、后无来者的妆容，当属徐昭佩的半面妆。她因受到梁元帝的冷遇而报复丈夫，每当见梁元帝时，化妆只画半张脸，以讥讽梁元帝只有一只眼睛，常常惹得梁元帝愤怒离去。徐昭佩的半面妆，其大胆放纵，空前绝后，不过作为个人行为并未流行开来。魏晋南北朝的妆容与发型，对之后的隋唐产生了深远的影响，不过这都是后话了，如若有缘，将来再与各位读者细聊。

骐骥有良种
宝马待英雄

那些真真假假的三国名驹

×

赤兔：汉末三国第一名驹

宝马所待的英雄为何人

赤兔之外的那些名驹

小说中的无名义马

"烈火卷雄风，红云映碧空。莽原好驰骋，烽烟天边涌。骐骥有良种，宝马待英雄。长驱疾如电，真堪托死生……"

电视剧《三国演义》的这首插曲《烈火雄风》，无数人以为是写给名将吕布的，但细品歌词就会发现，它歌颂的分明是一匹名马——赤兔。冷兵器时代的战争中，马匹是重要角色，乱世不仅出英雄，也出名马。若要给《三国演义》的名马来一个排位，赤兔马必定稳居榜首，它名气之大、事迹之多无出其右。所以就不难理解，为什么在众多三国题材的游戏中，赤兔马一直是难求的顶级装备。正所谓"骐骥有良种，宝马待英雄"，赤兔马的超高人气和丰富战场经验当然与它的几位主人密不可分。

赤兔：汉末三国第一名驹

堪称《三国演义》中第一名驹的赤兔马在历史上也是真实存在的。陈寿的《三国志·吕布传》记载："布（吕布）有良马曰赤兔。"明确说吕布有一匹叫赤兔的良驹。当然更著名的是裴松之在为《三国志》作注时引用另一部史书《曹瞒传》中的一句话："时人语曰：'人中有吕布，马中有赤兔。'"历史上的吕布的确骁勇善战，有"飞将"之称，而赤兔能与吕布并称，其分量不言而喻。

正史中关于赤兔马的记载极少，只有这么两句话。这匹名马长什么样，最终的归宿如何，它为什么叫"赤兔"，都没有提及。有观点认为"赤"是指毛色，"兔"是指速度快如兔子。也有观点认为"赤兔"实际上是"赤菟"，是指一种植物。

《三国演义》给大家塑造了这样的赤兔马形象：它浑身上下如火炭般赤红，无半根杂毛；从头至尾，长一丈；从蹄至项，高八尺；嘶鸣咆哮，有腾空入海之状。

文学描述虽有些许夸张，但也有其原型。西汉时期就有专事挑选良马的人，按照当时的著作《相马经》的标准，马的面部鼻以上部分微微向外突出，犹如兔头或半兔头，这便是上等良马。这种马多为重

▼ 吕布（演义版）驾驭赤兔作战模型。（周渝 藏）

型马，不仅身体强壮，力量大，而且属于最为高大的品种。赤兔的"兔"指这种兔头外形的可能性很大，而"赤"则是指其毛色，这也是大宛马的特征。

大宛是西域古国，位于今天的中亚费尔干纳盆地一带。大宛马在当时有多著名呢？司马迁在《史记》中将其誉为"天马"（先天马子）。张骞出使西域时，看到这种日行千里、耐力惊人的马，也留下了深刻印象。这种大宛马还有个特点，就是从肩膀附近位置流出的汗液呈殷红色，如同血液一般，所以又叫"汗血宝马"。两汉时期有从西域引进良马的习惯，大宛马堪称良驹上品，历史上吕布所骑的赤兔马很可能就是大宛马。

总之，关于赤兔的种种历史谜团给艺术创作留下了足够的空间。宋元年间，三国故事在民间广为流传，当时也产生了关于赤兔马的各种故事。元末明初，罗贯中借鉴了部分民间故事，经过雕琢后在《三国演义》里创造了完整的故事，讲述名马赤兔的一生。也正因如此，很多熟知三国故事的人提及赤兔马，首先想到的是关羽而非吕布。

宝马所待的英雄为何人

《三国演义》里的赤兔马不仅是所向披靡的上等良驹，更是一匹至情至性的义马。它的一生共有四位主人，第一位是祸乱京师的国贼董卓，赤兔马本是他帐下所养，但与之并没什么感情，很快成为笼络吕布的工具。吕布原在董卓的敌人丁原帐下效力，这让董卓非常忌惮，其麾下的李肃深知吕布见利忘义之本性，于是向董卓献计，用赤兔马诱降吕布。果不其然，吕布对此良驹爱不释手，很快便弑杀丁原投效董卓，并拜董卓为义父。

得到赤兔马的吕布如虎添翼，在虎牢关一役中先斩杀关东联军的将领方悦、穆顺，接着击伤名将武安国，又以一人之力鏖战刘备、关羽、张飞，用一系列惊人战绩稳居《三国演义》名将武力榜榜首。吕布的骁勇当然也离不开赤兔马的加持。

虽然吕布武艺绝伦，但"有勇无谋，见利忘义"是此人最大的缺陷。先是董卓施以赤兔马利诱令其杀丁原，而后王允又使连环计献貂蝉让吕布杀死董卓。董卓死后，其部署李催、郭汜等领军犯长安，吕布不敌败走。此后吕布因有勇无谋屡吃败仗，先后投过袁绍、张扬、张邈、刘备等多人。另一方面，因见利忘义之本性，他总是降而复叛，恩将仇报，最终在下邳一战中被曹操所擒，命丧白门楼。

或许罗贯中也认为，赤兔这么一匹名载史册的宝马，随着吕布的丧命而退出舞台实在可惜。再者，反复无常、人品堪忧的吕布又怎能配得上这样的良驹？于是他创作出了关羽与赤兔马的故事。曹操杀死吕布后，成为赤兔马的第三任主人，但和董卓一样，只是当成宝物收藏，与之并无感情。徐州之战中关羽被其俘虏，爱才如命的曹操赠予金银财宝及美人，皆无法打动关羽，直到赠送赤兔宝马，关羽才肯接受。曹操问他为何放着金银美人不要，却要一头畜生。关羽直言不讳地说："我知道这匹马可以日行千里，今日有幸得到它，如果知道了兄长刘备下落，骑着它行一天就可以和他团聚了。"

得到赤兔马加持的关羽战力大增，于白马一战大破袁绍军，连斩颜良、文丑两名大将，以报曹操恩德。但这位赤面美髯的关公毕竟与见利忘义的吕布不同，无论曹操如何厚待，得知刘备下落时，他还是毅然骑着赤兔马千里走单骑，过五关斩六将到河北寻找兄长。在罗贯中的巧妙安排下，犹如烈火雄风的赤兔马配给了忠肝义胆的关羽，如此才算得上真正的"宝马待英雄"。

赤兔马从此跟随关羽东征西讨，建功立业。关羽从跟随刘备东奔西跑、四处流亡到镇守荆州、成为一方名将，一直对其不离不弃。只可惜英雄也终有迟暮之时，公元219年，当襄樊之战打得如火如荼之际，东吴背盟，吕蒙白衣渡江偷袭荆州，以至关羽腹背受敌，最终败走麦城，被孙权杀害。赤兔马又亲眼见证了一代英雄的落幕。

◀1994年央视版《三国演义》拍摄前，关羽骑赤兔马出城分镜设计图。（劳保良设计）

赤兔马的结局与关羽同样悲壮。关羽遇害后，孙权将其赠给部将马忠当坐骑，但赤兔却绝食而死。其实如果仔细推敲，从董卓进京的公元189年到关羽发动襄樊之战的公元219年，期间共有30年之长，对马匹而言，赤兔已是垂垂老矣，不太可能再用于战场。不过《三国演义》本身也带有传奇和浪漫主义色彩，罗贯中作此安排，亦是要马通人性。宝马当配英雄，最终又与英雄同生共死，这是赤兔最好的归宿。从此在人们心中，赤兔马与关羽的亲密度远远超越了吕布，尽管各种史料都没有提到赤兔成为关羽坐骑之事。

赤兔之外的那些名驹

值得注意的是，《三国演义》里的赤兔马并不止关羽坐下这一匹，后来诸葛亮平定孟获时，孟获之妻祝融夫人的坐骑也是"卷毛赤兔马"，当然那匹赤兔马只是龙套，并没有什么故事，所以连演义名马都算不上。相比之下，小说中的绝影、的卢、爪黄飞电给人留下的印象更深，它们与赤兔并称"三国四大名马"。

绝影与赤兔一样，都是历史上存在的名马。绝影是曹操的坐骑，从名字来看，就知道是奔跑速度极快的良驹。赤兔在正史上只提及名字，而绝影在史册中留下的是一道血痕。公元197年，曹操在宛城遭遇张绣反叛，危在旦夕，骑着绝影马突围，而叛军箭如飞蝗，流矢射中了绝影的面颊和腿，曹操也被射中右臂，人马皆伤。千钧一发之际，他的长子曹昂前来相救，将自己的马让给了父亲。曹操因此幸免于难，但曹昂却在这场战争中丧生。

▼ 曹操（演义版）
乘绝影突围模型。
（周渝 藏）

以上是历史记载。而到罗贯中笔下，绝影的形象更饱满了。《三国演义》中说绝影是大宛马，宛城之战时，被射中三箭，"亏得那马是大宛良马，熬得痛，走得快"。正是因绝影忍痛奔驰，曹操才得以渡河上岸，此时叛军一箭射来，正中马眼，绝影也牺牲于战场。在《三国演义》中曹操还有另一匹坐骑，名字取得非常霸气，叫"爪黄飞电"，在与汉献帝许田围猎时，曹操骑着它，威风凛凛。当然，《三国志》以及裴松之引用的诸多史料中，并无任何关于爪黄飞电的记载，即使在演义中，这匹虚构出来的马也没有什么故事，大概因为名字太特别，总能让老百姓记住。所以，爪黄飞电更像是一只"花瓶"马，跻身"三国四大名马"之列是很勉强的。

这四大名马，正史中记录最多，故事最完整的非刘备的坐骑"的卢"莫属。裴松之在给《三国志》作注时引用了《魏晋世语》记载的一个故事：刘备在荆州时，有一次刘表请他到襄阳做客，其间刘表部将蔡瑁、蒯越想趁机杀死刘备。刘备发现这一阴谋后，假装上厕所，而后骑着的卢马飞驰出城。逃跑途中，马蹄竟陷入檀溪水中，走不动了，形势万分危急。刘备对坐骑疾呼："的卢，今日危矣，可努力。"那的卢马竟然像听懂了主人的话，顿时猛地一跃三丈，载着刘备跳过檀溪，脱离险境。史书虽然没有记载的卢是什么马种，但跃马檀溪之事说明该马弹跳力惊人，关键时刻能救主人性命，无愧名马称号。

古籍中对的卢的记载完整而精彩，故而被罗贯中完全引入《三国演义》。在小说中，的卢是一匹白马，"眼下有泪槽，额边生白点"，骑之会给主人带来不幸，是不祥之马。但刘备对的卢甚是喜爱，即使听伊籍说了此马"妨主"的劝诫，他也不予采纳。后来跃马檀溪事件中，的卢救了刘备一命，刘备更不相信这匹马会给主人带来不幸了。直到取西川之时，刘备将的卢赠予谋士庞统，结果庞统骑着它到落凤坡时竟然被乱箭射死，"妨主"之说终究还是应验了。至于的卢的结局，原著里据在落凤坡逃出的军士报告，"军师连人带马，被乱箭射死于坡前"，看来也与庞统一同牺牲。不过1994央视版《三国演义》做了些改动，剧情为庞统被乱箭射死，临死前还有一段白马落泪的生离死别，最后满身带血的的卢马逃出战场，可惜此后剧情对它再无提及。

所谓的卢"妨主"的故事出自《世说新语》中庾公拒绝卖马害人的故事，但除了马的名字也叫"的卢"，与刘备坐骑并无关系。《三国演义》巧妙地将跃马檀溪和庾公的故事糅合在一起，创作出一段完整的名马传奇。为什么别人骑的卢皆死于非命，而刘备骑它却能逢凶化吉？这就是《三国演义》的核心所在了——小说以刘备的蜀汉政权为正朔。的卢马虽"妨主"，但刘备这样的真命天子自然是"妨"不了的。

小说中的无名义马

值得一提的是，《三国演义》中还出现过不知名，但救主之功不亚于名驹的义马。第八十二回"孙权降魏受九锡，先主征吴赏六军"有一段张苞大战李异、谭雄而身陷险境，被关兴所救的剧情，原文如下。

张苞与战二十余合，不分胜负。吴军中裨将谭雄，见张苞英勇，李异不能胜，却放一冷箭，正射中张苞所骑之马。那马负痛奔回本阵，未到门旗边，扑地便倒，将张苞掀在地上。李异急向前轮起大斧，望张苞脑袋便砍。忽一道红光闪处，李异头早落地，原来关兴见张苞马回，正待接应，忽见张苞马倒，李异赶来，兴大喝一声，劈李异于马下，救了张苞。

可见在整个过程中，这匹马中箭后负重回奔也是救张苞一命的关键。次日，放冷箭的谭雄被关兴擒得，张苞做的第一件事就是将谭雄斩首沥血，以祭义马。

小说中另一匹表现出彩的马，是赵子龙在长坂坡时的坐骑。原文赵云在长坂坡与张郃遭遇之际，一度连人带马，陷入土坑中。张郃拍马而来，举枪便刺，千钧一发之际，"忽地一道红光，那匹马平空一跃，跳出坑外"。不过书中对这匹马并没有过多描述，不仅无名，连毛色也没提及，只是后世逐渐将赵云的坐骑设定为一匹白马。汉末人物中，正史明确记载骑白马的是公孙瓒和庞德。前者喜爱白马，且常在塞外乘白马以破敌，鲜卑、乌桓等族称他为"白马长史"。后者在襄樊之战中常骑一匹白马与关羽作战，勇猛无比，使关羽麾下士卒十分恐惧，称他为"白马将军"。

最后说说周瑜的坐骑。电影《赤壁》里有一段诸葛亮为马接生的剧情，生出来的小马被小乔唤作"萌萌"。这一看就知道是电影艺术创作的结果，但不知何时，一则关于萌萌的"史料"在网上广为流传。说《荆益风物志·骥马第十二》记载："荆襄有马，其名曰萌，本为前部大督周瑜坐骑，建安十三年十一月诞于赤壁。"

由于这则资料的传播，很多人以为《赤壁》里的"萌萌"之名有史可依。可实际上根本不存在《荆益风物志》这本古籍，这是现代人编造的伪书。而无论正史还是野史，均没有提及周瑜坐骑之名。

▼ 江户时代画作《赵云之图》（局部），表现红光一闪，坐骑跃出坑外，赵云成功脱险的场景。画中赵云坐骑被设定为一匹黑马。（狩野雅信 绘；柳川立花博物馆藏）

关羽是中国历史上为数不多的，能在万军之中取上将首级的勇将。《三国志》中策马刺颜良的名场面，从侧面反映出他长于马术。历史上的关羽虽然与赤兔马没有什么关系，但我们有理由相信，能让他驰骋沙场，刺敌将于万众之中，并且平安而返的，必然也是一匹世之良驹。

这样一匹骏马，是不是应该得到精心的保护呢？官渡之战期间，关羽的战法以长途奔袭与出其不意的突击为主，更接近于轻骑兵。况且当时曹操马铠不足，应该不会装备稀有的全包式重马铠。但在赤壁之战后，刘备进取南郡，最终取得了荆州核心地区江陵，实力已今非昔比。关羽成了荆州的封疆大吏，与早年跟随刘备东奔西走时相比，境遇已大为不同，无论人铠还是马铠都应该更上一层楼。综合考量各方面因素，我们绘制了重骑兵版的关羽形象。

◀ 重骑兵版关羽形象。（金代飞绘）

附录贰

猛虎不怯敌 烈士无虚言

以虎为尊的三国乱世

禁军之虎：从虎侯到车下虎士

战场上的虎部队

以搏虎为荣耀的时代

虎，百兽之君，丛林之王。在民间，虎常以凶兽面貌出现，让百姓谈之色变。但在金戈铁马的沙场上，虎则是威武与勇猛之象征，瑞兽属性远高于凶兽属性，无论是一名统帅还是一支部队，无不以被称作猛虎为荣。无论是古籍文献还是出土文物，都清楚地告诉后人，早在先秦时代，虎就与军队牢牢绑定。象征着兵权的兵符就以虎之形态铸造，称"虎符"。战争史上，虎也成了千年不易的军武图腾，不仅贯穿古今，而且纵横四海，尤其在中国人熟悉的汉末三国时代，以虎为尊的军事文化更是无处不在。

禁军之虎：从虎侯到车下虎士

汉末三国时期的军队代号绝对足以令人印象深刻，无论是曹魏阵营的虎豹骑，还是东吴阵营的车下虎士，听起来都颇有王牌军气场。当然，"虎军"并非三国时代才出现，更确切地说，这个乱世中军队崇虎的风俗基本从汉代继承而来，例如汉代就有著名的禁军虎贲。

长期以来，"虎贲"成为勇士之代称。而这个词最早之源头可追溯到武王伐纣时期，《尚书·周书·牧誓》的首句即"武王戎车三百两（辆），虎贲三百人，与商战于牧野，作《牧誓》"。虎贲之"贲"即奔，取奔跑之意。或许某一位有才的古人看见战场上精锐勇士作战时的狠劲，想到老虎奔跑猎食时的快、狠、准，遂有了生动的"虎奔"一词。

古时帝王以真龙自居，所谓龙飞于天、虎行于地，龙虎结合则象征雄伟强盛。作为一国之君，自然希望百兽之君老虎能为自己所用，自先秦时代起，天子之寝门皆有虎绘，故而称之为"虎门"。作为守护天子的部队，当然要以虎为名，"虎贲"一词也从一个比喻升格为国家正式的职位名。在《周礼·夏官司马第四·虎贲氏/道右》中就有"虎贲氏"一职，书中有载："虎贲氏掌先后王而趋以卒伍。军旅、会同亦如之。"而虎贲氏之下又有虎士，这些精锐官兵在先秦时负责君王出入护卫，担任着禁卫军的职责。

帝制时代之初，"虎贲氏"这个职名一度中断，西汉开国后设置禁卫军名为"期门郎"，这如同看门人一样的名字就算在今天看来也平淡无味，

▼ 汉代错金银铜虎镇，出土于江苏省淮安市盱眙县马坝镇云山村大云山汉墓。（南京博物院 藏）

哪有古时的"虎贲"霸气？尚武的汉朝人可能也会这么想，所以到了西汉平帝时期，平平无奇的"期门郎"就被弃用了，正式更名为"虎贲郎"，同时设置虎贲中郎将，相当于禁军司令，统领虎贲禁兵。虎贲中郎将以下，依次有左仆射、右仆射、左陛长、右陛长、虎贲中郎、虎贲侍将、虎贲郎中、节从虎贲。这支虎贲军的职责就是保护皇帝的安全。

其实这种由虎士守卫的待遇并非只有帝王才能享受，到了东汉末年，天下大乱，横空出世的一方军阀曹操也对虎情有独钟。守护在曹操身边的这只猛虎，熟知三国故事的人们一定不会陌生，那就是"虎痴"许褚。在《三国演义》中，许褚与马超大战三百回合的那场决战写得酣畅淋漓，令人印象深刻。这一战虽是小说家杜撰，但正史中许褚作为曹操的护卫，的确多次救曹操于危难之中，其勇猛比之演义形象有过之而无不及。早年的许褚为一方豪帅，刚投奔曹操时就被曹操比作汉初猛将樊哙，不久就拜为都尉，担任警卫工作。许褚身上，非常能体现曹营中以虎为尊之现象。作为禁军统领的他在曹操身边恰如一只镇宅猛虎，官渡之战期间徐他一行人图谋行刺曹操，许褚识破后当场将其全部诛杀。后来许褚又在邺城之战中立功，于建安九年（204年）被曹操赐爵关内侯。但有意思的是，当时人们不常叫他"关内侯"，而是根据其凶悍勇猛的特点给了他一个更响亮的称呼——虎侯。

"虎侯"许褚声名远播，其麾下的禁军士兵皆称"虎士"。一次马超与曹操谈判，马超见曹操身边人少，意图对其不利，但唯独忌惮许褚，便问曹操："公有虎侯安在？"曹操手指身边膀大腰圆的许褚，马超果然不敢动手。从这方面看，许褚的确起到了护主、保平安的作用，担得起"虎侯"之名。

当然，虎士并非曹操一家独有，东吴的开国皇帝孙权在成为帝王之前，也早有了属于自己的"车下虎士"。从目前已知的史料来看，车下虎士乃东吴专属。所谓"车下"，即君主车驾之下。其名出自《三国志·吴书·甘宁传》，讲的是建安二十年（215年），孙权亲征攻打合肥时遇到瘟疫，军旅皆退出疫区，"唯车下虎士千余人，并吕蒙、蒋钦、凌统及宁，从权逍遥津北"。看来车下虎士应该属于君主的亲军。

为何无论是皇帝，还是一方诸侯，都喜欢以"虎"代称守卫自己的禁军？这与先秦以来贵族对虎的崇拜息息相关。古代社会中，人们对虎的印象向来两极分化，一方面虎患的危害让它成为百姓眼中的凶兽，正如《楚辞·招魂》中所言，"虎豹九关，啄害天下人兮"。但另一方面，也有人认为虎极具阳刚之气，有驱邪镇鬼之用，将其视为阳兽。具有一定权势地位的贵族大多持后一种观点，这些人的生活环境与平民百姓不同，他们不需要面对山林中猛虎的威胁，对民间虎患也无法感同身受，故而对这种凶猛的动物，反倒容易生出一种慕强心理，将其视为保护神般的吉兽，认为它可以镇宅辟邪，保佑平安。在汉代贵族墓葬中，有大量虎形图、虎俑，大概也有用猛虎为自己守卫陵墓之意。汉代帝王授予禁军"虎贲"之名，曹操等诸侯也乐于管自己的贴身保镖叫"虎侯"，大抵都出于这样的心理。

战场上的虎部队

越是乱世，掌兵者对虎的崇拜就越兴盛。东汉末年的三国群雄中，还是以曹操最为典型。这位身处乱世的奸雄，不仅需要虎侯、虎士贴身护卫，更需要有一支如虎豹一般迅速、敏捷、凶悍的部队为其披荆斩棘，平定天下。于是，曹操麾下也诞生了一支以虎为名的精锐部队——虎豹骑。

曹操集团从起兵到最终缔造魏国，血亲掌军权是雷打不动的原则，这支虎豹骑的统帅权始终控制在曹氏宗亲手中，首任统领为曹操的族弟曹纯，后继者有曹真、曹休等人，重要程度可见一斑。在以虎为尊的曹操帐下，这支部队是否担当得起虎豹之名呢？《三国志·魏书》记载，"纯所督虎豹骑，皆天下骁锐，或从百人将补之"，言简意赅地说明了这支部队是百里挑一的精英，类似于现代意义上的特种部队。虎豹骑如虎豹一般迅捷和凶猛，短短三年间就创造了一系列辉煌战果：建安十年（205年），南皮之战阵斩袁谭；建安十二年（207年），北征乌桓，擒获蹋顿；建安十三年（208年），奔袭长坂，大破刘备……

这样一支以骑兵为主的王牌部队，曹操对统帅权一直控制得很紧。建安十五年（210年）曹纯去世后，曹操一时找不到继任者，便亲自统领虎豹骑。建安十六年（211年）平定西凉马超的战争记载，描述了虎豹骑的作战特点，曹操"先以轻兵挑之，战良久，乃纵虎骑夹击"，最终大破马超。从以上几个战例，可以看出虎豹骑擅长斩首行动、千里奔袭、突击破阵等突袭作战，这与自然界中的虎、豹颇为类似，在捕食过程中总是以最小的能量消耗来获取尽可能多的猎物，一旦开始捕食，立马凶猛异常、迅速果断，绝无半点拖沓。

▲ 三国时期蜀汉
"虎步司马"印。
（引自：孙慰祖著，
《中国印章：历史与
艺术》，外文出版社
2010 年版）

两汉以来，军中的虎文化绝不仅仅体现在禁军和野战部队的代号上，朝廷授予武将的称号中也能见到虎。西汉宣帝于本始二年（前 72 年）置虎牙将军，由田顺担任，主掌征伐。自东汉以来，除了作为皇帝的最高级武官的大将军、骠骑将军、车骑将军、卫将军为重号将军之外，还有一些杂号将军，多以楼船、建威、征虏等为前缀，鲜有以禽兽命名的。在西晋之前，鹰和虎是仅有的入选杂号将军称谓的动物，即鹰扬将军和虎威将军。汉末三国时期，虎威将军主要见于曹魏政权与孙吴政权，曹魏阵营有于禁，东吴有吕蒙和丁奉，皆为当世名将。蜀汉阵营虽没有授过此职，但赵云在军中也曾被称为"虎威将军"，不过这里的"虎威"不是指职衔名称，而是赞誉其骁勇善战，虎胆虎威，赵云最高官位为镇东将军。

说蜀汉无"虎"，也许有人会问"五虎上将"不是虎吗？遗憾的是，这个家喻户晓的称谓并不见于正史。倒是蜀汉后期有一支虎步军，只可惜因资料太少，无从得知具体情况。不过在汉末三国时期，将作战勇猛的将领称为"虎将""虎臣"倒是十分常见。"虎将"之典最早出自新莽时期，王莽"拜将军九人，皆以虎为号"，曰"九虎"。到了汉末三国时期，"虎将"已成为勇将通称，关羽和张飞就被周瑜称之为"虎熊之将"。至于"虎臣"，源头更早，在《诗经·鲁颂·泮水》中就有"矫矫虎臣，在泮献馘"之句，后来虎臣与虎将基本能画等号，陈寿在《三国志》中将程普、黄盖、韩当、蒋钦、周泰等 12 人合为一卷作传，赞曰"凡此诸将，皆江表之虎臣"。可见对汉末三国时期的将臣而言，以虎喻之绝对是一种赞誉。

以搏虎为荣耀的时代

从汉代至三国时期，无论君王当中还是武将当中，还流行着另一种虎文化——搏虎。先秦经典《孟子》中就有"冯妇搏虎"之典故。在汉代，尚武精神影响下的校猎活动兴起后，猎杀百兽之王老虎必然会成为一名武将的光荣战绩而载入史册。

如果将老虎比作游戏里的关底人物，那么它的属性一定是高攻击力、高敏捷度、高爆发力、厚血量。一个武将能够干掉老虎，必然声望大增。在《三国志》中，曹真、曹丕、夏侯称、孙礼、孙权这几位将领都有搏虎的事迹，而他们的搏虎手段也各有不同。曹丕是带着军队一顿群殴猎杀了老虎，孙礼则是下马拔剑要和老虎决斗却没有交上手，这两位可以忽略不计。值得一提的是曹真和夏侯称：曹真在狩猎时"为虎所逐，顾射虎，应声而倒"；夏侯称是与父亲夏侯渊一起行猎于田间时"见奔虎"的，他"驱马逐之，禁之不可，一箭而倒"。这种远程以箭射虎，往往需要一箭命中要害，依文献记载想象画面，两位武将马上射虎也是英姿飒爽。

正史中搏虎过程最精彩的三国英雄当属孙权。事情发生于建安二十三年（218年）十月，孙权骑马经过虡亭一地时遇虎，他原本也想来个酷炫射虎，没想到老虎敏捷度实在太高，直接扑上来咬伤了坐骑。危急时刻，孙权将双戟投掷而去，竟精准命中并将虎戳伤。近侍张世见状趁机以一柄长戈猛击老虎，最后成功将其擒获。这一事迹后来演变为"孙权射虎"之典故，数百年后的苏东坡还在词中称赞"亲射虎，看孙郎"。可能是有了这次辉煌的搏虎战绩，孙权对"虎"字情有独钟，自己的大女儿孙鲁班表字大虎，小女儿孙鲁育表字小虎。不承想后来吴宫的政治斗争中，二虎自相残杀，"小虎"最终死于"大虎"之手。

四大名著中的打虎故事，以《水浒传》的"武松打虎"最为著名，以汉末三国史为骨创作小说《三国演义》，并没有收录正史中曹真、孙权、夏侯称等一批英雄的搏虎故事，反倒是虚构了一段典韦逐虎过涧的情节，主要作用是衬托典韦之勇猛——连百兽之王老虎都被他追着逃窜，凸显了他"古之恶来"的形象。

相比以戟掷虎的孙权，搭弓射虎的曹真，反而是拥有虎侯、虎军的魏王曹操没有任何搏虎、射虎之记录。但在曹操高陵出土的50多块石牌中，人们却发现了"魏武王常所用挌虎大戟"等7块引人注目的兵器石牌。这7块石牌除了都有"魏武王常所用"的铭文和各种兵器名之外，还都用了同一个形容词——挌虎。"挌"同格，有打斗、击杀之意。但如果曹操真的使用这些兵器击杀过老虎，史籍中绝不可能一字不提，再参照《魏书》《太平御览》等文献中出现的"挌虎车"等名称，可知石牌上的"挌虎"二字应为汉末至魏晋时期的流行词。在搏虎文化盛行的背景下，"挌虎"可能出现了带有威慑、威武含义的引申义，且多用于武器、战车等与军事相关的器物。

从虎军、虎士、虎侯、虎将、虎臣到射虎、搏虎、挌虎，虎文化在汉末三国时代无处不在。的确，越是乱世，老虎这种阳刚猛兽就越受群雄的青睐，若天下为鹿，逐鹿中原的军阀们又何尝不是一群猎食的猛虎？

▼"魏武王常所用挌虎大戟"铭刻石牌，曹操高陵出土。（河南省文物考古研究院藏）

附录叁

谁是普及三国文化的主力军

《三国演义》连环画发展史

三国连环画之前身

明人笔下的三国人物

小人书画者有多卑微

经典问世：上美版《三国演义》连环画

连环画的影响有多大

说一个老生常谈又颇具争议的话题：20 世纪下半叶，向世界传播三国文化的主力军究竟是中国还是日本？按理说，汉末三国是中国历史，《三国演义》是中国古典名著，谁是输出主力军原本不该有争议。但 20 世纪末，对三国题材痴迷的日本人创作了无数相关作品，通过动画、电子游戏等新兴媒介迅速传播，这个短暂的特殊时期的出现也让谁是三国文化输出主力变得富有争议。有人认为在 1994 年央视版《三国演义》热播之前，即使是中国的城市青少年，接触三国文化的渠道也几乎都来源于日本。因为，新时期的孩子已经很少会去听戏、看戏，愿意看原著的人也不多。相比之下，新兴的漫画、动画和游戏对他们显然更具吸引力。

这种观点当然无法得到大多数人的认同。首先，三国文化在中国的影响力从未中断，早在电视未普及的时代，品类丰富的三国题材连环画一直是传播三国文化的主力军。虽然如今小人书已不再风靡，但它的确曾润物细无声地影响了几代人。在 20 世纪，它是向我国的孩子们普及三国文化的最大功臣，即使是热衷于制作三国题材作品的日本，在叙述三国故事、描绘三国人物、塑造三国场景时，也要向我国连环画取经。

三国连环画之前身

连环画，今人虽不陌生，却也颇具年代感，其历史更称得上源远流长。广义上，以多张图画组成一个完整故事的，都能叫连环画。长沙马王堆汉墓中的漆棺上，绘有"土伯吃蛇"和"羊骑鹤"的故事，虽然两组画的内容和情节都很简单，但整个过程叙述完整。若按照上述标准，至少在 2000 多年前的西汉，我国就出现了最早的"连环画"。到东汉时期，这种故事画内容变得十分丰富，除了绘画之外，还有在当时被称为"题榜"的文字说明。另外，东汉到魏晋时期的墓葬中还出现过以多块画砖表现墓主一生的艺术形式。

虽然到东汉时墓葬中的故事画就已经具备了连环画图文结合的最初面貌特征，但它们与后来让群众爱不释手的小人书还是有本质区别的。最早作为大众读物的连环画，是两宋时期雕版印刷术广泛使用之后出现的，随书附有插图。以汉末三国故事为主的"说三分"是宋代城市中极为热门的说书题材之一，这一时期的平话文本书籍中，很可能就出现了最早的表现三国故事的线描图。

▼ 上美版《三国演义·桃园结义》连环画封面图。这个版本的连环画于 20 世纪 50 年代首次出版，70 年来多次再版，经久不衰，是影响最大的一版三国题材连环画。（徐正平、徐宏达 绘）

成书于元末明初的《三国演义》虽然以陈寿《三国志》为骨，但叙事构架也吸取了大量民间三国故事，其中《三国志平话》是素材的主要来源之一。巧合的是，现存最早的三国故事插图，也正是来源于这本文笔粗糙、市井气十足的 8 万字平话。这本小册子刊印于元至治年间（1321—1323 年），全名为《新刊全相三国志平话》，分上、中、下三卷，共有插图 70 幅。虽然无论故事架构、逻辑、格局，都远比不上后来的《三国演义》，但其插图却笔画严谨精致，诸多人物细节表现得栩栩如生。

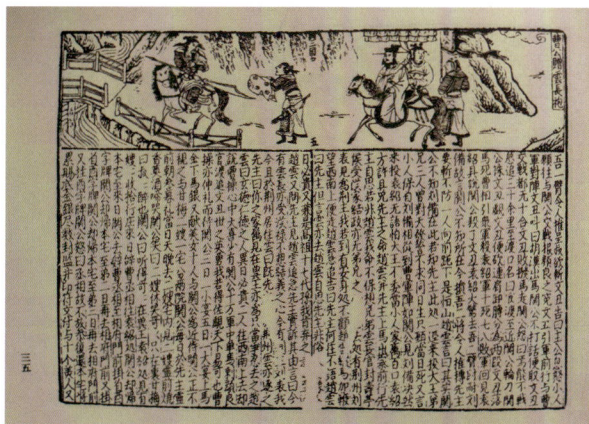

▲ 元至治本《新刊全相三国志平话》。

元至治本《三国志平话》是我国现存最早的关于三国故事的小说定本（同时期存留的刻本还有藏于日本天理图书馆的《三分事略》，其中所述故事与《三国志平话》基本相同），其插图却未必为元人所绘，原刻本很可能在南宋时期就已经存在，此版本为翻印。也是从元至治本的三国故事插图开始，汉末三国人物的外观形象就出现了延续数百年的老大难问题——装束穿越。元至治本插图中，三国人物具有浓厚的大宋风。例如，"曹公赠关云长袍"一图中，曹操就身穿宋代圆领公服，头戴典型的展翅幞头。"张飞见曹操"一图中，曹操头戴宋代武将常戴的交趾幞头，身上甲胄疑似宋军步人甲，甲胄外加绣衫，这是典型的宋代军人穿法。至于诸葛亮的木牛流马，则直接画成真牛真马模样。这种以作者当代装束绘古人的现象，是几百年来三国题材画作共有的特点。

从东汉末年到元代，时隔 1000 多年，社会形态早已翻天覆地。无论是汉末三国时期的建筑，还是当时人们的服饰、甲胄、武器装备，都与宋、元时代大相径庭。古代中国并没有考古学，即使是宋、元两代守着典籍的史官，也未必能对千年前的装束进行复原，何况民间这些名不见经传的画师。故而，古代三国题材的人物绣像、故事图像皆就地取材，也直接影响了三国英雄在中国人心目中的形象。

元末明初，《三国演义》的成书让三国故事的影响力迎来了新一轮扩张。明朝前期，关于三国故事的绘画明显增多，而且已不限于简单的民间话本插图，紫禁城中宫廷画师也乐于绘制三国故事与人物。生活于明宣德时期的宫廷画家商喜不仅绘制过精美细致的彩色人物画《关公》，还绘成了表现关羽水淹七军擒斩庞德事件的《关羽擒将图》，成为经典三国题材传世名画。通过这些画作不难发现，至少在明朝前期，关羽的形象已经和今人印象中的关公非常接近。稍晚一些的《明宪宗元宵行乐图》中，有一处表现宫中伶人正在演出"三英战吕布"的画面，也能明显看出当时刘备、关羽、张飞和吕布的形象基本定格。

明中期以后，商品经济日益勃发，市民阶层壮大。心思活络又懂市场规则的书商们看准了市民文化消费这块肥肉，满怀热忱地投入到小说出版业中。至万历年间，市面上出现了大量图文结合的《三国演义》，如万历十九年（1591年）刊刻的《新刊校正古本大字音释三国志通俗演义》（王希尧绘）、万历三十年（1602年）刊刻的《新锲京本校正通俗演义按鉴三国志传》（郑少垣绘）等。这一时期各种图文结合本《三国演义》层出不穷，但图画的形式大同小异，如笈邮斋藏版的《全像英雄三国志传》，连排版方式都与元至治本《三国志平话》一样，图画列于书页上方作为小说插图使用，上图下文，图片约占页面1/4，插图大多为简单的线条画。直到晚明才开始出现独立的高清大幅线条画绘本，这类刻本不仅在当时是一种重大突破，也具备了日后三国题材连环画之雏形。

▲ 明万历十九年书林周曰校刊本《新刊校正古本大字音释三国志通俗演义》插图"诸葛亮智激孙权"。图中孙权身穿带团龙图的明代皇家服饰，头戴翼善冠。两旁官员所戴乌纱帽并非万历时期的晚明款，而是明初期的版本。结合该版本标榜的"古本"，推测绘图时间应为明宣宗至明武宗时期。

明人笔下的三国人物

明末清初的三国刻本中，现存的《遗香堂绘像三国志》和《李卓吾先生批评三国志真本》（宝翰楼刊本）较为典型，这两个版本无论是画工细致度还是场景布局的复杂度都远超之前版本。

《遗香堂绘像三国志》（残本）为明末新安（今安徽省歙县）黄诚之、黄士衡等刻本，现藏于美国国会图书馆。木刻版画插图部分有42幅图，图画不受回目拘束，选取了《三国演义》中具有代表性的场景。黄诚之是明代新安的木版画刻工，其作品属于徽派版画（明朝中期兴起于徽州的版画流派），徽派版画刻工的特点是不仅刀法娴熟，而且深谙绘画意境。该刻本的插图不仅人物颇为细致，而且山川河流、城池建筑、旌旗战船无所不有，尤其是战争场面显得恢宏大气。此外，

▲《遗香堂绘像三国志》插图"司马师跋扈朝堂",图中被司马师欺负的魏帝曹芳俨然明代帝王装束。

绘图者在选题上似乎对《三国演义》中那些神秘的怪谈情有独钟,如左慈戏曹操、孔明拜七星灯、孔明托梦钟会等志怪场景都被作者选中,画得活灵活现。

不过《遗香堂绘像三国志》和历代三国题材的绣像刻本一样,人物的服饰装备上有着严重的"时空穿越"。这个版本中,从官员服饰到将士甲胄,都能看出满满的大明风华。以周瑜群英会一图为例,在宴的江东群臣大多头戴乌纱,身穿补服,典型的明代官员常服装束,甚至有两人戴着极具明代特色的大帽。武将则身穿罩袍,头戴凤翅盔。这些都是东汉末年不可能出现的装束。另一幅图中的魏帝曹芳,直接身穿蟒袍,头戴明代皇家最常见的翼善冠。

当然,这种"穿越"也怪不得绘者,毕竟原著《三国演义》本身就有很多"穿越"情节,例如战争中动辄就是一声炮响,诸葛亮平南疆时使用火器"地雷"。在明代嘉靖壬午本《三国志通俗演义》中,孔明打陈仓一战甚至出现了碗口铳、一窝蜂、大将军炮等各类明代火器。后来毛宗岗父子修订《三国演义》时大概也觉得太离谱,删掉了不少表现黑科技火器的内容。

明末清初的另一个版本《李卓吾先生批评三国志真本》(宝翰楼刊本)与遗香堂本时代大致相同,但该版本的绘图更为丰富,一共120幅。现存最早的嘉靖壬午本《三国志通俗演义》为240则,而李卓吾本(该本并非李贽批评本,而是有人托名)则首次将其修订为120回,后来毛宗岗父子也沿用120回之结构,流传至今。宝翰楼刊本120幅图正好对应每一回的内容。画风与遗香堂黄刻本颇为接近,二者又属同时代,故而有人推测这可能是黄刻本的竞争对手推出的作品。

进入清代后,绣像本小说市场越来越繁荣,而且读者对图画线条的要求也逐渐提高,追求精致细腻。这个时期民间的三国热更甚于前代,该题材绣像本更是数不胜数。但清代的绣像又与宋、元、明时期那种从当代服饰装备中就地取材的插图不同。这是因为明、清易代后,因清初剃发易服政策,衣冠为之一变。绘刻者们也清楚前代人绝对不可能是清人发型和装束,那么该如何创作人物呢?只能从三国戏曲中找素材。这就导致大量的清代三国绣像、版画中不再是此前那种取材当代的写实风格,而是充满戏曲元素。到晚清时期,大量古典小说插图甚至照搬戏台,人物背后插着数面旗帜,拿一条马鞭就相当于骑马,连城池都是戏台搭建风格。

清同治年间,在洋务运动的影响下,各地先后成立书局、报社。此外,西方石印印刷技术的出现让图画印刷更为便捷,这种新技术以石材吸墨及油水不相容的原理进行平版印刷，可以很容易地把绘画作品直接转印到纸张上，省去了刻制这道工序。不仅效率远高于传统印刷术，而且让绘画作品不再受刻制工艺之限制，绘画者的个人风格和技巧也可以得到自由发挥。也正是这个时期，真正意义上的现代连环画应运而生。

光绪十年（1884 年）由《申报》出版了新闻连环画《点石斋画报》，将时政新闻绘制成连环画随报赠送，这被认为是我国最早的连环画。光绪二十五年（1899 年），由上海文艺书局出版的《〈三国志演义〉全图》（朱芝轩绘），则被视为我国第一部以连环画的形式来表现文学原著内容的作品。

▲ 清顺治刊本《三国志绣像》插图 "三气周瑜"。虽然该版本在清初刊发，但图中服饰仍是明代风貌。不过该图表现得比较滑稽，周瑜被气得掉下马来，城上赵云笑呵呵也就罢了，怎么连周瑜身边的护卫也在跟着乐？就连那匹马，好像也在不怀好意地笑，周都督真是很难不被气死。

小人书画者有多卑微

光绪二十五年本《〈三国志演义〉全图》能获此殊荣，与其为石印印刷的开山之作不无关系。但是从图书结构与绘图表现形式上看，它是不是首部三国题材连环画还值得商榷。

首先，这本书与光绪九年（1883 年）五月刊刻、吴友如绘制的《〈三国志演义〉全图》高度雷同，内容、形式、画风都非常接近，皆是以数十位三国主要人物的绣像为第一部分，而后每一回绘一幅图用来表现内容，这种表现形式在当时称为"回回图"。光绪二十五年本的全书图片虽多达 200 余幅，但这种回回图的表现形式并不算新颖，明末清初就已存在。此外，其画工细腻程度也不及明末宝翰楼刊本的《李卓吾先生批评三国志真本》。

其次，从读者角度来看，回回图更类似于同人绘本，必须熟知《三国演义》原著故事才可能读懂。从这个角度讲，它依然不能算是近现代意义上的连环画。

那么近现代意义上的连环画是什么样的呢？从 20 世纪过来的人肯定不会陌生。连环画又被称为"连环图""小人书"，虽然形式多样、题材广泛、内容丰富，但万变不离其宗，最基本的特征就是用连续的图画来叙述故事，以图画为主，但每图皆配以文字进行解说，非常通俗易懂。连环画是独立的，并非周边绘本，人们只需要读相关小人书就能了解故事，而不需要先理解原著。按照这个标准，光绪二十五年本《〈三国志演义〉全图》显然不合格。老少皆宜的三国连环画直到民国时期才真正发展起来，发源地正是被称作"中国连环画摇篮"的上海。

连环画虽然源远流长，但它在中国成为一个独立画种，是在近代的上海，三

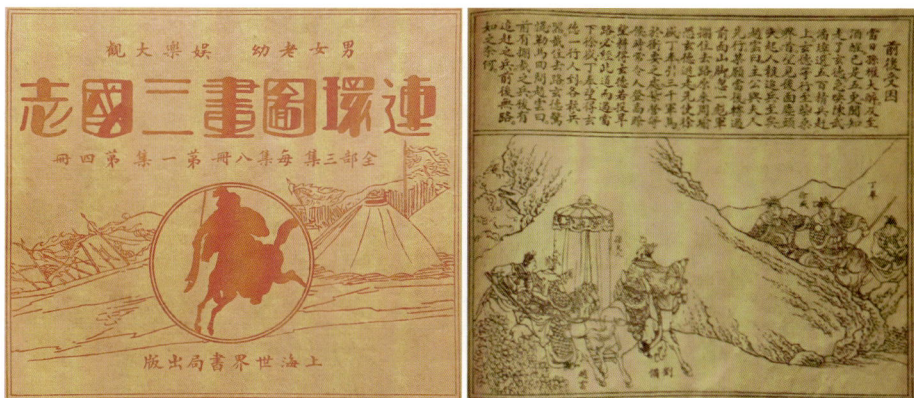

▶ 1927 年上海世界书局出版的《连环图画三国志》。这个版本已经具备连环画图文结合、以图为主、以文为辅的特征，是真正现代意义上的三国题材连环画。

国题材连环画也首创于此。1927 年，上海世界书局首次推出五部中开本的小人书，名为"连环图画"，其中包括陈丹旭绘制的《连环图画三国志》，全书分为 3 集，每集有 8 册，每册 32 图，共计 768 图，全书有 1/3 为文字，已经具备了连环画图文结合、以图为主、以文为辅的特征。这版《连环图画三国志》，仍然能从回回图的回目上，看到其脱胎于传统章回绣像小说的痕迹。

20 世纪 30 年代，三国题材的连环画受到无数市民的期待，尤其是畅销连环画作者朱润斋先生的作品，最令时人心潮澎湃，但这位画家创作三国故事的历程也最令人唏嘘。朱润斋生于 1890 年，原名朱德昌，笔名一峰，江苏盐城建湖人。他年少时在私塾读书，接触过一些先生，随他们学习国画及书法，临摹过吴道子、阎立本、唐伯虎等先贤的作品。另外，朱润斋热爱古典名著，对京剧也颇为熟悉，这些都对他日后创作的选题及风格产生了深远影响。

辛亥革命后，刚过弱冠之年的朱润斋离开家乡，来到资本云集的大都市上海谋生。最初，朱润斋只是绘国画贩卖，但购买量很少，后在绘制过连环画的画友李树丞和何伯良的影响下从事连环画创作，不久上海宏泰书局就出版了他的首部连环画《呼延庆》，从此以连环画为终身职业。当时由古典小说改编的连环画作品不在少数，但处理人物形象、动作时基本沿袭清代画法，照着戏台抄，作品皆是浓浓的戏曲风。朱润斋的连环画，大多数都靠自己改编，人物形象也尽可能避免照搬戏台，以写实的手法进行绘制。20 世纪二三十年代，朱润斋已出版了几十本根据古典名著改编的连环画作品，最具有影响力的一部是《天宝图》，其次则是尚未完成的《三国志演义》。

《三国演义》全书出现人名超过 1200 个，即使只算有头有脸的文臣武将，也多达三四百人，堪称古代小说中写人物最多的巨著。要将这样一部作品改编为连环画，难度可想而知。朱润斋在创作三国连环画时，注重人物的性格塑造和表情描绘，尤其是主要人物，力求表现出他们各不相同的鲜明特点，给读者留下了深刻印象。为此，他时常反复琢磨，体会书中人物的思想感情。据朱润斋的儿子朱光玉回忆，父亲创作三国连环画那段时间，有一次母亲见其手握钢笔，表情痛苦，忙问他是否身体不舒服，朱润斋却回答："不不，我在这里进入人物角色，像演戏一样，在体会画里的人物心情。一定要这样，才能把人物画得生龙活虎呀！"

为了在连环画中更好地表现三国英雄们的动作，朱润斋更是深入地代入剧情。一次，宏泰书局的老板蒋泰根来到朱家，一进门就看见朱润斋拿了一把长竹竿大扫帚摆着架势。蒋老板问："朱先生，你画画这么忙，还大扫除？"朱润斋说："哪里是大扫除，我正在过五关斩六将。来来，你给我扮几个关羽的动作。"说罢，当场让蒋老板做起自己的模特来。

这种创作精神让朱润斋的《三国志演义》才出了一部分就广受好评，催更的读者不计其数。的确，他的作品无论是人物还是布景，都打破了当时古典小说题材连环画千篇一律的戏台风，人物绘制笔法细腻，战争场景恢宏大气，而且每一张图都配以几十到百余字的文字说明，详细解释了图中场景的来龙去脉，即使是对三国不了解的人，也能通过这一幅幅连环图上的文字解说了解三国故事。从这个角度看，朱润斋的《三国志演义》真正算得上老少皆宜的通俗读物。

然而在旧时代，小人书地位非常卑微，尽管人民群众喜闻乐见，可始终入不了那些所谓上流社会人士的眼。从事连环画职业的画者不仅社会地位低下，作品的出版发行也被出版商垄断，备受资本家剥削，即使是当时颇具盛名的朱润斋也不例外。朱润斋积劳成疾，患上肺病，身体每况愈下，为了生活却只能带病画画，最终病入膏肓，于1936年5月病逝，年仅46岁。据其子回忆，朱润斋去世时，家中贫困得连一口薄棺都买不起，宏泰书局的老板却还说风凉话："朱润斋倒死得干净，可我断了半只臂膊怎么办？"这"半只臂膊"指的正是没有画完的三国连环画，这部未完结的《三国志演义》也成了朱润斋的最后一部作品。

▼ 20世纪30年代，朱润斋绘制的《三国志演义》连环画"三气周瑜"章节。上图讲述周瑜志得意满在船中谈笑，欲用计谋夺取荆州。下图则是周瑜计谋遭孔明识破，被张飞打得落荒而逃的场景。朱润斋的作品注重细节，将人物画得栩栩如生。不仅每幅图都有适量的文字解说，部分图画中还加上人物对白，使画面更为生动。

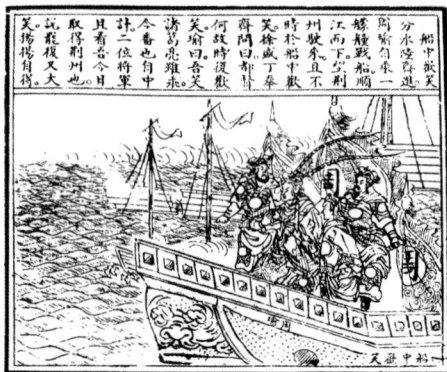

经典问世：上美版《三国演义》连环画

朱润斋去世了，但读者们对那部《三国志演义》仍然念念不忘，于是书商们又请来在当时连环画界被誉为"全才画家"的青年画家周云舫续画。可周云舫的命运更为悲惨，他与朱润斋一样饱受剥削，为绘制连环画劳累过度，加上染上鸦片，在1939年就英年早逝，年仅29岁。但广受欢迎的三国连环画还没完成，这该怎么办？最终这杆大旗被一位叫严绍唐的年轻人接到手中。

严绍唐，江苏吴县洞庭西山人，生于1912年，从年龄看算是朱润斋的后辈。他8岁就来到上海读书，受当时市面上颇受欢迎的连环画艺术影响，16岁就开始创作一些简单的连环画。到20世纪30年代，严绍唐也成了上海小有名气的青年连环画作者。朱润斋、周云舫相继去世后，严绍唐接过重担，最终画完了整部《三国志演义》，由上海东亚书局印制出版。由于是首次以完结篇的形式出版，书局舍弃了原名，冠以《全部三国志》之名，意为这是全本的《三国志》连环画。

严绍唐与三国连环画的缘分还没有结束。中华人民共和国成立后，毛泽东提倡艺术为广大工农兵服务，而人民群众喜闻乐见的小人书也因为符合这一条件，得到了政府的支持，很多从前阳春白雪的画家此时也纷纷投入连环画的创作之中。20世纪50年代，连环画艺术迎来了前所未有的黄金时代。1952年，新美术出版社在上海成立，严绍唐入社工作，专职创作连环画。1956年，新美术出版社并入上海人民美术出版社（以下简称"上美"），严绍唐又成为上美的一员连环画师，继续从事其热爱的连环画事业。当时，为响应通过小人书将各种古典小说、历史、传说故事等传统文化介绍给广大人民群众的倡议，上海人民美术出版社启动了一个宏大的项目——创作一套内容翔实、画工精细的《三国演义》连环画。

▼ 严绍唐绘制、上海东亚书局出版的《全部三国志》封面图之一。

可是要完成《三国演义》连环画这么一部巨著，任重道远，绝非一人之力可及。为此，上海人民美术出版社向当时国内知名的国画、连环画等画家发出号召，汇聚的刘锡永、陈光镒、程十发、刘旦宅、赵三岛等十多人都是当年上海滩名动一时的连环画画师。这批画家中，也包括在上美工作的严绍唐，他担任了《走麦城》《攻打陈仓》《姜维献书》等分册的主笔，严绍唐也成为唯一一位在中华人民共和国成立前和成立后都参与过《三国演义》连环画绘制的作者。

1957 年 9 月，这部精心策划，全力组织，由数十位优秀画者共同创作的《三国演义》连环画终于出版，全套 60 册，共计 6941 幅图。一经上市就迅速风靡全国，且经久不衰。它也成为共和国旗帜下几代人青少年时期的三国启蒙。半个多世纪以来，但凡提及《三国演义》连环画，几乎约等于上美版，其影响之大，在连环画史上绝无仅有。

但这部丰碑之作也是一部命途多舛、历经坎坷，因数次改定而版本众多的作品。20 世纪 60 年代到 90 年代，上美版《三国演义》连环画就经历了四次大修订，分别为 1963 年 60 册大套版（实为 61 册）；1979 年 48 册删减版；1987 年 60 册大套版（在 79 版 48 册基础上增补 12 册，合计 60 册）；1994 年 60 册大套版（又称"模糊版"）。

几个版本不仅册数、页码有所不同，封面、书名有更动，而且内容方面也有变化。比如，受意识形态的影响，与 1957 年版相比，1963 年的第二版几乎删除了所有带有神话志怪色彩的内容。这次改定直接影响了后面几个版本，今天能买到的最新版，原著中的黄巾军开坛做法、于吉鬼魂向孙策索命、孔明拜七星灯借寿等带有怪力乱神色彩的情节皆没有出现。再版期间，一些分册还因画风不同被替换掉了。典型的一例为，由画家张大经绘制的《火烧新野》与其他分册风格迥异，再版时，吴志明、叶之浩两位画家重新绘制了该分册。甚至，由于开本问题，不同的版本对图画进行了简单粗暴的剪切，以至于构图也存在差异。由于种种因素的影响，几次改版都未能最终定稿，直到千禧年之后，仍有各种不同的新版本陆续出版。

蜀、魏、吴的士兵和藤牌。

◀ 20 世纪 50 年代上美版《三国演义》连环画对魏、蜀、吴三国士兵的服饰、甲胄和攻防装备的设定图。这版连环画汇聚众多优秀画家，在人物形象设计方面，彻底摒弃了清代以来的戏曲装束画风，回归写实风格。虽然服饰、甲胄"穿越"的历史遗留问题仍然存在，但进步已相当明显。

▼ 上美版《三国演义》连环画出现了两个不同版本的《火烧新野》分册。上图为老版本，由画家张大经绘制，后因画风迥异而遭废弃。下图为再版时的替换版本，由吴志明、叶之浩两位画家绘制。

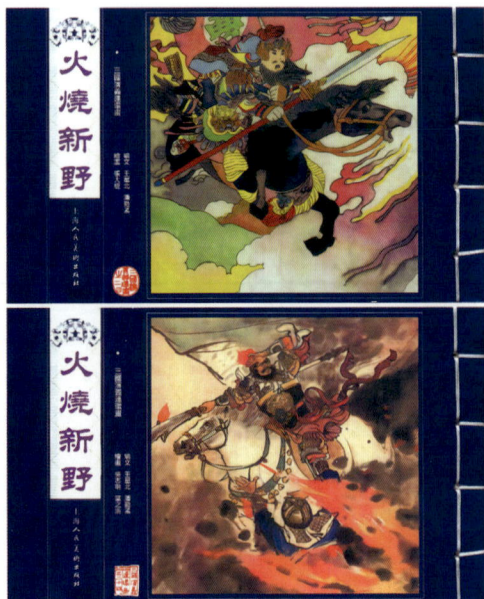

连环画的影响有多大

上海人民美术出版社的《三国演义》连环画之所以能够成功，除了汇聚众多当时的优秀连环画画家之外，也得益于内容策划上极其用心。首先，内容详尽，例如李傕与郭汜犯长安、司马昭弑君、西晋灭吴等情节，以往的作品要么一笔带过，要么直接忽略，但上美版却有独立分册详细讲述。其次，在故事架构方面，参考了历代众多版本的《三国演义》，一些在通行本（即毛宗岗父子修订的 120 回本）中没有出现，只存在于明嘉靖壬午本《三国志通俗演义》的情节，在连环画中亦有表现，其创作用心程度与主创团队的文学功底可见一斑。再次，人物形象的塑造，彻底摒弃了清代以来的戏曲化画风，全部回归写实风格。虽然人物服饰、甲胄"穿越"的历史遗留问题仍然存在，但进步已非常明显。

上美版《三国演义》连环画问世于中国连环画的黄金时代，当时各种各样的优秀连环画层出不穷，其中包括各地出版的三国题材连环画。20 世纪 50 年代，几乎与上美版《三国演义》连环画同时出版的，有辽宁美术出版社的《取汉中》《蜀汉之末》《老将黄忠》《古城会》等独立成册的三国故事连环画，这一系列作品也被称为"辽美版"。河北人民美术出版社于 1957 年出版了《百骑劫魏营》《长坂坡》《白衣渡江》等三国故事连环画，被称为"河北版"。此外还有"津美版""江苏版""北京人美版"等三国题材连环画相继问世，都具有一定的影响力。

20 世纪 80 年代，三国题材的连环画如雨后春笋，或单本，或成套，但质量也参差不齐，存在大量滥竽充数之作。这一时期最著名的版本当属 1984 年陕西人民美术出版社出版的《三国演义》连环画，共计 20 册，这个版本称为"陕西版"。与同时代众多版本相比，陕美版故事主线明确，画工也较精细，不失为经典版本。但与上美版比起来仍然存在不小差距，且不说体量问题，即使在校对方面也存在诸多不尽如人意之处，例如，人物姓名、职位错误，朱儁写成"朱俊"，荀彧写为"荀或"，董卓被称为宰相，等等，这类技术性硬伤极大损害了这部连环画的整体价值。

那么稳坐榜首的上美版《三国演义》连环画对世界的影响究竟有多大呢？又要说回最初的话题——日本的三国文化输出。日本人对三国文化的痴迷也由来已久，早在江户时期，著名的浮世绘画家葛饰北斋就根据中国古典名著《三国演义》的故事绘制了数十幅浮世绘锦画插图。但只要看过这些作品就不难发现，葛饰北斋笔下的三国人物皆有浓厚的日本战国风，与 20 世纪 80 年代至 90 年代日本游戏、动画中的三国人物完全不同。

20 世纪 80 年代的日本的确迎来了属于自己的黄金时代，经济繁荣必然伴随着文化输出。那个时代的日本动画对世界的影响自不必多言，同时代的中国，确实也有不少成长于改革开放初期的少年因为玩光荣《三国志》（1985 年）、卡普空《吞食天地》（1989 年）等电子游戏对三国文化产生了浓厚的兴趣。日本的三国作品的确在中国青少年群体中产生了巨大影响，不过很少有人注意到，这些作品其实也是"出口转内销"。

细心的读者可以去观察对比，20 世纪末，日本三国作品的素材主要有两大来源，一个是三国连环画，另一个是央视版《三国演义》电视剧。1994 年央视版《三国演义》播映之前，上美版《三国演义》连环画是日本三国游戏、动画最主要的参考对象。20 世纪 90 年代初，日本东映株式会社制作的动画《三国志》上映并很快传入中国，其主题音乐《英雄的黎明》至今仍是各大短视频平台上使用频率极高的热门音乐之一。但鲜为人知的是，这部荣获日本动画最高荣誉"动画金座奖"的作品，从人物形象到场景布局，都大量参考了上美版连环画，动画中许多场景甚至直接照抄，与连环画一模一样。当然这与动画制作人员数次赴中国各地进行实景、实物取材有关，而我国的三国连环画，无疑是动画制作组的重点借鉴对象。

进入新世纪后，随着家用电脑的普及，琳琅满目的动画、游戏取代了过去的连环画，传统小人书也因不再受到人们的青睐而逐渐走向没落。但即使在连环画式微的 21 世纪，三国题材的连环画仍占有一席之地，除了不断再版的上美版之外，2013 年，上海人民美术出版社又出版了 21 册装的《三国演义》连环画选，对 60 册本进行增补，讲述了老版本中未涉及的三国故事。

新世纪，一些老一辈连环画作者也带着满腹情怀再次创作，如当年代替父亲绘

◀ 20 世纪 90 年代，日本开发制作的一系列三国游戏曾一度风靡我国国内各大城市，也成为包括笔者在内的不少"80 后""90 后"的童年记忆和三国启蒙。图中游戏分别为：世嘉公司制作的世嘉游戏《三国志列传：乱世群英》，卡普空株式会社制作的红白机游戏《吞食天地》《吞食天地 2：诸葛孔明传》，南梦宫公司制作的红白机游戏《三国志 2：霸王的大陆》。（周渝 藏）

▼ 日本东映株式会社动画《三国志》（左）与我国上美版连环画（右）的场景对比。可见这部动画从人物形象到场景布局都高度模仿了我国连环画。

制上美版《战长沙》分册的盛鹤年，在年逾古稀之际又用数年时间绘成《三国演义》工笔精绘本。当然，也有在新方向的尝试，如2011年，学林出版社出版的《三国志通俗演义》连环画（徐有武绘），开始尝试利用服饰史研究成果，让人物的服饰装备尽可能靠近汉末三国时期的模样，虽未能尽善，仍给人耳目一新之感。《三国演义》是永不过时的古典名著，在新的时代，三国题材连环画的历史仍在继续书写。

中国甲胄史图鉴

一场有关甲胄的视觉指南，多方位展现中国甲胄发展史

◎ 高清的陶俑、壁画、出土甲胄图片
◎ 刘永华教授、复原甲胄画师刘诗巍的精美手绘绘图
◎ 函人堂甲胄复原工作室、中式甲胄艺术家李辉提供的精美复原甲图片

战争事典

中国甲胄史图鉴

周渝 著

中国甲胄史图鉴
一部见证朝代兴亡的武备史记
周渝 著